Der Transaktionsprozess des verschmelzungsrechtlichen Squeeze-out gemäß § 62 Absatz 5 UmwG

Europäische Hochschulschriften

European University Studies
Publications Universitaires Européennes

Reihe II **Rechtswissenschaft**

Series II Law

Série II Droit

Band/Volume **5649**

Sebastian Biller

Der Transaktionsprozess des verschmelzungsrechtlichen Squeeze-out gemäß § 62 Absatz 5 UmwG

Unter besonderer Berücksichtigung spezifischer Durchführungsrisiken

PL ACADEMIC RESEARCH

Bibliografische Information der Deutschen Nationalbibliothek
Die Deutsche Nationalbibliothek verzeichnet diese Publikation in der Deutschen Nationalbibliografie; detaillierte bibliografische Daten sind im Internet über http://dnb.d-nb.de abrufbar.

Zugl.: Bayreuth, Univ., Diss., 2014

D 703
ISSN 0531-7312
ISBN 978-3-631-64674-8 (Print)
E-ISBN 978-3-653-04181-1 (E-Book)
DOI 10.3726/978-3-653-04181-1

PL Academic Research ist ein Imprint der Peter Lang GmbH.
Peter Lang – Frankfurt am Main · Bern · Bruxelles · New York · Oxford · Warszawa · Wien

Diese Publikation wurde begutachtet.

www.peterlang.com

Vorwort

Die vorliegende Arbeit ist im Sommersemester 2014 von der Rechts- und Wirtschaftswissenschaftlichen Fakultät der Universität Bayreuth als Dissertation angenommen worden. Sie entstand während meiner Tätigkeit als wissenschaftlicher Mitarbeiter im Frankfurter Büro der Sozietät Linklaters LLP, wobei ich mich für die seinerzeit erfahrene Unterstützung, insbesondere von *Herrn Dr. Florian Drinhausen* und *Frau Astrid Keinath*, bedanken möchte.

Zu besonderem Dank bin ich meinem leider viel zu früh verstorbenen Doktorvater, *Herrn Prof. Dr. Lutz Michalski*, verpflichtet. Er hat mir stets die nötige wissenschaftliche Freiheit gewährt und mich in weiten Teilen bei der Entstehung der Arbeit begleitet.

Für die Bereitschaft zur Übernahme der Betreuung der Arbeit, als sich diese bereits in einem fortgeschrittenen Stadium befand, möchte ich meinem Doktorvater, *Herrn Prof. Dr. Peter W. Heermann LL.M.*, nachdrücklich danken. Nicht nur die zügige Erstellung des Erstgutachtens, sondern auch das stete Gespür für die Besonderheit der Situation und die Unterstützung bei der Fertigstellung der Arbeit haben maßgeblich zu dem Gelingen meines Promotionsvorhabens beigetragen. Ebenso danke ich *Frau Prof. Dr. Jessica Schmidt LL.M.* für das sehr rasche Erstellen des Zweitgutachtens.

Dank gebührt auch all denen, die mich während der Zeit des Verfassens der Arbeit und darüber hinaus motiviert und begleitet haben. Für die stets inspirierenden fachlichen Gespräche danke ich insbesondere *Dr. Maximilian Meyer*. Für das teils anstrengende Korrekturlesen der Arbeit danke ich meiner Schwester, *Patrizia Lenke*, und meiner Mutter, *Elke Biller*.

Freilich wäre all dies ohne die auch finanzielle Unterstützung meiner Eltern, *Elke* und *Jürgen Biller*, nicht möglich gewesen. Sie haben mich während meiner gesamten juristischen Ausbildung in jeder erdenklichen Weise unterstützt und es mir damit ermöglicht, mich stets auf meine Ausbildung konzentrieren zu können. Ihnen ist diese Arbeit daher gewidmet.

Frankfurt a.M., im Juli 2014 *Sebastian Biller*

Inhaltsübersicht

§ 1 Einleitung

Bereits vor mehr als 55 Jahren prägte *Mestmäcker* für die Rechte der Aktionäre die Feststellung: *„Der Aktionär muss dulden, aber er kann liquidieren".*[1]

Diese Feststellung pointiert das auch heute noch herrschende Spannungsverhältnis des (oftmals) gegenläufigen Gesellschafts- und Mehrheitsinteresses sowie des Minderheiteninteresses in der Aktiengesellschaft zutreffend. Die Aktionärsstellung ist von der grundsätzlichen Vorstellung des Gesetzgebers des AktG–1965 geprägt, wonach der Aktionär im Sinne einer Doppelrolle sowohl als Verbandsmitglied als auch als Kapitalanleger zu betrachten ist.[2] Allerdings kam es im Laufe der Jahre infolge immer wiederkehrender Änderungen des Aktiengesetzes zu einer stetigen Verschiebung der Gewichtung dieser beiden Komponenten zueinander. Dabei war es für eine lange Zeit geübte gesetzgeberische Praxis, die Rechte der Minderheit gegenüber der Mehrheitsmacht im Aktienrecht zu stärken und auf diese Weise die Komponente der Verbandsmitgliedschaft in den Vordergrund rücken zu lassen. Im Hinblick darauf fallen insbesondere die Änderungen des Gesetzgebers von 1994 auf, wonach mit dem Erlass des heutigen Umwandlungsgesetzes zur Stärkung des Minderheitenschutzes auch zahlreiche Änderungen des Aktiengesetzes beschlossen wurden und i.E. der Anleger- und Minderheitenschutz aufgewertet wurde.[3] Diese Schlussfolgerung ist nicht zuletzt auf die endgültige Abschaffung der Möglichkeit der Hauptversammlung einer Aktiengesellschaft zurückzuführen, wonach diese die Übertragung des gesamten Vermögens auf einen Gesellschafter beschließen konnte, wenn sich mehr als 90% des Grundkapitals in der Hand des Hauptgesellschafters befanden. Die ausscheidenden Aktionäre hatten in diesem Fall lediglich einen Anspruch auf eine angemessene (Bar-)Abfindung. Diese Möglichkeit der sogenannten Mehrheitsumwandlung sah bereits das Umwandlungsrecht aus dem Jahre 1956 vor, wobei anfangs sogar 75% des Grundkapitals ausreichten, bevor der Gesetzgeber die Regelungen im Sinne einer Stärkung der Rechte der Minderheitsaktionäre verschärfte.[4]

---

1 *Mestmäcker*, Verwaltung, Konzerngewalt und Rechte der Aktionäre, 1958, S. 352.

2 Vgl. *Kropff*, AktG–1965, S. 14; *Vetter*, AG 2002, 176, 177.

3 *Wiedemann*, ZGR 1999, 857, 865; *Vetter*, AG 2002, 176, 177.

4 Vgl. hierzu § 19 des Gesetzes über die Umwandlung von Kapitalgesellschaften und bergrechtlichen Gewerkschaften, BGBl. I, 1956, Nr. 48 v. 17.11.1956, S. 844 ff. und dessen Neufassung v. 6.11.1969, BGBl. I, 1969, Nr. 119 v. 11.11.1969, S. 2081 ff.; vgl. auch Gesetzentwurf der Bundesregierung – Entwurf eines Gesetzes zur Bereinigung des Umwandlungsrechts (UmwBerG), BR-Drs. 75/94, S. 144.

Erst im Jahre 2002 kam es mit der Einführung des aktienrechtlichen Squeeze-out[5] zu einer Kehrtwende, die mit dem übernahmerechtlichen Squeeze-out[6] im Jahre 2006 fortgesetzt wurde. Mit der Einführung dieser Rechtsinstitute wurde dem Bedürfnis entsprochen, wonach dem Gesellschaftsinteresse beziehungsweise Mehrheitsinteresse gegenüber dem Interesse des (Minderheits-)Aktionärs ein höheres Gewicht zuzusprechen ist, wenn die Beteiligung von Minderheitsaktionären außer Verhältnis zu ihrem Anteil an der Finanzierung der AG steht, um auf diese Weise insbesondere die Wettbewerbsfähigkeit der Unternehmen zu stärken.[7] Die „hybride Aktionärsstellung“[8] der Minderheitsaktionäre wurde von nun an auch aus der Sicht des Gesetzgebers mehr als Kapitalanlage und weniger als Verbandsmitgliedschaft betrachtet.

Diese Entwicklung setzt sich mit der Implementierung des verschmelzungsrechtlichen Squeeze-out infolge europarechtlicher Vorgaben nunmehr fort. Besondere Aufmerksamkeit erregt dabei die Erkenntnis, dass sich der verschmelzungsrechtliche Squeeze-out, jedenfalls in seiner gesetzlichen Grundstruktur, als Renaissance der ehemals möglichen und durch den Gesetzgeber seinerzeit [sic des Jahres 1994] aufgrund von Erwägungen des Minderheitenschutzes abgeschafften Mehrheitsumwandlung darstellt.[9] Denn nun besteht seit dem Inkrafttreten des Dritten Gesetzes zur Änderung des UmwG[10] abermals die Möglichkeit zum Ausschluss von Minderheitsaktionären gegen Barabfindung im sachlichen Zusammenhang mit einer Umwandlungsmaßnahme und damit im Zuge der Vermögensübertragung durch Gesamtrechtsnachfolge eines Rechtsträgers auf einen anderen. Anders als die bislang bekannten Ausschlussverfahren des aktienrechtlichen Squeeze-out gemäß §§ 327a ff. AktG und des übernahmerechtlichen Squeeze-out gemäß §§ 39a ff. WpÜG, verlangt der verschmelzungsrechtliche Squeeze-out dabei keine Beteiligungshöhe von 95%, sondern ist ebenso wie der Sondertatbestand des § 12 Abs. 4 FMStBG bereits ab einer Beteiligungshöhe von 90% möglich. Gerade aufgrund dieses erniedrigten Beteiligungsquorums

---

5 Eingeführt durch das Gesetz zur Regelung von öffentlichen Angeboten zum Erwerb von Wertpapieren und von Unternehmensübernahmen, BGBl. I, 2001, Nr. 72 v. 22.12.2001, S. 3822.

6 Eingeführt durch das Gesetz zur Umsetzung der Richtlinie 2004/25/EG des Europäischen Parlaments und des Rates vom 21. April 2004 betreffend Übernahmeangebote (Übernahmerichtlinie-Umsetzungsgesetz), BGBl. I, 2006, Nr. 31 v. 13.7.2006, S. 1426.

7 *Vetter*, AG 2002, 176, 178.

8 *Mülbert*, Aktiengesellschaft, S. 101.

9 Begr. RegE UmwBerG, BR-Drs. 75/94, S. 144.

10 Drittes Gesetz zur Änderung des Umwandlungsgesetzes, BGBl. I, 2011, Nr. 35 v. 14.7.2011, S. 1338.

wird ihm aus Sicht der Praxis eine enorme Relevanz prophezeit. Vor diesem Hintergrund ist es als durchaus treffend zu erachten, wenn er als der kleine „große“ Wurf des Dritten Gesetzes zur Änderung des UmwG bezeichnet wird.[11]

11 So *Drinhausen*, BB 2010, 1865.

§ 2 Zielsetzung und Gang der Untersuchung

Die vorliegende Arbeit nimmt sich zum Ziel, den verschmelzungsrechtlichen Squeeze-out in seiner gültigen Fassung gemäß § 62 Abs. 5 UmwG umfassend zu untersuchen, auf die mit ihm verbundenen Rechtsfragen einzugehen und sie einer praxisorientierten aber gleichwohl dogmatisch fundierten Lösung zuzuführen, um ihn letztlich auf diese Weise in das bestehende aktien- und umwandlungsrechtliche Normgefüge einzuordnen. Von besonderem Interesse ist dabei die Untersuchung der Auswirkungen, die sich aufgrund des Ausschlusses der Minderheitsaktionäre auf die mit ihm verbundene (anschließende) Konzernverschmelzung ergeben. Es soll zudem auf mögliche Umsetzungsalternativen des konkreten Ausschlussverfahrens, aber auch der europarechtlichen Vorgaben eingegangen werden, um auf diese Weise letztlich eine Bewertung der gesetzgeberischen Umsetzung zu ermöglichen. Entsprechend ist es zur Erfüllung dieser Zielsetzung zunächst erforderlich, die Entstehung des verschmelzungsrechtlichen Squeeze-out anhand der europäischen Grundlagen und der Umsetzung des deutschen Gesetzgebers zu untersuchen (§ 3).

Sodann soll die prophezeite hervorgehobene Praxisrelevanz zum Anlass genommen werden, um im nächsten Abschnitt (§ 4) die ökonomische Zielsetzung, d.h. die Gründe für die Durchführung des verschmelzungsrechtlichen Squeeze-out zu untersuchen und zu erläutern. Hierbei gilt es zwischen den Motiven für eine Konzernverschmelzung und denen für einen Ausschluss der Minderheitsaktionäre zu unterscheiden, wobei es vor allem auf die jeweiligen (Rechtsfolgen-)Reflexe ankommen wird, bevor nachfolgend eine Abgrenzung des Ausschlussverfahrens nach § 62 Abs. 5 UmwG gegenüber weiteren konkurrierenden und alternativen Rechtsinstituten erfolgt.

Der sich daran anschließende Abschnitt (§ 5) widmet sich sodann dem eigentlichen Verfahren zum Ausschluss der Minderheitsaktionäre gemäß § 62 Abs. 5 UmwG. Ausgehend von den mit den Ausschlussvoraussetzungen verbundenen Rechtsfragen, wird sich im Weiteren der Deskription des eigentlichen Ausschlussverfahrens zugewandt, das in weiten Teilen an das des aktienrechtlichen Squeeze-out angelehnt ist, so dass ein detailliertes Eingehen auch nur dort erfolgen soll, wo es der verschmelzungsrechtliche Kontext aufgrund der durch ihn bedingten Besonderheiten verlangt.

Neben dem eigentlichen Verfahren zum Ausschluss der Minderheitsaktionäre verlangt der verschmelzungsrechtliche Squeeze-out zwingend nach der Durchführung einer Konzernverschmelzung. Der folgende Abschnitt (§ 6) widmet sich daher eingehend dem Konzernverschmelzungsverfahren. Dabei wird es auf die Untersuchung ankommen, welche Auswirkungen der Ausschluss der Minderheitsaktionäre auf das (anschließende) Konzernverschmelzungsverfahren hat und welche Besonderheiten sich gegenüber einer isolierten Konzernverschmelzung hieraus ergeben.

Im darauffolgenden Abschnitt (§ 7) nimmt sich die Arbeit die hervorgehobene Praxisrelevanz erneut zum Anlass, um auf besondere Risiken in der Transaktionsplanung einzugehen. Neben den Risiken durch die mögliche Fehlerhaftigkeit des Übertragungsbeschlusses wird der Blick dabei insbesondere auf zeitliche und kostenrelevante Risikofaktoren zu richten sein, die es im Rahmen einer sorgfältigen Transaktionsplanung zu beachten gilt.

Abschließend erfolgt in Abschnitt (§ 8) eine Schlussbetrachtung zu den Ergebnissen der Untersuchung.

§ 3 Entstehung des verschmelzungsrechtlichen Squeeze-out

Mit der Einführung eines weiteren Ausschlussverfahrens von Minderheitsaktionären gemäß § 62 Abs. 5 UmwG setzt sich eine Entwicklung im deutschen Gesellschaftsrecht fort, die seit dem Jahre 2002 und der Einführung des aktienrechtlicheAn Squeeze-out eingesetzt hat. Wie bereits die Einführung des übernahmerechtlichen Squeeze-out, basiert auch die Einführung des verschmelzungsrechtlichen Squeeze-out wesentlich auf europäischer Richtliniengesetzgebung. Dass es sich dennoch um eine maßgeblich von deutscher Seite geprägte Möglichkeit zum Ausschluss von (unliebsamen) Minderheitsaktionären handelt, offenbart der vertiefende Blick in die Rechtssetzungsgeschichte des § 62 Abs. 5 UmwG. Für besonderes Interesse sorgt der Umstand, dass es sich im Grunde um ein zusammengesetztes Verfahren aus aktienrechtlichem Squeeze-out einerseits und der vereinfachten Konzernverschmelzung andererseits handelt. Die sich hieraus ergebenen Folgen betreffen sowohl die verwendete Terminologie als auch die Einordnung der Rechtsnatur.

A. Inhaltliche Bestimmung des Squeeze-out-Begriffs

I. Terminologie

Mit dem anerkannten Begriff des „Squeeze-out“ wird im deutschen Gesellschafts- und Kapitalmarktrecht ein Verfahren umschrieben, im Rahmen dessen Minderheitsaktionäre aus der Korporation gegen Barabfindung und ohne Berücksichtigung ihres u.U. gegenteiligen Willens ausgeschlossen werden. Auch wenn der Begriff wörtlich übersetzt so viel wie „Hinausquetschen“ bedeutet, weisen Teile der Literatur darauf hin, dass die Anlehnung an die US-amerikanische Begrifflichkeit insoweit missglückt sei, als diese unter einem Squeeze-out das faktische Hinausdrängen verstehe. Den juristisch-technischen Ausschluss bezeichne man hingegen als „Freeze-out“.[12] Dem wird jedoch entgegengehalten, dass damit grundsätzlich auf indirekte Formen des Ausschlussverfahrens hingewiesen werde, so dass sich dieser Begriff auch deshalb in der deutschen Rechtspraxis nicht habe durchsetzen können.[13] Da der deutsche Gesetzgeber auch im Rahmen der Einführung des Ausschlussverfahrens von Minderheitsaktionären gemäß § 62 Abs. 5 UmwG und insbesondere in den diesbe-

---

12 *Fleischer* in Großkomm. AktG, Vor §§ 327a-f AktG, Rn. 4.

13 Vgl. *Baums*, Ausschluss von Minderheitsaktionären, S. 184 ff.; *ders.*, WM 2001, 1843 Fn. 3; *Wenger/Kaserer/Hecker*, ZBB 2001, 317, 318; *Drygala*, AG 2001, 291; *Land/Hasselbach*, DB 2000, 1747, 1753; *Kossmann*, NZG 1999, 1198, 1199 Fn. 4; *Peters*, BB 1999, 801; *Rühland*, NZG 2001, 448, 449.

züglich einschlägigen Gesetzgebungsmaterialien ebenfalls den Begriff des Squeeze-out zugrunde legte, soll dieser Terminologie auch im Folgenden treu geblieben werden.[14]

Darüber hinaus ist die spezielle Bezeichnung des in § 62 Abs. 5 UmwG kodifizierten Ausschlussverfahrens in der Literatur ebenfalls uneinheitlich. So wird das Verfahren teils als „umwandlungsrechtlicher"[15] Squeeze-out bezeichnet, während andere von einem „verschmelzungsspezifischen"[16] oder „verschmelzungsrechtlichen"[17] Squeeze-out sprechen. Teilweise lässt sich der verschmelzungsrechtlichen Literatur auch der Begriff des „Verschmelzungs-Squeeze-out"[18] beziehungsweise die englischsprachige Übersetzung des „Pre-Merger-Squeeze-out"[19] entnehmen.

Für die bisher hauptsächlich bekannten Squeeze-out-Verfahren des deutschen Rechts haben sich die Attribute in Anlehnung und Bezeichnung des sie jeweils regelnden Gesetzes eingebürgert. So wird der im AktG geregelte Ausschluss von Minderheitsaktionären gemäß §§ 327a ff. AktG hauptsächlich als „aktienrechtlicher" Squeeze-out beschrieben, während der im Wertpapiererwerbs- und Übernahmegesetz geregelte Ausschluss nach §§ 39a ff. WpÜG als „übernahmerechtlicher" Squeeze-out bezeichnet wird. So betrachtet, scheint die Bezeichnung „umwandlungsrechtlicher" Squeeze-out aufgrund der Normierung im UmwG die logische Fortführung der bereits für andere Verfahren gewählten Terminologie zu sein. Dennoch bietet es sich, vor dem Hintergrund, dass in sonstigen Fällen der bekannten Squeeze-out-Verfahren bereits in der Begrifflichkeit zumindest der grobe Anwendungsbereich zum Ausdruck gebracht wird, an, dass konkret auf die einschlägige Umwandlungsmaßnahme Bezug genommen wird. Da das UmwG neben der Verschmelzung noch weitere Umwandlungsmaßnahmen wie den Formwechsel, die Spaltung oder die Vermögensübertragung kennt, der Squeeze-out aber nur im Rahmen der Verschmelzung durchgeführt werden kann, sollte dieses Spezialitätsverhältnis auch in der verwendeten Terminologie zum Ausdruck gebracht werden. Da zudem die Gesetzesbegründung von einer „verschmelzungsrechtlichen" Sonderlösung spricht, soll im

14 Beschlussempfehlung und Bericht des Rechtsausschusses zu dem Gesetzentwurf der Bundesregierung – Drucksache 17/3122 – v. 25.5.2011, BT-Drs. 17/5930, S. 12.

15 So etwa *Klie/Wind/Rödter*, DStR 2011, 1668.

16 So die verwendete Überschrift bei *Diekmann* in Semler/Stengel UmwG, § 62 UmwG, Rn. 32c-32h.

17 Statt vieler *Habersack* in Emmerich/Habersack, § 327a AktG, Rn. 8a.

18 *Drinhausen*, BB 2010, 1865.

19 *Bayer/J. Schmidt*, ZIP 2010, 953, 961.

Folgenden der im Schrifttum – soweit ersichtlich – vorherrschenden Terminologie von dem „verschmelzungsrechtlichen“ Squeeze-out gefolgt werden.[20]

II. Rechtsnatur

Der verschmelzungsrechtliche Squeeze-out gemäß § 62 Abs. 5 UmwG beruht konzeptionell auf der engen zeitlichen und vor allem sachlichen Verknüpfung eines aktienrechtlichen Squeeze-out gemäß §§ 327a ff. AktG mit einer Konzernverschmelzung nach § 62 UmwG. Die daraus resultierenden Besonderheiten des Verfahrens schlagen sich auch hinsichtlich der Frage nach der Rechtsnatur des Verfahrens nieder. Sofern etwa der Squeeze-out-spezifische Teil des Verfahrens nach § 62 Abs. 5 UmwG eigenständig betrachtet würde, müsste seine dogmatische Verortung grundsätzlich derjenigen des aktienrechtlichen Squeeze-out nachfolgen. Dieser wird – wie *Kießling* zutreffend feststellt[21] – größtenteils ohne nähere Begründung in die Kategorie der Grundlagen- oder Strukturgeschäfte der Gesellschaft eingeordnet.[22] Einzig *Kiem* begründet seine gleichlautende Ansicht damit, dass auf diese Weise den Minderheitsaktionären – gerade im Hinblick auf die Notwendigkeit eines Hauptversammlungsbeschlusses – das gleiche Schutzniveau zukäme, das auch im Falle anderer Grundlagenentscheidungen zu gelten habe.[23] Dennoch wird die Einordnung als Strukturentscheidung partiell in Zweifel gezogen.

Für den aktienrechtlichen Squeeze-out wird insofern vertreten, dass streng genommen nur ein Wechsel von Aktionären beziehungsweise die Übernahme aller Aktien der Gesellschaft durch einen Aktionär stattfinde. Es werde weder die Identität noch die Rechtsform oder der Gesellschaftszweck der Kapitalgesellschaft berührt und außerdem ändere der Wechsel der Aktionäre nichts an der Kapitalstruktur der Gesellschaft.[24] Unangetastet bleibe zudem die Organzuständigkeit.[25] *Fleischer* zieht sodann den Schluss, dass die §§ 327a ff. AktG aufgrund ihrer Annäherung an die Mehrheitseingliederung gemäß §§ 319 ff. AktG

---

20 Vgl. Gesetzentwurf der Bundesregierung – Entwurf eines Dritten Gesetzes zur Änderung des Umwandlungsgesetzes v. 10.1.2010, im Folgenden „RegE“ genannt, BT-Drs. 17/3122, S. 13.

21 *Kießling*, Der übernahmerechtliche Squeeze-out, S. 6.

22 *Hasselbach* in Kölner Komm. z. WpÜG, § 327a AktG, Rn. 60; *Kubis* in Münchener Komm. AktG, § 119 AktG, Rn. 14; *Raiser/Veil*, KapGesR, § 16, Rn. 10.

23 *Kiem*, RWS-Forum Gesellschaftsrecht 2001, 329, 338 f.

24 *Kießling*, Der übernahmerechtliche Squeeze-out, S. 7.

25 *Vetter*, DB 2001, 743, 745.

vielmehr nur in das Gewand einer Strukturmaßnahme gekleidet seien, selbst aber keine im eigentlichen Sinne darstellten.[26] Dem entspricht letztlich auch die abschließende Aussage von *Kiem*, dass sich jedenfalls der aktienrechtliche Squeeze-out nicht in ein bestehendes Rechtsinstitut einordnen lasse und es sich daher vielmehr um ein Rechtsinstitut sui generis handele.[27]

Würde man daher hinsichtlich des verschmelzungsrechtlichen Squeeze-out primär auf den Ausschluss der Minderheitsaktionäre abstellen, so wäre die Rechtsnatur des verschmelzungsrechtlichen Squeeze-out in Analogie zur Rechtslage beim aktienrechtlichen Squeeze-out fraglich. Da der Ausschluss der Minderheitsaktionäre zwangsläufig in ein Konzernverschmelzungsverfahren nach § 62 UmwG eingebettet ist und ohne dessen Durchführung auch nicht zur Wirksamkeit gelangen kann, wird man die Einordnung als Strukturmaßnahme kaum anzweifeln können. Letztlich handelt es sich auch trotz der grundsätzlichen Zweigliedrigkeit des Verfahrens i.E. um eine einheitliche Strukturmaßnahme, die nach einer einheitlichen dogmatischen Einordnung verlangt.

B. Rechtssetzungsgeschichte

I. Europäische Verschmelzungsrichtlinie

1. Gesetzgebungsgeschichte

Die Dritte Richtlinie 78/855/EWG[28] aus dem Jahre 1978 hatte die Koordinierung der Rechtsvorschriften der Mitgliedstaaten über die Verschmelzung von Aktiengesellschaften und die Einführung der Institution der Verschmelzung in die nationalen Rechte zum Anspruch.[29] Dabei war es ein erklärtes Ziel, die Aktionäre der sich verschmelzenden Gesellschaften angemessen und so objektiv wie möglich zu unterrichten sowie ihre Rechte in geeigneter Weise zu schüt-

---

26 *Fleischer* in Großkomm. AktG, Vor §§ 327a-f AktG, Rn. 22.

27 *Kiem*, RWS-Forum Gesellschaftsrecht 2001, 329, 337; auf den an dieser Stelle nicht näher eingegangenen übernahmerechtlichen Squeeze-out gemäß § 39a WpÜG passt das Bild einer Strukturmaßnahme ohnehin schon nicht, da die §§ 39a, 39b WpÜG erst gar keine gesellschaftsrechtliche, sondern vielmehr eine kapitalmarktrechtliche Konzeption beinhalten und die erforderlichen Maßnahmen zum Schutze der strukturunterlegenen Minderheitsaktionäre auf anderem Wege erreicht werden, vgl. eingehend *Kießling*, Der übernahmerechtliche Squeeze-out, S. 7.

28 Dritte Richtlinie 78/855/EWG des Rates vom 9.10.1978 gemäß Artikel 54 Absatz 3 Buchstabe g) des Vertrages betreffend die Verschmelzung von Aktiengesellschaften, im Folgenden „Dritte Richtlinie" genannt, in Kraft getreten am 12.10.1978, außer Kraft seit 30.6.2011.

29 So die Erwägung (3) zur Dritten Richtlinie.

zen.[30] Zu diesem Zweck wurde den Mitgliedstaaten die Option eingeräumt, für eine Konzernverschmelzung i.S.v. Art. 27 der Dritten Richtlinie entsprechende Verfahrenserleichterungen vorzusehen, wenn also der übernehmenden Gesellschaft 90% oder mehr, jedoch nicht alle Anteile der übertragenden Gesellschaft gehörten. In diesem Fall *durften* gemäß Art. 28 der Dritten Richtlinie ein Verschmelzungsbericht, eine Verschmelzungsprüfung und eine umfassende Information der Minderheitsaktionäre der übertragenden Gesellschaft entfallen, wenn die Minderheitsaktionäre ihre Aktien von der übernehmenden Gesellschaft aufkaufen lassen konnten und sie dadurch einen Anspruch auf ein dem Wert ihrer Aktien entsprechendes Entgelt erhielten (Andienungsrecht). Es handelte sich jedoch um eine bloße Ermächtigung des europäischen Gesetzgebers, von der etwa der deutsche Gesetzgeber keinen Gebrauch machte. Er beschränkte sich vielmehr auf die von Art. 27 der Dritten Richtlinie für eine solche Konzernkonstellation vorgesehene Möglichkeit der Entbehrlichkeit eines Verschmelzungsbeschlusses der übernehmenden Gesellschaft.[31]

Nachdem sich die EU-Kommission verstärkt der Verwaltungsvereinfachung und der Senkung der Verwaltungskosten verschrieb, wurde 2006 durch „Strategische Überlegungen zur Verbesserung der Rechtssetzung in der Europäischen Union" abermals der Vereinfachung und Verbesserung der rechtlichen Rahmenbedingungen allerhöchste Priorität beigemessen.[32] Ziel dieser Überlegungen war es, die Konkurrenzfähigkeit der europäischen Unternehmen in einem globalen Wettbewerb zu fördern und die Verwaltungslasten, die u.a. durch Berichts-, Informations- und Prüfungspflichten der Unternehmen entstehen können, zu senken.[33] Dieser Aufgabe nahm sich auch die Änderungsrichtlinie 2009/109/EG[34]

---

30 So die Erwägung (4) zur Dritten Richtlinie.

31 Vgl. auch *Austmann*, NZG 2011, 684, 686.

32 Mitteilung der Kommission der Europäischen Gemeinschaften an den Rat, das Europäische Parlament, den Europäischen Wirtschafts- und Sozialausschuss und den Ausschuss der Regionen über „Strategische Überlegungen zur Verbesserung der Rechtssetzung in der Europäischen Union", KOM(2006) 689, S. 5.

33 *Neye/Jäckel*, AG 2010, 237; der wirtschaftliche Nutzen entsprechender Maßnahmen könnte sich nach dem Arbeitsdokument der Kommission der Europäischen Gemeinschaften „Berechnung der Verwaltungskosten und Verringerung der Verwaltungslasten in der Europäischen Union", KOM(2006) 691, S. 3, in einem Anstieg des BIP um insgesamt bis zu 1,5% beziehungsweise 150 Mrd. EUR niederschlagen, vgl. hierauf bezugnehmend auch KOM(2006) 689, S. 7; so auch *Austmann*, NZG 2011, 684, 686.

34 Richtlinie 2009/109/EG des europäischen Parlaments und des Rates vom 16.9.2009 zur Änderung der Richtlinien 77/91/EWG, 78/855/EWG und 82/891/EWG des Rates sowie der Richtlinie 2005/56/EG hinsichtlich der Berichts- und Dokumentationspflicht bei Verschmelzungen und Spaltungen, in Kraft seit 2.10.2009.

an, die am 2.10.2009 in Kraft trat und u.a. zahlreiche Änderungen der Dritten Richtlinie vorsah. In den Erwägungen hierzu heißt es, dass die Verwaltungslasten auf ein Minimum beschränkt werden sollen, das erforderlich sei, um die Anliegen anderer Interessengruppen zu schützen.[35] Fortan sah Art. 28 der Dritten Richtlinie nach der Lesart der herrschenden Ansicht[36] keine Option mehr für die Mitgliedstaaten vor, sondern verpflichtete sie zur Einführung eines Regelungsregimes, wonach ein Verschmelzungsbericht, eine Verschmelzungsprüfung und eine umfassende Information der Aktionäre der übertragenden Gesellschaft bei einer Konzernverschmelzung nicht erforderlich sind.[37] Dieses Verständnis stützte sich darauf, dass in Art. 28 der Dritten Richtlinie allein der Wortlaut des bis dahin alleinigen Absatzes 1 von „*brauchen* [...] nicht anzuwenden, wenn [...]" in „*dürfen* [...] nicht auferlegen, wenn [...]" geändert wurde.

Damit wäre auch der deutsche Gesetzgeber zur Einführung eines Andienungsrechts verpflichtet gewesen. Ein solches galt jedoch – abseits von § 39c WpÜG – als der deutschen Rechtsordnung weitestgehend unbekannt beziehungsweise darüber hinaus als zu wenig erprobt. Immerhin wurde auch das Andienungsrecht gemäß § 39c WpÜG nur eingeführt, weil die Übernahmerichtlinie 2004/25/EG[38] den Mitgliedstaaten insoweit keinen Gestaltungsspielraum eröffnet hatte. Aus diesen Gründen hatte sich insbesondere Deutschland gegen die singuläre Verpflichtung zur Einführung eines Andienungsrechts im Gesetzgebungsverfahren zur Änderungsrichtlinie ausgesprochen.[39] Am Ende des Einigungsprozesses wurde ein neuer Absatz 2 in Art. 28 der Dritten Richtlinie eingefügt, der es den Mitgliedstaaten ermöglichen sollte, statt eines Andienungsrechts der Minderheitsaktionäre, nunmehr ein Recht der übernehmenden Gesellschaft vorzusehen, wonach von den Inhabern der verbleibenden Anteile der zu übernehmenden Gesellschaft verlangt werden konnte, dass ihr von diesen deren Anteile vor der Verschmelzung zu einem angemessenen Preis verkauft werden (Squeeze-out). Aus Art. 6 der Änderungsrichtlinie folgte schließlich, dass die Mitgliedstaaten bis zum Datum des 30.6.2011 die erforderlichen Rechts- und Verwaltungsvorschriften in Kraft setzen mussten, in denen sie den Richtlinienvorgaben nachkommen werden.

---

35 So die Erwägung (2) zur Änderungsrichtlinie.

36 Siehe im Einzelnen zum Regelungszwang des nationalen Gesetzgebers § 3 B. I. 2.

37 *Austmann*, NZG 2011, 684, 686.

38 Richtlinie 2004/25/EG des Europäischen Parlaments und des Rates v. 21.4.2004 betreffend Übernahmeangebote, in Kraft seit 20.4.2009.

39 Vgl. die Erklärung der deutschen Delegation in der 2957. Tagung des Rates der Europäischen Union (Allgemeine Angelegenheiten und Außenbeziehungen) am 27.7.2009 in Brüssel, Addendum zum Entwurf eines Protokolls, 12396/09 ADD 1 (7.9.2009), S. 9.

Neben diesen Änderungen unterlag die Dritte Richtlinie auch weiteren zahl- und weitreichenden Modifizierungen. Daher wurde sie im Zuge des „allgemeinen Projekts zur Kodifizierung eines acquis communautaire“[40] im Anschluss an die in 2009 erfolgten Neukodifizierungen der ersten Publizitätsrichtlinie 2009/101/EG[41] und der zwölften Einpersonengesellschaftsrichtlinie 2009/102/EG[42] aus Vereinfachungsgründen in der Richtlinie über die Verschmelzung von Aktiengesellschaften 2011/35/EU[43] neu kodifiziert.[44] Diese Verschmelzungsrichtlinie bildet damit die heutige europäische Grundlage für den verschmelzungsrechtlichen Squeeze-out gemäß § 62 Abs. 5 UmwG, zu dessen Einführung sich der deutsche Gesetzgeber aufgrund des Wortlauts als Alternative zur sonst verbindlichen Einführung eines Andienungsrechts verpflichtet sah.

2. Regelungszwang des nationalen Gesetzgebers

Gleichwohl lässt sich in Anbetracht der europäischen Rechtssetzungsgeschichte und des Wortlauts von Art. 28 VRL die Frage aufwerfen, inwieweit ein Regelungszwang des nationalen Gesetzgebers zur Einführung eines Regelungsregimes überhaupt bestand, wonach ein Verschmelzungsbericht, eine Verschmelzungsprüfung und eine umfassende Information der Aktionäre der übertragenden Gesellschaft bei einer 90%igen Konzernverschmelzung nicht mehr erforderlich sind.

---

40 Titel der Mitteilung der EG-Kommission am 21.11.2001 an das Europäische Parlament und den Rat – KOM(2001) 645 – zu einer verbesserten Verständlichkeit der Gemeinschaftsgesetzgebung und Vorstellung eines das gesamte geltende sekundäre Gemeinschaftsrecht umfassenden Kodifizierungsprojektes.

41 Richtlinie 2009/101/EG des Europäischen Parlaments und des Rates v. 16.9.2009 zur Koordinierung der Schutzbestimmungen, die in den Mitgliedstaaten den Gesellschaften i.S.d. Art. 48 Abs. 2 des Vertrags im Interesse der Gesellschafter sowie Dritter vorgeschrieben sind, um diese Bestimmungen gleichwertig zu gestalten, in Kraft seit 21.10.2009.

42 Richtlinie 2009/102/EG des Europäischen Parlaments und des Rates v. 16.9.2009 auf dem Gebiet des Gesellschaftsrechts betreffend Gesellschaften mit beschränkter Haftung mit einem einzigen Gesellschafter, in Kraft seit 21.10.2009.

43 Richtlinie 2011/35/EU des Europäischen Parlaments und des Rates v. 5.4.2011 über die Verschmelzung von Aktiengesellschaften, im Folgenden „Verschmelzungsrichtlinie“ oder „VRL“ genannt, in Kraft seit 1.7.2011.

44 *Bayer/J. Schmidt*, BB 2012, 3, 4.

a) Meinungsstand

Das herrschende Verständnis von Art. 28 VRL betrachtet die Vorgaben des europäischen Gesetzgebers insoweit als verbindlich, als daraus hervorgehe, dass ein solches Regelungsregime hinsichtlich einer 90%igen Konzernverschmelzung habe geschaffen werden müssen.[45] Dieses könne einerseits vorsehen, dass den Minderheitsaktionären der übertragenden Gesellschaft das Recht gewährt werde, die eigenen Aktien durch die übernehmende Gesellschaft abkaufen zu lassen (Andienungsrecht). Andererseits könne es in der Einführung eines Squeeze-out-Verfahrens bestehen, also eines Rechts, das der übernehmenden Gesellschaft zustehe. Den Ausgangspunkt dieser Ansicht bildeten die Richtlinienvorgaben des Art. 28 in der ursprünglichen Fassung der Änderungsrichtlinie, die nach herrschendem Verständnis die verbindliche Vorgabe zur Schaffung eines Andienungsrechts beinhaltete.

Auch die Erklärung der deutschen Delegation während des Entstehungsprozesses der Änderungsrichtlinie war von diesem Verständnis geleitet und damit der ausschlaggebende Grund für die ablehnende Haltung Deutschlands gegenüber der (bis dahin ausschließlich) beabsichtigten Neuformulierung des heutigen Art. 28 Abs. 1 VRL.[46] Dass am Ende des Einigungsprozesses in Art. 28 der Dritten Richtlinie ein neuer Absatz 2 eingefügt wurde, wird allgemein so ausgelegt, dass dieses Verständnis zugleich das allseitige, auch aller übrigen an der Entstehung der Änderungsrichtlinie Beteiligten gewesen sei, da es andernfalls einer solchen „Öffnungsklausel“ nicht bedurft hätte.[47] Davon ausgehend ergebe sich für das Verständnis des deutschen Gesetzgebers bezüglich der Vorgaben des Art. 28 Abs. 2 VRL, dass ein Squeeze-out-Verfahren im nationalen Recht habe *verpflichtend* geschaffen werden müssen, um von der Einführung eines umfassenden verschmelzungsrechtlichen Andienungsrechts absehen zu dürfen. Dieser Ansicht ist auch die verschmelzungsrechtliche Literatur in weiten Teilen gefolgt, auch wenn sie eine nähere Begründung größtenteils schuldig bleibt.

---

45 *Austmann*, NZG 2011, 684, 686; *Bayer/J. Schmidt*, ZIP 2010, 953, 955; *Bungert/Wettich*, DB 2010, 2545, 2547 f. *Neye/Jäckel*, AG 2010, 237, 240; *Wagner*, DStR 2010, 1629, 1633; *Heckschen*, NZG 2010, 1041, 1044; so auch DAV-HRA Stellungnahme RefE, NZG 2010, 614, 615.

46 Vgl. zur ursprünglich beabsichtigten Änderung des Wortlauts von Art. 28 der Dritten Richtlinie von „*brauchen* […] nicht anzuwenden, wenn […]" in „*dürfen* […] nicht auferlegen, wenn […]" oben § 3 B. I. 1.; so auch *Freytag*, BB 2010, 1611, 1613.

47 Vgl. *Freytag*, BB 2010, 1611, 1616.

Vereinzelt wird jedoch an der Verbindlichkeit der Richtlinienvorgaben zur (alternativen) Einführung eines Squeeze-out-Verfahrens in das nationale Recht gezweifelt, sofern ein Andienungsrecht nicht besteht und nicht eingeführt werden soll.[48] Dabei werden auf Art. 28 VRL und die Bedenken verwiesen, die sich aus einem Vergleich seines heutigen und seines früheren Wortlauts ergeben. Denn schließlich habe der frühere Art. 28 in der ursprünglichen Fassung der Dritten Richtlinie den Mitgliedstaaten eine doppelte Wahlmöglichkeit eröffnet. So seien die nationalen Gesetzgeber einerseits frei darin gewesen, ein Andienungsrecht zugunsten der Minderheitsaktionäre vorzusehen oder nicht. Andererseits seien sie auch darin frei gewesen, von den sonst geltenden Erfordernissen eines Verschmelzungsberichts, einer Verschmelzungsprüfung und der Offenlegung der üblichen Informationen abzusehen oder nicht, wenn das nationale Recht ein solches Andienungsrecht vorsah.[49]

Durch die Neufassung sei den Mitgliedstaaten aber nur die Flexibilität auf der zweiten Ebene genommen, da nur das „Nichtdürfen" durch den Wenn-Satz konditioniert sei. Dies führe dazu, dass die Mitgliedstaaten auch nur dann verpflichtend von den entsprechenden Anforderungen absehen müssten, wenn das nationale Recht tatsächlich ein Andienungsrecht vorsehe. Dem heutigen Wortlaut sei darüber hinaus nicht der Zwang der Mitgliedstaaten zur Umsetzung eines Andienungsrechts in nationales Recht zu entnehmen. Ein solcher könne auch anderen Sprachfassungen der Richtlinie nicht entnommen werden.[50] Auch die Ausführungen der Kommission könnten die herrschende Ansicht nicht tragen, da in ihnen lediglich zum Ausdruck gebracht werde, dass die bisher als Option formulierte Möglichkeit der Mitgliedstaaten, vereinfachte Verschmelzungen zu genehmigen, zu einer Verpflichtung gemacht werde. Auch unter der Annahme, dass es sich um das gewünschte Regelungsziel gehandelt habe, sei doch versäumt worden, dies hinreichend deutlich in den Richtlinienvorgaben zum Ausdruck zu bringen. Dies sei umso bemerkenswerter, als die Richtlinienvorgaben an anderen Stellen, wo sie den Mitgliedstaaten verbindliche Vorgaben machen wollen würden, durchaus klar formuliert seien.[51] Sofern also kein Andienungs-

48 Grundlegend *Freytag*, BB 2010, 1611, 1616; *Kiefner/Brügel*, AG 2011, 525, 526.

49 *Freytag*, BB 2010, 1611, 1616

50 Vgl. auch *Goldenberg*, Der verschmelzungsrechtliche Squeeze-out, S. 18 f., die hierzu auf die englische und französische Sprachfassung verweist.

51 Zu den angeführten Argumenten grdl. *Freytag*, BB 2010, 1611, 1616; vgl. Art. 13 Abs. 1 der Verschmelzungsrichtlinie, „Die Rechtsvorschriften der Mitgliedstaaten müssen [...] vorsehen"; oder Art. 7, „Die Rechtsvorschriften der Mitgliedstaaten schreiben vor, dass [...]."

recht im nationalen Recht bestehe, könne die Einführung eines Squeeze-out-Verfahrens als alternatives Regelungsregime nicht verpflichtend sein.

b) Stellungnahme

Dem Wortlaut von Art. 28 Abs. 1 VRL kann für sich allein zwingend nur entnommen werden, dass die aufgezählten Pflichten entfallen müssen, wenn ein Andienungsrecht bereits besteht. Zu der Frage, ob ein Andienungsrecht erst eingeführt werden muss, verhält sich der Wortlaut hingegen nicht ausdrücklich. Insoweit wäre es zustimmungswürdig, davon auszugehen, dass der konditionale Nebensatz allein das „Nichtdürfen" bedingt und nicht zur Schaffung eines Andienungsrechts verpflichtet. Die Auslegung umfasst jedoch mehr als die reine wortlautgetreue Bedeutung. Mit einzubeziehen sind neben dem historischen Willen des europäischen Gesetzgebers insbesondere auch der Sinn und Zweck sowie der systematische Zusammenhang der europäischen Regelungen. So ist die Änderungsrichtlinie u.a. angetreten, die Berichtspflichten, die aufgrund der Dritten Richtlinie bestehen, im Falle einer 90%igen Konzernverschmelzung zwischen Mutter- und Tochtergesellschaft zu verringern, da diese in wirtschaftlicher Hinsicht weniger Auswirkungen auf Aktionäre und Gläubiger hat.[52] In diesem Kontext ist daher auch die Änderung des Wortlauts des heutigen Art. 28 Abs. 1 VRL zu beleuchten. Der europäische Gesetzgeber wollte erkennbar den Schutz durch Informations- und Prüfungspflichten mit dem Schutz durch ein Andienungsrecht ersetzen, um die Verwaltungskosten für die Verschmelzung für die Gesellschaften zu senken.[53] An die Stelle eines a-priori Schutzes durch Information sollte demnach ein a-posteriori Schutz durch das Recht zum Austritt gegen Barabfindung treten.[54] Dieses Verständnis wird durch das in Art. 28 Abs. 2 VRL alternativ vorgesehene Ausschlussverfahren untermauert.

Dahingehend ist Art. 28 Abs. 2 VRL in der Gesamtschau mit Art. 24 Satz 3 VRL zu sehen, da der Ausschluss der Minderheitsaktionäre *vor* der Verschmelzung zwangsläufig dessen Anwendbarkeit nach sich zieht und somit auch die Einführung dieser Alternative den Ausschluss der Anforderungen der Artt. 9, 10 und 11 Abs. 1 lit. d und e VRL im Rahmen der Verschmelzung bedingt. Auch durch die Einführung eines der Verschmelzung vorgeschalteten Squeeze-out wird somit dem Ziel der Änderungsrichtlinie, die Verwaltungslasten im

---

52 So die Erwägung (10) zur Änderungsrichtlinie.

53 So auch *Kehren*, Geschichte des Ausschlusses von Mehrheitsgesellschaftern, S. 326.

54 So auch *Bayer/J. Schmidt*, ZIP 2010, 953, 959, die von einem „ex-post Schutz" sprechen.

Rahmen einer Verschmelzung zu senken, entsprochen. So kann im Falle eines Andienungsrechts die Entbehrlichkeit der Informations- und Prüfungspflichten mit der Möglichkeit zum Ausscheiden aus der Gesellschaft gegen eine angemessene Barabfindung vor der Verschmelzung damit gerechtfertigt werden, dass sich die Minderheitsaktionäre für den Fall, dass sie von ihrem Recht keinen Gebrauch machen, selbst der Möglichkeit begeben, vermögensmäßig voll abgefunden zu werden. Vergleichbares gilt auch für die Alternative des Squeeze-out.[55] Denn in diesem Fall geraten die Minderheitsaktionäre mit der Verschmelzung und deren Auswirkungen erst gar nicht in Berührung, während ihrem Vermögensinteresse voll entsprochen wird. Der europäische Gesetzgeber betrachtet die ausstehenden Minderheitsaktionäre daher als Anlageaktionäre, so dass es in beiden Fällen gerechtfertigt und i.E. auch bezweckt ist, dass in einer wirtschaftlich unbedeutenden Situation der 90%-Konzernverschmelzung die zugunsten der Minderheitsaktionäre geltenden Informations- und Prüfungspflichten ausgeschlossen werden.

Irritierend ist insofern allein, dass die Gesetzesbegründung annimmt, durch die Einführung eines verschmelzungsrechtlichen Squeeze-out könnten ein Verschmelzungsbericht, die Verschmelzungsprüfung und die Bereitstellung von Unterlagen für die Aktionäre weiterhin verlangt werden, sofern die Muttergesellschaft den Ausschluss der Minderheitsaktionäre der Tochtergesellschaft herbeizuführen vermöge.[56]

Insbesondere mit Blick auf die zwingende Verknüpfung von Art. 28 Abs. 2 VRL und Art. 24 VRL ergibt diese Aussage wenn überhaupt nur dann einen Sinn, wenn angenommen würde, dass die Anforderungen lediglich für den Fall auferlegt werden könnten, dass sowohl ein Andienungsrecht als auch ein Recht zum Squeeze-out bestünde. Jedoch wäre der Grund für die Möglichkeit zur Auferlegung auch in diesem Fall fraglich, so dass der Aussage insgesamt keine größere Bedeutung beigemessen werden sollte. Es ist daher mit der herrschenden Ansicht davon auszugehen, dass Art. 28 VRL in seiner Gesamtheit zur Schaffung eines Regelungsregimes zwingt, wonach die Informations- und Prüfungspflichten entfallen, da nur in diesem Fall dem Zweck zur Kostenreduktion für die Gesellschaften vollumfänglich entsprochen werden kann.

---

55 Vgl. *Freytag*, BB 2010, 1611, 1616.
56 Begr. RegE, BT-Drs. 17/3122, S. 12.

II. Umsetzung des deutschen Gesetzgebers

Der deutsche Gesetzgeber nahm sich dieses zwingenden Regelungsauftrags an. Selbst wenn ein solcher Umsetzungszwang nicht angenommen wird, bleibt es begrüßenswert, dass mit § 62 Abs. 5 UmwG ein verschmelzungsrechtliches Squeeze-out-Verfahren in das deutsche Umwandlungsrecht implementiert und damit ein Regelungsregime i.S.v. Art. 28 VRL geschaffen wurde, da hiermit jegliche (Rest-)Zweifel an der Richtlinienkonformität des deutschen Rechts im Falle einer Nichtumsetzung von vornherein ausgeschlossen werden.[57]

1. Drittes Gesetz zur Änderung des UmwG

Die dahingehenden europäischen Richtlinienvorgaben wurden vom deutschen Gesetzgeber im Umwandlungsgesetz als Teil des „Dritten Gesetzes zur Änderung des UmwG" nachvollzogen, das am 15.7.2011 in Kraft trat. Bereits der Referentenentwurf des Bundesministeriums der Justiz[58] vom 15.03.2010 sah vor, dass die Modifikation des Ausschlussrechts auf eine verschmelzungsrechtliche Sonderlösung beschränkt werden sollte. Die Intention des RefE war es, dass ein Schwellenwert von 90% der Aktien nur dann für den Ausschluss nach § 327a Abs. 1 AktG gelten sollte, wenn der Squeeze-out in einem sachlichen und zeitlichen Zusammenhang mit der Verschmelzung der Tochter- auf die Muttergesellschaft vollzogen wird. Teilweise wurde diese Sonderlösung in den jeweiligen Stellungnahmen der Fachverbände kritisiert und stattdessen eine generelle Absenkung der Squeeze-out-Schwelle in § 327a Abs. 1 Satz 1 AktG angeregt.[59]

Darüber hinaus wurde verstärkt auf eine etwaige missbräuchliche Gestaltung hingewiesen, wonach durch § 62 Abs. 5 UmwG-RefE nicht sichergestellt gewesen wäre, dass im Anschluss an den Squeeze-out tatsächlich eine Konzernverschmelzung erfolgt wäre.[60] Dennoch fanden diese, ebenso wie die meisten übri-

57 *Freytag*, BB 2010, S. 1611, 1617.

58 Referentenentwurf des Bundesministeriums der Justiz – Drittes Gesetz zur Änderung des Umwandlungsgesetzes, im Folgenden „RefE" genannt, abrufbar unter: http://www.bundesgerichtshof.de/SharedDocs/Downloads/DE/Bibliothek/Gesetzesmaterialien/17_wp/umwandlung/refe.pdf?__blob=publicationFile.

59 BDI-Stellungnahme z. RefE, Nr. D 0341 V/2-16-01 Ni, S. 4; befürwortend Schreiben des DNotarV z. RefE v. 29.4.2010, S. 5; vgl. ausführlich zur generelle Absenkung § 3 B. II. 3.

60 Schreiben des DNotarV z. RefE v. 29.4.2010, S. 8; DAV-HRA Stellungnahme RefE, NZG 2010, 614, 615.

gen Anregungen der zahlreichen Stellungnahmen bezüglich des verschmelzungsrechtlichen Squeeze-out, keinen Einzug in den späteren Gesetzentwurf der Bundesregierung[61], der am 7.7.2010 seitens des Bundeskabinetts beschlossen wurde und schließlich ab dem 15.7.2010 vorlag. Da eine Fundamentalkritik an dem RefE dennoch ausblieb, war es auch nicht erstaunlich, dass der RegE keine weitreichenden Änderungen präsentierte.[62] Hinsichtlich der für den verschmelzungsrechtlichen Squeeze-out relevanten Vorschrift des § 62 Abs. 4 und 5 UmwG beschränkten sich die Neuerungen des RegE vielmehr darauf, dass an mehreren Stellen die Worte *„oder der Aufstellung des Entwurfs“* gelöscht wurden.[63]

Im Anschluss an die Zuleitung des RegE an den Bundesrat, hatte dieser am 24.9.2010 beschlossen, gegen den Gesetzentwurf gemäß Art. 76 Abs. 2 GG keine Einwendungen zu erheben.[64] Am 11.11.2010 wurde der RegE nach der ersten Beratung des Bundestags schließlich an den Rechtsausschuss zur federführenden Beratung überwiesen.[65] Dieser empfahl sodann einstimmig die Annahme des Gesetzesentwurfs in der aus der Beschlussempfehlung ersichtlichen Fassung.[66] Diese unterschied sich vom RegE an mehreren für den verschmelzungsrechtlichen Squeeze-out elementaren Stellen, dessen Änderungen auf einem zuvor in den Rechtsausschuss eingebrachten Änderungsantrag der Fraktionen der CDU/CSU und FDP basierten, der zuvor ebenfalls einstimmig angenommen worden war.[67]

Die wichtigste Änderung betraf die Einfügung eines neuen Satzes 7 in § 62 Abs. 5 UmwG, wonach die Anregungen aufgegriffen wurden, die bereits seit dem RefE bestanden. Es sollte de lege die Hintertür zugeschlagen werden, durch die ein Squeeze-out mit 90%iger Beteiligungsschwelle auch ohne anschließende Konzernverschmelzung möglich gewesen wäre. Zu diesem Zweck wurde die Wirksamkeit des Squeeze-out an die Eintragung der Konzernver-

---

61 RegE 3. UmwÄndG, BT-Drs. 17/3122.

62 Einen Überblick der zentralen Änderungen bei *Freytag*, BB 2010, 2839, 2840 ff.

63 So in § 62 Abs. 4 Satz 2 und Abs. 5 Satz 1 und 3 UmwG-RegE.

64 Stellungnahme des Bundesrats – Entwurf eines Dritten Gesetzes zur Änderung des Umwandlungsgesetzes v. 24.09.10, BR-Drs. 485/10 (B); BR-Plenarprotokoll 874, S. 309C-309D.

65 BT-Plenarprotokoll 17/71, S. 7638D-7640D.

66 Beschlussempfehlung und Bericht des Rechtsausschusses zu dem Gesetzentwurf der Bundesregierung – Drucksache 17/3122 – v. 25.5.2011, BT-Drs. 17/5930, S. 11.

67 Beschlussempfehlung und Bericht des Rechtsausschusses zu dem Gesetzentwurf der Bundesregierung – Drucksache 17/3122 – v. 25.5.2011, BT-Drs. 17/5930, S. 11; Änderungen in § 62 Abs. 4 Satz 2 und 4, Abs. 5 Satz 4, 6 und 7 UmwG.

schmelzung gebunden. Zusätzlich wurde in der Ausschussfassung des RegE klargestellt, dass der Anknüpfungspunkt für die Betriebsratszuleitung im Falle einer 100%-Konzernverschmelzung beziehungsweise im Falle eines verschmelzungsrechtlichen Squeeze-out-Verfahrens spätestens im Zeitpunkt des Abschlusses des Verschmelzungsvertrags liegt.[68]

Im Anschluss an die Berichterstattung der einzelnen Fraktionsvertreter im Rechtsausschuss wurde der RegE schließlich in der Ausschussfassung in der zweiten und dritten Beratung durch den Bundestag am 25.5.2011 angenommen.[69] Daran anschließend hat auch der Bundesrat am 17.6.2011 im zweiten Durchgang beschlossen, gegen den Gesetzentwurf gemäß Art. 76 Abs. 2 GG keine Einwendungen zu erheben, so dass kein Antrag auf Einberufung des Vermittlungsausschusses gemäß Art. 77 Abs. 2 GG nötig war.[70] Am 14.7.2011 wurde schließlich das Dritte Gesetz zur Änderung des UmwG vom 11.7.2011 im Bundesgesetzblatt verkündet, um am darauffolgenden Tag des 15.7.2011 in Kraft treten zu können.[71] Mit dem Inkrafttreten der Gesetzesnovelle verfügt die deutsche Rechtsordnung nunmehr über ein viertes, neben die bisherigen Squeeze-out-Verfahren tretendes Ausschlussverfahren von Minderheitsaktionären. Der deutsche Gesetzgeber zog zugleich ein solches der ebenfalls durch die Richtlinienvorgaben ermöglichten Implementierung eines verschmelzungsrechtlichen Andienungsrechts vor.

2. Andienungsrecht als alternatives Konzept

a) Meinungsstand

Die Ablehnung eines solchen verschmelzungsrechtlichen Andienungsrechts basiert weitestgehend auf zwei Argumenten. Zum einen – so die Kritiker – stelle ein solches Andienungsrecht einen Fremdkörper im deutschen Gesellschaftsrecht dar und sei einzig der kapitalmarktrechtlichen Spezialvorschrift des § 39c WpÜG bekannt. Zum anderen sei ein Andienungsrecht unter dem Gesichtspunkt des Deregulierungsauftrags der Verschmelzungsrichtlinie nicht sachgerecht. Letztlich wurde die gesetzgeberische Entscheidung für die Einführung eines verschmelzungsrechtlichen Squeeze-out-Verfahrens anstelle eines verschmelzungsrechtlichen Andienungsrechts auch in der verschmelzungsrecht-

68 § 62 Abs. 4 Satz 4, Abs. 5 Satz 4 UmwG.

69 BT-Plenarprotokoll 17/111, S. 12754B-12758A.

70 Beschluss des Bundesrates – Drittes Gesetz zur Änderung des Umwandlungsgesetzes, BR-Drs. 287/11 (B); BR-Plenarprotokoll 884, S. 296A.

71 BGBl. I, 2011, Nr. 35 v. 14.7.2011, S. 1338, vgl. bereits Fn. 10.

lichen Literatur ausnahmslos begrüßt.[72] Abweichende Literaturstimmen sind – soweit ersichtlich – nicht bekannt. Allein die angeführten Gründe für eine solche Favorisierung der Implementierung eines weiteren Squeeze-out-Verfahrens unterscheiden sich teils erheblich.

Den Ausgangspunkt bildet hierbei die Begründung des RefE, wonach ausgeführt wird, dass ein Andienungsrecht der Minderheitsaktionäre im deutschen Recht, abgesehen vom Sonderfall des § 39c WpÜG, bislang nicht vorgesehen sei. Ein solches müsse daher zum Zwecke der Richtlinienumsetzung erst geschaffen werden. Hinzu komme die Einführung eines gerichtlichen Festsetzungsverfahrens für den Fall, dass über das zu entrichtende Entgelt keine Einigung erzielt werden könne (Art. 28 Abs. 1 lit. c der Dritten Richtlinie). Die Einführung einer solchen umfassenden Regelung erscheine vor diesem Hintergrund mit dem Ziel der Änderungsrichtlinie, Konzernverschmelzungen zu vereinfachen und eine Deregulierung zu erreichen, nicht vereinbar. Auch seien rechtspraktische Probleme zu befürchten. Denn im Streitfalle sei der Fortgang der Verschmelzung so lange gehemmt, bis durch abschließende Entscheidung geklärt sei, in welchem Umfang die Tochtergesellschaft über außenstehende Aktionäre verfüge.[73] Ferner seien unerwünschte finanzielle Belastungen für die betroffenen Unternehmen die Folge eines solchen Andienungsrechts.[74]

Letztlich wird vor allem das Fremdkörper-Argument, wonach das deutsche Recht abseits des Sonderfalls gemäß § 39c WpÜG ein Andienungsrecht nicht kenne, von Teilen der Literatur in Zweifel gezogen. Vielmehr ließe sich bereits das in § 29 UmwG vorgesehene Recht zum Austritt gegen Barabfindung als Andienungsrecht i.S.v. Art. 28 Abs. 1 der Verschmelzungsrichtlinie qualifizieren.[75] So sehe § 29 UmwG zwar einen Austritt gegen Barabfindung grundsätzlich nur im Rahmen von Mischverschmelzungen vor, während die Verschmelzungsrichtlinie lediglich Verschmelzungen von Aktiengesellschaften erfasse. Allerdings betreffe seit dem Zweiten Gesetz zur Änderung des UmwG zumindest die Variante der Verschmelzung einer börsennotierten auf eine nicht börsennotierte Aktiengesellschaft („Cold-Delisting") einen Fall im Anwendungsbereich der Verschmelzungsrichtlinie. Das Fremdkörper-Argument verliere daher bei näherer Betrachtung erheblich an Überzeugungskraft. Dies zeige sich umso deutlicher, wenn man bedenken würde, dass Art. 28 VRL den §§ 12, 13 und 15 UmwG-

72 *Neye/Jäckel*, AG 2010, 237, 240; vgl. ebenfalls *Wagner*, DStR 2010, 1629, 1633; *Bayer/J. Schmidt*, ZIP 2010, 953, 960; *Bungert/Wettich*, DB 2010, 2545.

73 So auch *Neye/Jäckel*, AG 2010, 237, 240.

74 Begr. RefE, S. 11.

75 *Bayer/J. Schmidt*, ZIP 2010, 953, 960.

1956[76] nachgezeichnet sei und damit im Grunde auf einem deutschen Vorbild beruhe.[77]

Wieder andere lehnen eine derartige Sichtweise von vornherein ab, da § 29 UmwG kein Andienungsrecht im Sinne der Verschmelzungsrichtlinie darstelle. Dieses verlange eine Austrittsmöglichkeit *vor* der Verschmelzung. § 29 UmwG ermögliche hingegen nur den Austritt *nach* der Verschmelzung, was keine hinreichende Basis dafür biete, diese im erleichterten Verfahren durchführen zu dürfen. Daher sei es nachvollziehbar, dass der Gesetzgeber von einer kompletten Neuschaffung eines solchen Instrumentariums abgesehen habe.[78] Andernfalls stelle sich zudem unweigerlich die Frage, ob der Sell-out nicht auch auf Fälle unter Beteiligung anderer Kapitalgesellschaften erstreckt werden müsse, obwohl die Verschmelzungsrichtlinie lediglich den Fall eines 90%igen Upstream-merger unter Beteiligung zweier Aktiengesellschaften erfasse. Eine solche Überlegung führe sodann zu der Frage, ob eine Beschränkung des Austrittsrechts des § 29 UmwG auf Mischverschmelzungen überhaupt zu rechtfertigen sei. Schließlich gerate auch die dogmatische Begründung des Austrittsrechts gemäß § 122i UmwG[79] und § 7 SEAG[80] ins Wanken. Letzten Endes besteht daher allgemeine Einigkeit, dass die Implementierung eines verschmelzungsrechtlichen Squeeze-out-Verfahrens der Einführung eines Andienungsrechts vorzuziehen sei.

b) Stellungnahme

aa) Bestehende Andienungsrechte

Es stellt sich bereits die Frage, ob ein verschmelzungsrechtliches Andienungsrecht per se einen Fremdkörper im deutschen Gesellschafts- und speziell im deutschen Umwandlungsrecht darstellen würde. So wird zwar allein die kapitalmarktrechtliche Norm des § 39c WpÜG im Gesetz mit dem Titel „Andienungsrecht" überschrieben. Bei näherer Untersuchung lassen sich allerdings

---

76 Gesetz über die Umwandlung von Kapitalgesellschaften und bergrechtlichen Gewerkschaften v. 12.11.1956 BGBl. I, 1956, Nr. 48 v. 17.11.1956, S. 844 in der Neufassung v. 6.11.1969, BGBl. I, 1969, Nr. 119 v. 11.11.1969, S. 2081.

77 So bereits *Ganske*, DB 1981, 1551, 1557.

78 So *Freytag*, BB 2010, 1611, 1617.

79 Im Einzelnen hierzu *Drinhausen* in Semler/Stengel UmwG, § 122i UmwG, Rn. 1 ff.; *Bayer* in Lutter UmwG, § 122i UmwG, Rn. 4 ff.; *Marsch-Barner* in Kallmeyer UmwG, § 122i UmwG, Rn. 1 ff.

80 Im Einzelnen hierzu *Bayer* in Lutter/Hommelhoff SE, Art. 24 Rn. 48 ff.

auch die Austrittsrechte des §§ 29, 122i UmwG und § 7 SEAG als eben solche Andienungsrechte begreifen.[81] Betrachtet man das unstrittig als Andienungsrecht charakterisierte Verfahren nach § 39c WpÜG, so gewährt dieses de lege lata den Aktionären das Recht, das zuvor *erfolgte Angebot* zum Erwerb von Wertpapieren der Zielgesellschaft noch drei Monate nach Ablauf der Annahmefrist *anzunehmen*. Zwar verlangt Art. 16 Abs. 2 der Richtlinie 2004/25/EG betreffend Übernahmeangebote[82], worauf § 39c WpÜG zurückzuführen ist, dass ein Inhaber verbleibender Wertpapiere von dem Bieter *verlangen kann*, dass er seine Wertpapiere gemäß den Bedingungen des Art. 15 Abs. 2 der Übernahmerichtlinie zu einem angemessenen Preis erwirbt. Dogmatisch legt sie daher mehr einen von den (Minderheits-)Aktionären ausgehenden Kontrahierungszwang für den Bieter als die bloße Annahme eines von diesem unterbreiteten Angebots nahe.[83] Dennoch wird die gesetzgeberische Umsetzung als richtlinienkonform erachtet, so dass ein Andienungsrecht unstreitig vorliegt.[84]

Ein Vergleich dieser Regelung mit den Normtexten der weiteren erwähnten Austrittsrechte offenbart, dass diese ebenfalls ein *Angebot* zum Erwerb der Anteile gegen eine angemessene Barabfindung erfordern, das durch den Aktionär unter Berücksichtigung der jeweiligen Bedingungen *angenommen* werden kann. An dieser Stelle wird sodann deutlich, dass die erwähnten Austrittsrechte und das unstreitig als Andienungsrecht anerkannte Rechtsinstitut gemäß § 39c WpÜG strukturell miteinander vergleichbar sind. Daher verwundert es auch nicht, dass die Begriffe Austritts- und Andienungsrecht oftmals synonym verwendet werden.[85] Festzuhalten ist daher, dass ein Andienungsrecht gerade im Rahmen von Umwandlungsmaßnahmen und somit über den Fall des § 39c WpÜG hinaus dem deutschen Gesellschaftsrecht grundsätzlich nicht unbekannt ist.

---

81 Das in § 207 UmwG kodifizierte Austrittsrecht bleibt unberücksichtigt, da es sich insoweit um kein verschmelzungsbezogenes Austrittsrecht handelt.

82 Richtlinie 2004/25/EG des Europäischen Parlaments und des Rates v. 21.4.2004 betreffend Übernahmeangebote, in Kraft seit 20.4.2009 (im Folgenden „Übernahmerichtlinie").

83 *Süßmann* in Geibel/Süßmann WpÜG, § 39c WpÜG, Rn. 8; dahingehend auch *Heidel/Lochner* in Heidel AktG, § 39c WpÜG, Rn. 7.

84 *Grunewald* in Münchener Komm. AktG, § 39c WpÜG, Rn. 8; *Müller-Michaels* in Hölters AktG, § 39c WpÜG, Rn. 1; *Süßmann* in Geibel/Süßmann WpÜG, § 39c WpÜG, Rn. 1.

85 So etwa *Singhof* in Spindler/Stilz AktG, § 327a AktG, Rn. 30.

Damit drängt sich die weiterführende Frage auf, ob bereits eines der genannten Andienungsrechte einem solchen im Sinne der Vorgaben der Verschmelzungsrichtlinie entspricht. Dann jedenfalls wäre die fundamentale Ablehnung eines solchen Andienungsrechts kaum noch zu rechtfertigen.

In den drei benannten Fällen handelt es sich jeweils um verschmelzungsbezogene Andienungsrechte. So gewährt die Vorschrift des § 122i UmwG den Anteilsinhabern der deutschen übertragenden Gesellschaft ein Recht zur Andienung für den Fall, dass die übernehmende Gesellschaft nicht dem deutschen Recht unterliegt.[86] Es handelt sich daher um ein solches im Falle einer „rechtswechselnden Verschmelzung".[87] Ein ähnliches Recht gewährt § 7 SEAG den Anteilsinhabern einer übertragenden Gesellschaft, wenn vorgesehen ist, dass die zu gründende SE ihren Sitz im Ausland haben wird.[88] Beide Fälle sind ferner der Regelung des § 29 UmwG nachgezeichnet und an diese angelehnt.[89] Ein entscheidender Unterschied hierzu besteht jedoch darin, dass im Rahmen von § 122i UmwG und § 7 SEAG Schuldner des Rechts auf angemessene Barabfindung primär die übertragende (deutsche) Gesellschaft ist und die entsprechende Schuld erst im Wege der Gesamtrechtsnachfolge gemäß § 20 Abs. 1 Nr. 1 UmwG auf die übernehmende Gesellschaft übergeht.[90] Die Anteilsinhaber des übertragenden Rechtsträgers sind schon vor Wirksamwerden der Verschmelzung zum Ausscheiden gegen Barabfindung berechtigt.[91] Zudem bezieht sich der Erwerb der Anteile insoweit auf die Anteile an der übertragenden Gesellschaft. Demgegenüber ist die übernehmende Gesellschaft von vornherein Schuldnerin des Barabfindungsanspruchs nach § 29 UmwG. Daher bezieht sich auch das Barabfindungsangebot ausschließlich auf den Erwerb der Anteile an

---

86 Vgl. im Einzelnen *Drinhausen* in Semler/Stengel UmwG, § 122i UmwG, Rn. 2; *Marsch-Barner* in Kallmeyer UmwG, § 122i UmwG, Rn. 2; *Simon/Rubner* in Kölner Komm. z. UmwG, § 122i UmwG, Rn. 6 ff.; *Vossius* in Widmann/Mayer UmwG, § 122i UmwG, Rn. 8.

87 *Bayer* in Lutter UmwG, § 122i UmwG, Rn. 6.

88 Vgl. im Einzelnen *Timm-Wagner* SEAG, § 7 SEAG, Rn. 1.

89 *Bayer* in Lutter UmwG, § 122i UmwG, Rn. 5; *Drinhausen* in Semler/Stengel UmwG, § 122i UmwG, Rn. 5; *Timm-Wagner* SEAG, § 7 SEAG, Rn. 1.

90 *Bayer* in Lutter UmwG, § 122i UmwG, Rn. 15; *Timm-Wagner* SEAG, § 7 SEAG, Rn. 3.

91 *Drinhausen* in Semler/Stengel UmwG, § 122i Rn. 9; *Hörtnagl* in Schmitt/Hörtnagl/Stratz UmwG/UmwStG, § 122i UmwG, Rn. 13; a.A. *Simon/Rubner* in Kölner Komm. z. UmwG, § 122i UmwG, Rn. 6; *Simon/Rubner*, Der Konzern 2006, 835, 840; dahingehend auch *Vetter*, AG 2006, 613, 623.

der übernehmenden Gesellschaft und somit auf eigene Anteile nach Wirksamwerden der Verschmelzung.[92]

In der Konsequenz lassen sich beide Formen der vorhandenen Andienungsrechte nicht unter die Anforderungen der Verschmelzungsrichtlinie subsumieren. Insofern sei daran erinnert, dass Art. 28 Abs. 1 VRL verlangt, dass *Minderheitsaktionäre der übertragenden Gesellschaft* ihre Aktien von der *übernehmenden Gesellschaft* aufkaufen lassen dürfen. Die Durchführung muss daher *vor Wirksamwerden* der Verschmelzung erfolgen. In concreto ist somit ein Regelungsregime erforderlich, wonach sich das Barabfindungsangebot der übernehmenden Gesellschaft auf den Erwerb der Anteile der verbleibenden Minderheitsaktionäre an der übertragenden Gesellschaft bezieht, so dass die Schuldnerin gerade keine eigenen Aktien erwirbt. Ein Andienungsrecht, wonach sich das Barabfindungsangebot nicht von vornherein auf den Erwerb der Anteile an dem angebotsunterbreitenden Rechtsträger erstreckt, sieht das deutsche Verschmelzungsrecht – wie soeben gezeigt – bisher allerdings nicht vor.

bb) Mögliche Umsetzung eines Andienungsrechts

Dies allein kann jedoch nicht dazu gereichen, der (Neu-)Schaffung eines solchen Instruments einen generellen Fremdkörpercharakter für das deutsche Gesellschaftsrecht zu unterstellen. Stattdessen hätte die Formulierung des § 62 Abs. 5 UmwG auch Folgendes vorsehen können:

> *In den Fällen des Absatzes 1 hat der übernehmende Rechtsträger im Verschmelzungsvertrag oder seinem Entwurf jedem Anteilsinhaber der übertragenden Gesellschaft den Erwerb seiner Anteile gegen eine angemessene Barabfindung anzubieten. Absatz 3 gilt mit der Maßgabe, dass die dort genannten Verpflichtungen nach Abschluss des Verschmelzungsvertrags für die Dauer eines Monats zu erfüllen sind. Die Aktionäre sind in der Bekanntmachung nach Absatz 3 Satz 2 erster Halbsatz auf ihr Recht nach Satz 1 hinzuweisen. § 31 findet mit der Maßgabe Anwendung, dass das Angebot nur innerhalb von drei Monaten nach der Hinweisbekanntmachung angenommen werden kann. Der Barabfindungsanspruch wird erst mit der Eintragung der Verschmelzung in das Register der übernehmenden Gesellschaft fällig. Die §§ 8 bis 12 und 30 Absatz 2 finden keine Anwendung. Im Übrigen gelten die §§ 30 bis 34 entsprechend.*

Eine solche Regelung hätte zu keinerlei Unterbrechungen innerhalb des Verschmelzungsprozesses geführt. Auch hätte zu einem großen Teil auf bereits bekannte Vorschriften verwiesen werden können. Insbesondere das erforderliche

92 *Drinhausen* in Semler/Stengel UmwG, § 122i UmwG, Rn. 7.

gerichtliche Festsetzungsverfahren zur Überprüfung der angemessenen Barabfindung hätte in dem bekannten Spruchverfahren aufgehen können. Folglich wären die nach einem derart gestalteten § 62 Abs. 5 UmwG abfindungsberechtigten Anteilsinhaber trotz der Annahme des Abfindungsangebotes antragsberechtigt gewesen. Damit hätte das Spruchverfahren keinen negativen Einschlag auf das Verschmelzungsverfahren gehabt, so dass dieses – wie gewöhnlich – hätte durchgeführt werden können. Immerhin wäre sichergestellt gewesen, dass bereits im Zeitpunkt der Anmeldung der Verschmelzung festgestanden hätte, welche Minderheitsaktionäre von dem Andienungsrecht Gebrauch machen würden. Eine solche Regelung hätte sich daher nahtlos in das bekannte Normgefüge einordnen lassen und wäre insbesondere vor Durchführung der Konzernverschmelzung mit keinem zusätzlichen finanziellen Risiko belastet gewesen. Dass das deutsche Gesellschaftsrecht zudem vereinzelt „Fremdkörper“ innerhalb seiner sonstigen Grundprinzipien toleriert, zeigt der Blick auf die Einführung des aktienrechtlichen Squeeze-out seinerzeit. Auch dieser wurde beziehungsweise wird teilweise noch immer als gesellschaftsrechtlicher Fremdkörper betrachtet.[93] Die Strahlkraft des Fremdkörper-Arguments verblasst vor diesem Hintergrund und in dieser Allgemeinheit doch sehr.

cc) Fremdkörper im System der Andienungsrechte

Ob i.E. eine von der unternehmensfreundlichen Änderungsrichtlinie angestrebte Vereinfachung der Konzernverschmelzung erreicht worden wäre, muss hingegen bezweifelt werden. Zwar würde der Entfall der Berichts- und Prüfungspflichten als solches zur Erreichung dieses Ziels beitragen. Allerdings blendet eine solche Betrachtung aus, dass die Unternehmen im Rahmen einer 90%igen Konzernverschmelzung mit der (unfreiwilligen) unkalkulierbaren und finanziellen Belastung eines Barabfindungsangebots beschwert wären, und zwar ohne sicher davon ausgehen zu können, dass die verbliebenen Minderheitsaktionäre, wie im Falle des Squeeze-out[94], restlos ausscheiden werden und somit am Ende nicht auf Ebene des übernehmenden Rechtsträgers ihr Obstruktionspotenzial ausüben können.[95] Somit wäre die ansonsten vom Gesetzgeber privilegierte Konzernbereinigungsmaßnahme einer 90%igen Konzernverschmelzung um ein

93 Vgl. ausdrücklich *Habersack* in Emmerich/Habersack Konzernrecht, S. 174, Rn. 6.

94 Auch bei diesem ist die Überprüfung der Barabfindung im Rahmen eines Spruchverfahrens gemäß § 327f AktG vorgesehen.

95 So auch DAV-HRA Stellungnahme RefE, NZG 2010, 614, 615; vgl. allgemein *Singhof* in Spindler/Stilz AktG, § 327a AktG, Rn. 30.

Vielfaches unattraktiver geworden, da das Andienungsrecht nach den Richtlinienvorgaben stets bei einer 90%igen Konzernverschmelzung hätte vorgesehen werden müssen und dem Rechtsanwender somit die Alternative der isolierten Konzernverschmelzung genommen worden wäre.

Dies führt sodann zu dem eigentlichen Grund für die Annahme eines Fremdkörpers im deutschen Umwandlungsrecht. Die bisher bekannten verschmelzungsbezogenen Andienungsrechte der §§ 29, 122i UmwG und des § 7 SEAG gewähren ein Recht zur Andienung nur für den Fall, dass die auslösende Strukturveränderung erhebliche Auswirkungen auf die Rechtsstellung des berechtigten Anteilsinhabers hat. Im Fall von § 29 UmwG gilt dies etwa im Rahmen eines Rechtsformwechsels oder eines Cold-Delisting. So wird der Rechtsformwechsel in allen Fällen als so weit gehender Eingriff in die Rechtsstellung der Anteilsinhaber des übertragenden Rechtsträgers angesehen, dass ein Ausscheiden gegen Barabfindung als gerechtfertigt angesehen wird.[96] Gleiches gilt für den Fall des Cold-Delisting, da insofern ein Verlust der Fungibilität der Anteile eintritt.[97] Im Rahmen von § 122i UmwG und § 7 SEAG trifft der Gesetzgeber mithin die Wertung, dass den Anteilsinhabern der aus der Verschmelzung resultierende Wechsel in eine ausländische Rechtsform beziehungsweise in eine SE mit ausländischem Sitz und die damit verbundene Änderung der Gesellschafterrechte und –pflichten nicht aufoktroyiert werden soll.[98]

Eine solche Wertung wird man im Rahmen eines verschmelzungsrechtlichen Andienungsrechts für den Fall einer 90%igen Verschmelzung zwischen zwei Aktiengesellschaften kaum annehmen können. Letztlich ist die Rechtsform der Aktiengesellschaft per se konzernoffen und allein die Konzernierung stellt keinen schwerwiegenden Eingriff in die Mitgliedschaftsrechte dar und kann daher ein Andienungsrecht ebenfalls nicht rechtfertigen.[99] Schließlich entstehen ab-

---

96 *Drinhausen* in Semler/Stengel UmwG, § 122i UmwG, Rn. 2; *Marsch-Barner* in Kallmeyer UmwG, § 29 UmwG, Rn. 2; *Simon/Rubner* in Kölner Komm. z. UmwG, § 29 UmwG, Rn. 11; *Bayer* in Lutter UmwG, § 29 UmwG, Rn. 2.

97 *Drinhausen* in Semler/Stengel UmwG, § 29 UmwG, Rn. 6a; *Marsch-Barner* in Kallmeyer UmwG, § 29 UmwG, Rn. 4a; *Simon/Rubner* in Kölner Komm. z. UmwG, § 29 UmwG, Rn. 25; *Bayer* in Lutter UmwG, § 29 UmwG, Rn. 3.

98 *Drinhausen* in Semler/Stengel UmwG, § 122i UmwG, Rn. 2; *Marsch-Barner* in Kallmeyer UmwG, § 122i UmwG, Rn. 1; *Bayer* in Lutter UmwG, § 122i UmwG, Rn. 6; *Kiem*, WM 2006, 1091, 1098; *Neye/Timm*, DB 2006, 488, 492; *Bayer* in Lutter/Hommelhoff, SE-Kommentar, Art. 24 SE-VO, Rn. 48; *Timm-Wagner* SEAG, § 7 SEAG, Rn. 2; Gesetzentwurf der Bundesregierung – Entwurf eines Zweiten Gesetzes zur Änderung des Umwandlungsgesetzes, BT-Drs. 16/2919, S. 16.

99 Vgl. *Simon* in Kölner Komm. z. UmwG, § 29 UmwG, Rn. 60.

seits des Cold-Delisting auch keine schwerwiegenden Auswirkungen auf die Rechte und Pflichten der Anteilsinhaber im Wege einer inländischen Verschmelzung zweier Gesellschaften der gleichen Rechtsform. Die im Rahmen der bekannten Andienungsrechte aufgeführten Wertmaßstäbe bieten sich an dieser Stelle somit nicht an. Erst hierdurch wird deutlich, dass ein allgemeines verschmelzungsrechtliches Andienungsrecht einen Fremdkörper für das deutsche Gesellschaftsrecht darstellen würde. Allerdings stellte es keinen Fremdkörper dar, weil das deutsche Gesellschaftsrecht ein Andienungsrecht vermeintlich nicht kennt, sondern es stellte einen Fremdkörper innerhalb des Systems der bereits im deutschen Gesellschaftsrecht bestehenden Andienungsrechte dar. Die Einführung eines solchen Andienungsrechts würde eine kaum mehr gut zu machende Durchbrechung eines bis dahin wohltarierten Systems der Andienungsrechte bedeuten.[100] Der Ablehnung eines solchen und der damit verbundenen Einführung eines verschmelzungsrechtlichen Squeeze-out ist daher jedenfalls i.E. zuzustimmen.

3. Vereinheitlichung der Squeeze-out-Beteiligungsschwellen

Mit der Einführung eines neuen Squeeze-out-Verfahrens entschied sich der Gesetzgeber für eine „verschmelzungsrechtliche Sonderlösung" und gegen eine allgemeine Absenkung der jeweils erforderlichen Beteiligungsschwellen im Rahmen des schon bekannten aktienrechtlichen oder übernahmerechtlichen Squeeze-out-Verfahrens.[101] Teilweise wird jedoch kritisiert, dass der Gesetzgeber den Anlass der Verschmelzungsrichtlinie nicht genutzt habe, um ein verfahrensübergreifendes einheitliches Beteiligungsniveau von 90% durchzusetzen. Allerdings handelt es sich hierbei um keine originär der Einführung des verschmelzungsrechtlichen Squeeze-out anhaftende Problematik, sondern um eine allgemeine rechtspolitische Frage. Aus diesem Grund soll in der gebotenen Kürze auf die Kritik eingegangen werden, um jedenfalls dem Eindruck vorzubeugen, die Implementierung des verschmelzungsrechtlichen Ausschlussverfahrens stelle eine lediglich halbherzige Neuregelung dar und stünde gewissermaßen im Schatten einer „großen Lösung" für das Recht zum Ausschluss von Minderheitsaktionären.

---

100 In diesem Sinne auch *Bayer/J. Schmidt*, ZIP 2010, 953, 960, die einen Eingriff in das bekannte System der Andienungsrechte als Öffnung der „Büchse der Pandora" bezeichnen.

101 Begr. RegE, BT-Drs. 17/3122, S. 13.

a) Meinungsstand

Schon zu Beginn des Gesetzgebungsverfahrens hat sich das Bundesministerium der Justiz mit einer verfahrensübergreifenden einheitlichen Beteiligungshöhe von 90% beschäftigt, dazu Stellung genommen und letztlich abgelehnt.[102] Es wird ausgeführt, dass schon in verfassungsrechtlicher Hinsicht sichergestellt bleiben müsse, dass grundsätzlich nur solche Aktionäre ausgeschlossen werden könnten, deren Anlageinteresse sich angesichts des Fehlens realer Einwirkungsmöglichkeiten auf die Unternehmensführung auf die vermögensrechtliche Komponente konzentriere.[103] Um dies weiterhin zu gewährleisten, solle die Modifikation des Ausschlussrechts auf eine verschmelzungsrechtliche Sonderlösung beschränkt werden. Ein Schwellenwert von 90% solle für den Ausschluss nach § 327a Abs. 1 AktG nur dann gelten, wenn der Squeeze-out in einem sachlichen und zeitlichen Zusammenhang mit der Verschmelzung der Tochter- auf die Muttergesellschaft vollzogen werde. Diese Lösung werde den Vorgaben des Art. 28 der Dritten Richtlinie gerecht. Denn die Vorschrift wolle es dem bislang mit 90% beteiligten Mutterunternehmen ermöglichen, alle Anteile am Tochterunternehmen zu erwerben, und sodann die Verschmelzung unter den vereinfachten Bedingungen zu vollziehen, die bei einer 100%igen Beteiligung bestünden.[104]

Teilweise wird jedoch bedauert, dass sich der Gesetzgeber nicht intensiver mit der Frage einer allgemeinen Absenkung des Schwellenwerts für einen Ausschluss der Minderheitsaktionäre auch im AktG und im WpÜG befasst habe, so dass nunmehr nicht nur drei unterschiedliche Ausschlussverfahren, sondern auch zwei unterschiedliche Schwellenwerte existierten.[105] Die insoweit geäußerten verfassungsrechtlichen Bedenken seien mit Blick auf die „Feldmühle-Entscheidung" des BVerfG[106] jedenfalls keineswegs zwingend.[107] Aus diesem Grund wurde insbesondere in den Stellungnahmen zu RefE und RegE eine verfahrensübergreifende Absenkung der Squeeze-out-Schwelle auf 90% ange-

102 Vgl. Begr. RefE, S. 11.

103 Begr. RefE, S. 11; so auch die spätere Begr. RegE, BT-Drs. 17/3122, S. 13.

104 Begr. RegE, BT-Drs. 17/3122, S. 13.

105 *Bungert/Wettich*, DB 2010, 2545, 2549; *Heckschen*, NZG 2010, 1041, 1044; *Bayer/J. Schmidt*, ZIP 2010, 953, 961; *Kehren*, Geschichte des Ausschlusses von Mehrheitsgesellschaftern, S. 333; a.A. *Neye/Jäckel*, AG 2010, 237, 240.

106 BVerfGE 14, 263 = NJW 1962, 1667.

107 *Goslar/Mense*, GWR 2011, 275, 276; *Breschendorf/Wallner*, GWR 2011, 511.

regt.[108] Eine solche einheitliche Ausgestaltung könne auch zu einer Verhinderung von Wertungswidersprüchen beitragen und der Vorbeugung eines Ausweichens auf die Verschmelzungslösung dienen.[109]

b) Stellungnahme

Die Begründung des Gesetzgebers im Rahmen der Einführung des übernahmerechtlichen Squeeze-out, wonach von der eingeräumten Möglichkeit durch die Übernahmerichtlinie zur Heraufsetzung der Beteiligungsschwelle auf 95% Gebrauch gemacht werden sollte, um einen Gleichklang im Verhältnis zu § 327a Abs. 1 AktG herzustellen, kann nicht als taugliches Argument für die Vereinheitlichung der Squeeze-out-Schwellen herangezogen werden.[110] Insoweit gilt es zu bedenken, dass der deutsche Gesetzgeber schlicht zur Umsetzung von Art. 28 VRL verpflichtet war, so dass die Einführung des verschmelzungsrechtlichen Squeeze-out kein Abweichen des Gesetzgebers von seiner seinerzeit geäußerten Grundhaltung darstellt, sondern diese gerade bekräftigt, da er den Anwendungsbereich auf das Nötigste beschränkt. Die besondere Rechtfertigung der erniedrigten Beteiligungsschwelle im Rahmen einer 90%-Konzernverschmelzung ergibt sich weniger aus dem Umstand, dass eine 10%-Minderheit kaum Einflussmöglichkeiten auf die Unternehmensführung hat, als aus der Tatsache, dass die Auflösung der Tochtergesellschaft in diesem Fall vorgezeichnet und von der an dieser mit höchstens 10% beteiligten Minderheit i.E. nicht verhindert werden kann.[111] Die verfassungsrechtliche Rechtfertigung darf daher nicht mit der einfachgesetzlichen Wertentscheidung des deutschen Gesetzgebers vermengt werden.

Das allgemeine Verlangen nach einem einheitlichen Schwellenwert für alle im deutschen Recht geregelten Squeeze-out-Verfahren vernachlässigt demgegenüber notwendige Differenzierungen. So ließe sich durch die Angleichung der Beteiligungsschwellen noch kein rechnerisch identisches Beteiligungsniveau implementieren, was insbesondere im Hinblick auf die Umsetzung von Art. 28 Abs. 2 VRL veranschaulicht wird. Danach muss wegen des Verweises auf

---

108 BDI-Stellungnahme z. RefE, Nr. D 0341 V/2-16-01 Ni, S. 4; BDI-Stellungnahme z. RegE, Nr. D 0389 III/5-16-01 Ni, S. 6; a.A. Schreiben des DNotarV z. RefE v. 29.4.2010, S. 8.

109 *Bayer/J. Schmidt*, ZIP 2010, 953, 960; *Kehren*, Geschichte des Ausschlusses von Mehrheitsgesellschaftern, S. 331.

110 So aber *Kehren*, Geschichte des Ausschlusses von Mehrheitsgesellschaftern, S. 332.

111 Begr. RegE, BT-Drs. 17/3122, S. 13.

Art. 27 VRL die Berechnung des Squeeze-out-Beteiligungsquorums erkennbar den Berechnungsgrundlagen für die isolierte Konzernverschmelzung nachfolgen. Es muss sichergestellt werden, dass der Ausschluss der Minderheitsaktionäre lediglich in einem privilegierungswürdigen Konzernkontext stattfindet, da nur 90%ige-Konzernverschmelzungen von der Änderungsrichtlinie als wirtschaftlich unbedeutend angesehen werden und bei diesen – anders als im Falle des aktienrechtlichen Squeeze-out – zur Wahrung des Bagatellcharakters im deutschen Recht eine Zurechnung von Aktien gemäß § 16 Abs. 4 AktG nicht möglich ist.[112] Im Übrigen kann der zwingende Zusammenhang von Art. 28 Abs. 2 VRL und Art. 24 VRL und somit der bezweckte Ausschluss der Informations- und Prüfungspflichten nur gewährleistet werden, wenn ein Absinken der 100%-Beteiligung des übernehmenden Rechtsträgers (Hauptaktionär) am übertragenden Rechtsträger vor Wirksamwerden der Verschmelzung und nach Durchführung des Squeeze-out ausgeschlossen ist.

Es sei daher auch darauf hingewiesen, dass sich mit der Vereinheitlichung der Beteiligungsschwellen auf 90% nicht die Notwendigkeit eines eigenständigen verschmelzungsrechtlichen Squeeze-out erübrigt hätte. Die zeitliche und sachliche Verknüpfung des Squeeze-out und der Konzernverschmelzung war demgemäß zwingend in nationales Recht zu transformieren. Das Verlangen nach einer generellen Vereinheitlichung der Squeeze-out-Beteiligungsschwellen gilt es daher grundsätzlich losgelöst von der Einführung des verschmelzungsrechtlichen Squeeze-out zu betrachten. Seine Einführung gab daher auch weniger Anlass zur Absenkung der übrigen Beteiligungsschwellen als zu deren Beibehaltung. Dies gilt jedenfalls unter der Voraussetzung, dass deren Berechnungsgrundlagen hätten unangetastet bleiben sollen. Die Homogenisierung der Beteiligungsschwellen bedarf daher weit mehr als nur der bloßen Vereinheitlichung der festgeschriebenen Prozentsätze.

---

112 Zu den Berechnungsgrundlagen des Beteiligungsquorums vgl. ausführlich § 5 A. II. 1. und § 5 A. II. 2.

§ 4 Motive und rechtliche Alternativen

Der Rechtsanwender wird sich für die Durchführung eines verschmelzungsrechtlichen Squeeze-out-Verfahrens nur dann entscheiden, wenn im Rahmen eines Abwägungsprozesses die von ihm verfolgten strategischen und ökonomischen Ziele, zu deren Verwirklichung der Squeeze-out beitragen kann, Nachteile und insbesondere das Kostenrisiko eines solchen Ausschlussverfahrens überwiegen. Den Zielen kann durch den verschmelzungsrechtlichen Squeeze-out nur dann entsprochen werden, wenn bekannt ist, welche Folgen mit ihm für den Rechtsanwender verbunden sind. Die unmittelbare Rechtsfolge des Squeeze-out erschöpft sich mithin in der Beendigung der Mitgliedschaft der Minderheitsaktionäre kraft Gesetzes. Entscheidender für die Erreichung der angestrebten Ziele werden daher oftmals die Rechtsfolgenreflexe eines solchen Ausschlusses sein.

A. Zielsetzung eines verschmelzungsrechtlichen Squeeze-out

Der verschmelzungsrechtliche Squeeze-out beinhaltet die Besonderheit, dass er einen isolierten Ausschluss von Minderheitsaktionären nicht zulässt, sondern stets in ein Konzernverschmelzungsverfahren eingebettet ist.[113] Neben den reinen den Ausschluss betreffenden Rechtsfolgen(-reflexen) bedarf es daher auch der Betrachtung solcher hinsichtlich der Wirkungen einer Konzernverschmelzung.[114] Diese sind für die Anwendung des verschmelzungsrechtlichen Squeeze-out-Verfahrens, gerade im Vergleich zu anderen Ausschlussverfahren, von elementarer Bedeutung. Es gilt daher festzustellen, wann die Rechtsfolgen(-reflexe) und das unternehmerische Interesse des Rechtsanwenders miteinander kongruent sind und damit die Durchführung einer solchen Strukturmaßnahme in Betracht kommt.

I. Motive für eine Konzernverschmelzung

Die Ziele einer Konzernverschmelzung unterscheiden sich teilweise von denen einer Konzentrationsverschmelzung. So ist im Rahmen einer Konzernverschmelzung insbesondere die Gestaltung der statutarischen Struktur von zentra-

---

113 § 62 Abs. 5 Satz 7 UmwG; vgl. hierzu ausführlich unten § 5 B. IV. 3.

114 Dabei beschränkt sich die Darstellung auf die in Deutschland vorherrschende Form des Unterordnungskonzerns gemäß § 18 Abs. 1 AktG. Außerdem soll aus Vereinfachungsgründen ein einstufiger Konzern in Form eines herrschenden Unternehmens gegenüber einem beherrschten Unternehmen angenommen werden.

ler Bedeutung, da die beteiligten Gesellschaften bereits durch eine Mehrheitsbeteiligung miteinander verbunden sind.[115] Die Konzernverschmelzung bildet dabei oftmals den Abschluss einer sukzessiv intensivierten Unternehmensverbindung.[116] Dem Konzernverhältnis ist immanent, dass die wirtschaftlich unselbständigen Konzernunternehmen weiterhin ihre eigene Rechtspersönlichkeit besitzen, auch wenn sie einer einheitlichen Leitung der Konzernspitze unterstellt sind.[117] Diese Polarität zwischen der (wirtschaftlichen) Einheit und der (rechtlichen) Vielfalt ist das zentrale Problem des Konzerns, so dass im Zuge der Konzernverschmelzung primär der organisatorisch-rechtliche Zusammenhang innerhalb des Konzerns geändert wird.[118] Im Gegensatz zur Konzentrationsverschmelzung ist bei der in der Praxis als Regelfall[119] erscheinenden Konzernverschmelzung der Blickpunkt weniger auf die Konzentrationswirkung als auf die rechtliche Vereinigung der bereits wirtschaftlich als Einheit operierenden Konzerngesellschaften zu richten.[120] Hierbei gilt es äußere Einflussfaktoren von den mit einer Konzernverschmelzung verbundenen Vor- und Nachteilen zu unterscheiden.

1. Äußere Einflussfaktoren

Externe Faktoren sind nicht nur bei der erstmaligen Gestaltung einer Konzernstruktur, sondern auch bezüglich der Änderung der Konzernverfassung durch eine Verschmelzung als Einflussfaktor von Bedeutung. Eine Verschmelzung kann zur Konzernbereinigung beziehungsweise zur Straffung der Konzernstrukturen, auch im Anschluss an eine Akquisition in- oder ausländischer Gesellschaften, genutzt werden. Gleichermaßen kann sie der strategischen Anpassung an Marktveränderungen dienen, wenn Konzerngesellschaften einer Sparte verschmolzen werden sollen, um damit die Wettbewerbsfähigkeit zu erhöhen und die verschmolzenen Gesellschaften im Marktumfeld als „Global Player" auftreten zu lassen.[121] Auch Gesetzesänderungen können Anreize für eine Umstruktu-

---

115 *Buchheim*, Europäische AG, S. 53; vgl. zur Begrifflichkeit auch *Hügel*, Verschmelzung und Einbringung, S. 21 f.

116 *Sagasser* in Sagasser/Bula/Brünger, Umwandlungen, § 8 Rn. 3; *Küting*, BB 1994, 1383.

117 Dies gilt unabhängig davon, ob aktienrechtlich ein Vertragskonzern (§ 291 Abs. 1 AktG), ein Eingliederungskonzern (§§ 319 f. AktG) oder ein faktischer Konzern vorliegt.

118 *Beihefter*, DStR 2010, 35.

119 *Bayer/Hoffmann/J. Schmidt*, Konzern 2012, 225, 228.

120 *Timm*, AG 1982, 93, 104; *Hügel*, Verschmelzung und Einbringung, S. 22.

121 Vgl. hierzu ausführlich *Buchheim*, Europäische AG, S. 58.

rierung im Wege einer Konzernverschmelzung schaffen, wenn in der Folge die Organisation mittels einer rechtlich selbständigen Gesellschaft als nicht mehr zwingend nötig oder vorteilhaft angesehen wird.[122]

2. Unternehmensinterne Motive
a) Vorteile einer Konzernverschmelzung
aa) Kostendegression und Verbundeffekte

Der Konzern ist in Deutschland keine rechtliche Einheit, sondern eine reine Fiktion.[123] Ein solches Konstrukt ist rechtlich nicht existent und hat daher auch keine eigenständigen Organe wie Vorstand, Aufsichtsrat oder Hauptversammlung. Vielmehr sind die Organe auf Ebene der jeweiligen Einzelunternehmen selbständig angesiedelt. Der Wegfall einer Konzernebene führt zugleich zu einer Senkung der hierfür erforderlichen zusätzlichen Kosten. Ähnliches gilt für Stabsabteilungen wie bspw. einer eigenständigen Rechts- oder Rechnungslegungsabteilung, die einer einheitlichen Verwaltung unterstellt werden können, wodurch eine optimale Nutzung der Kapazitäten ermöglicht wird. Die rechtliche Selbständigkeit der Einzelunternehmen setzt sich auch bei der Rechnungslegung fort. Unabhängig von einer etwaigen Konsolidierung im Sinne des HGB und dem damit möglicherweise verbundenen Erfordernis eines Konzernabschlusses für das Mutterunternehmen, ist auch in einem solchen Fall ein Einzelabschluss der jeweiligen Konzernunternehmen nötig, die in summa zugleich den Ausgangspunkt einer Konzernabschlusserstellung darstellen.[124] Durch eine Konzernverschmelzung entfällt nunmehr die eigenständige Prüfungspflicht des beherrschten Unternehmens, wodurch abermals eine Kostensenkung erreicht werden kann. Insgesamt kommt es damit zu einer Kostendegression durch Rationalisierung und der Ausnutzung von Verbundeffekten.

Eine der wesentlichen Vorteile der Konzernverschmelzung gegenüber anderen Maßnahmen der Unternehmenskonzentration liegt schließlich darin, dass eine Liquidation der Gesellschaften nicht nötig ist, da der übertragende Rechtsträger mit der Eintragung der Verschmelzung im Register der übernehmenden

122 Vgl. *Heckschen*, Verschmelzung von KapG, S. 9; *Buchheim*, Europäische AG, S. 59.

123 Vgl. hierzu den in § 297 Abs. 3 HGB niedergelegten Einheitsgrundsatz.

124 Vgl. § 290 HGB für die Eröffnung des Anwendungsbereichs eines Konzernabschlusses und die erforderliche Feststellung eines Mutter-Tochter-Verhältnisses; für die bestehenden Befreiungsmöglichkeiten vgl. §§ 291, 292, 296, 293 HGB. Eine Konzernrechnungslegungspflicht ergibt sich daher nur für den Fall des hier zugrunde gelegten Unterordnungskonzerns und nicht für einen Gleichordnungskonzern.

Gesellschaft ipso iure untergeht und sein Vermögen auf die Muttergesellschaft übergeht.[125] Der damit verbundene Vorteil liegt in der die Liquidität schonenden Gegenleistung in Form der Anteilsgewährung der Muttergesellschaft anstelle eines entgeltlichen Erwerbs.[126]

bb) Konzernstraffung

Hierneben tritt die Straffung der konzerninternen Entscheidungsabläufe. Eine bestehende Konzernverbindung ermöglicht zwar die einheitliche wirtschaftliche Leitung der Konzerngesellschaften, allerdings begrenzt durch die rechtliche Selbständigkeit der jeweiligen Gesellschaft. Deren Leitungsorgane sind gesellschaftsrechtlich den Interessen der eigenen Gesellschaft verpflichtet und nicht denen des Gesamtkonzerns.[127] Auch wenn zur Erhöhung der Einflussmöglichkeiten auf die abhängige Gesellschaft oftmals Gewinn- und Beherrschungsverträge geschlossen werden, entsteht auch hierdurch keine vollumfängliche Weisungsbefugnis der herrschenden Gesellschaft. Wegen des bestehenden Abhängigkeitsverhältnisses muss jedes gemeinsame Handeln einer genauen Prüfung des Vorstands der abhängigen Gesellschaft dahingehend unterzogen werden, ob im Einzelfall das Eigeninteresse hinreichend gewahrt ist.[128] Dies erschwert die Koordinationsprozesse und kann zu zeitlichen Verzögerungen führen. Die Auflösung eines solchen Konzernkonflikts kann erst durch eine Konzernverschmelzung und eine daraus resultierende einheitliche Konzernleitung überwunden werden. In der Folge können auch die Ressourcen der vormals abhängigen Gesellschaft effektiver genutzt werden.

cc) Einheit der haftenden Vermögensmassen

Durch eine Verschmelzung kommt es zugleich zur Einheit der haftenden Vermögensmassen, was insgesamt zur Verbesserung der Finanzierungsmöglichkeiten der verschmolzenen Gesellschaften aufgrund der entstehenden Gesamtgröße

---

125 Vgl. zu den Rechtswirkungen der Verschmelzung § 20 Abs. 1 UmwG.

126 Vgl. allgemein *Ossadnik/Maus*, DB 1995, 105, 107; im Rahmen des verschmelzungsrechtlichen Squeeze-out bleibt dieser Vorteil jedoch unberücksichtigt.

127 So ist etwa nach §§ 93 Abs. 1, 116 AktG das Handeln von Vorstand und Aufsichtsrat stets am Wohle der Gesellschaft auszurichten.

128 Vgl. für den faktischen Konzern §§ 311, 317 AktG und das Verbot eines nachteiligen Rechtsgeschäfts.

führt.[129] Im Falle der Verschmelzung zweier börsennotierter Aktiengesellschaften kann sich zudem die Indexierung an der Börse verbessern oder der Börsengang infolge einer Konzernstraffung erleichtert werden.[130]

b) Nachteile einer Konzernverschmelzung

Infolge der Wirksamkeit der Verschmelzung gehen grundsätzlich sämtliche Verbindlichkeiten des übertragenden Rechtsträgers auf den übernehmenden Rechtsträger über. Damit entfällt zugleich die Abschirmung von Risiken beim übertragenden Rechtsträger. Aus dem oben genannten Motiv der Vereinheitlichung der Konzernführung durch Entfall der Organe der übertragenden Gesellschaft folgt als Kehrseite, dass qualifizierte Führungskräfte, insbesondere die ehemaligen Organvertreter, oftmals nicht im Konzern gehalten werden können, da die ihnen in der übernehmenden Gesellschaft angebotenen Posten infolge eines Image- und Verantwortungsverlustes vergleichsweise unattraktiv sind.[131]

Ein weiterer entscheidender Nachteil kann sich aus steuerrechtlicher Sicht dann ergeben, wenn der übertragende Rechtsträger über erheblichen Grundbesitz verfügt. In diesem Fall kann es infolge der Verschmelzung zu einer erheblichen finanziellen Belastung in Form von Grunderwerbssteuer kommen, da das Eigentum an den Grundstücken des übertragenden Rechtsträgers gemäß § 20 Abs. 1 Nr. 1 UmwG kraft Gesetzes übergeht. Die Steuerbarkeit folgt aus dem Eigentumsübergang gemäß § 1 Abs. 1 Nr. 3 GrEStG und nicht bereits aus dem auf die Umwandlung gerichteten Vertrag gemäß § 1 Abs. 1 Nr. 1 GrEStG.[132] Daran vermag auch der Konzernzusammenhang im Rahmen des verschmelzungsrechtlichen Squeeze-out regelmäßig nichts zu ändern, da der Ausnahmetatbestand des § 6a GrEStG erst ab einer Kapitalbeteiligung von 95% einschlägig ist und zudem eine entsprechende Vor- und Nachbehaltensfrist voraussetzt.[133] Hieran wird es im Falle des verschmelzungsrechtlichen Squeeze-out regelmäßig mangeln, da er insbesondere dann von Interesse ist, wenn die 95%ige-Beteiligungsschwelle und damit die Möglichkeit des aktienrechtlichen Squeeze-out nicht offen stehen.

---

129 Vgl. *Heckschen*, Verschmelzung von KapG, S. 8.

130 Vgl. *Heckschen*, Verschmelzung von KapG, S. 8

131 Vgl. *Buchheim*, Europäische AG, S. 64; *Heckschen*, Verschmelzung von KapG, S. 8.

132 *Fischer* in Boruttau GrEStG, § 1 GrEStG, Rn. 528; BFH, Urteil v. 28.7.1970 – II 105/64, BStBl. II 70, 818.

133 Siehe hierzu *Schlösser* in Sagasser/Bula/Brünger, Umwandlungen, § 11 Rn. 760 ff.

II. Motive für ein vorgeschaltetes Squeeze-out-Verfahren

Obschon die Rechtsfolgen(-reflexe) der Konzernverschmelzung für die Entscheidung des Rechtsanwenders bedeutend sein mögen, so werden oftmals die Rechtsfolgen(-reflexe) des Ausschlusses der Minderheitsaktionäre entscheidend sein. Diese Wirkmechanismen bilden jedenfalls in der Abgrenzung zur isolierten Konzernverschmelzung den Mittelpunkt der unternehmerischen Entscheidung.

1. Deregulierung von Hauptversammlungsbeschlüssen

Durch den Ausschluss der Minderheitsaktionäre auf Ebene der übertragenden Gesellschaft entfällt deren Mitgliedschaftsrecht als Teilnehmer der Hauptversammlung, die über eine Mehrzahl von Gesellschaftsangelegenheiten die Beschlusskompetenz besitzt.[134] Unabhängig davon, dass Minderheitsaktionäre im Anwendungsbereich des verschmelzungsrechtlichen Squeeze-out aufgrund der zugrunde liegenden Mehrheitsverhältnisse kaum Einfluss auf das Abstimmungsergebnis der Hauptversammlung haben werden, gilt es zu beachten, dass der Entfall ihrer Mitgliedschaftsrechte die Anwendbarkeit des § 121 Abs. 6 AktG zur Folge hat. Im Falle einer Vollversammlung (Universalversammlung) können Beschlüsse daher ohne die Einhaltung der in §§ 121-128 AktG niedergelegten Einberufungserfordernisse wirksam gefasst werden, sofern kein Aktionär der Beschlussfassung widerspricht.[135] Ein solcher Widerspruch wird im Rahmen einer Vollversammlung jedoch nur höchst selten vorkommen. Der Vorteil liegt somit in der unmittelbar gewonnenen Zeit durch die Beschleunigung der zu fassenden Beschlüsse und der daraus folgenden Deregulierungswirkung.

Bedeutsamer ist allerdings der Entfall des Störpotenzials von Minderheitsaktionären, das diese im Wege von Beschlussmängelklagen gegen Hauptversammlungsbeschlüsse entfalten können. Rechtspraktisch bedeutet dies Zweierlei: Einerseits entfällt mangels Anfechtungsklägern von vornherein die Möglichkeit, dass ein Hauptversammlungsbeschluss durch Gerichtsurteil infolge einer Anfechtungsklage gemäß § 248 Abs. 1 Satz 1 AktG für nichtig erklärt und somit die von der Mehrheit der Aktionäre gewollte Rechtsfolge beseitigt wird. Andererseits wird auch das Angriffspotenzial der Gruppe von Berufsklägern, die sich häufig den Lästigkeitswert ihrer Klagen von den betroffenen Gesellschaften ab-

134 Für eine ausführliche Aufzählung der Beschlusskompetenzen vgl. *Semler* in Münch. Hdb. d. GesR AG, § 34 Rn. 9-13.

135 Vgl. im Einzelnen *Drinhausen* in Hölters AktG, § 121 AktG, Rn. 45; *Hüffer* AktG, § 121 AktG, Rn. 19; *Liebscher* in Henssler/Strohn GesR, § 121 AktG, Rn. 30.

kaufen lassen, eliminiert.[136] Dies ist umso bedeutender, als in solchen Fällen oftmals von vornherein kein Verstoß des angegriffenen Hauptversammlungsbeschlusses gegen das Gesetz oder die Satzung festzustellen ist und die Zahlung der Gesellschaften allein zur Beschleunigung der Eintragung des Hauptversammlungsbeschlusses in das Handelsregister dient.[137] Diese Problematik ist auch nach den gesetzgeberischen Initiativen des UMAG[138] oder des ARUG[139] wie zuvor aktuell.[140]

Mithin kommt es zur Verweigerung der Eintragung durch das Registergericht schon dann, wenn eine Anfechtungsklage lediglich erhoben wurde, unabhängig davon, ob der Hauptversammlungsbeschluss tatsächlich anfechtbar ist oder nicht. Der Ausschluss der potenziell anfechtungsgeneigten Minderheitsaktionäre verhindert daher sowohl eine anfechtungsbedingte formelle als auch eine anfechtungsbedingte faktische Registersperre.[141] Auf diese Weise tragen die unmittelbaren Squeeze-out Folgen zu einer erheblichen Beschleunigung der Umsetzung von Hauptversammlungsbeschlüssen bei und reduzieren zugleich den finanziellen Aufwand der betroffenen Gesellschaften für ein Abkaufen etwaiger Anfechtungsklagen solcher „räuberischen Aktionäre“[142], die ihre Anfechtungsklagen erst daraufhin zurücknehmen.

Für den verschmelzungsrechtlichen Squeeze-out gelten diese Aussagen nur dann uneingeschränkt, wenn der übernehmende Rechtsträger in seiner Aktionärsstruktur selbst keine Minderheitsaktionäre aufweist. Sofern dies nicht der Fall ist und die Beteiligungsstruktur des übernehmenden Rechtsträgers nicht durch einen Alleinaktionär geprägt ist, kann allein, aber immerhin, das Störpotenzial der ehemaligen Minderheitsaktionäre des übertragenden Rechtsträgers ausgeschlossen werden, so dass sich dieses nicht mehr auf der Ebene der über-

136 *Bayer/Hoffmann/Sawada*, ZIP 2012, 897.

137 *Baums/Drinhausen/Keinath*, ZIP 2011, 2329, 2347.

138 Gesetz zur Unternehmensintegrität und Modernisierung des Anfechtungsrechts v. 22.9.2005, BGBl. I, 2005, Nr. 60 v. 27.9.2005, S. 2802.

139 Gesetz zur Umsetzung der Aktionärsrechterichtlinie v. 30.7.2009, BGBl. I, 2009, Nr. 50 v. 04.08.2009, S. 2479.

140 Vgl. im Einzelnen die empirischen Studienergebnisse bei *Baums/Drinhausen/Keinath*, ZIP 2011, 2329 ff.; *Bayer/Hoffmann/Sawada*, ZIP 2012, 897 ff.

141 Der Begriff der faktischen Registersperre resultiert aus dem Umstand, dass Registerrichter im Rahmen ihres üblichen Beurteilungsspielraums oftmals die Aussetzung des Eintragungsverfahrens gemäß § 21 Abs. 1 FamFG entscheiden und somit „faktisch“ eine Registersperre auslösen. Vgl. hierzu ausführlich § 7 A.

142 Der Begriff geht zurück auf *Lutter*, FS 40 Jahre DB 1988, S. 194 ff.

nehmenden Gesellschaft fortsetzen kann und somit als übergeordnetes Konzerninteresse Geltung erlangt.

2. Entfall minderheitsschützender Rechtsvorschriften

Das Aktienrecht sieht zudem eine Vielzahl gesetzlicher Minderheitenrechte in Aktiengesellschaften vor, um die eigenen oder die Interessen der Gesellschaft zu wahren. Im Anwendungsbereich des verschmelzungsrechtlichen Squeeze-out kann aufgrund der erforderlichen Beteiligungsverhältnisse jedoch nur der Ausschluss solcher Minderheitenrechte Beachtung finden, die lediglich eine prozentuale Beteiligung von 10% am Grundkapital oder weniger voraussetzen. Nur der zukünftige Entfall dieser Rechte ist für die Entscheidung des Rechtsanwenders überhaupt von Bedeutung.

Einige dieser Minderheitenrechte bestehen im Kontext eines Beherrschungs- oder Gewinnabführungsvertrags. So kann etwa eine Minderheit, die 10% des bei der Beschlussfassung vertretenen Grundkapitals erreicht, gegen einen Sonderbeschluss, wodurch auf den Verlustausgleichanspruch gegenüber der Obergesellschaft bei Vorliegen eines Beherrschungs- oder Gewinnabführungsvertrags gemäß § 302 Abs. 1 verzichtet werden soll, Widerspruch zu Protokoll erheben. Ähnliches gilt nach § 317 Abs. 4 AktG, wenn auf Schadensersatzansprüche der abhängigen Gesellschaft gegen das herrschende Unternehmen verzichtet oder sich darüber verglichen werden soll, wobei sich das Beteiligungserfordernis grundsätzlich nicht auf einen Hauptversammlungsbeschluss, sondern auf einen Sonderbeschluss bezieht. Ebenso haben die mit 10% des Grundkapitals beteiligten Minderheitsaktionäre ein Widerspruchsrecht gegen einen Sonderbeschluss, der einen Verzicht auf Ansprüche nach § 318 Abs. 1 Satz 1 oder Abs. 2 AktG oder einen diesbezüglichen Vergleich zum Inhalt hat. Auch eine Sperre gegen einen Verzicht auf Ersatzansprüche wegen unzulässiger Weisungen an eine eingegliederte Tochtergesellschaft gemäß §§ 323 Abs. 1, 309 Abs. 3 AktG setzt eine Beteiligung von 10% des bei der Beschlussfassung vertretenen Grundkapitals voraus.

Daneben ist an eine Sperre gegen einen Verzicht auf Ersatzansprüche gemäß § 93 Abs. 4 AktG bezüglich etwaiger Ersatzansprüche gegenüber Vorstandsmitgliedern wegen Verletzung der Sorgfaltspflichten zu denken. Entsprechendes gilt für Ersatzansprüche gegen Aufsichtsratsmitglieder aufgrund der Verletzung ihrer Sorgfaltspflichten oder der missbräuchlichen Einflussnahme seitens Dritter auf die Gesellschaft gemäß § 116 AktG und § 117 Abs. 4 AktG, die insoweit jeweils auf § 93 Abs. 4 AktG verweisen. In all diesen Fällen bedarf es jedoch

10% des gesamten Grundkapitals und nicht nur des bei der Beschlussfassung vertretenen Grundkapitals.

Neben diesen Minderheitenrechten, die allesamt eine Sperre gegen den Verzicht oder einen Vergleich über einen Ersatzanspruch zum Gegenstand haben, sieht das Aktiengesetz noch weitere Rechte einer Minderheit vor, die 10% des gesamten Grundkapitals vertritt. Geht es etwa um die Abberufung eines entsandten Aufsichtsratsmitglieds, sind zusätzlich zum Aufsichtsrat Aktionäre, deren Anteile zusammen 10% des Grundkapitals ausmachen, gemäß § 103 Abs. 3 AktG berechtigt, die Abberufung eines Aufsichtsratsmitglieds beim Gericht zu beantragen. Zudem besteht alternativ zur Bestellung eines besonderen Vertreters durch die Hauptversammlung die Möglichkeit einer gerichtlichen Bestellung eines solchen auf Antrag einer qualifizierten Aktionärsminderheit von 10% des Grundkapitals, um die Ersatzansprüche nach § 147 Abs. 1 AktG geltend zu machen.

Die vorgenannten Regelungen beinhalten Rechte, die einer Aktionärsminderheit zustehen, die in der Regel 10% des gesamten Grundkapitals oder aber 10% des bei der konkreten Beschlussfassung vertretenen Grundkapitals repräsentiert. Daneben ist aber auch der Entfall solcher Minderheitenrechte als Rechtsfolgenreflex des Squeeze-out von Bedeutung, die bereits ab einer geringeren Beteiligungshöhe existieren. Da es sich um die bedeutendste Vorschrift handelt, sei hier exemplarisch auf § 122 AktG verwiesen. So kann infolge des Ausschlusses der Minderheitsaktionäre auch ein Minderheitsverlangen auf Einberufung der Hauptversammlung nach § 122 Abs. 1 Satz 1 AktG nicht mehr gestellt werden, wodurch das finanzielle Risiko für die Durchführung einer darauf basierenden außerordentlichen Hauptversammlung entfällt. Zugleich kommt es zur Nichtanwendung des § 122 Abs. 2 AktG und des Rechts zur Ergänzung der Tagesordnung.

Auch an dieser Stelle sei jedoch darauf hingewiesen, dass sich die Vorteile nur dann vollumfänglich auswirken, wenn an der übernehmenden Gesellschaft eine entsprechende 100%ige Beteiligungsstruktur besteht. Jedenfalls in diesem Fall trägt die künftige Nichtanwendung der minderheitsschützenden Rechtsvorschriften zu einer Entlastung des Managements und einer teilweisen Kostenersparnis bei.[143] In jedem Fall entfällt aber unter Berücksichtigung des Konzerninteresses ein weiteres Forum für Minderheitsaktionäre, diese Rechte auszuüben.

143 So auch *Witte*, Aktienrechtliches Squeeze-out-Verfahren, S. 40.

3. Vereinfachung der Konzernverschmelzung

Ein weiterer Rechtsfolgen(-reflex) eines der Konzernverschmelzung vorgeschalteten verschmelzungsrechtlichen Squeeze-out liegt in der damit verbundenen Vereinfachung des (anschließenden) Verschmelzungsverfahrens. So ergibt sich aus § 62 Abs. 4 Satz 2 UmwG, dass ein Verschmelzungsbeschluss nicht erforderlich ist, sofern ein Übertragungsbeschluss gefasst und mit einem Vorläufigkeitsvermerk in das Handelsregister der übertragenden Gesellschaft eingetragen wurde. Da somit eine weitere Hauptversammlung nicht notwendig ist, entfallen zugleich die Durchführungskosten einer dafür oftmals erforderlichen außerordentlichen Hauptversammlung. Zumindest aber entfallen die Beurkundungsgebühren für einen solchen Verschmelzungsbeschluss, wodurch sich eine allgemeine Kostensenkung einstellt. Als weiterer Effekt kommt es zu einer Erhöhung der Transaktionssicherheit des eigentlichen Verschmelzungsverfahrens, da durch den Entfall des Hauptversammlungsbeschlusses der Anknüpfungspunkt für etwaige Beschlussmängelklagen entfällt, so dass es auch zur Beschleunigung des eigentlichen Verschmelzungsverfahrens kommt.[144]

Dieser Beschleunigungs- und Entbürokratisierungseffekt des Verschmelzungsverfahrens wird durch die Entbehrlichkeit einer Verschmelzungsprüfung sowie eines darauf basierenden Prüfungsberichts des Verschmelzungsprüfers noch verstärkt. Auch hierdurch wird zu einer erheblichen Kostensenkung des Verschmelzungsverfahrens beigetragen.[145] Der verschmelzungsrechtliche Squeeze-out ermöglicht daher zwar keine Verschmelzung, die ohne ihn nicht durchgeführt werden könnte, aber er erleichtert die Umsetzung einer ohnehin möglichen Verschmelzung und gestaltet sie kostengünstiger.[146]

4. Wegfall der Börsennotierung (Cold-Delisting)

Sofern es sich bei der übertragenden Gesellschaft um eine börsennotierte Aktiengesellschaft handelt, kommt es infolge des verschmelzungsrechtlichen Squee-

144 Gegenstand einer Beschlussmängelklage kann gleichfalls weiterhin der Übertragungsbeschluss gemäß § 327a Abs. 1 Satz 1 AktG sein. Vgl. hierzu § 7 A.

145 Ob auch die Erleichterung des § 8 Abs. 3 UmwG Anwendung findet ist strittig, vgl. hierzu ausführlich § 5 B. I. 2.; Die Kosten der Prüfung durch einen Sachverständigen werden für eine Verschmelzung mit bis zu 82.580 EUR angegeben und die Kosten für den Bericht der Unternehmensführung (innerhalb der EU) mit durchschnittlich 3.304 EUR bei einer Verschmelzung (RegE, BT-Drs. 17/3122, S. 2).

146 *Schröder/Wirsch*, ZGR 2012, 660, 678.

ze-out zu einer zwangsweisen Beendigung der Börsenzulassung (Cold-Delisting) dieser Gesellschaft. Im Grunde handelt es sich jedoch mehr um einen Rechtsfolgen(-reflex) der Verschmelzung denn des eigentlichen Ausschlussverfahrens, da der Squeeze-out ebenfalls erst unmittelbar mit der Eintragung der Verschmelzung im Register der übernehmenden Gesellschaft wirksam wird. Infolge des Erlöschens der übertragenden Gesellschaft gemäß § 20 Abs. 1 Nr. 2 S. 1 UmwG kommt es bereits ipso iure zur Erledigung der Börsenzulassung als Verwaltungsakt gemäß § 43 Abs. 2 VwVfG.[147] Einer gesonderten Delisting-Entscheidung bedarf es daher nicht mehr.[148]

Von Vorteil ist insofern, dass die Vorbereitung und Durchführung der Hauptversammlung einer börsennotierten Gesellschaft einen wesentlich größeren Aufwand verlangt als dies bei einer nichtbörsennotierten Gesellschaft der Fall ist.[149] So hat insbesondere das ARUG neue Regelungen eingeführt, die im Bereich der Hauptversammlung nach der Börsennotierung differenzieren.[150] Die Hauptversammlung einer börsennotierten Gesellschaft ist damit in der Regel wesentlich kostenintensiver als die Hauptversammlung einer nichtbörsennotierten Gesellschaft. Zudem entfallen der Aufwand und die daraus folgenden Kosten bezüglich der Einhaltung der kapitalmarkt- und börsenrechtlichen Berichts- und Publizitätspflichten. Hierzu ist neben der Zwischen- beziehungsweise Quartalsberichterstattung vor allem die Ad-hoc-Publizitätspflicht gemäß § 15 WpHG zu zählen, die in der Praxis einen erhöhten Bedarf an Beratungskosten verursacht und nebenbei auch oftmals dazu beiträgt, dass Informationen veröffentlicht werden müssen, die seitens der Gesellschaft vorerst geheim gehalten werden sollen. Nebenbei entfällt zudem die Notwendigkeit etwaiger Investor-Relations Aktivitäten.[151] Aus Kostensicht entfallen schließlich auch die nach § 17 BörsG und der Gebührenordnung anfallenden Börsengebühren für die vom Delisting betroffene übertragende Gesellschaft.

Damit handelt es sich bei einem Cold-Delisting um einen bei der Entscheidung für die Durchführung des verschmelzungsrechtlichen Squeeze-out-

---

147 *Groß* in Ebenroth/Boujong/Joost/Strohn HGB, § 39 BörsG Rn. IX330; *Kleindiek*, FS Bezzenberger 2000, S. 653, 654; *Meyer-Landrut/Kiem* WM 1997, 1361, 1366.

148 *Groß* in Ebenroth/Boujong/Joost/Strohn HGB, § 39 BörsG, Rn. IX330; *Heidelbach* in Schwark/Zimmer Komm. KapmR, § 39 BörsG, Rn. 42; *Land/Hasselbach*, DB 2000, 557, 559; *Meyer-Landrut/Kiem*, WM 1997, 1361, 1366.

149 *Schwichtenberg*, DStR 2001, 2075; *Pfüller/Anders*, NZG 2003, 459, 461.

150 Vgl. im Einzelnen § 121 Abs. 3 AktG, §121 Abs. 4a und 5 AktG, § 124a AktG, § 130 Abs. 2 Satz 2 AktG.

151 *Pfüller/Anders*, NZG 2003, 459, 461.

Verfahrens beachtenswerten Rechtsfolgenreflex. Gerade im Rahmen einer Konzernsituation kann sich aus konzernpolitischen Erwägungen der Wunsch nach der ausschließlichen Notierung der Muttergesellschaft ergeben.[152] So trägt die Reduktion der Publizitätspflichten entscheidend zu einem Abbau der Verwaltungslasten innerhalb des Konzerns und einer darauf basierenden unmittelbaren und mittelbaren Kostensenkung bei. In letzter Konsequenz kann ein Cold-Delisting somit entscheidende Wettbewerbsvorteile gegenüber wettstreitenden Konkurrenten ermöglichen.[153]

B. Alternativen zum verschmelzungsrechtlichen Squeeze-out

Für die verfolgte Zielsetzung des Rechtsanwenders ist es ebenso entscheidend, eine Abgrenzung möglicher Alternativen in die Entscheidung über die Durchführung eines verschmelzungsrechtlichen Squeeze-out miteinzubeziehen. Da sich der verschmelzungsrechtliche Squeeze-out im Grunde aus einem aktienrechtlichen Squeeze-out und einer isolierten Konzernverschmelzung zusammensetzt, liegt es auf der Hand, dass jedenfalls die isolierte Durchführung dieser Strukturmaßnahmen in die Abgrenzung miteinzubeziehen ist. Daneben sind dem Gesellschaftsrecht noch weitere Möglichkeiten bekannt, die entweder eine Konzernierung oder aber den Ausschluss von Minderheitsaktionären zur Folge haben, so dass auch diese in der gebotenen Kürze zu beleuchten sind.

I. Aktienrechtlicher Squeeze-out

Der verschmelzungsrechtliche Squeeze-out in § 62 Abs. 5 Satz 8 UmwG verweist auf die Vorschriften des aktienrechtlichen Squeeze-out nach §§ 327a ff. AktG, so dass es augenscheinlich ist, dass dieser bei der Differenzierung der alternativen Ausschlussverfahren in Betracht zu ziehen ist. Auch der aktienrechtliche Squeeze-out hat daher den Ausschluss der Minderheitsaktionäre bei der betreffenden Gesellschaft zur Folge. Allerdings gilt auch für den Fall einer bereits vorhandenen 95%igen Beteiligung und somit der Eröffnung des Anwendungsbereichs beider Ausschlussverfahren, dass der aktienrechtliche Squeeze-out nicht zur vollständigen Integration der Tochter- in die Muttergesellschaft führt. Hierzu kommt es auch im Rahmen des verschmelzungsrechtlichen Squeeze-out erst durch die Verschmelzung, die obligatorisch mit dem ei-

---

152 *Pfüller/Anders*, NZG 2003, 459, 462.

153 So auch *Schwichtenberg*, DStR 2001, 2075.

gentlichen Squeeze-out-Verfahren nach § 62 Abs. 5 UmwG verbunden ist. Zwar könnte eine vereinfachte Konzernverschmelzung auch im Anschluss an einen Ausschuss der Minderheitsaktionäre nach § 327a Abs. 1 AktG durchgeführt werden. Allerdings ist ein verschmelzungsrechtlicher Squeeze-out für diesen Fall der schnellere und einfachere Weg, weshalb ein solches Vorgehen lediglich von theoretischer Bedeutung ist. Sofern demnach aus konzernpolitischen Gründen eine vollständige Integration angestrebt wird, handelt es sich bei dem verschmelzungsrechtlichen Squeeze-out nach § 62 Abs. 5 UmwG um das vorzugswürdige Ausschlussverfahren.

Letztlich besteht der ausschlaggebende Unterschied beider Ausschlussverfahren aber in den unterschiedlichen Beteiligungserfordernissen. So ist die Mindestschwelle des verschmelzungsrechtlichen Ausschlussverfahrens in Höhe von 90% gemäß § 62 Abs. 5 Satz 1 UmwG gegenüber der des aktienrechtlichen mit 95% gemäß § 327a Abs. 1 AktG deutlich abgesenkt und somit in letzter Konsequenz auch leichter zu erreichen. Dies wird besonders virulent, wenn der Beteiligungsaufbau zur Erreichung der Squeeze-out-Schwelle noch erfolgen muss. Zweifellos liegt hierin der für den Rechtsanwender größte Vorteil.

II. Übernahmerechtlicher Squeeze-out

Eine weitere Möglichkeit, Minderheitsaktionäre aus der Gesellschaft auszuschließen, besteht in der Durchführung eines übernahmerechtlichen Squeeze-out gemäß §§ 39a, 39b WpÜG. Im Gegensatz zum verschmelzungsrechtlichen Squeeze-out kann er gemäß § 39 Abs. 1 Satz 1 WpÜG nur im Anschluss an ein Übernahme- oder Pflichtangebot nach §§ 29, 35 WpÜG durchgeführt werden, und zwar nur innerhalb von drei Monaten nach Ablauf der Annahmefrist. Anders als im Rahmen des verschmelzungsrechtlichen Squeeze-out beruht der Ausschluss der Minderheitsaktionäre nicht auf einem Hauptversammlungsbeschluss, sondern auf einem Gerichtsbeschluss des ausschließlich sachlich und örtlich zuständigen LG Frankfurt a.M., das im Nachgang des Antrags durch den Bieter entscheidet. Der Aktienübergang erfolgt außerdem kraft Gesetzes mit Rechtskraft der Entscheidung. Die Eintragung der Entscheidung in das Handelsregister gemäß § 39 Abs. 5 Satz 5 WpÜG ist daher kein Wirksamkeitserfordernis, sondern dient allein der Publizität und Rechtssicherheit.[154]

154 Begr. RegE, BT-Drs. 16/1003, S. 23; *Holzborn/Müller* in Bürgers/Körber AktG, Anh. § 327a/§§ 39a – 39c WpÜG, Rn. 19.

Der wesentliche Unterschied besteht jedoch in der Höhe des erforderlichen Beteiligungsquorums. Zwar betrifft der übernahmerechtliche Squeeze-out in seiner Grundform lediglich den Ausschluss der stimmberechtigten Aktionäre der Zielgesellschaft, so dass dem Bieter grundsätzlich auch nur 95% des stimmberechtigten Grundkapitals gehören müssen. Sofern jedoch alle Aktien unter Einbeziehung auch der stimmrechtslosen Aktien übertragen werden sollen, bedarf es hingegen weiterer Voraussetzungen, so dass mithin eine Beteiligungsquote von 95% des gesamten Grundkapitals der Zielgesellschaft erforderlich ist. Die Beteiligungsquote entspricht in diesem Fall der des aktienrechtlichen Squeeze-out, so dass insbesondere der Beteiligungsaufbau gegenüber dem verschmelzungsrechtlichen Squeeze-out wesentlich erschwert sein kann. Neben dem bereits eingeschränkten Anwendungsbereich des übernahmerechtlichen Squeeze-out bildet die Höhe des Beteiligungsquorums somit oftmals das entscheidende Abgrenzungskriterium im Vergleich zum verschmelzungsrechtlichen Squeeze-out, der seinerseits lediglich 90% des Grundkapitals erfordert. Sofern daneben auch eine vollständige Integration des übertragenden Rechtsträgers in den übernehmenden Rechtsträger beabsichtigt wird, ist der verschmelzungsrechtliche Squeeze-out ohnehin das Mittel der Wahl.

III. Übertragende Auflösung – Sale-of-Assets-Squeeze-out

Dem verschmelzungsrechtlichen Squeeze-out durchaus ähnlich ist die übertragende Auflösung, deren gesellschaftsrechtliche und verfassungsrechtliche Zulässigkeit auch nach der Einführung der §§ 327a ff. AktG von der herrschenden Ansicht aufgrund der bestehenden Verfahrensunterschiede weiterhin anerkannt ist, weil keine Umgehung des aktienrechtlichen Squeeze-out vorliegt.[155] Etwas anderes lässt sich in Anbetracht der Verfahrensunterschiede auch nach der Einführung des verschmelzungsrechtlichen Squeeze-out nicht annehmen. Bei der übertragenden Auflösung – auch Sale-of-Assets-Squeeze-out genannt – wird die Übertragung des Gesellschaftsvermögens in einem ersten Schritt auf eine andere Gesellschaft (Mehrheitsgesellschafter) von der Hauptversammlung mit der erforderlichen Dreiviertelmehrheit gemäß § 179a Abs. 1 i.V.m. § 179 Abs. 2 Satz 1 AktG beschlossen, um die Gesellschaft in einem zweiten Schritt gemäß

155 *Holzborn/Müller* in Bürgers/Körber AktG, § 327a AktG, Rn. 5; *Grzimek* in Geibel/Süßmann WpÜG, § 327a AktG, Rn. 10; einschränkend *Grunewald* in Münchener Komm. AktG, Vor § 327a AktG, Rn. 12; Roth, NZG 2003, 998, 999; a.A. *Wilhelm/Dreier*, ZIP 2003, 1369, 1373.

§ 262 Abs. 1 Nr. 2 AktG aufzulösen.[156] Die Minderheitsaktionäre scheiden dabei gegen eine anteilige Beteiligung am Liquidationserlös aus der AG aus.[157]

Die übertragende Auflösung ist dem verschmelzungsrechtlichen Squeeze-out aufgrund des Untergangs des übertragenden Rechtsträgers und des Vermögensübergangs im Grundsatz sehr ähnlich, da es außerdem auch zu keiner Verlagerung des Minderheitenkonflikts auf die Ebene des Mehrheitsgesellschafters kommt. Anders als im Rahmen der Verschmelzung erfolgt die Vermögensübertragung jedoch nicht im Wege der Gesamtrechtsnachfolge, sondern durch Einzelrechtsnachfolge, so dass die zu übertragenden Vermögensgegenstände genau bezeichnet werden müssen. Insbesondere bei Verträgen mit Dritten kann es im Rahmen der Vermögensübertragung daher zu Schwierigkeiten kommen.[158] Einer der wesentlichen Nachteile liegt hingegen in der Durchführung des Liquidationsverfahrens für die übertragende Gesellschaft.[159] Auch der Umstand, dass der Übertragungsbeschluss unter Berufung darauf angefochten werden könnte, dass die von dem Mehrheitsgesellschafter erbrachte Gegenleistung, die im Zuge der Liquidation zur Verteilung unter die Gesellschafter kommt, zu gering sei und gerade nicht das Spruchverfahren[160] offen steht, führt letztlich dazu, dass der übertragenden Auflösung in der Praxis nur eine geringe Bedeutung zukommt und sie auch gegenüber dem verschmelzungsrechtlichen Squeeze-out oftmals keine echte Alternative darstellt.[161]

IV. Aktienrechtliche Eingliederung

Als weitere denkbare Strukturmaßnahme kommt grundsätzlich auch die aktienrechtliche Eingliederung gemäß §§ 319 ff. AktG in Betracht. Bei dieser handelt es sich um die körperschaftliche Einordnung der eingegliederten Gesellschaft in

---

156 Statt aller *Holzborn/Müller* in Bürgers/Körber AktG, § 327a AktG, Rn. 5.

157 Statt aller *Holzborn/Müller* in Bürgers/Körber AktG, § 327a AktG, Rn. 5.

158 *Grunewald* in Münchener Komm. AktG, Vor § 327a AktG, Rn. 11; *Kallmeyer*, AG 2000, 59; *Körber* in Bürgers/Körber AktG, § 179a AktG, Rn. 7.

159 *Grunewald* in Münchener Komm. AktG, Vor § 327a AktG, Rn. 11; vgl. auch *Meister* in MAH GmbH, § 22 Rn. 339.

160 Allerdings wird von der h.M. mittlerweile eine analoge Anwendung des SpruchG für zulässig erachtet, vgl. hierzu statt vieler *Körber* in Bürgers/Körber AktG, § 179a AktG, Rn. 27.

161 *Grunewald* in Münchener Komm. AktG, Vor § 327a AktG, Rn. 11; *Habersack* in Emmerich/Habersack, § 327a AktG, Rn. 10; *Henze*, FS Wiedemann 2002, 935, 948.

die an ihr beteiligte Hauptgesellschaft.[162] Zu unterscheiden ist der Fall, dass der Hauptgesellschaft sämtliche Aktien der einzugliedernden Gesellschaft gehören (§ 319 AktG), von dem Fall der Eingliederung durch Mehrheitsbeschluss (§ 320 AktG). Lediglich die letztgenannte Erscheinungsform der Mehrheitseingliederung steht in Konkurrenz zur Durchführung eines verschmelzungsrechtlichen Squeeze-out. Denn auch mit ihr ist das Ausscheiden der Minderheitsaktionäre und der Übergang der Aktien auf die Hauptgesellschaft gegen entsprechende Abfindung (§ 320 b AktG) verbunden. Wie bereits der aktienrechtliche Squeeze-out, erfordert auch die Mehrheitseingliederung ein Beteiligungsquorum in Höhe von 95% des Grundkapitals. Insoweit gilt auch hier, dass der Beteiligungsaufbau gegenüber einem verschmelzungsrechtlichen Squeeze-out erheblich erschwert ist. Allerdings ist die Mehrheitseingliederung gemäß § 320 Abs. 1 Satz 1 AktG nur möglich, wenn die Hauptgesellschaft eine AG mit *Sitz im Inland*[163] ist.[164]

Entscheidender mögen jedoch die rechtlichen Wirkungen der Mehrheitseingliederung für die Entscheidung des Rechtsanwenders sein. Auch wenn diese wegen des durch sie begründeten Konzernverhältnisses (§ 18 Abs. 1 Satz 2 AktG) den Wirkungen einer Verschmelzung (§§ 2 ff. UmwG) nahe steht, bleibt es in der Folge ihrer Durchführung dennoch bei der rechtlichen Selbständigkeit der eingegliederten Gesellschaft.[165] Gegenüber einer „echten Verschmelzung“ – die unweigerlich mit einem verschmelzungsrechtlichen Squeeze-out einhergeht – führt sie ebenso wenig wie ein aktienrechtlicher Squeeze-out zu einer vollständigen Integration der Tochtergesellschaft. Auch wenn es sich um eine Form der Konzernierung handelt, ergeben sich durch sie dennoch keine entsprechenden Kosteneinsparungen im Wege einer etwaigen Verschlankung der Organisationsstrukturen (eigenständiger Vorstand, Aufsichtsrat und Hauptversammlung der Tochtergesellschaft); es bleibt vielmehr bei einem umfassenden Recht der Hauptgesellschaft zur Erteilung von Weisungen nach § 323 Abs. 1 AktG.[166] In der Rangfolge der Konzernierungsmaßnahmen stellt sie daher lediglich eine in-

---

162 *Leuering/Goertz* in Hölters AktG, § 319 AktG, Rn. 1; *Wilsing* in Henssler/Strohn GesR, § 319 AktG, Rn. 1; *Singhof* in Spindler/Stilz AktG, § 319 AktG, Rn. 2.

163 Vgl. zur Frage, ob der übernehmende Rechtsträger (Hauptaktionär) im Rahmen des verschmelzungsrechtlichen Squeeze-out auch einen Sitz in einem ausländischen EU/EWR-Mitgliedstaat haben darf, § 5 A. I. 2. b).

164 *Holzborn/Müller* in Bürgers/Körber AktG, § 327a AktG, Rn. 4.

165 *Leuering/Goertz* in Hölters AktG, § 319 AktG, Rn. 1; *Wilsing* in Henssler/Strohn GesR, § 319 AktG, Rn. 1; *Singhof* in Spindler/Stilz AktG, § 319 AktG, Rn. 2; *Habersack* in Emmerich/Habersack, § 319 AktG, Rn. 3.

166 *Singhof* in Spindler/Stilz AktG, § 319 AktG, Rn. 2.

tensivere Unternehmensverbindung dar, als dies etwa durch einen Beherrschungs- und Gewinnabführungsvertrag erreicht werden könnte, da das der Hauptgesellschaft zustehende Weisungsrecht im Vergleich weitaus umfassender ist.[167]

Des Weiteren ist gemäß § 320 Abs. 1 Satz 1 AktG die Gegenleistung für den Ausschluss der Minderheitsaktionäre in Form von Aktien der Hauptgesellschaft zu gewähren. Dies gilt uneingeschränkt, soweit es sich bei der Hauptgesellschaft um eine nicht abhängige Gesellschaft handelt. Der Ausgleich in Aktien wird gemäß § 320 Abs. 1 Satz 3 AktG auch dann alternativ zur Barabfindung angeboten, wenn es sich um eine abhängige Hauptgesellschaft i.S.v. § 17 AktG handelt. Für diesen Fall besteht ein Wahlrecht der Minderheitsaktionäre auf Barabfindung oder Anteilsgewährung der Hauptgesellschaft. Daraus folgt, dass der endgültige Ausschluss der Minderheitsaktionäre der eingegliederten Gesellschaft aus dem Konzern nicht ohne Weiteres im Wege der Mehrheitseingliederung gewährleistet werden kann. Zwar ist die eingegliederte Gesellschaft fortan frei von Minderheitsaktionären, da allein die Hauptgesellschaft mit 100% des Grundkapitals an ihr beteiligt ist. Indes ist der Minderheitskonflikt regelmäßig nur um eine Konzernstufe nach oben verlagert.

V. Verschmelzung auf dritte Gesellschaft zur Neugründung

Alternativ könnte auch an eine Verschmelzung zur Neugründung gemäß §§ 2 Nr. 2, 36 UmwG der Mutter- und Tochtergesellschaft auf eine dritte Gesellschaft gedacht werden. Ein Ausschluss der Minderheitsaktionäre gegen eine angemessene Barabfindung wird durch diese Variante jedoch nicht ermöglicht. Vielmehr vollzieht sich die Verschmelzung durch Neugründung gemäß § 36 Abs. 1 Satz 1 UmwG entsprechend der Verschmelzung durch Aufnahme. Mit der Eintragung des neuen Rechtsträgers in das Handelsregister treten die Rechtsfolgen des § 20 Abs. 1 Nr. 3 UmwG ein, so dass die Anteilsinhaber der verschmelzenden Rechtsträger Anteilsinhaber des neuen Rechtsträgers werden (vorbehaltlich der in §§ 54 Abs. 1, 68 Abs. 1 UmwG genannten Fälle) und dort abermals ihr Obstruktionspotenzial ausüben können.

Darüber hinaus bestehen weitere Gründe, warum die Verschmelzung zur Neugründung in der Rechtspraxis und auch in Abgrenzung zu einem verschmelzungsrechtlichen Squeeze-out nur von untergeordneter Bedeutung ist. So bewirkt vor allem der Verweis des § 36 Abs. 2 UmwG eine Verkomplizierung des

167 *Habersack* in Emmerich/Habersack, § 319 AktG, Rn. 3.

Verschmelzungsverfahrens, da neben den Voraussetzungen des UmwG auch die jeweiligen Gründungsvoraussetzungen des neuen Rechtsträgers erfüllt werden müssen.[168] Insgesamt handelt es sich bei einer Verschmelzung zur Neugründung um eine sehr kostenintensive Umstrukturierungsmaßnahme, die auch deshalb keine ernsthafte Alternative im Anwendungsbereich des verschmelzungsrechtlichen Squeeze-out darstellt.[169]

VI. Bagatellverschmelzung nach § 62 Abs. 1 UmwG

Die Bewertung einer isolierten Verschmelzung kann sich anders darstellen, wenn es sich um eine Verschmelzung der Tochtergesellschaft auf die Muttergesellschaft im Wege der Aufnahme gemäß § 2 Nr. 1 UmwG handelt. Dies gilt insbesondere vor dem Hintergrund des § 62 Abs. 1 UmwG, der bei einer Beteiligung von 90% des Grundkapitals des übertragenden Rechtsträgers eine (Bagatell-)Verschmelzung ohne gesonderten Verschmelzungsbeschluss der Anteilsinhaber des übernehmenden Rechtsträgers ermöglicht. Diese Form der Konzernverschmelzung ist auch in der Praxis ein wichtiges Mittel der Konzernbereinigung und stellt aufgrund der vergleichbaren Voraussetzungen eine echte, mit dem verschmelzungsrechtlichen Squeeze-out konkurrierende, konzernpolitische Umstrukturierungsmaßnahme dar.[170] Zwar bleiben alle weiteren Wirksamkeitsvoraussetzungen der Verschmelzung[171] abseits der Entbehrlichkeit des Verschmelzungsbeschlusses des übernehmenden Rechtsträgers von den Wirkungen des § 62 Abs. 1 UmwG unberührt, so dass das originäre Verschmelzungsverfahren im Rahmen des verschmelzungsrechtlichen Squeeze-out aufgrund der damit verbundenen Erleichterungen schlanker und daher kostengünstiger ist.[172] So ist etwa eine Unternehmensbewertung lediglich für den übertragenden Rechtsträger im Hinblick auf die im Rahmen des Ausschlusses der Minderheitsaktionäre an diese zu leistende Barabfindung erforderlich. Bei einer reinen Konzernverschmelzung ist demgegenüber wegen des Umtauschs der Anteile der Anteilsin-

---

168 Vgl. *Simon/Nießen* in Kölner Komm. z. UmwG, § 36 UmwG, Rn. 5.

169 Vgl. *Mayer* in Widmann/Mayer UmwG, § 36 UmwG, Rn. 2.1; *Simon/Nießen* in Kölner Komm. z. UmwG, § 36 UmwG, Rn. 6 f.

170 *Simon* in Kölner Komm. z. UmwG, § 62 UmwG, Rn. 4.

171 Vgl. insbesondere die Regelungen der §§ 5 Abs. 2, 8 Abs. 3 und 9 Abs. 2 UmwG, die grundsätzlich im Rahmen eines verschmelzungsrechtlichen Squeeze-out zur Anwendung kommen sollen, hierzu eingehend § 6 A. II. 2. und § 5 B. I. 2.

172 *Simon* in Kölner Komm. z. UmwG, § 62 UmwG, Rn. 4; *Stratz* in Schmitt/Hörtnagl/Stratz UmwG/UmwStG, § 62 UmwG, Rn. 11; *Rose* in Maulbetsch/Klumpp/Rose UmwG, § 62 UmwG, Rn. 3.

habers des übertragenden Rechtsträgers in Anteile des übernehmenden Rechtsträgers zwingend auch eine Bewertung des übernehmenden Rechtsträgers erforderlich. Die Durchführung des verschmelzungsrechtlichen Squeeze-out ermöglicht somit erhebliche Kosten- und Zeiteinsparungen.[173] Allerdings muss auch beachtet werden, dass der Squeeze-out-spezifische Teil des Verfahrens nach § 62 Abs. 5 UmwG die Einhaltung aktienrechtlicher Vorschriften und insbesondere die Erstellung eines Übertragungsberichts erfordert. Der Kostenaspekt wird daher regelmäßig nicht den Ausschlag für die Favorisierung der isolierten vereinfachten Konzernverschmelzung nach § 62 Abs. 1 UmwG geben.

Dies gilt auch vor dem Hintergrund, dass bei dieser Form der Verschmelzung die Anteilsinhaber des übertragenden Rechtsträgers infolge der Rechtswirkungen des § 20 Abs. 1 UmwG Anteile des übernehmenden Rechtsträgers erhalten. Obschon hierdurch die Barmittel des übernehmenden Rechtsträgers mangels anfallender Barabfindung geschont werden, führt diese Rechtsfolge zu der letztlich entscheidenden Frage, deren jeweilige Antwort den Ausschlag für die Durchführung des verschmelzungsrechtlichen Squeeze-out gemäß § 62 Abs. 5 UmwG oder der isolierten Konzernverschmelzung nach § 62 Abs. 1 UmwG geben wird. Denn durch die Anteilsgewährung werden die ehemaligen Minderheitsaktionäre der übertragenden Gesellschaft zu Aktionären der übernehmenden Gesellschaft und können ihr Störpotenzial auf dieser Ebene erneut ausüben. Der Rechtsanwender wird demnach regelmäßig vor der Wahl stehen, ob er die Schonung der Barmittel (dann isolierte Konzernverschmelzung) einem endgültigen Ausschluss der Minderheitsaktionäre (dann verschmelzungsrechtlicher Squeeze-out) vorzieht. Uneingeschränkt gilt dies aber auch nur dann, wenn der übertragende Rechtsträger nicht börsennotiert ist, da andernfalls der Verschmelzungsvertrag ein Barabfindungsangebot gemäß § 29 Abs. 1 Satz 1 Alt. 1 UmwG aufgrund des Cold-Delisting vorsehen muss.[174]

C. Zusammenfassende Würdigung

Zusammenfassend lässt sich feststellen, dass sich die Durchführung eines verschmelzungsrechtlichen Squeeze-out in Abgrenzung zu den vorstehenden konkurrierenden Umstrukturierungsmaßnahmen stets dann für den Rechtsanwender anbietet, wenn zwei zentrale Zielsetzungen im Vordergrund stehen. Zum einen muss es entscheidend auf den Ausschluss der Minderheitsaktionäre ankommen.

---

173 *Bungert/Wettich*, DB 2010, 2545, 2546; *Klie/Wind/Rödter*, DStR 2011, 1668, 1671.

174 Vgl. *Kiefner/Brügel*, AG 2011, 525, 527.

Dies wird jedenfalls immer dann der Fall sein, wenn in der Vergangenheit ein entsprechendes Störpotenzial auf Ebene der Tochtergesellschaft seitens der Minderheitsaktionäre ausgeübt wurde. Eine vollständige und rechtssichere Eliminierung dieses Konfliktpotenzials ist ausschließlich mithilfe der Durchführung eines Squeeze-out-Verfahrens möglich. Sofern darüber hinaus das Interesse an der vollständigen Integration der Tochtergesellschaft in die Muttergesellschaft und das Erlöschen der rechtlichen Selbständigkeit der Tochtergesellschaft im Vordergrund stehen, stellt sich das verschmelzungsrechtliche Squeeze-out-Verfahren nach § 62 Abs. 5 UmwG als passende Rechtswahl dar. Unter Erfüllung dieser unternehmerischen Zielsetzungen, gilt dies auch unabhängig von der konkreten Beteiligungshöhe und umso mehr, als eine solche in Höhe von 95% nicht oder nur unter erschwerten Bedingungen zu erreichen ist und damit ein aktienrechtliches Squeeze-out-Verfahren als Alternative ausscheidet beziehungsweise an Attraktivität einbüßt.

§ 5 Ausschluss der Minderheitsaktionäre

Um das Verfahren nach § 62 Abs. 5 UmwG in seiner Struktur und seinen Voraussetzungen untersuchen zu können, bietet es sich an, zwischen dem wesenhaften Squeeze-out-spezifischen Ausschluss der Minderheitsaktionäre einerseits und der vereinfachten (anschließenden) Konzernverschmelzung andererseits zu differenzieren. Da eine Durchführung aber nur dann ermöglicht wird, wenn die grundsätzlichen Verfahrensvoraussetzungen erfüllt sind und somit der spezielle Anwendungsbereich eröffnet ist, wird sich einleitend den Ausschlussvoraussetzungen des verschmelzungsrechtlichen Squeeze-out gewidmet.

A. Ausschlussvoraussetzungen

I. Beteiligungsfähige Rechtsträger

1. Übertragender Rechtsträger

Der übertragende Rechtsträger muss gemäß § 62 Abs. 5 Satz 1 UmwG grundsätzlich in der Rechtsform der Aktiengesellschaft organisiert sein. Eine Erweiterung erfolgt nur insoweit, als § 78 UmwG und Art. 9 Abs. 1 lit. c) sublit. ii) SE-VO den Adressatenkreis auf eine Kommanditgesellschaft auf Aktien (KGaA) und eine Europäische Aktiengesellschaft (Societas Europaea – SE) mit Sitz im Inland erstrecken.[175]

a) Relevanter Zeitpunkt der Rechtsform

Der relevante Zeitpunkt für das Vorliegen der notwendigen Rechtsform für den übertragenden Rechtsträger lässt sich zu Teilen bereits dem Gesetz entnehmen. § 62 Abs. 5 Satz 1 und Abs. 8 UmwG i.V.m. § 327a Abs. 1 AktG legen dahingehend für den übertragenden Rechtsträger fest, dass dieser naturgemäß im Moment des Übertragungsbeschlusses in der Rechtsform der Aktiengesellschaft organisiert sein muss.[176] Darüber hinaus ist der relevante Zeitpunkt für das Rechtsformerfordernis allerdings fraglich. Aufgrund der konzeptionellen Vergleichbarkeit mit dem Verfahren nach §§ 327a ff. AktG lässt sich dem aktienrechtlichen Schrifttum insoweit entnehmen, dass der Ausschluss der Minderheitsaktionäre nur dann möglich ist, wenn die AG in das Handelsregister einge-

---

175 Wenn nachfolgend allein von der AG gesprochen wird, so gilt dies soweit entsprechend auch für die KGaA und die SE.

176 So auch *Marsch-Barner* in Kallmeyer UmwG, § 62 UmwG, Rn. 36; *Rieger* in Widmann/Mayer UmwG, § 62 UmwG, Rn. 97.

tragen und somit gemäß § 41 Abs. 1 AktG bereits entstanden ist.[177] Die erforderliche Rechtsform muss daher jedenfalls bereits bei einem gegebenenfalls erforderlichen Übertragungsverlangen vorliegen, da dieses erst ab der Entstehung der AG möglich ist und auch die Auslegung des Wortes Haupt*aktionär* erkennbar die Beteiligung an einer AG voraussetzt.[178] Außer Zweifel steht, dass das Rechtsformerfordernis auch im Zeitpunkt der Anmeldung und Eintragung des Übertragungsbeschlusses ins Handelsregister sowie aufgrund der verschobenen Wirksamkeit des Ausschlusses infolge des Vorläufigkeitsvermerks nach § 62 Abs. 5 Satz 7 UmwG auch noch im Zeitpunkt der Eintragung der Verschmelzung ins Handelsregister des übernehmenden Rechtsträgers (Hauptaktionär) erfüllt sein muss.[179]

Aus dem verschmelzungsrechtlichen Kontext ergibt sich indes die Frage, ob die Rechtsform bereits bei Abschluss des Verschmelzungsvertrags gegeben sein muss. Zwar könnten § 62 Abs. 5 Satz 1 und Satz 2 UmwG in diese Richtung verstanden werden, weil insoweit von einer AG die Rede ist und die Angabe, dass im Zusammenhang mit der Verschmelzung ein Ausschluss der Minderheitsaktionäre der übertragenden Gesellschaft erfolgen soll, in einem Verschmelzungsvertrag ohne AG als übertragendem Rechtsträger keinen Sinn ergäbe.[180] Allerdings bezieht sich das Rechtsformerfordernis nach § 62 Abs. 5 Satz 1 UmwG allein auf den gemäß § 327a Abs. 1 Satz 1 AktG zu fassenden Übertragungsbeschluss und lässt die verschmelzungsspezifische Komponente des Ausschlussverfahrens unberührt. Etwas anderes ergibt sich auch nicht aus § 62 Abs. 5 Satz 2 UmwG, der gleichsam keinen erforderlichen Zeitpunkt für das Rechtsformerfordernis (implizit) definiert. Einerseits wird nur verlangt, dass der Ausschluss erfolgen soll, aber nicht muss. Andererseits zeitigt der Verschmelzungsvertrag selbst noch keine dingliche Wirkung, so dass für ihn grundsätzlich die Anforderungen zugrunde zu legen sind, die im Zeitpunkt des Wirksamwerdens der Maßnahme und damit bei Eintragung der Verschmelzung im

177 *Grunewald* in Münchener Komm. AktG, § 327a AktG, Rn. 4; *Hüffer* AktG, § 327a AktG, Rn. 6; so auch *Rieger* in Widmann/Mayer UmwG, § 62 UmwG, Rn. 99.

178 Vgl. *Rieger* in Widmann/Mayer UmwG, § 62 UmwG, Rn. 99, womit sich zwangsläufig ergibt, dass die Rechtsform im Zeitpunkt der Einberufung der Squeeze-out-Hauptversammlung gegeben ist; vgl. zum Erfordernis eines Übertragungsverlangens § 5 B. I.

179 Statt aller *Rieger* in Widmann/Mayer UmwG, § 62 UmwG, Rn. 101.

180 *Rieger* in Widmann/Mayer UmwG, § 62 UmwG, Rn. 98.

Handelsregister des übernehmenden Rechtsträgers gelten.[181] Daher finden auch ungeachtet der Rechtsform zum Zeitpunkt des Abschlusses des Verschmelzungsvertrags für diesen bereits die Vorschriften über die Verschmelzung zweier Aktiengesellschaften Anwendung.[182]

b) Sitz in einem EU/EWR-Mitgliedstaat

Grenzüberschreitenden Unternehmenszusammenschlüssen kommt insbesondere in der Europäischen Gemeinschaft eine immer größer werdende Bedeutung zu. Die Rechtsprechung des EuGH in Sachen Niederlassungsfreiheit und die europäische Richtliniengesetzgebung treiben die grenzüberschreitende Liberalisierung insoweit stetig voran.[183] Die Möglichkeit zur Durchführung eines grenzüberschreitenden verschmelzungsrechtlichen Squeeze-out wird im Schrifttum bisher jedoch nur teilweise besprochen, so dass sich oftmals nur der schlichte Hinweis finden lässt, wonach die Zulässigkeit aus der SEVIC-Entscheidung des EuGH[184] resultiere.[185]

Zumindest klarstellend sei daher darauf hingewiesen, dass sich ein grenzüberschreitender verschmelzungsrechtlicher Squeeze-out unter Beteiligung eines deutschen Hauptaktionärs einerseits und eines übertragenden Rechtsträgers mit Sitz[186] in einem ausländischen EU/EWR-Mitgliedstaat[187] andererseits keinesfalls

---

181 *Göthel*, ZIP 2011, 1541, 1544; *Rieger* in Widmann/Mayer UmwG, § 62 UmwG, Rn. 98; vgl. allgemein zur vergleichbaren Konstellation einer Kettenumwandlung *Mayer* in Widmann/Mayer UmwG, § 5 UmwG, Rn. 235.4.

182 Vgl. *Rieger* in Widmann/Mayer UmwG, § 62 UmwG, Rn. 98; *Mayer*, NZG 2012, 561, 563.

183 Vgl. hierzu Richtlinie 2005/56/EG des Europäischen Parlaments und des Rates vom 26. Oktober 2005 über die Verschmelzung von Kapitalgesellschaften aus verschiedenen Mitgliedstaaten, in Kraft getreten am 15.12.2005; EuGH, Urteil v. 13.12.2005 – C-411/03 („SEVIC“), Slg. 2005, I-10805.

184 EuGH, Urteil v. 13.12.2005 – C-411/03 („SEVIC“), Slg. 2005, I-10805.

185 *Rubner*, CFL 2011, 274, 279.

186 Für den Sitz ist nach der mittlerweile gesicherten Rechtsprechung des EuGH ausschließlich der Satzungssitz und nicht der Verwaltungssitz entscheidend. Damit wird im Grundsatz der Sitztheorie der Vorrang gewährt beziehungsweise es findet eine Überlagerung der Gründungstheorie statt. Vgl. allgemein zum Kollisionsrecht *Eidenmüller* in Ausl. KapGes, § 1 Rn. 2 ff.

187 Mitgliedstaaten der Europäischen Union (EU) und des Europäischen Wirtschaftsraums (EWR), der die EU-Mitgliedstaaten um die Staaten Island, Lichtenstein und Norwegen erweitert.

nach deutschem Umwandlungsrecht beurteilt. Grenzüberschreitende Verschmelzungen richten sich für jeden beteiligten Rechtsträger nach dessen jeweiligem Gesellschaftsstatut, wobei im Falle eines erforderlichen gemeinsamen Vorgehens die Gesellschaftsstatute zu kumulieren sind und sich das jeweils strengere durchsetzt.[188] Zwar wird die grenzüberschreitende Verschmelzung durch §§ 122a ff. UmwG geregelt. Nichtsdestotrotz gelten diese Vorschriften ebenso wie die durch den Verweis von § 122a Abs. 2 UmwG gegebenenfalls entsprechend anzuwendenden Vorschriften des Ersten Teils und des Zweiten, Dritten und Vierten Abschnitts des Zweiten Teils – wovon auch § 62 Abs. 5 UmwG in Bezug genommen wird – ausschließlich für deutsche Kapitalgesellschaften. Insofern findet das deutsche Umwandlungsrecht bereits insgesamt keine Anwendung auf den ausländischen übertragenden Rechtsträger. Da das Gesellschaftsstatut des jeweiligen Rechtsträgers für jeden einzelnen Verfahrensschritt entscheidend ist, steht außer Frage, dass sich der Squeeze-out-spezifische Teil des Verfahrens für den übertragenden Rechtsträger mit Sitz in einem ausländischen EU/EWR-Mitgliedstaat jedenfalls nach dem jeweils anwendbaren Sachrecht des betreffenden Mitgliedstaats richtet und somit gerade nicht nach § 62 Abs. 5 Satz 8 UmwG i.V.m. §§ 327a ff. AktG.[189] Das Recht des jeweiligen Mitgliedstaats müsste somit zum einen ein Ausschlussverfahren in Kombination mit einer Konzernverschmelzung überhaupt kennen und zum anderen müsste es auch eine deutsche Aktiengesellschaft als Hauptaktionär in den Anwendungsbereich miteinbeziehen.[190] Die dies betreffenden Fragen sind jedoch keine des vom deutschen Gesetzgeber eingeführten und an dieser Stelle behandelten verschmelzungsrechtlichen Squeeze-out gemäß § 62 Abs. 5 UmwG.

2. Übernehmender Rechtsträger (Hauptaktionär)

Für den übernehmenden Rechtsträger (Hauptaktionär) ergeben sich vergleichbare Fragestellungen, so dass insbesondere der relevante Zeitpunkt und die Möglichkeit eines Hauptaktionärs mit Sitz in einem EU/EWR-Mitgliedstaat zu diskutieren sind. Im Vergleich zum aktienrechtlichen Squeeze-out steht der verschmelzungsrechtliche Squeeze-out auch keinen Privatpersonen offen. Als taug-

---

188 *Geyrhalter/Weber*, DStR 2006, 146, 147; *Gutkès* in Sagasser/Bula/Brünger, Umwandlungen, § 12 Rn. 21; *Simon* in Kölner Komm. UmwG, Vor §§ 122a ff. UmwG, Rn. 22 u. 59.

189 *Rubner*, CFL 2011, 274, 279; so auch *Kiefner/Brügel*, AG 2011, 525, 532 Fn. 57; *Geyrhalter/Weber*, DStR 2006, 146, 147.

190 So auch *Rubner*, CFL 2011, 274, 279.

licher übernehmender Rechtsträger (Hauptaktionär) kommt ebenso wie für den übertragenden Rechtsträger gemäß § 62 Abs. 5 Satz 1 UmwG allein eine Aktiengesellschaft in Betracht.[191] Auch insofern gelten die rechtsformspezifischen Erweiterungen des § 78 UmwG und Art. 9 Abs. 1 lit. c) sublit. ii) SE-VO gleichermaßen. In Anbetracht des 90%igen Beteiligungserfordernisses wird somit deutlich, dass es sich um ein originäres (aktien-)konzernrechtliches Ausschlussverfahren handelt, da es sich gemäß § 15 AktG stets um verbundene Unternehmen handelt.[192] Darin besteht nicht zuletzt ein entscheidender Unterschied zu dem Verfahren nach §§ 327a ff. AktG, das demgegenüber konzernrechtsneutral ausgestaltet ist.[193]

a) Relevanter Zeitpunkt der Rechtsform

Aufgrund des eindeutigen Gesetzeswortlauts kann es als gesichert angesehen werden, dass der Hauptaktionär spätestens zum Zeitpunkt des Übertragungsbeschlusses als AG organisiert sein muss. Zwar spricht § 62 Abs. 5 Satz 1 UmwG rechtsformneutral von *der Gesellschaft*. Allerdings geht aus der Gesamtschau mit dem Verweis von § 62 Abs. 5 Satz 1 UmwG auf die *Fälle des Absatzes 1* hervor, dass es sich bei der übernehmenden Gesellschaft (Hauptaktionär) im Zeitpunkt der Squeeze-out-Hauptversammlung bereits um eine AG handeln muss.[194] Wie schon hinsichtlich des Zeitpunkts des Rechtsformerfordernisses für den übertragenden Rechtsträger festgestellt, steht auch für die Rechtsform des übernehmenden Rechtsträgers (Hauptaktionär) außer Frage, dass diese im Zeitpunkt der Anmeldung und Eintragung der Verschmelzung in das eigene Handelsregister bestehen muss, da sich dies teilweise bereits aus dem insoweit eindeutigen Wortlaut von § 62 Abs. 5 Satz 7 UmwG ergibt.[195] Ebenfalls mit der gleichen Begründung wie beim übertragenden Rechtsträger bedarf es der nöti-

---

191 Letztlich ergibt sich dies auch aus § 62 Abs. 5 Satz 7 UmwG;

192 Es besteht jedenfalls eine nach § 16 Abs. 1 AktG legaldefinierte Mehrheitsbeteiligung, die zu der Vermutung eines Abhängigkeitsverhältnisses gemäß § 17 Abs. 2 AktG führt und schließlich in der Konzernvermutung des § 18 Abs. 1 Satz 3 AktG mündet.

193 Vgl. hierzu *Habersack* in Emmerich/Habersack Konzernrecht, S. 175, Rn. 8; bereits zuvor *Habersack*, ZIP 2001, 1230, 1236 f.; so auch *Singhof* in Spindler/Stilz AktG, § 327a AktG, Rn. 12; *Hüffer* AktG, § 327a AktG, Rn. 3.

194 *Göthel*, ZIP 2011, 1541, 1544.

195 Statt aller *Rieger* in Widmann/Mayer UmwG, § 62 UmwG, Rn. 106.

gen Rechtsform noch nicht im Zeitpunkt des Abschlusses des Verschmelzungsvertrags.[196]

Fraglich ist daher allenfalls, ob das Rechtsformerfordernis schon im oftmals frühen Zeitpunkt eines etwaigen Übertragungsverlangens erfüllt sein muss.[197] Insofern gilt es zu berücksichtigen, dass die erforderliche Hauptaktionärseigenschaft im Rahmen des verschmelzungsrechtlichen Squeeze-out anders als beim aktienrechtlichen Squeeze-out nicht allein über das Beteiligungs-, sondern kumulativ auch über das Rechtsformerfordernis definiert wird.[198] Daraus folgt sodann, dass die Bestimmung der relevanten Zeitpunkte für die Rechtsform des übernehmenden Rechtsträgers (Hauptaktionär) vergleichbaren Grundsätzen wie die Bestimmung der relevanten Zeitpunkte für das Squeeze-out-spezifische Beteiligungserfordernis gemäß § 62 Abs. 5 Satz 1 Halbsatz 2 UmwG nachfolgt. Da die Diskussion um die Erfüllung der Hauptaktionärseigenschaft im Zeitpunkt eines etwaigen Übertragungsverlangens hauptsächlich aus dem Blickwinkel des Beteiligungserfordernisses geführt wird, ist es sachgerecht, auf den dortigen Streitstand zu verweisen und an dieser Stelle lediglich darauf hinzuweisen, dass die Erfüllung der Hauptaktionärseigenschaft – wenn überhaupt – in toto zur zwingenden Voraussetzung für ein Übertragungsverlangen gemacht werden kann.[199] Konkret bedeutet dies unter der Annahme, dass ein Übertragungsverlangen für (zwingend) erforderlich gehalten und für dieses wiederum die Erfüllung der Hauptaktionärseigenschaft verlangt wird, dass neben dem Beteiligungs- auch das Rechtsformerfordernis erfüllt sein muss. Damit entfällt die Möglichkeit zur parallelen Durchführung eines Formwechsels neben dem verschmelzungsrechtlichen Squeeze-out, in dessen Folge der übernehmende Rechtsträger (Hauptaktionär) bspw. erst unmittelbar vor der Squeeze-out-Hauptversammlung in der erforderlichen Rechtsform organisiert ist.[200]

---

196 *Göthel*, ZIP 2011, 1541, 1544; *Mayer*, NZG 2012, 561, 563; *Rieger* in Widmann/Mayer UmwG, § 62 UmwG, Rn. 106.

197 Vgl. zur Frage, ob und in welcher Form (vorläufig und/oder konkretisierend) ein solches zwingend notwendig ist § 5 B. I.

198 *Schockenhoff/Lumpp*, ZIP 2013, 749, 753; *Göthel*, ZIP 2011, 1541, 1544; *Mayer*, NZG 2012, 561, 563.

199 Vgl. § 5 A. II. 3. zur Frage, wann das Beteiligungserfordernis gemäß § 62 Abs. 5 Satz 1 Halbsatz 2 UmwG erfüllt sein muss; ähnlich, jedoch mit abweichender Schlussfolgerung *Schockenhoff/Lumpp*, ZIP 2013, 749, 753.

200 Dafür aber *Schockenhoff/Lumpp*, ZIP 2013, 749, 753; dahingehend auch *Mayer*, NZG 2012, 561, 563.

b) Sitz in einem EU/EWR-Mitgliedstaat

Während die Frage nach der Zulässigkeit eines grenzüberschreitenden verschmelzungsrechtlichen Squeeze-out unter Beteiligung eines übertragenden Rechtsträger mit Sitz in einem (ausländischen) EU/EWR-Mitgliedstaat nicht nach deutschem Umwandlungsrecht zu beurteilen ist, gilt anderes für den spiegelbildlichen Fall unter Beteiligung eines deutschen übertragenden Rechtsträgers, auf dessen Ebene ein übernehmender Rechtsträger mit Sitz in einem anderen EU/EWR-Mitgliedstaat einen Squeeze-out gemäß § 62 Abs. 5 UmwG durchführen will.

aa) Meinungsstand

Auch diesbezüglich wird die Zulässigkeit häufig unter Hinweis auf die SEVIC-Entscheidung des EuGH als zulässig erachtet.[201] Vereinzelt wird die Frage aber auch vor dem Hintergrund diskutiert, wie der Begriff der „übernehmenden *Aktiengesellschaft*“ in § 62 Abs. 1 UmwG beziehungsweise in § 62 Abs. 5 Satz 7 UmwG auszulegen ist und ob damit auch ausländische AG-Äquivalente erfasst werden. Teilweise wird diesbezüglich auf die VRL und eine durch diese indizierte richtlinienkonforme Auslegung verwiesen, wonach sich aus dem Titel, der Präambel und Art. 1 Abs. 1 der Verschmelzungsrichtlinie die Anwendbarkeit für ausländische AG-Äquivalente ergebe. Im Übrigen seien die Bestimmungen des Vierten Abschnitts des Zweiten Teils des UmwG stets allgemein für deutsche Aktiengesellschaften vorgesehen, so dass es nicht verwundert, dass § 62 Abs. 5 UmwG nur von der *Aktiengesellschaft* als solcher spreche.[202]

Soweit ersichtlich verneint einzig *Rubner* die Zulässigkeit eines verschmelzungsrechtlichen Squeeze-out gemäß § 62 Abs. 5 UmwG unter Beteiligung eines ausländischen AG-Äquivalents als übernehmendem Rechtsträger. Der Begriff der übernehmenden Aktiengesellschaft beziehe sich grundsätzlich nur auf deutsche Gesellschaften, woran auch § 122a Abs. 2 UmwG nichts zu ändern vermöge. Durch § 122a Abs. 2 UmwG solle allein die ergänzende Anwendung innerstaatlichen Verschmelzungsrechts sichergestellt werden, soweit es um die auf deutscher Seite an einer grenzüberschreitenden Verschmelzung beteiligte Gesellschaft gehe.[203] Außerdem sprächen Vertrauensaspekte gegen eine erweiternde Lesart. So müsse zwar der Minderheitsaktionär einer deutschen Aktien-

---

201 *Rieger* in Widmann/Mayer UmwG, § 62 UmwG, Rn. 112; *Mayer*, NZG 2012, 561, 564.

202 *Rieger* in Widmann/Mayer UmwG, § 62 UmwG, Rn. 112.

203 *Rubner*, CFl 2011 , 274, 279.

gesellschaft mit einem verschmelzungsrechtlichen Squeeze-out rechnen, sofern an der Gesellschaft eine deutsche Aktiengesellschaft mit mindestens 90% beteiligt sei. Dies gelte aber nicht, wenn eine solche Beteiligung in ausländischer Hand liege.[204] Die Möglichkeit eines grenzüberschreitenden verschmelzungsrechtlichen Squeeze-out müsse daher auf anderem Wege erreicht werden, wozu i.d.R. weitere vorbereitende Strukturmaßnahmen nötig seien.[205]

bb) Stellungnahme

Ob sich die Zulässigkeit eines grenzüberschreitenden verschmelzungsrechtlichen Squeeze-out überhaupt aus der SEVIC-Entscheidung des EuGH ableiten lässt, ist fraglich. Einerseits hatte die Entscheidung eine Hineinverschmelzung zum Gegenstand, so dass bereits bezweifelt werden kann, ob die ihr zugrunde liegende Argumentation in vergleichbarer Weise auf eine Hinausverschmelzung unter Beteiligung eines ausländischen übernehmenden Rechtsträgers zutrifft. Insoweit wird man noch davon ausgehen können, dass die Hineinverschmelzung in einen EU/EWR-Mitgliedstaat zwingend die Hinausverschmelzung aus einem anderen voraussetzt, so dass auch diese grundsätzlich den gleichen Schutz durch die Niederlassungsfreiheit erfährt.[206] Andererseits kann der SEVIC-Entscheidung aber lediglich entnommen werden, dass die Niederlassungsfreiheit die Zulässigkeit einer grenzüberschreitenden Verschmelzung verlangt, da diese eine besondere, für das reibungslose Funktionieren des Binnenmarktes wichtige Modalität der Ausübung der Niederlassungsfreiheit darstellt und damit zu den wirtschaftlichen Tätigkeiten gehört, hinsichtlich derer die Mitgliedstaaten die Niederlassungsfreiheit beachten müssen.[207] Der Entscheidung wird man aber kaum entnehmen können, dass die Mitgliedstaaten neben der Zuzugs- beziehungsweise Wegzugsfreiheit im Wege einer grenzüberschreitenden Verschmelzung auch die generelle Möglichkeit für ein ausländisches AG-Äquivalent zur Durchführung eines (verschmelzungsrechtlichen) Squeeze-out gewährleisten müssen. Im Übrigen hat der EuGH einen Verstoß gegen die Niederlassungsfreiheit auch nur deshalb angenommen, weil eine grenzüberschreitende Verschmelzung zum entscheidungserheblichen Zeitpunkt *generell* vom deutschen Um-

---

204 *Rubner*, CFl 2011 , 274, 279 f.

205 *Rubner*, CFl 2011 , 274, 280.

206 *Geyrhalter/Weber*, DStR 2006, 146, 150.

207 EuGH, Urteil v. 13.12.2005 – C-411/03, NZG 2006, 112, 113.

wandlungsrecht ausgeschlossen war, während sie nach heutigem Recht von den §§ 122a ff. UmwG ausdrücklich (für Kapitalgesellschaften) geregelt wird.[208]

Die hier entscheidende Frage lautet jedoch, ob im Rahmen einer (zulässigen) grenzüberschreitenden Verschmelzung zwischen einer deutschen Aktiengesellschaft als übertragendem Rechtsträger und einem ausländischen AG-Äquivalent als übernehmendem Rechtsträger, letzterem die Möglichkeit zur Durchführung eines Squeeze-out gemäß § 62 Abs. 5 UmwG offen stehen muss. Da es sich um keine verschmelzungsspezifische, sondern um eine Squeeze-out-spezifische Frage handelt, lässt sich die Antwort weder aus der SEVIC-Entscheidung noch aus § 122a Abs. 2 UmwG ableiten. Vielmehr wird man die Diskussion auf die Auslegung des Begriffs „übernehmende Aktiengesellschaft" beschränken müssen, so wie dies vor allem von *Kiefner/Brügel* und *Rubner*, wenn auch mit unterschiedlichen Schlussfolgerungen getan wird.

Die besseren Argumente sprechen dabei dafür, dass eine richtlinienkonforme Auslegung auch entsprechende ausländische AG-Äquivalente als Hauptaktionär i.S.v. § 62 Abs. 5 Satz 1 UmwG miteinbezieht. Insofern ist es zustimmungswürdig, wenn *Kiefner/Brügel* auf die Entstehungsgeschichte des § 62 UmwG und damit auf die Richtlinie 78/855/EWG des Rates rekurrieren. Der Titel dieser Richtlinie ist in seiner deutschen Fassung schlicht mit „[...] Verschmelzung von Aktiengesellschaften" bezeichnet und auch in der Präambel wird stets allgemein von Aktiengesellschaften gesprochen. In Art. 1 der Verschmelzungsrichtlinie wird sodann der Anwendungsbereich definiert und festgestellt, dass sie im Falle Deutschlands für Aktiengesellschaften gelten solle und im Falle anderer Mitgliedstaaten für entsprechende AG-Äquivalente. Der europäische Gesetzgeber sieht die in Art. 1 der Verschmelzungsrichtlinie genannten Rechtsformen aber allesamt als Aktiengesellschaft im übergeordneten Sinne an. Hieran hat sich dann auch die Auslegung der jeweils auf die Verschmelzungsrichtlinie zurückgehenden nationalen Vorschrift zu orientieren, so dass im deutschen Recht neben der AG auch die in Art. 1 VRL aufgeführten AG-Äquivalente erfasst werden.

Die Argumentation von *Rubner* ist indes in Zweifel zu ziehen. Bezogen auf den Vertrauensaspekt ist nicht einsichtig, weshalb ein Minderheitsaktionär einer deutschen Gesellschaft, an der eine deutsche AG mit mindestens 90% beteiligt ist, mit einem Ausschluss rechnen muss, sich die Vertrauenslage aber ändern soll, wenn es sich bei dem Hauptaktionär um ein ausländisches AG-Äquivalent handelt. Eine solche Sichtweise verstößt zudem gegen die Annahme des europä-

---

208 EuGH, Urteil v. 13.12.2005 – C-411/03, NZG 2006, 112, 113.

ischen und deutschen Gesetzgebers, die beide einen solchen Minderheitsaktionär als bloßen Anlageaktionär betrachten und daher seine Anteilseignerstellung als weniger schützenswert erachten. So gesehen wird einem solchen Anlageaktionär die Rechtsform beziehungsweise die Nationalität des Hauptaktionärs regelmäßig nicht bekannt sein beziehungsweise zumindest nicht wichtig erscheinen. Das Argument des besonderen Vertrauensschutzes ist daher nicht überzeugend. Dies zeigt sich auch mit Blick auf den aktienrechtlichen Squeeze-out, der keine Anforderungen an die Rechtsform oder die Nationalität des Hauptaktionärs stellt. Das deutsche Gesellschaftsrecht knüpft an die Nationalität des Hauptaktionärs im Rahmen eines die Minderheitsaktionäre betreffenden Ausschlussverfahrens ersichtlich kein besonderes Schutzbedürfnis derselben.[209] Mit der vorherrschenden Ansicht ist daher davon auszugehen, dass § 62 Abs. 5 UmwG auch ausländische AG-Äquivalente als übernehmenden Rechtsträger (Hauptaktionär) erfasst.

3. Erweiterung auf GmbH de lege ferenda?

Aus den vorgenannten Ausführungen folgt unmittelbar, dass eine GmbH nach der jetzigen Gesetzesfassung nicht Verfahrensbeteiligte eines verschmelzungsrechtlichen Squeeze-out sein kann. Bereits in der Reaktion auf den RefE mehrten sich jedoch die Stimmen, die auch für die GmbH die Anwendbarkeit der Neuregelung forderten und nach wie vor eine Erweiterung de lege ferenda fordern.[210] Teilweise lassen die Ausführungen jedoch eine notwendige Differenzierung vermissen, da eine Erweiterung des Anwendungsbereichs auf die GmbH als übernehmendem Rechtsträger von der Erweiterung des Anwendungsbereichs auf die GmbH als übertragendem Rechtsträger strikt zu trennen ist.

a) GmbH als übernehmender Rechtsträger

Während beim aktienrechtlichen Squeeze-out als Hauptaktionär auch eine GmbH in Betracht kommt, ist dies im Anwendungsbereich des verschmelzungsrechtlichen Squeeze-out nicht möglich. Es ist daher offensichtlich, dass die Gründe für die rechtsformspezifischen Einschränkungen bezüglich des Hauptaktionärs verschmelzungsrechtlicher Natur sein müssen und insbesondere im Zusammenhang mit § 62 Abs. 1 UmwG stehen werden. So war bereits vor der Ein-

209 *Hüffer* AktG, § 327a AktG, Rn. 7; dies anerkennend auch *Rubner*, CFl 2011, 274, 280.
210 *Ising*, NZG 2010, 1403 ff.; *Freytag*, BB 2010, 1611, 1613.

führung des verschmelzungsrechtlichen Squeeze-out umstritten, ob ein Ausschluss der GmbH als übernehmender Rechtsträger im Rahmen einer isolierten Konzernverschmelzung nach § 62 UmwG rechtspolitisch systemkonform ist.[211] Da sich insoweit für den verschmelzungsrechtlichen Squeeze-out keine Besonderheiten ergeben, können die insofern bereits ausgetauschten Argumente in weiten Teilen adaptiert werden. Entscheidend ist letztlich auch für den verschmelzungsrechtlichen Squeeze-out, ob die Entbehrlichkeit eines Beschlusserfordernisses des übernehmenden Rechtsträgers im Rahmen einer Konzernverschmelzung auch für die GmbH vorgesehen werden sollte.

aa) Meinungsstand

Dass Konzernverschmelzungen auf eine GmbH als übernehmenden Rechtsträger nicht privilegiert sind, wurde schon bisher als sachlich nicht begründet angesehen und letztlich auf den früheren § 352b AktG und die Kontroversen um dessen Übernahme in das neue Recht zurückgeführt.[212] Außerdem, so das bisherige Schrifttum, mangele es an einer Erklärung dafür, dass ausgerechnet eine weitere Beschränkung der ohnehin schon limitierten „Residualrechte" der Hauptversammlung durch § 62 UmwG erfolge.[213] Weiterführend wird nunmehr vor dem Hintergrund der Einfügung des neuen § 62 Abs. 4 UmwG und damit einhergehend des verschmelzungsrechtlichen Squeeze-out (§ 62 Abs. 4 Satz 2 UmwG) beklagt, dass ein Verzicht auf den notariell zu beurkundenden Gesellschafterbeschluss (§ 13 Abs. 3 Satz 1 UmwG) auch bei der übernehmenden GmbH zu einer wünschenswerten Kostenentlastung beitragen könne.[214] Eine vergleichbare rechtsformübergreifende Regelung sei bereits aus dem Recht der grenzüberschreitenden Verschmelzung (§ 122g Abs. 2 UmwG) bekannt, so dass dogmatische Gründe nicht entgegenstünden.[215]

Diese Auffassung hat der Gesetzgeber in Anbetracht der Einfügung des § 62 Abs. 4 UmwG abgelehnt und stattdessen die ausschließliche Privilegierung

---

211 Vgl. statt vieler *Marsch-Barner* in Kallmeyer UmwG, § 62 UmwG, Rn. 1.

212 *Marsch-Barner* in Kallmeyer UmwG, § 62 UmwG, Rn. 1.

213 So ausdrücklich *Grunewald* in Lutter UmwG, § 62 UmwG, Rn. 2, wonach außerdem davon ausgegangen werden könne, dass von der Möglichkeit des § 62 Abs. 2 UmwG seitens der Gesellschafter anderer Rechtsform eher Gebrauch gemacht werde; vgl. auch *Ising*, NZG 2010, 1403, 1406.

214 BDI-Stellungnahme z. RefE, Nr. D 0341 V/2-16-01 Ni, S. 4; dahingehend auch *Ising*, NZG 2010, 1403, 1406.

215 *Ising*, NZG 2010, 1403, 1406.

der übernehmenden AG verfestigt. Er schloss sich damit der bislang vorherrschenden Ansicht zu § 62 UmwG an, wonach sich die Beschränkung der Privilegierung auf die Aktiengesellschaft als übernehmendem Rechtsträger aus deren abweichender Zuständigkeitsordnung gegenüber der GmbH ergäbe. So sei die Zuständigkeit der Hauptversammlung nach § 119 AktG ohnehin bereits limitiert, während für die GmbH nicht nur der Grundsatz der Allzuständigkeit der Gesellschafter gelte, sondern der dispositive und jedenfalls um Grundlagenbeschlüsse und wesentliche Einzelmaßnahmen zu ergänzende Katalog des § 46 GmbHG weiter sei als derjenige des § 119 Abs. 1 AktG.[216] Zudem könne auch § 122g Abs. 2 UmwG nicht als vergleichbare Regelung herangezogen werden, da diese schlicht der Umsetzung zwingenden europäischen Rechts[217] diene[218]. Auch der wirtschaftliche Vorteil der Entbehrlichkeit eines Verschmelzungsbeschlusses halte sich schließlich in Grenzen, da sich dieser vor allem in den notariellen Kosten für den zu beurkundenden Gesellschafterbeschluss für die Verschmelzung niederschlage. Gemäß § 47 KostO i.V.m. §§ 41c Abs. 3, 44 KostO könne insoweit der Gesellschafterbeschluss, wie auch der ohnehin notariell zu beurkundende Verschmelzungsvertrag (§§ 4 Abs. 1, 6 UmwG), Gegenstand der gleichen notariellen Beurkundung sein. Daher würden sich die Notargebühren so gut wie nie durch den Gesellschafterbeschluss erhöhen, da sie sich in aller Regel nach dem Verschmelzungsvertrag richteten.[219]

bb) Stellungnahme

Der Vorstand hat gemäß § 76 Abs. 1 AktG die Gesellschaft unter eigener Verantwortung zu leiten. Er ist das unternehmerische Initiativzentrum der Gesellschaft, das im Rahmen der Grundlagenentscheidungen der Hauptversammlung die Unternehmensaktivitäten bestimmt.[220] Aus diesem Grund kann die Haupt-

---

216 So *Habersack*, FS Horn 2006, 337, 341; ähnlich *Simon* in Kölner Komm. z. UmwG, § 62 UmwG, Rn. 4, wonach sich die rechtspolitische Rechtfertigung gerade bei börsennotierten AG ergebe, bei denen wegen des breiten Aktionärskreises eine Befassung der Hauptversammlung mit Verschmelzungen von wirtschaftlich untergeordneter Bedeutung unverhältnismäßig seien. So nunmehr auch *Buschmann*, DZWIR 2011, 318, 319.

217 § 122g Abs. 2 UmwG dient der Umsetzung von Art. 9 der Richtlinie 2005/56/EG des Rates vom 26.10.2005 über die Verschmelzung von Kapitalgesellschaften aus verschiedenen Mitgliedstaaten.

218 So *Buschmann*, DZWIR 2011, 318, 319.

219 *Buschmann*, DZWIR 2011, 318, 319; zustimmend *Goldenberg*, Der verschmelzungsrechtliche Squeeze-out, S. 51.

220 *V. Werder* in Ringleb/Kremer/Lutter/v. Werder DCGK, Rn. 94.

versammlung gemäß § 119 Abs. 2 AktG über konkrete Fragen der Geschäftsführung grundsätzlich nicht entscheiden, außer der Vorstand verlangt es. Sie kann auch in Fragen der Geschäftsführung keinen direkten Einfluss auf den Vorstand nehmen, da Weisungen ebenfalls durch § 76 Abs. 1 AktG ausdrücklich ausgeschlossen sind. Eine hierarchische Klassifizierung der Hauptversammlung als oberstes Organ der Gesellschaft ist daher verfehlt, während die Gesellschafterversammlung der GmbH unstreitig als solches bezeichnet werden kann. Ausdruck ihrer Allzuständigkeit ist vor allem das Recht zur Erteilung von Weisungen gemäß § 37 Abs. 1 GmbHG.

Ausgehend von diesem dogmatischen Grundsatz wäre es verfehlt, Strukturmaßnahmen aus dem Zuständigkeitsbereich der Gesellschafterversammlung zu streichen, wohlwissend, dass die Entbehrlichkeit des Hauptversammlungsbeschlusses bereits bei der Aktiengesellschaft streitig diskutiert wird.[221] Da sich der deutsche Gesetzgeber auch nicht aufgrund europäischer Richtlinienvorgaben dazu veranlasst sehen musste, die dogmatischen Grundsätze des GmbH-Rechts anzutasten, ist es schlicht zustimmungswürdig, dass er eine entsprechende gesetzgeberische Zurückhaltung gewahrt und es bei einem begrenzten Anwendungsbereich für die Aktiengesellschaft belassen hat. Eine Erweiterung desselben über die Rechtsform der Aktiengesellschaft als übernehmendem Rechtsträger hinaus sollte daher auch de lege ferenda nicht in Betracht gezogen werden.

b) GmbH als übertragender Rechtsträger

Ob die GmbH als übertragender Rechtsträger von dem Anwendungsbereich des § 62 Abs. 5 UmwG erfasst werden sollte, hängt demgegenüber maßgeblich davon ab, ob auch bei der GmbH ein Ausschluss eines Gesellschafters gegen seinen Willen und lediglich auf Verlangen eines anderen ermöglicht werden sollte. Zwar ist der Ausschluss eines Gesellschafters dem GmbHG nicht völlig unbekannt, allerdings ist er bisher nur unter strengen Voraussetzungen möglich. So dient die Möglichkeit des Ausschlusses gemäß §§ 21 bis 25 GmbHG wegen nicht rechtzeitiger Einzahlung von Stammeinlagen (*Kaduzierung*) in erster Linie primär als Druckmittel gegenüber säumigen Gesellschaftern, die Einlage doch noch zu leisten. In der höchstrichterlichen Rechtsprechung und in der Rechts-

221 Vgl. hierzu und zur strittigen Frage, ob gleichwohl eine ungeschriebene Zuständigkeit der Hauptversammlung in Betracht kommt, § 6 B. II.

praxis ist sie jedoch weitgehend unbedeutend.[222] Gleiches gilt für das Abandonrecht des Gesellschafters nach § 27 GmbHG, das den von einer unbeschränkten Nachschusspflicht bedrohten Gesellschafter vor der Inanspruchnahme gegebenenfalls seines gesamten Privatvermögens sichert.[223] Letztlich handelt es sich hierbei weniger um ein originäres Ausschlussrecht der Mehrheitsgesellschafter, als um ein in der Entscheidungsgewalt des einzelnen Gesellschafters stehendes Preisgaberecht. Anders gelagert sind die Fälle der Einziehung des Geschäftsanteils gemäß § 34 GmbHG und des außergesetzlichen Ausschlusses aus wichtigem Grund.

aa) Recht zur Zwangseinziehung

Das Recht der GmbH lässt in § 34 GmbHG eine Einziehung von Geschäftsanteilen und damit in praxi einen Ausschluss von Gesellschaftern unter besonderen Voraussetzungen durchaus zu. Zu unterscheiden gilt es insoweit die Einziehung mit und ohne Zustimmung (*Zwangseinziehung*) des betroffenen Gesellschafters. In beiden Fällen bedarf die Einziehung von Geschäftsanteilen jedoch der Zulassung im Gesellschaftsvertrag, wobei die Zulässigkeit der Zwangseinziehung gemäß Absatz 2 ex ante im Gesellschaftsvertrag verankert sein muss, da sie bei späterer Aufnahme durch Satzungsänderung grundsätzlich nur gegenüber Gesellschaftern Wirkung entfaltet, die ihre Geschäftsanteile zeitlich nach der Satzungsänderung erworben haben.[224] Hierdurch wird dem Zweck der Vorschrift entsprochen, der in dem Schutz des Vertrauens des einzelnen betroffenen Gesellschafters liegt, wonach ihm der Anteil nicht gegen seinen Willen entzogen werden kann, ohne dass er sich darauf beim Erwerb seines Anteils einstellen konnte.[225] Entscheidend ist letztlich, dass der Gesellschaftsvertrag die tatbe-

---

222 *Hueck/Fastrich* in Baumbach/Hueck GmbHG, § 21 GmbHG, Rn. 1; *Bayer* in Lutter/Hommelhoff GmbHG, § 21 GmbHG, Rn. 1; *Schröder/Wirsch*, ZGR 2012, 660, 681; dahingehend auch *Ebbing* in Michalski GmbHG, § 21 GmbHG, Rn. 1 ff.

223 Vgl. im Einzelnen *Zeidler* in Michalski GmbHG, § 27 GmbHG, Rn. 1; *Schütz* in Münchener Komm. GmbHG, § 27 GmbHG, Rn. 10 f.; *Altmeppen* in Roth/Altmeppen GmbHG, § 27 GmbHG, Rn. 1; *Wicke* GmbHG, § 21 GmbHG, Rn. 1.

224 Entsprechend der nachträglichen Satzungsbestimmung gilt es festzustellen, ob die nachträgliche Zwangseinziehung nur gegen zukünftige oder auch für gegenwärtige Gesellschafter gelten soll. Vgl. im Einzelnen *Sosnitza* in Michalski GmbHG, § 34 GmbHG, Rn. 32.

225 *Sosnitza* in Michalski GmbHG, § 34 GmbHG, Rn. 31; *Hueck/Fastrich* in Baumbach/Hueck GmbHG, § 34 GmbHG, Rn. 8; *Strohn* in Münchener Komm. GmbHG, § 34 GmbHG, Rn. 42 f.

standlichen Voraussetzungen wie auch eventuelle Bedingungen der Einziehung exakt festlegt, so dass die Gründe für eine solche so genau formuliert sind, dass sie die mit der Klausel konkret verbundenen Risiken für den einzelnen Gesellschafter deutlich machen.[226] Nach Rechtsprechung[227] und herrschender Lehre[228] sind jedoch sogenannte Hinauskündigungsklauseln, wonach allein der Mehrheitswille der Gesellschafter als Einziehungsgrund genügen soll und die Zwangseinziehung schlicht auf einem Gesellschafterbeschluss (gegebenenfalls mit einfacher Mehrheit) beruht und keine sachliche Rechtfertigung vorliegt, gemäß § 138 BGB nichtig, da hierdurch die nach dem Gesellschaftsvertrag erforderliche Zusammenarbeit der Gesellschafter im Kern getroffen und nicht hinnehmbar beeinträchtigt wird („Damoklesschwert der Hinauskündigung").

bb) Ausschluss aus wichtigem Grund

Soweit der Gesellschaftsvertrag jedoch keinerlei Regelung vorsieht, bleibt als gesetzlich vorgesehene Möglichkeit nur noch die Auflösung der Gesellschaft gemäß § 60 Abs. 1 Nr. 2 GmbHG durch Gesellschafterbeschluss. Da die Eintragung des Auflösungsbeschlusses gemäß § 65 GmbHG nur deklaratorischen Charakter hat, tritt die Auflösung der Gesellschaft bereits mit wirksamer Beschlussfassung ein, soweit kein hinausgeschobener Auflösungstermin in dem Beschluss genannt wurde.[229] Da ein solcher Auflösungsbeschluss jedoch zum Untergang der Gesellschaft führt, wird diese Möglichkeit den praktischen Erfordernissen zum Ausschluss eines (Minderheits-)Gesellschafters oftmals nicht gerecht.

Aus diesem Grund ist in Rechtsprechung und Schrifttum anerkannt, dass ein Ausschluss eines Gesellschafters aus einem in seiner Person liegenden wichtigen Grund zulässig ist.[230] Ein wichtiger Grund liegt immer dann vor, wenn den übrigen Gesellschaftern die weitere Mitgliedschaft des (auszuschließenden) Ge-

---

226 *Damrau-Schröter*, NJW 1991, 1927, 1931.

227 BGH, Urteil v. 9.7.1990 – II ZR 194/89, BGHZ 112, 103, 108 = NJW 1990, 2622; BGH, Urteil v. 19.9.2005 – II ZR 173/04, BGHZ 164, 98, 101 = GmbHR 2005, 1558; BGH, Urteil v. 19.9.2005 – II ZR 342/03, BGHZ 164, 107, 110 f. = GmbHR 2005, 1561.

228 *Miesen*, RNotZ 2006. 522; *Sosnitza* in Michalski GmbHG, § 34 GmbHG, Rn. 41; *Strohn* in Münchener Komm. GmbHG, § 34 GmbHG, Rn. 57 f.

229 *Haas* in Baumbach/Hueck GmbHG, § 60 GmbHG, Rn. 21; *Nerlich* in Michalski GmbHG, § 60 GmbHG, Rn. 48; *Arnold* in Henssler/Strohn GesR, § 60 GmbHG, Rn. 20.

230 BGH, Urteil v. 1.4.1953 – II ZR 235/52, BGHZ 9, 157 = NJW 1953, 780; *Müller/Maul* in Beck. Hdb. GmbH, § 13 GmbHG, Rn. 99.

sellschafters nicht mehr zumutbar ist, seine weitere Mitgliedschaft also den Fortbestand der Gesellschaft unmöglich macht oder ernstlich gefährdet.[231] Es zeigt sich, dass diese Anforderungen sehr hoch sind und es sich stets um eine Maßnahme als ultima ratio handelt. Zugleich ist auch nur der Ausschluss eines einzelnen Gesellschafters möglich, nicht jedoch der generelle Ausschluss von Minderheitsgesellschaftern. Auch diese Ausschlussmöglichkeit ähnelt daher kaum dem Instrument eines Squeeze-out, der letztlich unabhängig von einem Fehlverhalten eines Gesellschafters durchgeführt werden kann und sich nicht nur auf einen einzelnen Minderheitsaktionär bezieht, sondern generell alle außenstehenden Minderheitsaktionäre erfasst.

cc) Personalistische Gesellschaftsstruktur der GmbH

Die vorgenannten Möglichkeiten zum Ausschluss von Gesellschaftern zeigen bereits, dass die GmbH ihrem gesetzlichen Leitbild entsprechend eine grundsätzlich personalistische Gesellschaftsstruktur aufweist, wobei den Treuepflichten des Gesellschafters sowohl gegenüber der Gesellschaft als auch gegenüber den Mitgesellschaftern eine größere Bedeutung zukommt als dies in der Aktiengesellschaft der Fall ist. Kennzeichen hierfür sind eine geringe Anzahl von Gesellschaftern, ein grundsätzlicher Gleichrang der Gesellschafterrechte, das Fehlen eines Mehrheitsgesellschafters, die Vinkulierung der Geschäftsanteile und die Begrenzung des (künftigen) Gesellschafterkreises auf Familienangehörige.[232] Rechtstatsächliche Untersuchungen unterstreichen dieses Bild, wonach weniger als 1% der GmbH mehr als fünf Gesellschafter und nur 0,01% der Gesellschaften mehr als einhundert Gesellschafter besaßen.[233] Außerdem sollen 90% der Gesellschaftsverträge eine Vinkulierungsklausel und eine Mitbestimmung in Bezug auf künftige Gesellschafter vorsehen.[234]

---

231 *Müller/Maul* in Beck. Hdb. GmbH, § 13 GmbHG, Rn. 99; *Damrau-Schröter*, NJW 1991, 1927, 1933; als Bespiele für einen wichtigen Grund werden genannt Denunziation, finanzielle Unregelmäßigkeiten, unsittliches Verhalten, tiefgreifendes Zerwürfnis oder ein schwerer Verstoß gegen Treuepflichten.

232 *Schröder/Wirsch*, ZGR 2012, 660, 670; vgl. auch *Michalski* in Michalski GmbHG, Syst. Darst. 1, Rn. 7.

233 *Bayer/Hoffmann*, GmbHR 2014, 12, 13; vgl. ferner für den Zeitraum 1997 bis 1999 *Meyer*, GmbHR 2002, 177, 180; *Kornblum/Hampf/Nass*, GmbHR 2000, 1240, 1249.

234 *Schröder/Wirsch*, ZGR 2012, 660, 670.

dd) Konsequenz für das Verfahren nach § 62 Abs. 5 UmwG

Der vergleichende Blick mit dem verschmelzungsrechtlichen Squeeze-out offenbart sodann, dass eine von § 62 Abs. 5 UmwG vorgesehene Ausschlussmöglichkeit eines Gesellschafters gegen seinen Willen und ohne jegliche Festsetzung im Gesellschaftsvertrag beziehungsweise ohne Vorliegen eines wichtigen Grundes in der Person des Gesellschafters nicht mit der Gesellschaftsordnung der GmbH vereinbar wäre. Zwar zeigen die aufgeführten Ausschlussmöglichkeiten des GmbH-Rechts, dass ein mit einem Squeeze-out verfolgter Minderheitsausschluss im wirtschaftlichen Ergebnis mit dem GmbH-Recht nicht völlig unvereinbar ist, da auch hier ein Kosteneinsparungspotenzial durch den Ausschluss grundsätzlich in Betracht zu ziehen ist.[235] Allerdings verursachen Minderheitsgesellschafter einer GmbH regelmäßig einen deutlich reduzierten Aufwand und niedrigere Kosten als Minderheitsaktionäre einer Aktiengesellschaft.[236]

Des Weiteren stellt sich die Problematik der räuberischen Aktionäre nicht in vergleichbarem Maße wie bei der Aktiengesellschaft, da es keine Berufskläger in diesem Sinne gibt. Die vom verschmelzungsrechtlichen Squeeze-out u.a. bezweckten Verfahrenserleichterungen des Entfalls von Verschmelzungsbericht, Verschmelzungsprüfung und Prüfungsbericht treten bei der GmbH zudem in aller Regel nicht in gleichem Maße in den Vordergrund, da insofern ein möglicher Verzicht der Gesellschafter nach §§ 8 Abs. 3, 9 Abs. 3, 12 Abs. 3 UmwG aufgrund der regelmäßig geringeren Anzahl an Gesellschaftern deutlich einfacher zu erreichen ist.[237] Neben diesen rein praktischen Erwägungen, wäre eine dem Squeeze-out nachgebildete Satzungsregelung (Hinauskündigungsklausel) ebenfalls unzulässig, da der Minderheitsgesellschafter in diesem Fall stets vom Ausschluss durch den Mehrheitsaktionär bedroht wäre. Das GmbH-Recht lässt den Gesellschafter hingegen grundsätzlich darauf vertrauen, Mitglied der Gesellschaft zu bleiben, soweit kein in seiner Person liegender Ausschlussgrund eintritt oder seine Zustimmung gegeben ist. Aus eben diesen Gründen ist eine Erweiterung des Anwendungsbereichs des verschmelzungsrechtlichen Squeeze-out auf die GmbH als übertragendem Rechtsträger auch de lege ferenda nicht zu empfehlen und die gesetzgeberische Beschränkung auf die Aktiengesellschaft sach- und interessengerecht.

---

235 *Schröder/Wirsch*, ZGR 2012, 660, 685.

236 So sieht das GmbH-Recht keine mit den §§ 121-128 AktG vergleichbaren aufwändigen Regelungen zur Einberufung und Abhaltung von Gesellschafterversammlungen vor und die Regelungen der §§ 48 ff. GmbHG sind vergleichsweise rudimentär; vgl. *Schröder/Wirsch*, ZGR 2012, 660, 673.

237 *Schröder/Wirsch*, ZGR 2012, 660, 675.

II. Erforderliche Beteiligungshöhe

Als zentrale Voraussetzung für die Einleitung eines verschmelzungsrechtlichen Squeeze-out-Verfahrens hat der Gesetzgeber in § 62 Abs. 5 Satz 1 Halbsatz 2 UmwG das Erreichen einer Kapitalbeteiligungsschwelle des übernehmenden Rechtsträgers (Hauptaktionär) von 90% bezüglich des Grundkapitals des übertragenden Rechtsträgers vorgesehen. Damit ist die erforderliche Beteiligungsschwelle gegenüber den bereits bekannten Squeeze-out-Verfahren des Aktien- und des Wertpapierübernahmegesetzes, die jeweils eine Schwelle von 95% erfordern, erheblich abgesenkt. Andererseits ergeben sich jedoch Unterschiede in der Berechnung der Beteiligungshöhe.

1. Berechnung der Kapitalbeteiligung von 90 %

Für die Berechnung der erforderlichen Kapitalbeteiligung ist von dem Grundkapital des übertragenden Rechtsträgers auszugehen, wovon eigene Anteile sowie Anteile Dritter, die einem anderen für Rechnung des übertragenden Rechtsträgers gehören, abzuziehen sind. Vorzugswürdig ist es jedoch, dieses Ergebnis bereits dem Verweis von § 62 Abs. 5 Satz 1 Halbsatz 1 UmwG auf die *Fälle des Absatzes 1* zu entnehmen, womit zugleich auf Satz 2 verwiesen wird, der diese Regel definiert. Selbst wenn der Verweis nicht als vollumfänglich erachtet würde, käme man über den Verweis des § 62 Abs. 5 Satz 8 UmwG i.V.m. § 327a Abs. 2 AktG i.V.m. § 16 Abs. 2 AktG zu dem gleichen Ergebnis. Daneben ist ebenfalls unerheblich, ob die Anteile stimmberechtigt sind oder nicht. Insoweit ist bereits der Wortlaut von § 62 Abs. 5 Satz 1 Halbsatz 2 UmwG eindeutig, der ausdrücklich eine 90%ige Kapital- und nicht eine Stimmenmehrheit fordert.[238] Das Erreichen der Kapitalbeteiligung im Rahmen von § 62 Abs. 5 UmwG unterscheidet sich daher nicht von der allgemeinen Berechnung des Beteiligungserfordernisses gemäß § 62 Abs. 1 Satz 1 UmwG im Rahmen der isolierten Konzernverschmelzung.

Klargestellt sei hingegen, dass der Verweis auf die Fälle des Absatzes 1 allein die Berechnungsregeln der Anteilshöhe entsprechend in Bezug nimmt. § 62 Abs. 5 Satz 1 Halbsatz 2 UmwG betrifft gleichwohl ein eigenständiges und damit Squeeze-out-spezifisches Beteiligungserfordernis. Der Verweis auf die Fälle

238 Vgl. bereits für § 62 Abs. 1 UmwG, *Diekmann* in Semler/Stengel UmwG, § 62 UmwG, Rn. 9; *Grunewald* in Lutter UmwG, § 62 UmwG, Rn. 3; *Stratz* in Schmitt/Hörtnagl/Stratz UmwG/UmwStG, § 62 UmwG, Rn. 4; *Marsch-Barner* in Kallmeyer UmwG, § 62 UmwG, Rn. 11.

des Absatzes 1 darf daher nicht in der Weise missverstanden werden, dass sich das für den Squeeze-out erforderliche Beteiligungsquorum etwa aus § 62 Abs. 1 UmwG ergäbe beziehungsweise mit diesem identisch wäre. Die Eigenständigkeit dieser strikt zu trennenden Beteiligungserfordernisse kommt nicht zuletzt dadurch zum Ausdruck, dass der Gesetzgeber die erforderliche Höhe von neun Zehnteln des Grundkapitals eigens in § 62 Abs. 5 Satz 1 Halbsatz 2 UmwG für den Übertragungsbeschluss nach § 327a Abs. 1 Satz 1 AktG normiert hat. Hätte sich das Beteiligungsquorum einheitlich aus § 62 Abs. 1 UmwG ergeben sollen, hätte es der in diesem Fall redundanten Ausführungen nicht bedurft. Praktische Relevanz erlangt dieses Verständnis von der grundsätzlichen Selbständigkeit der beiden Beteiligungserfordernisse insbesondere hinsichtlich der Anmeldung der Verschmelzung zur Eintragung in die Handelsregister der beteiligten Rechtsträger.[239]

Hieraus ergibt sich nicht zuletzt die Frage nach der Möglichkeit einer Zurechnung von Anteilen über § 16 Abs. 4 AktG, also insbesondere solcher über 100%ige Tochtergesellschaften. Denn einerseits spricht § 62 Abs. 5 Satz 1 Halbsatz 2 UmwG selbst von *gehören* und verwendet damit die mit § 16 Abs. 4 AktG gleichlautende Terminologie. Andererseits könnte sich dies auch aus dem allgemeinen Verweis des § 62 Abs. 5 Satz 8 UmwG auf die Regelungen der §§ 327a bis 327f AktG entnehmen lassen. Demgegenüber verlangt § 62 Abs. 1 UmwG nach absolut herrschender Ansicht, dass sich die Aktien *in der Hand* und damit im rechtlichen Eigentum des übernehmenden Rechtsträgers befinden müssen, da andernfalls jeglicher Minderheitenschutz ausgehöhlt werde.[240] Damit bedarf es der Entscheidung über die Reichweite des Verweises *in den Fällen des Absatzes 1* hinsichtlich der Berechnungsgrundsätze der erforderlichen Kapitalmehrheit.

2. Keine Zurechnung von Aktien gemäß § 16 Abs. 4 AktG

a) Meinungsstand

Die herrschende Ansicht lehnt die Annahme einer Zurechnung von Anteilen über § 16 Abs. 4 AktG ab und verlangt, dass dem übernehmenden Rechtsträger

239 Vgl. hierzu ausführlich § 5 B. I. und § 6 E. II.

240 Ausführlich *Diekmann* in Semler/Stengel UmwG, § 62 UmwG, Rn. 11, vgl. auch *Marsch-Barner* in Kallmeyer UmwG, § 62 UmwG, Rn. 10; *Grunewald* in Lutter UmwG, § 62 UmwG, Rn. 3; *Simon* in Kölner Komm. z. UmwG, § 62 UmwG, Rn. 11; *Diekmann* in Semler/Stengel UmwG, § 62 UmwG, Rn. 11; *Habersack*, FS Horn 2006, 337, 348 f.

(Hauptaktionär) alle Aktien selbst und unmittelbar gehören.[241] Zwar knüpfe § 62 Abs. 5 Satz 1 UmwG mit dem Begriff *gehören* an § 327a Abs. 1 Satz 1 AktG an und weiterhin sei über den Verweis des § 62 Abs. 5 Satz 8 UmwG auf § 327a Abs. 2 AktG grundsätzlich auch die Zurechnungsvorschrift des § 16 Abs. 4 AktG in Bezug genommen. Diese spreche selbst von *gehören*, weshalb eine einheitliche Auslegung dieses Begriffes auch im Rahmen von § 62 Abs. 5 Satz 1 UmwG geboten sein müsse.[242] Dennoch – so die herrschende Ansicht – findet § 16 Abs. 4 AktG im Rahmen des verschmelzungsrechtlichen Squeeze-out keine Anwendung. Dies rechtfertige sich vor dem Hintergrund, dass die Verweisung in § 62 Abs. 5 Satz 1 UmwG auf Absatz 1 als Spezialregelung aufzufassen sei, so dass es wie dort entscheidend darauf ankomme, dass sich die Aktien *in der Hand* und damit im rechtlichen Eigentum des übernehmenden Rechtsträgers befänden.[243] Damit verbleibe i.E. für die nur subsidiär (*„im Übrigen“*) anwendbare Verweisung des § 62 Abs. 5 Satz 8 UmwG auf die §§ 327a ff. AktG kein Raum.[244]

b) Stellungnahme

Bereits der Wortlaut der Vorschrift legt nahe, dass es sich bei dem Verweis des § 62 Abs. 5 Satz 1 UmwG um einen vollumfänglichen Verweis auf die Berechnungsgrundlagen des § 62 Abs. 1 UmwG handelt. Eine anderweitige Auslegung muss auch aus systematischen und teleologischen Gründen ausscheiden. Den Ausgangspunkt hierzu bildet die Vorgabe des Art. 27 VRL. Danach wird zur Erfüllung des 90%igen Beteiligungserfordernisses ein unmittelbares Anteilseigentum der übernehmenden Gesellschaft verlangt. Art. 28 VRL, auf den auch der Squeeze-out zurückgeht, verweist nunmehr selbst auf Art. 27 VRL und knüpft damit an dessen Anforderungen für ein unmittelbares Anteilseigentum an. Der europarechtlich indizierte Regelungsbereich für ein verschmelzungs-

241 *Bungert/Wettich*, DB 2010, 2545, 2547; *Göthel*, ZIP 2011, 1541, 1544; *Austmann*, NZG 2011, 684, 689; *Freytag*, BB 2010, 1611, 1618; *Klie/Wind/Rödter*, DStR 2011, 1668; *Wagner*, DStR 2010, 1629, 1633; *Simon/Merkelbach*, DB 2011, 1317, 1320; *Goslar/Mense*, GWR 2011, 275, 276; *Goldenberg*, Der verschmelzungsrechtliche Squeeze-out, S. 145 f.

242 Vgl. hierzu im Einzelnen *Bungert/Wettich*, DB 2010, 2545, 2547; *Göthel*, ZIP 2011, 1541,1544.

243 Vgl. zu dem Begriff „in der Hand“, *Marsch-Barner* in Kallmeyer UmwG, § 5 UmwG, Rn. 69.

244 *Bungert/Wettich*, DB 2010, 2545, 2547; so auch *Wagner*, DStR 2010, 1629, 1633; *Freytag*, BB 2010, 1611, 1618.

rechtliches Squeeze-out-Verfahren ist daher grundsätzlich nur in den Fällen des Art. 27 VRL eröffnet. Dieser Regelung wird im deutschen Recht durch § 62 Abs. 1 UmwG entsprochen, so dass sich für den deutschen Gesetzgeber die Notwendigkeit ergab, den Anwendungsbereich und die Berechnung der Beteiligungshöhe für den verschmelzungsrechtlichen Squeeze-out grundsätzlich an die Vorgaben des § 62 Abs. 1 UmwG anzupassen, der auf Art. 27 VRL basiert. Die Regeln der §§ 327a ff. AktG finden demgegenüber nur *im Übrigen* Anwendung, so dass die gegenüber dem aktienrechtlichen Squeeze-out abweichende Berechnung hierzu nicht in Widerspruch steht.

Dieses Verständnis verfestigt sich in Anbetracht des Regelungsziels der Verschmelzungsrichtlinie und des Regelungsinteresses des deutschen Gesetzgebers. So ist der verschmelzungsrechtliche Squeeze-out u.a. angetreten, eine ohnehin schon nach § 62 Abs. 1 UmwG privilegierte Konzernverschmelzung im Wege der Schaffung eines 100%igen Konzernverhältnisses, und des damit verbundenen Entfalls entsprechender Anforderungen, weiter zu vereinfachen, um auf diese Weise die Verschmelzungskosten zu senken. Der isolierte Blick auf § 62 Abs. 5 Satz 1 UmwG und seinen Verweis auf § 62 Abs. 1 UmwG ist daher nicht ausreichend, um beurteilen zu können, ob eine Zurechnung nach § 16 Abs. 4 AktG in Betracht kommt oder nicht. Vielmehr bedarf es der Inaugenscheinnahme der bezweckten Erleichterungen.[245] Diese setzen insofern zweifellos und allesamt ein *„In-der-Hand-Halten"* der Anteile und damit eine unmittelbare Eigentümerstellung voraus. Eine Zurechnung von Anteilen nach § 16 Abs. 4 AktG würde somit deren Eingreifen und damit das Regelungsziel des verschmelzungsrechtlichen Squeeze-out verhindern. Denn auch im Zeitpunkt des Wirksamwerdens des verschmelzungsrechtlichen Squeeze-out und somit im letztmöglichen und entscheidenden Zeitpunkt für die Erfüllung der Voraussetzungen der Erleichterungsvorschriften käme es nicht zu einem Rechtsübergang der nach § 16 Abs. 4 AktG zugerechneten Aktien, da diese hinsichtlich ihrer dinglichen Zuordnung von den Rechtsfolgen des § 62 Abs. 5 Satz 8 UmwG i.V.m. § 327e Abs. 3 Satz 1 AktG gänzlich unberührt blieben, da es sich um Aktien handelte, die im Lager des Hauptaktionärs stünden.[246] Es wäre daher nicht

---

245 Die relevanten Erleichterungen betreffen § 62 Abs. 4 Satz 1 und 2 sowie § 8 Abs. 3 UmwG, § 9 Abs. 2 UmwG, § 12 Abs. 3 UmwG; vgl. auch *Goldenberg*, Der verschmelzungsrechtliche Squeeze-out, S. 146, wonach dies bereits der Privilegierung des § 62 Abs. 1 UmwG entnommen werden könne.

246 Vgl. zum aktienrechtlichen Squeeze-out, *Grunewald* in Münchener Komm. AktG, § 327e AktG, Rn. 11; vgl. auch *Habersack* in Emmerich/Habersack, § 327e AktG, Rn. 9; *Schnorbus* in K. Schmidt/Lutter AktG, § 327e AktG, Rn. 22; *Hasselbach* in Kölner Komm. z. WpÜG, § 327e AktG, Rz 30; *Maslo*, NZG 2004, 163, 168; *Fleischer*, ZGR

sichergestellt, dass es infolge des Squeeze-out zwangsläufig zu einem für die Erleichterungen notwendigen 100%igen Konzernverhältnisses käme. Diese Unabdingbarkeit ist jedoch die Grundvoraussetzung für die Gleichbehandlung des verschmelzungsrechtlichen Squeeze-out und der 100%-Konzernverschmelzung, wie sie vom Gesetzgeber bezweckt und in § 62 Abs. 4 Satz 2 UmwG zum Ausdruck gebracht wird.[247] Die Berechnung der erforderlichen Kapitalbeteiligung gemäß § 62 Abs. 5 Satz 1 Halbsatz 2 UmwG folgt entsprechend des Verweises auf die *Fälle des Absatzes 1* vollumfänglich dessen Grundsätzen, so dass eine Zurechnung nach § 16 Abs. 4 AktG ausscheidet.

3. Zeitpunkt des Vorliegens der notwendigen Kapitalbeteiligung

Ebenso wie im Rahmen des aktienrechtlichen Squeeze-out, gilt es auch hinsichtlich des verschmelzungsrechtlichen Squeeze-out, die Frage nach dem relevanten Zeitpunkt des Vorliegens der notwendigen Kapitalbeteiligung zu beantworten. Dabei handelt es sich vor allem für die Transaktionsplanung um eine zentrale Fragestellung. So wird im Schrifttum zum verschmelzungsrechtlichen Squeeze-out für das aus § 62 Abs. 5 Satz 1 Halbsatz 2 UmwG resultierende Beteiligungsquorum als frühester Zeitpunkt der Abschluss des Verschmelzungsvertrags diskutiert.[248] Während die Befürworter dieser These eine Begründung mithin schuldig bleiben, wird dieser sehr frühe Zeitpunkt von anderen abgelehnt, da dieser weder vom Gesetz noch von der Gesetzesbegründung verlangt werde.[249] Ansonsten begnügt sich das Schrifttum mit einem Verweis auf die Rechtslage beim aktienrechtlichen Squeeze-out und verlangt, dass das Beteiligungsquorum sowohl im Zeitpunkt des Übertragungsbeschlusses als auch im Zeitpunkt der Anmeldung und Eintragung des Übertragungsbeschlusses vorliegen müsse.[250] Mit der gleichen Begründung und dem Verweis auf die Rechtslage beim aktien-

---

2002, 757, 775; vgl. auch Begr. RegE Gesetz zur Regelung von öffentlichen Angeboten zum Erwerb von Wertpapieren und von Unternehmensübernahmen, BT-Drs. 14/7034, S. 72.

247 Vgl. Beschlussempfehlung und Bericht des Rechtsausschusses zu dem Gesetzentwurf der Bundesregierung – Drucksache 17/3122 – v. 25.5.2011, BT-Drs. 17/5930, S. 11.

248 *Ziemons* in Nirk/Ziemons/Binnewies Hdb. AG, Teil I, Rn. 13.138.

249 *Göthel*, ZIP 2011, 1541, 1545; zustimmend *Goldenberg*, Der verschmelzungsrechtliche Squeeze-out, S. 149.

250 *Austmann*, NZG 2011, 684, 689; *Göthel*, ZIP 2011, 1541, 1545; *Ziemons* in Nirk/Ziemons/Binnewies Hdb. AG, Teil I, Rn. 13.138; i.E. auch *Mayer*, NZG 2012, 561, 564; für den Zeitpunkt der Eintragung des Übertragungsbeschlusses vgl. auch *Goldenberg*, Der verschmelzungsrechtliche Squeeze-out, S. 153.

rechtlichen Squeeze-out wird auch auf ein etwaiges Übertragungsverlangen abgestellt.[251]

Teile der Literatur fordern außerdem, dass die Beteiligung auch zum Zeitpunkt der Eintragung der Verschmelzung beim übernehmenden Rechtsträger vorliegen müsse, da andernfalls das Ziel der Verschmelzungsrichtlinie, wonach mit dem verschmelzungsrechtlichen Squeeze-out (nur) Verschmelzungen mit einer mindestens 90%igen Tochtergesellschaft auf ihre Muttergesellschaft erleichtert werden sollten, i.E. verfehlt werde.[252]

Da somit insbesondere der Verweis auf die Rechtslage beim aktienrechtlichen Squeeze-out für entscheidend gehalten wird, die daraus gefolgerten relevanten Zeitpunkte jedoch voneinander abweichen, ist eine Untersuchung des relevanten Zeitpunkts des aktienrechtlichen Squeeze-out an dieser Stelle letztlich unumgänglich. Dass im Übrigen das Beteiligungserfordernis auch im Zeitpunkt des Wirksamwerdens der Verschmelzung für erforderlich gehalten wird, zeigt, dass der Zeitpunkt ebenso originär verschmelzungsrechtlich und in Anlehnung an § 62 Abs. 1 Satz 1 UmwG definiert zu werden scheint.

a) Zeitpunkt im Rahmen des aktienrechtlichen Squeeze-out

aa) Meinungsstand

Auch im Rahmen des aktienrechtlichen Squeeze-out ist der relevante Zeitpunkt für das Vorliegen der notwendigen Beteiligungshöhe (noch immer) umstritten. Einigkeit besteht lediglich insoweit, als das Beteiligungsquorum im Zeitpunkt der über den Ausschluss der Minderheitsaktionäre beschlussfassenden Hauptversammlung vorliegen müsse, da sich dies aus dem Konzept des auf die Hauptversammlung bezogenen Squeeze-out-Verfahrens ergebe und letztlich auch aus § 327d Satz 2 AktG folge, wonach der Hauptaktionär in der Hauptversammlung ein besonderes Rederecht erhalten könne.[253]. Darüber hinaus wird von einem großen Teil des Schrifttums das Vorliegen des Beteiligungsquorums bereits zum Zeitpunkt des Übertragungsverlangens gefordert, da bereits der Wortlaut des

251 *Mayer*, NZG 2012, 561, 564.

252 *Göthel*, ZIP 2011, 1541, 1545; *Mayer*, NZG 2012, 561, 564; ähnlich *Ziemons* in Nirk/Ziemons/Binnewies Hdb. AG, Teil I, Rn. 13.138., die allerdings von der Eintragung der Verschmelzungsbeschlüsse spricht, was jedoch verfehlt ist, da diese im Rahmen des Verfahrens nach § 62 Abs. 5 UmwG in aller Regel entfallen und Gegenstand der Eintragung stets die Verschmelzung ist und gerade nicht etwaige deren Wirksamkeit bedingende Verschmelzungsbeschlüsse.

253 *Austmann* in Münch. Hdb. d. GesR AG, § 74 Rn. 26.

§ 327a Abs. 1 Satz 1 AktG ersichtlich verlange, dass dem Hauptaktionär Aktien der Gesellschaft in Höhe von 95% des Grundkapitals zu dem Zeitpunkt gehören müssten, in dem das Übertragungsverlangen wirksam werde, d.h. gemäß § 78 Abs. 2 Satz 2 AktG im Zeitpunkt seines Zugangs beim Vorstand.[254] Des Weiteren sei nur in diesem Fall gewährleistet, dass der materiell Berechtigte das Verfahren einleite und auch der Vorstand nur in diesem Fall verpflichtet sei, die Hauptversammlung überhaupt zu befassen.[255] Auch der BGH schloss sich letztlich dieser Ansicht an und entschied erst jüngst, dass das Beteiligungsquorum zu eben diesem Zeitpunkt vorliegen müsse.[256]

Andere halten dem (weiterhin) entgegen, dass es auf den Zeitpunkt des Übertragungsverlangens bereits aus praktischen Erwägungen nicht ankommen könne, da ein solches Erfordernis allein zum Taktieren hinsichtlich des Zeitpunktes des Verlangens des Hauptaktionärs führe und somit nicht zielführend sei. Anderenfalls werde die Frage eines pflichtgemäßen Vorstandshandelns in unzulässiger Weise mit der Rechtmäßigkeit des Hauptversammlungsbeschlusses vermengt.[257] Vor diesem Hintergrund sei ein Abstellen auf den Zeitpunkt des Übertragungsverlangens verfehlt.[258]

Die im Grundsatz entscheidende Frage bezieht sich hingegen darauf, ob das Beteiligungsquorum auch im Moment der Anmeldung und Eintragung des Übertragungsbeschlusses zum Handelsregister gegeben sein muss. Teilweise wird ein solches angenommen, da das Beteiligungserfordernis nicht auf den Übertragungsbeschluss bezogen, sondern als eigenständige materiell-rechtliche Voraus-

254 BGH, Urteil v. 22.03.2011 – II ZR 229/09, BGHZ 189, 32, 43 = NZG 2011, 669; OLG Düsseldorf v. 16.1.2004 – I-16 W 63/03, WM 2004, 728; *Fleischer*, ZGR 2002, 757, 758; *Gesmann-Nuissl*, WM 2002, 1205, 1209; *Mertens*, AG 2002, 377, 383; *Holzborn/Müller* in Bürgers/Körber AktG, § 327a AktG, Rn. 12; *Fleischer* in Großkomm. AktG, § 327a AktG, Rn. 20; *Hasselbach* in Kölner Komm. z. WpÜG, § 327a AktG, Rn. 34; *Grzimek* in Geibel/Süßmann WpÜG, § 327a AktG, Rn. 50; *Habersack* in Emmerich/Habersack, § 327a AktG, Rn. 18; *Koppensteiner* in Kölner Komm. z. AktG, § 327a AktG, Rn. 11; *Austmann* in Münch. Hdb. d. GesR AG, § 74 Rn. 26; *Müller-Michael* in Hölters AktG, § 327a AktG, Rn. 13; *Schnorbus* in K. Schmidt/Lutter AktG, § 327a AktG, Rn. 15; *Austmann* in Münch. Hdb. d. GesR AG, § 74 Rn. 26; *Fuhrmann/Simon,* WM 2002, 1211, 1212; i.E. auch *Singhof* in Spindler/Stilz AktG, § 327a AktG, Rn. 18.

255 *Hasselbach* in Kölner Komm. z. WpÜG, § 327a AktG, Rn. 34.

256 BGH, Urteil v. 22.03.2011 – II ZR 229/09, BGHZ 189, 32, 43 = NZG 2011, 669.

257 *Kocher/Heydel*, BB 2012, 401, 403.

258 *Grunewald* in Münchener Komm. AktG, § 327a AktG, Rn. 10 f.; *Kocher/Heydel*, BB 2012, 401, 402 f.

setzung des Squeeze-out anzusehen sei.[259] Dem wird jedoch von der herrschenden Ansicht in Literatur und Rechtsprechung widersprochen. Danach sei Voraussetzung für den Übergang der Anteile vor allem das Vorliegen der notwendigen Beteiligungshöhe im Moment der Beschlussfassung, da der Registerrichter die momentane Aktionärsstellung zudem nur schwer ermitteln und verifizieren könne.[260]

bb) Stellungnahme

Zuzustimmen ist jedenfalls der allgemeinen und unbestrittenen Ansicht, wonach das Beteiligungserfordernis im Moment der Hauptversammlung vorliegen muss. Insoweit bedarf es keiner weitergehenden Begründung. Die besseren Gründe sprechen außerdem dafür, dass die Beteiligungshöhe auch im Moment des Zugangs des Übertragungsverlangens beim Vorstand vorliegen muss. Der insoweit eindeutige Gesetzeswortlaut lässt ein abweichendes Auslegungsergebnis nicht zu, so dass auch die angeführten praktischen Erwägungen bezüglich eines Taktierens über den Zeitpunkt des Übertragungsverlangens hieran nichts ändern. Nach dem insoweit eindeutigen Urteil des BGH dürfte in dieser Sache jedenfalls für die Praxis ohnehin Klarheit herrschen. Klargestellt sei gleichwohl, dass mit dem Übertragungsverlangen bereits das üblicherweise vorläufige Übertragungsverlangen gemeint sein muss und nicht erst das konkretisierende.[261] Nur so kann gewährleistet werden, dass die zur Ermittlung der Barabfindung notwendigen Unterlagen und Informationen seitens der Gesellschaft dem nach § 327b Abs. 1 Satz 2 AktG Berechtigten, in dessen Eigenschaft als Hauptaktionär zur Verfügung gestellt werden.[262]

---

259 *Habersack* in Emmerich/Habersack, § 327a AktG, Rn. 18; *Singhof* in Spindler/Stilz AktG, § 327a AktG, Rn. 18; *Bungert*, NZG 2000, 167, 168; *Fuhrmann/Simon*, WM 2002, 1211, 1212; *Henze*, AG 1993, 341, 344.

260 OLG München, Beschluss v. 12.11.2008 – 7 W 1775/08, NZG 2009, 506, 508; vorgehend LG München I, Beschluss v. 8.5.2008 – 5 HK O 5274/08, NZG 2009, 143, 145; *Holzborn/Müller* in Bürgers/Körber AktG, § 327a AktG, Rn. 12; *Hasselbach,* in Kölner Komm. z. WpÜG, § 327a AktG, Rn. 38; *Grunewald* in Münchener Komm. AktG, § 327 a, Rn. 10; *Grzimek* in Geibel/Süßmann WpÜG, § 327a AktG, Rn. 50; *Sieger/Hasselbach* ZGR 2002, 120, 138; *Schnorbus* in K. Schmidt/Lutter AktG, § 327a AktG, Rz 15;

261 Zum Erfordernis eines vorläufigen beziehungsweise konkretisierenden Übertragungsverlangens, vgl. ausführlich § 5 B. I.

262 Vgl. *Singhof* in Spindler/Stilz AktG, § 327b AktG, Rn. 6; a.A. *Kocher/Heydel*, BB 2012, 401, 403.

Zweifel bestehen lediglich dahingehend, ob die u.a. über das Beteiligungsquorum definierte Hauptaktionärseigenschaft i.S.v. § 327a AktG auch im Moment der Anmeldung und Eintragung vorliegen muss und ob es sich somit bei der Anteilshöhe um eine eigenständige materiell-rechtliche Voraussetzung handelt, die nicht bloß auf den Hauptversammlungsbeschluss bezogen ist. Wann eine vorgeschriebene Beteiligungshöhe als materiell-rechtliche Eintragungsvoraussetzung aufzufassen ist, zeigt anschaulich der vergleichende Blick auf das Beteiligungserfordernis des § 62 Abs. 1 UmwG. Diesbezüglich lässt sich feststellen, dass der üblicherweise notwendige Verschmelzungsbeschluss durch das Beteiligungserfordernis substituiert wird und damit gleichsam zu einer eigenständigen materiell-rechtlichen Eintragungsvoraussetzung der Verschmelzung wird, die sowohl im Moment der Anmeldung als auch im Moment der Eintragung der Verschmelzung vorliegen muss.[263] Andernfalls besteht nämlich die Gefahr, dass das Privileg der vereinfachten Konzernverschmelzung missbraucht wird, indem kurzfristig ein 90%-Anteil erreicht und unmittelbar nach Fassung des Verschmelzungsbeschlusses bei der übertragenden Gesellschaft, jedoch vor Wirksamwerden der Verschmelzung wieder reduziert wird.[264] Die erforderliche Beteiligungsquote muss demnach wie der in sonstigen Fällen erforderliche Verschmelzungsbeschluss als materielle Eintragungs- und Wirksamkeitsvoraussetzung bereits zum Zeitpunkt der Anmeldung und (zumindest) zum Zeitpunkt der Eintragung der Verschmelzung ins Handelsregister vorliegen.[265]

---

263 *Bermel* in Goutier/Knopf/Tulloch UmwG, § 62 UmwG, Rn. 8; *Marsch-Barner* in Kallmeyer UmwG, § 62 UmwG, Rn. 7; *Rieger* in Widmann/Mayer UmwG, § 62 UmwG, Rn. 24; *Habersack*, FS Horn 2006, 337, 345; *Bungert*, NZG 2000, 167, 168; *Henze*, AG 1993, 341, 343 f.; vgl. für den im Rahmen der isolierten Konzernverschmelzung ebenfalls diskutierten Zeitpunkt des Verschmelzungsbeschlusses des übertragenden Rechtsträgers LG Mannheim, Urteil v. 26.3.1990 – 24 O 124/88, ZIP 1990, 992, 994; *Grunewald* in Lutter UmwG, § 62 UmwG, Rn. 6; *Stratz* in Schmitt/Hörtnagl/Stratz UmwG/UmwStG, § 62 UmwG, Rn. 7; so auch *Rose* in Maulbetsch/Klumpp/Rose UmwG, § 62 UmwG, Rn. 10, dieser Zeitpunkt spielt für den verschmelzungsrechtlichen Squeeze-out wegen § 62 Abs. 4 Satz 2 UmwG ohnehin keine Rolle.

264 Grdl. hierzu *Habersack*, FS Horn 2006, 337, 345; so auch *Diekmann* in Semler/Stengel UmwG, § 62 UmwG, Rn. 20, der diese Argumentation jedoch zur Begründung des relevanten Zeitpunkts der Eintragung der Verschmelzung heranzieht, vgl. hierzu sogleich.

265 *Rieger* in Widmann/Mayer UmwG, § 62 UmwG, Rn. 24; *Marsch-Barner* in Kallmeyer UmwG, § 62 UmwG, Rn. 7; vgl. auch *Diekmann* in Semler/Stengel UmwG, § 62 UmwG, Rn. 20; allein den Zeitpunkt der Eintragung der Verschmelzung als relevant erachtend *Simon* in Kölner Komm. z. UmwG, § 62 UmwG, Rn. 23; vgl. allgemein für den entscheidenden Prüfungszeitpunkt der Eintragungsvoraussetzungen der Verschmelzung *Simon* in Kölner Komm. z. UmwG, § 19 UmwG, Rn. 6.

Demgegenüber ersetzt das Beteiligungserfordernis des aktienrechtlichen Squeeze-out nicht den Hauptversammlungsbeschluss, sondern ist Voraussetzung für dessen Rechtmäßigkeit. Es handelt sich daher um eine originär auf den Hauptversammlungsbeschluss bezogene, nicht jedoch eigenständige materiellrechtliche Eintragungsvoraussetzung. Für die Entscheidung des abverfügenden Registerrichters ist daher nur von Belang, ob der Hauptversammlungsbeschluss rechtmäßig und daher, ob das Beteiligungserfordernis in diesem Moment erfüllt war. Eine nach diesem Zeitpunkt absinkende oder verwässernde Beteiligungshöhe verhindert hingegen weder die Anmeldereife noch die Eintragungsfähigkeit des Übertragungsbeschlusses. Für den aktienrechtlichen Squeeze-out ist daher hinsichtlich der Beteiligungshöhe von 95% des Grundkapitals eine doppelte Stichtagsbetrachtung anzulegen, wonach sowohl der Zeitpunkt des Übertragungsverlangens als auch der Zeitpunkt der Hauptversammlung entscheidend ist.

cc) Konsequenzen für § 62 Abs. 5 Satz 1 Halbsatz 2 UmwG

Sofern für den verschmelzungsrechtlichen Squeeze-out hinsichtlich der Einleitung des Ausschlussverfahrens ein Übertragungsverlangen des übernehmenden Rechtsträgers (Hauptaktionär) verlangt wird, muss konsequenterweise das Beteiligungserfordernis entsprechend der Rechtslage beim aktienrechtlichen Squeeze-out bereits zu diesem Zeitpunkt vorliegen.[266] Des Weiteren lässt sich bereits dem Wortlaut des § 62 Abs. 5 Satz 1 UmwG entnehmen, dass

> *„[...] die Hauptversammlung einer übertragenden Aktiengesellschaft [...] einen Beschluss nach § 327a Abs. 1 Satz 1 des Aktiengesetzes [nur dann] fassen kann, wenn der übernehmenden Gesellschaft (Hauptaktionär) Aktien in Höhe von neun Zehnteln des Grundkapitals gehören.“*

Ähnlich dem aktienrechtlichen Squeeze-out verlangt daher das Gesetz selbst eindeutig das Vorliegen der Beteiligungshöhe im Moment der Fassung des Übertragungsbeschlusses, so dass dieser Zeitpunkt kaum bestritten werden kann. Entgegenzutreten ist nach alledem der Ansicht, wonach das Beteiligungserfordernis auch für den Moment der Anmeldung und Eintragung des Übertragungsbeschlusses zum Handelsregister für erforderlich gehalten wird. Denn auch für das Beteiligungserfordernis des § 62 Abs. 5 Satz 1 Halbsatz 2 UmwG gilt das zum aktienrechtlichen Squeeze-out Gesagte, so dass es sich um keine materiellrechtliche Eintragungsvoraussetzung des Übertragungsbeschlusses handelt, son-

266 Vgl. zu dem Erfordernis eines Übertragungsverlangens ausführlich unten § 5 B. I.

dern – wie gesehen – allein dessen Wirksamkeit bedingt. Eine Prüfung des Registerrichters ist daher allein auf das Vorliegen des Beteiligungserfordernisses zum Zeitpunkt der Hauptversammlung und der Fassung des Übertragungsbeschlusses beziehungsweise eines u.U. erforderlichen Übertragungsverlangens bezogen.

b) Privilegierungsreichweite von § 62 Abs. 4 Satz 2 UmwG

Aus alledem erschließt sich jedoch noch nicht, ob das Beteiligungserfordernis auch bei Abschluss des Verschmelzungsvertrags beziehungsweise bei Eintragung der Verschmelzung in das Handelsregister des übernehmenden Rechtsträgers (Hauptaktionär) vorliegen muss. Soweit der Zeitpunkt des Abschlusses des Verschmelzungsvertrags als relevant erachtet wird, kann dies nur mit der Begründung angenommen werden, dass zu diesem Zeitpunkt die Bindung an den Verschmelzungsvertrag eintritt, da kein weiterer Verschmelzungsbeschluss der beteiligten Rechtsträger aufgrund der in § 62 Abs. 1 und Abs. 4 Satz 2 UmwG festgelegten Erleichterungen nötig ist.[267] Dabei wird jedoch missachtet, dass es sich bei der Beteiligungshöhe nicht um eine Wirksamkeitsvoraussetzung des Verschmelzungsvertrags handelt. Nach der Syntax von Satz 1 in § 62 Abs. 5 UmwG wird allein der Beschluss gemäß § 327a Abs. 1 Satz 1 AktG von dem Vorliegen der Hauptaktionärseigenschaft und der dafür erforderlichen Beteiligungshöhe konditioniert und nicht der Abschluss des Verschmelzungsvertrags, so dass die Beteiligungshöhe zu diesem frühen Zeitpunkt noch nicht erfüllt sein muss.

Weitaus schwieriger gestaltet sich die Erklärung hinsichtlich der Notwendigkeit des Vorliegens der Beteiligungshöhe bei Eintragung der Verschmelzung in das Handelsregister des übernehmenden Rechtsträgers. Dass der Squeeze-out aufgrund des Vorläufigkeitsvermerks nach § 62 Abs. 5 Satz 7 UmwG erst zu diesem Zeitpunkt zur Wirksamkeit gelangt, kann als Begründung jedenfalls kaum ausreichen. Denn auch für den aktienrechtlichen Squeeze-out bedarf es des Vorliegens der notwendigen Beteiligungshöhe nicht im Moment seines Wirksamwerdens (Handelsregistereintragung). § 62 Abs. 5 Satz 1 Halbsatz 2 UmwG betrifft ebenso allein eine Squeeze-out-spezifische und nicht eine materiell-rechtliche Eintragungsvoraussetzung der Verschmelzung. Eine erneute

267 Vgl. zu diesem Gedanken der Bindungswirkung als Anknüpfungspunkt im Zusammenhang einer isolierten Konzernverschmelzung nach § 62 Abs. 1 UmwG, *Grunewald* in Lutter UmwG, § 62 UmwG, Rn. 7.

Prüfung durch den Registerrichter hinsichtlich der materiellen Eintragungsvoraussetzungen des Übertragungsbeschlusses samt Vorläufigkeitsvermerk und somit inzident des Beteiligungsquorums gemäß § 62 Abs. 5 Satz 1 Halbsatz 2 UmwG erfolgt im Rahmen des Handelsregisterverfahrens bezüglich der Verschmelzung jedenfalls nicht. Das aus § 62 Abs. 5 Satz 1 Halbsatz 2 UmwG resultierende Beteiligungserfordernis ist allein für die Wirksamkeit des Übertragungsbeschlusses notwendig, so dass aus ihm die Notwendigkeit einer 90%igen Beteiligung zum Zeitpunkt der Eintragung der Verschmelzung beim übernehmenden Rechtsträger nicht gefolgert werden kann.

Wenn nun darauf verwiesen wird, dass es des Vorliegens des 90%igen Beteiligungsquorums zur Sicherstellung dafür bedürfe, dass der verschmelzungsrechtliche Squeeze-out (nur) mit Verschmelzungen einer mindestens 90%igen Tochtergesellschaft auf ihre Muttergesellschaft einhergehen dürfe, so ist dies zwar zutreffend. Allerdings führt es zu der Frage nach der Reichweite der Privilegierungswirkung des § 62 Abs. 4 Satz 2 UmwG. Geht man davon aus, dass der Squeeze-out aufgrund des Vorläufigkeitsvermerks gemäß § 62 Abs. 5 Satz 7 UmwG eine juristische Sekunde vor der Konzernverschmelzung wirksam wird, so ist mit der vorzugswürdigen Ansicht anzunehmen, dass es sich bei § 62 Abs. 4 Satz 2 UmwG im Grunde lediglich um eine Klarstellung zu § 62 Abs. 4 Satz 1 UmwG handelt.[268] Die Durchführung des verschmelzungsrechtlichen Squeeze-out ist daher stets in eine 100%-Konzernverschmelzung eingebettet. So gesehen handelt es sich bei § 62 Abs. 4 Satz 2 UmwG auch nicht bloß um eine Klarstellung zu § 62 Abs. 4 Satz 1 UmwG, sondern zwangsläufig auch um eine Klarstellung zu § 62 Abs. 1 Satz 1 UmwG, soweit das 90%ige Beteiligungserfordernis betroffen ist.

Im Übrigen erklärt sich die Forderung nach dem Vorliegen der 90%igen Beteiligungshöhe auch nicht aus genuin verschmelzungsrechtlichen und somit aus § 62 Abs. 1 UmwG resultierenden Gründen. Soll etwa sichergestellt werden, dass es sich um eine i.S.v. § 62 Abs. 1 UmwG privilegierte Konzernverschmelzungssituation handelt, so müsste das Beteiligungsquorum auch zu allen diesbezüglich entscheidenden Stichtagen verlangt werden. Da der sonst in diesem Zusammenhang üblicherweise ebenfalls diskutierte Zeitpunkt der Hauptversammlung des übertragenden Rechtsträgers als Anknüpfungspunkt ausscheidet, kom-

268 Vgl. zu den Rechtsfolgen des Vorläufigkeitsvermerks gemäß § 62 Abs. 5 Satz 7 UmwG ausführlich § 5 B. IV. 3. b); vgl. zur Klarstellungsfunktion von § 62 Abs. 4 Satz 2 UmwG auch *Mayer*, NZG 2012, 561, 572; *Hofmeister*, NZG 688, 690; *Göthel*, ZIP 2011, 1541, 546; dahingehend auch *Bungert/Wettich*, DB 2011, 1500; nicht eindeutig *Neye/Kraft*, NZG 2011, 681, 683.

men lediglich die Anmeldung und die Eintragung der Verschmelzung in Betracht, jedoch bezogen auf das Handelsregisterverfahren sowohl beim übertragenden als auch beim übernehmenden Rechtsträger. Allein auf den Zeitpunkt der Eintragung beim übernehmenden Rechtsträger abzustellen, wäre diesbezüglich unzureichend. Da diese Zeitpunkte (Anmeldung und Eintragung der Verschmelzung) aber nur deshalb für beachtlich gehalten werden, damit der Registerrichter in die Lage versetzt wird, prüfen zu können, dass ein Verschmelzungsbeschluss des übernehmenden Rechtsträgers nicht notwendig ist und die Verschmelzung damit auch ohne einen solchen eintragungsfähig ist beziehungsweise darüber hinaus ein Absinken der Beteiligungshöhe bis zum Zeitpunkt der Wirksamkeit der Verschmelzung verhindert werden soll, bedarf es seiner nicht, wenn diese Funktion im Rahmen des verschmelzungsrechtlichen Squeeze-out bereits auf andere Weise erfüllt werden kann.

Der jeweilige Registerrichter kann insofern aufgrund des Squeeze-out und des eingetragenen Vorläufigkeitsvermerks in jedem Fall feststellen, dass es sich insgesamt um eine beschlusslose Verschmelzung handelt. Er entscheidet nicht bloß über eine mindestens 90%ige Konzernverschmelzung, sondern stets über eine 100%ige Konzernverschmelzung. Ein Absinken der notwendigen Beteiligungshöhe im Zeitpunkt des Wirksamwerdens der Verschmelzung ist von vornherein ausgeschlossen, sofern angenommen wird, dass der Squeeze-out eine juristische Sekunde zuvor zur Wirksamkeit gelangt. Das kurze, lediglich fiktive Zeitfenster erlaubt ein solches Absinken nicht. Da das Beteiligungsquorum somit auch keine Notwendigkeit hinsichtlich des verschmelzungsbezogenen Handelsregisterverfahrens besitzt, bleibt es einzig bei der auf den Squeeze-out bezogenen doppelten Stichtagsbetrachtung. In der Konsequenz wird man es daher auch für unschädlich halten müssen, dass die Beteiligung nach der Fassung des Übertragungsbeschlusses erneut absinkt, da weder die Wirksamkeit des Squeeze-out noch die der Konzernverschmelzung das Gegenteil verlangen.

III. Zusammenfassende Würdigung

Für das Rechtsformerfordernis hat sich gezeigt, dass ein verschmelzungsrechtlicher Squeeze-out gemäß § 62 Abs. 5 UmwG in Anbetracht einer richtlinienkonformen Auslegung der Vorschrift auch unter der Beteiligung eines AG-Äquivalents mit Sitz in einem EU/EWR-Mitgliedstaat als übernehmendem Rechtsträger durchgeführt werden kann, während der übertragende Rechtsträger zwingend als deutsche Aktiengesellschaft organisiert sein muss. Sofern abseits dessen der Wunsch nach einer Erweiterung des Anwendungsbereichs auf die GmbH geäußert wird, so ist dem sowohl für den übertragenden als auch für den übernehmenden Rechtsträger unter Verweis auf die personalistische Gesellschaftsstruktur der GmbH nicht zu folgen. Anders als im Aktienrecht drängt sich im Hinblick auf eine 10%ige Ausschlussminderheit nicht die Schlussfolgerung auf, dass ein Minderheitsgesellschafter vornehmlich Kapitalanlageinteressen verfolgt und sein Ausschluss in Anbetracht seines Anteils an der Finanzierung der Gesellschaft zugunsten der Mehrheit in den Hintergrund treten muss. Im Recht der GmbH ist vielmehr davon auszugehen, dass in der Regel das Verbandsinteresse eines in dieser Weise beteiligten Minderheitsgesellschafters dessen Kapitalanlageinteresse überwiegt.

Hinsichtlich des 90%igen Beteiligungserfordernisses hat sich im Gegensatz zu der Auffassung der herrschenden Ansicht als wesentliche Erkenntnis der Untersuchung herausgestellt, dass es eines 90%igen Anteilsbesitzes materiell weder im Rahmen des Handelsregisterverfahrens (Anmeldung und/oder Eintragung) des übertragenden noch des Handelsregisterverfahrens des übernehmenden Rechtsträgers bedarf. Der ausschlaggebende Grund hierfür liegt in dem herausgearbeiteten Verständnis begründet, wonach das im Rahmen des verschmelzungsrechtlichen Squeeze-out gemäß § 62 Abs. 5 Satz 1 Halbsatz 2 UmwG erforderliche (Squeeze-out-spezifische) Beteiligungsquorum von jenem (verschmelzungsspezifischen) gemäß § 62 Abs. 1 UmwG, ungeachtet deren identischer Höhen, strikt zu trennen ist. So ist hinsichtlich des Ausschlusses der Minderheitsaktionäre allein das in § 62 Abs. 5 Satz 1 Halbsatz 2 UmwG niedergelegte Beteiligungserfordernis entscheidend, während § 62 Abs. 1 UmwG allein das für die Konzernverschmelzung relevante Beteiligungsquorum betrifft. Von diesem Grundsatz ausgehend, zeigt sich, dass es des Vorliegens der in § 62 Abs. 5 Satz 1 Halbsatz 2 UmwG normierten Beteiligungshöhe allein im Zeitpunkt der Squeeze-out-Hauptversammlung und eines etwaigen Übertragungsverlangens bedarf, da insofern die gleichen Grundsätze wie für das im Rahmen des aktienrechtlichen Squeeze-out erforderliche 95%ige Beteiligungsquorum gemäß § 327a Abs. 1 Satz 1 AktG gelten. Infolgedessen steht es § 62 Abs. 5 Satz 1 Halbsatz 2 UmwG auch nicht entgegen, wenn die Beteiligungshöhe im Anschluss an die Squeeze-out-Hauptversammlung bis zum Wirksamwerden des Ausschlusses (Eintragung der Verschmelzung in das Handelsregister des übernehmenden Rechtsträgers) absinkt.

Dass die 90%ige Beteiligung nach der Fassung des Übertragungsbeschlusses weiter Bestand haben müsste, ergibt sich des Weiteren nicht aus dem verschmelzungsspezifischen Beteiligungserfordernis gemäß § 62 Abs. 1 UmwG. Insofern hat sich gezeigt, dass dieses von der für den verschmelzungsrechtlichen Squeeze-out kodifizierten Klarstellung gemäß § 62 Abs. 4 Satz 2 UmwG inkludiert wird. Hiernach wird eben nicht bloß das in § 62 Abs. 4 Satz 1 UmwG geregelte 100%ige Konzernverhältnis umfasst, sondern die Klarstellungsfunktion erstreckt sich zwangsläufig auch auf das Weniger des nach § 62 Abs. 1 UmwG erforderlichen 90%igen Anteilserfordernisses. Infolgedessen kann dieses auch bei der Eintragungsentscheidung des jeweiligen Registerrichters über die Verschmelzung (fiktiv) als gegeben angesehen werden, wenn der Privilegierungstatbestand gemäß § 62 Abs. 4 Satz 2 UmwG erfüllt ist. Praktische Relevanz erlangt dieses Verständnis insbesondere hinsichtlich eines möglichen Beteiligungsaufbaus mittels Wertpapierleihe.[269] Diese kann insbesondere für den verschmelzungsrechtlichen Squeeze-out von besonderer Bedeutung sein.

Denn hinsichtlich der Berechnung des Beteiligungsquorums konnte ferner gezeigt werden, dass eine Zurechnung über § 16 Abs. 4 AktG nicht möglich ist. Selbst wenn daran gezweifelt würde, dass sich dies bereits aus § 62 Abs. 5 Satz 1 UmwG als allgemeinem Verweis auf die Berechnungsregeln des *Absatzes 1* ergibt, so folgt dies doch zumindest aus der Zweigliedrigkeit des verschmelzungsrechtlichen Squeeze-out. So gilt es die Squeeze-out-spezifischen Rechtswirkungen nach § 62 Abs. 5 Satz 8 UmwG i.V.m. § 327e Abs. 3 Satz 1 AktG zu beachten, wonach gemäß § 16 Abs. 4 AktG zugerechnete Anteile nicht auf den Hauptaktionär übertragen werden. Es wäre demnach im Falle einer hierüber erreichten Zurechnung nicht sichergestellt, dass es zumindest für eine juristische Sekunde zu einem 100%igen Konzernverhältnis kommt, das für das Eingreifen der von dem verschmelzungsrechtlichen Squeeze-out bezweckten Konzernprivilegien zwingend erforderlich ist. Da diese allesamt ein „In-der-Hand-Halten" der Anteile und damit eine unmittelbare Eigentümerstellung im Zeitpunkt des Wirksamwerdens der Verschmelzung voraussetzen, würde eine Zurechnung von Anteilen gemäß § 16 Abs. 4 AktG einen die Systematik des zweigliedrigen Ausschlussverfahrens gefährdenden Fremdkörper bedeuten.

B. Ausschlussverfahren

I. Einleitung des Ausschlussverfahrens – Übertragungsverlangen?

Während das aktienrechtliche Squeeze-out-Verfahren in aller Regel mit dem nach § 327a Abs. 1 Satz 1 AktG erforderlichen Übertragungsverlangen des Hauptaktionärs eingeleitet wird, ist die Erforderlichkeit eines solchen im Rahmen des verschmelzungsrechtlichen Squeeze-out umstritten. Dogmatisch handelt es sich bei einem Übertragungsverlangen um eine nicht formbedürftige Willenserklärung des Hauptaktionärs an die Gesellschaft, die hierzu von ihrem Vor-

269 Vgl. zum Beteiligungsaufbau mittels Wertpapierleihe § 7 A. II. 3. a).

stand vertreten wird.[270] Inhaltlich muss das Übertragungsverlangen den Vorgaben des § 327a Abs. 1 Satz 1 AktG entsprechen, so dass angegeben werden muss, dass das notwendige Beteiligungsquorum erfüllt ist.[271] Da aus § 327c Abs. 1 Nr. 2 AktG außerdem folgt, dass die Barabfindung benannt werden muss, erfolgt dies üblicherweise in zwei Schritten.

So verlangt der Hauptaktionär in einem ersten vorläufigen Übertragungsverlangen die Durchführung des Squeeze-out. Zu diesem frühen Zeitpunkt kann üblicherweise eine Barabfindung noch nicht angegeben werden. Erst aus diesem Übertragungsverlangen wird der Vorstand der Gesellschaft gemäß § 327b Abs. 1 Satz 2 AktG verpflichtet, gegenüber dem Hauptaktionär die dafür erforderlichen Unterlagen und Informationen zur Verfügung zu stellen, die letztlich die Basis für die Ermittlung der Barabfindung bilden.[272] Aus diesem Grund geht dem vorläufigen Übertragungsverlangen üblicherweise ein konkretisierendes Übertragungsverlangen nach, das nunmehr die ermittelte Barabfindung enthält und die Gesellschaft zur Einberufung einer Hauptversammlung mit dem Verlangen des Hauptaktionärs als Gegenstand der Tagesordnung gemäß § 124 Abs. 1 AktG entgegen seiner aktien- und konzernrechtlichen Weisungsfreiheit verpflichtet.[273]

1. Meinungsstand

Die (noch) vorherrschende Ansicht in der Literatur vertritt die Auffassung, dass ein Übertragungsverlangen beim verschmelzungsrechtlichen Ausschlussverfahren – ganz gleich ob vorläufig oder konkretisierend – nicht zu fordern sei, da sich der übernehmende und übertragende Rechtsträger bereits im Rahmen des Verschmelzungsvertrags hinsichtlich der Durchführung eines Squeeze-out einigten und dieser Zeitpunkt damit den formalen Anknüpfungspunkt für die Einleitung (auch) des Ausschlussverfahrens bilde.[274] Außerdem sei der Squeeze-out

---

270 AllgM, vgl. statt vieler *Grunewald* in Münchener Komm. AktG, § 327a AktG, Rn. 11.

271 *Ziemons* in Nirk/Ziemons/Binnewies Hdb. AG, Teil I, Rn. 13.13.

272 *Mayer*, NZG 2012, 561, 564; dahingehend auch *Ziemons* in Nirk/Ziemons/Binnewies Hdb. AG, Teil I, Rn. 13.13; *Holzborn/Müller* in Bürgers/Körber AktG, § 327a AktG, Rn. 13; *Schnorbus* in K. Schmidt/Lutter AktG, § 327b AktG, Rn. 9.

273 *Singhof* in Spindler/Stilz AktG, § 327a AktG, Rn. 19; *Grunewald* in Münchener Komm. AktG, § 327a AktG, Rn. 11; *Habersack* in Emmerich/Habersack, § 327a AktG, Rn. 20.

274 *Wagner*, DStR 2010, 1629, 1630; *Göthel*, ZIP 2011, 1541, 1545; ähnlich *Austmann*, NZG 2011, 684, 690, der jedoch bereits an die Verständigung der übernehmenden und

lediglich als Vorbereitungsmaßnahme der Verschmelzung aufzufassen, da er auch nur im Rahmen der Verschmelzung stattfinden solle.[275] Anzuknüpfen sei daher an die Verständigung über die Verschmelzung anstelle eines Übertragungsverlangens.[276]

Demgegenüber zeichnet sich im jüngeren Schrifttum die Tendenz ab, ein solches Verlangen i.S.v. § 327a Abs. 1 Satz 1 AktG wegen des Verweises von § 62 Abs. 5 Satz 8 UmwG auf die §§ 327a ff. AktG für erforderlich zu halten, da es Voraussetzung für die Pflicht des Vorstands zur Übermittlung der für die Festlegung der Barabfindung relevanten Informationen gemäß § 327b Abs. 1 Satz 2 AktG und für den Übertragungsbeschluss sei.[277] Der Verschmelzungsvertrag oder sein Entwurf könne allenfalls das üblicherweise stattfindende vorläufige Übertragungsverlangen des Hauptaktionärs ersetzen, da in ihnen insoweit keine Bestimmungen zur Barabfindung der Minderheitsaktionäre enthalten seien. Da die Höhe der Barabfindung jedoch spätestens vor der Einberufung der Hauptversammlung festgelegt und gemäß § 62 Abs. 5 Satz 8 UmwG i.V.m. § 327c Abs. 1 Nr. 2 AktG auch beim verschmelzungsrechtlichen Squeeze-out zur Information der Minderheitsaktionäre in der Einladungsbekanntmachung mitgeteilt werde, müsse der Einladung zur Squeeze-out-Hauptversammlung zwingend die Festlegung der Barabfindung im Rahmen eines konkretisierenden Squeeze-out-Verlangens vorangehen.[278]

2. Stellungnahme

Grundsätzlich gilt es die Selbständigkeit des Ausschlussverfahrens gegenüber dem Konzernverschmelzungsverfahren zu beachten. So vermag der Verschmelzungsvertrag oder sein Entwurf im Grundsatz lediglich das Konzernverschmelzungsverfahren einzuleiten, innerhalb dessen (auch) ein Squeeze-out durchgeführt werden soll. Insoweit besteht selbst nach Abschluss des Verschmelzungs-

der übertragenden Gesellschaft über den Squeeze-out im Rahmen der Verschmelzung und damit an einen noch früheren Zeitpunkt anknüpft.

275 *Austmann*, NZG 2011, 684, 689.

276 *Austmann*, NZG 2011, 684, 689; ähnlich *Göthel*, ZIP 2011, 1541, 1545; vgl. dazu auch *Schockenhoff/Lumpp*, ZIP 2013, 749, 752.

277 *Ziemons* in Nirk/Ziemons/Binnewies Hdb. AG, Teil I, Rn. 13.140.

278 *Mayer*, NZG 2012, 561, 567; so i.E. auch *Bungert/Wettich*, DB 2011, 1500, 1501; *Kiefner/Brügel*, AG 2011, 525, 538, die ein Übertragungsverlangen zumindest aus Rechtssicherheitsgründen vorsorglich empfehlen; so i.E. auch *Goldenberg*, Der verschmelzungsrechtliche Squeeze-out, S. 157, die jedoch den Begriff „Squeeze-out-Verlangen" favorisiert.

vertrags noch keine rechtliche Verpflichtung zur Durchführung eines Squeeze-out, da nach § 62 Abs. 1 Satz 2 UmwG lediglich die Angabe enthalten sein muss, dass im Zusammenhang mit der Verschmelzung ein Ausschluss der Minderheitsaktionäre der übertragenden Gesellschaft erfolgen *soll*. Der Wortlaut der einschlägigen Regelung verlangt daher noch nicht nach einem Übertragungsverlangen, so dass es vor allem auf den Sinn und Zweck eines solchen im Rahmen des verschmelzungsrechtlichen Squeeze-out ankommt. Dabei bietet es sich an, zwischen dem vorläufigen und dem konkretisierenden Übertragungsverlangen zu differenzieren.

a) Vorläufiges Übertragungsverlangen

Legt man zugrunde, dass die originäre Aufgabe eines vorläufigen Übertragungsverlangens im Rahmen des aktienrechtlichen Squeeze-out vor allem darin zu sehen ist, dass der Vorstand des übertragenden Rechtsträgers zur Preisgabe der Informationen, die für die Ermittlung der Barabfindung notwendig sind, verpflichtet werden soll, um zugleich vor einer möglichen Schadensersatzpflicht gemäß § 93 Abs. 1 Satz 3 AktG wegen des Verstoßes gegen das Vertraulichkeitsgebots bewahrt zu werden, so wird man ein vorläufiges Übertragungsverlangen im Rahmen des verschmelzungsrechtlichen Squeeze-out regelmäßig für nicht notwendig erachten müssen. Die Entscheidung zur Durchführung des verschmelzungsrechtlichen Squeeze-out wird mehr oder weniger gemeinschaftlich seitens der beteiligten Rechtsträger in Vorgesprächen entschieden.[279] Zwar wird man eine Verpflichtung zur Bereitstellung der für die Ermittlung der Barabfindung relevanten Informationen erst dann annehmen können, wenn auch ein vorläufiges Übertragungsverlangen gestellt wird, da der Vorstand erst infolge eines solchen gemäß § 62 Abs. 5 Satz 8 UmwG i.V.m. § 327b Abs. 1 Satz 2 AktG zur Bereitstellung der bewertungsrelevanten Informationen verpflichtet werden kann. Da er allerdings in den Entscheidungsprozess hinsichtlich der Durchführung des verschmelzungsrechtlichen Squeeze-out miteinbezogen ist, wird er die Bereitstellung der notwendigen Unterlagen regelmäßig nur dann verweigern, wenn er sich einer etwaigen Schadensersatzpflicht ausgesetzt sähe. Das Argument der Verpflichtung zur Informationspreisgabe als Begründung für ein vorläufiges Übertragungsverlangen greift daher im Rahmen des § 62 Abs. 5 UmwG regelmäßig nicht.

---

279 *Austmann*, NZG 2011, 684, 690; *Kiefner/Brügel*, AG 2011, 525, 537; *Göthel*, ZIP 2011, 1541, 1545; *Wagner*, DStR 2010, 1629, 1630; *Rieger* in Widmann/Mayer UmwG, § 62 UmwG, Rn. 131.

Als tauglicher Grund für die zwingende Notwendigkeit eines vorläufigen Übertragungsverlangens verbleibt daher nur, dass dem Vorstand des übertragenden Rechtsträgers u.U. ein pflichtwidriges Verhalten gemäß § 93 Abs. 1 Satz 3 AktG vorgeworfen werden könnte, wenn er vertrauliche Informationen an den übernehmenden Rechtsträger (Hauptaktionär) herausgibt. Bedenkt man jedoch, dass sich die beteiligten Rechtsträger über die Durchführung des verschmelzungsrechtlichen Squeeze-out einigen müssen, so verliert auch dieser Ansatz an Überzeugungskraft. So wird man die Geheimhaltungspflicht hinter das Gesellschaftsinteresse zurücktreten lassen müssen und einen Verstoß gegen § 93 Abs. 1 Satz 3 AktG ausschließen können, wenn es infolge der Einigung überwiegend wahrscheinlich ist, dass es auch tatsächlich zur Durchführung der Strukturmaßnahme kommt.[280] In einer solchen Konstellation würde ein vorläufiges Übertragungsverlangen lediglich zur reinen Formsache verkommen.[281]

Problematisch ist indes, dass sich eine überwiegende Wahrscheinlichkeit erst mit Abschluss des Verschmelzungsvertrags und allenfalls mit der Aufstellung des Entwurfs annehmen lässt, da bloße unverbindliche Vorgespräche jedenfalls nicht ausreichend sein können.[282] Beachtet werden muss jedoch, dass im Zeitpunkt der Einberufung der Squeeze-out-Hauptversammlung bereits zwingend die angebotene Barabfindung in der Einladungsbekanntmachung zur Information der Aktionäre mitgeteilt werden muss. Dieser geht jedoch denknotwendig die (abgeschlossene) Ermittlung unter Preisgabe der dafür erforderlichen Informationen durch den Vorstand des übertragenden Rechtsträgers voran. Im Zeitpunkt der Bereitstellung der bewertungsrelevanten Informationen wird der Verschmelzungsvertrag bereits aufgrund der mit seinem Abschluss gemäß § 62 Abs. 5 Satz 1 UmwG beginnenden Dreimonatsfrist und der oftmals mehrere Monate dauernden Ermittlung der Barabfindung noch nicht abgeschlossen sein.[283] In der Folge scheidet er als Substitut für ein vorläufiges Übertragungsverlangen und im Hinblick auf die Vermeidung einer möglichen Schadensersatzpflicht gemäß § 93 Abs. 1 Satz 3 AktG regelmäßig aus. Ein vorläufiges Übertragungsverlangen kann daher allein durch die Aufstellung eines Entwurfs ersetzt werden.

---

280 Vgl. allgemein statt aller *Hölters* in Hölters AktG, § 93 AktG, Rn. 142; so wie hier *Rieger* in Widmann/Mayer UmwG, § 62 UmwG, Rn. 133.

281 *Rieger* in Widmann/Mayer UmwG, § 62 UmwG, Rn. 131.

282 Anders *Rieger* in Widmann/Mayer UmwG, § 62 UmwG, Rn. 133.

283 Zur mehrmonatigen Dauer der Unternehmensbewertung, *Schockenhoff/Lumpp*, ZIP 2013, 749, 754.

Aus alledem kann daher zwar geschlossen werden, dass ein vorläufiges Übertragungsverlangen weder aufgrund des Gesetzeswortlauts noch aufgrund des Sinn und Zwecks im Rahmen des verschmelzungsrechtlichen Squeeze-out als zwingend erforderlich erachtet werden kann. Gleichwohl bietet es sich aus Rechtssicherheitsgründen an, ein vorläufiges Übertragungsverlangen nicht bloß konkludent, sondern ausdrücklich zu stellen. Auf diese Weise kann dem in der Praxis relevanten Beweisbedürfnis – das insbesondere vor dem Hintergrund einer möglichen Schadensersatzpflicht wegen des Verstoßes gegen das Vertraulichkeitsgebot gemäß § 93 Abs. 1 Satz 3 AktG von besonderer Relevanz ist – am ehesten Rechnung getragen werden kann.[284]

b) Konkretisierendes Übertragungsverlangen

Während für das vorläufige Übertragungsverlangen allenfalls ein faktischer Zwang angenommen werden kann, ist ein konkretisierendes Übertragungsverlangen stets als zwingend erforderlich anzusehen. Erst durch das konkretisierende Übertragungsverlangen wird die Gesellschaft zur Einberufung der Hauptversammlung verpflichtet und ist auch erst dann überhaupt in die Lage versetzt, die Hauptversammlung ordnungsgemäß vorzubereiten. Insofern ist es zwingend, dass die vom Hauptaktionär festgesetzte Höhe der Barabfindung gemäß § 62 Abs. 5 Satz 8 UmwG i.V.m. § 327c Abs. 1 Nr. 2 AktG in der Bekanntmachung der Tagesordnung angegeben werden muss. Die Barabfindung wird jedoch erst durch ein konkretisierendes Übertragungsverlangen beziffert, da sie zuvor weder Bestandteil des Verschmelzungsvertrags noch der vorbereitenden Gespräche ist.[285] Für das konkretisierende Übertragungsverlangen besteht daher kein ersichtlicher Grund, um von der beim aktienrechtlichen Squeeze-out üblichen Vorgehensweise abzuweichen.[286] Das konkretisierende Übertragungsverlangen ist daher auch im Rahmen des verschmelzungsrechtlichen Squeeze-out zwingend zu stellen.[287]

---

284 Für die zwingende Notwendigkeit eines vorläufigen Übertragungsverlangens *Schockenhoff/Lumpp*, ZIP 2013, 749, 753; aus Rechtssicherheitsgründen i.E. *Bungert/Wettich*, DB 2011, 1500, 1501.

285 So auch *Rieger* in Widmann/Mayer UmwG, § 62 UmwG, Rn. 132; vgl. allgemein *Grunewald* in Münchener Komm. AktG, § 327a AktG, Rn. 11.

286 *Schockenhoff/Lumpp*, ZIP 2013, 749, 752.

287 *Mayer*, NZG 2012, 561, 567.

II. Barabfindung der Minderheitsaktionäre

Mit der Barabfindung gewährt der Hauptaktionär den Minderheitsaktionären eine finanzielle Entschädigung für den Verlust ihrer Mitgliedschaft in der Aktiengesellschaft. Sie besteht letztlich gemäß § 327b Abs. 1 Satz 1 AktG in einer angemessenen Abfindungszahlung, die die Verhältnisse der Gesellschaft im Zeitpunkt der Beschlussfassung ihrer Hauptversammlung über den Ausschluss berücksichtigen muss.

1. Ertragswertverfahren

Das Gesetz selbst enthält hinsichtlich der Ermittlung der angemessenen Abfindungshöhe keine Festsetzungen. Um den Wert der einzelnen Aktie zu errechnen, bedarf es in erster Linie der Ermittlung des Unternehmenswertes. Insoweit ergeben sich für den verschmelzungsrechtlichen Squeeze-out keine Besonderheiten gegenüber vergleichbaren Strukturmaßnahmen und insbesondere dem aktienrechtlichen Squeeze-out. So erfolgt auch hier die Ermittlung des Unternehmenswertes unter Heranziehung des in Deutschland angewendeten Ertragswertverfahrens, das in weiten Teilen dem international verbreiteten Discounted-Cash-Flow-Verfahren entspricht.[288] Die Grundsätze des Ertragswertverfahrens sind von dem Institut der Wirtschaftsprüfer in dem IDW S1 Standard festgelegt. Letztlich geht es darum, die Fähigkeit des Unternehmens zur Erwirtschaftung künftiger Erträge abzubilden, so dass die bei ewiger Lebensdauer des Unternehmens zu erwartenden zukünftigen Gewinne, auf den Bewertungsstichtag abgezinst, kumuliert werden.[289]

2. Besonderheit bei börsennotierter Aktiengesellschaft

Bei börsennotierten Aktiengesellschaften ergibt sich die Besonderheit, dass der Börsenwert der Aktien bei der Ermittlung des Unternehmenswertes herangezogen werden könnte. Die Ertragswertmethode lässt den Börsenwert jedoch unberücksichtigt. Da den Aktionären allerdings eine wirtschaftlich volle Entschädigung[290] zufließen muss und angenommen werden kann, dass der Verkehrs- dem Börsenwert der Anteile grundsätzlich entspricht, muss auch er nach nunmehr

---

288 *Austmann* in Münch. Hdb. d. GesR AG, § 74 Rn. 88.

289 *Austmann* in Münch. Hdb. d. GesR AG, § 74 Rn. 88.

290 Der Grundsatz der vollen wirtschaftlichen Entschädigung stammt aus der Feldmühle Entscheidung des BVerfG, BVerfGE 14, 263, 282 = NJW 1962, 1667.

verfestigter Judikatur des BGH bei der Ermittlung der Abfindungshöhe berücksichtigt werden.[291] Nach allgemeiner Ansicht darf daher die Abfindungszahlung wegen Art. 14 Abs. 1 GG nicht unter dem Börsenkurs zum Zeitpunkt der Strukturmaßnahme liegen, wohingegen ein Überschreiten unproblematisch ist.[292] Zur Ermittlung des gewichteten durchschnittlichen Börsenkurses dient nach der Rechtsprechungsänderung des BGH ein Referenzzeitraum von drei Monaten vor der Bekanntgabe der Strukturmaßnahme und somit nicht mehr vor der Hauptversammlung.[293]

Sofern die Abfindungszahlung dennoch unterhalb des auf diese Weise ermittelten Börsenkurses liegen sollte, kann dies u.U. durch einen Ausnahmetatbestand gerechtfertigt werden. Als solcher kommt neben der Kursmanipulation vor allem das Vorliegen einer Marktenge in Betracht. Dabei kann für die Ermittlung einer Marktenge auf die in § 5 Abs. 4 WpÜG-AngebVO niedergelegten Kriterien zurückgegriffen werden, so dass eine solche anzunehmen und ein Unterschreiten des Börsenkurses in der Regel unschädlich ist, wenn der Börsenkurs keinen repräsentativen Wert für die Beteiligung an der Gesellschaft darstellt.[294]

3. Gewährleistung und Verzinsung der Barabfindung

Ist die Barabfindung ermittelt, bedarf es nach § 62 Abs. 5 Satz 8 UmwG i.V.m. § 327b Abs. 3 AktG auch der Besicherung des Abfindungsanspruchs durch eine Gewährleistungserklärung eines Kreditinstituts für die Erfüllung der Verbindlichkeit des Hauptaktionärs hinsichtlich der Zahlung der Barabfindung. Eine solche ist dem Vorstand nach der gesetzlichen Regelung vor der Hauptversammlung durch den Hauptaktionär zu übermitteln. Der Sinn und Zweck der Vorschrift liegt letztlich darin, dass die Aktien im Anwendungsbereich des aktienrechtlichen Squeeze-out gemäß § 327e Abs. 3 Satz 1 AktG mit Eintragung des Übertragungsbeschlusses kraft Gesetz übergehen, ohne dass die Bonität des Hauptaktionärs eine Rolle spielt.[295] Da der verschmelzungsrechtliche Squeeze-out aufgrund des Wirksamkeitsvorbehalts gemäß § 62 Abs. 5 Satz 7 UmwG noch nicht mit der Eintragung des Übertragungsbeschlusses, sondern erst mit

---

291 BGH, Beschluss v. 12.3.2001 – II ZB 15/00, BGHZ 147, 108 = NZG 2001, 603; BGH, Beschluss v. 19.7.2010 – II ZB 18/09, BGHZ 186, 229 = NZG 2010, 939.

292 *Burger*, NZG 2012, 281, 282; *Riegger*, DB 1999, 1889; BVerfGE 100, 289, 305 f. = NZG 1999, 931.

293 BGH, Beschluss v. 19.7.2010 – II ZB 18/09, BGHZ 186, 229 = NZG 2010, 939.

294 Vgl. *Krieger*, BB 2002, 53, 56; *Burger*, NZG 2012, 281, 82 f.

295 *Müller-Michaels* in Hölters AktG, § 327b AktG, Rn. 17.

der Eintragung der Verschmelzung in das Handelsregister des übernehmenden Rechtsträgers eintreten soll, kann auch der Barabfindungsanspruch konsequenterweise erst zu diesem Zeitpunkt fällig werden. Entsprechend ist auch der Inhalt der Gewährleistungserklärung zu modifizieren.[296] Das Kreditinstitut muss daher die Gewährleistung für die Erfüllung der Verpflichtung des Hauptaktionärs übernehmen, den Minderheitsaktionären nach *Eintragung der Verschmelzung im Handelsregister des übernehmenden Rechtsträgers* unverzüglich die festgelegte Barabfindung für die übergegangenen Aktien zu zahlen und nicht bereits nach Eintragung des Übertragungsbeschlusses samt Vorläufigkeitsvermerk.[297]

Eine ähnliche Problematik ergibt sich hinsichtlich der nach § 327b Abs. 2 AktG erforderlichen Verzinsung der Barabfindung. Dem Wortlaut der Vorschrift entsprechend, ist die Barabfindung von der Bekanntmachung (§ 10 HGB) der Eintragung des Übertragungsbeschlusses in das Handelsregister an mit jährlich 5 Prozentpunkten über dem jeweiligen Basiszinssatz nach § 247 BGB zu verzinsen. Das Telos der Vorschrift ist darauf ausgerichtet, dem Hauptaktionär durch die Verzinsungspflicht den Anreiz zu nehmen, zunächst eine niedrige Barabfindung festzusetzen und dann das Spruchverfahren zulasten des Minderheitsaktionärs zu verzögern.[298] Der Verzinsungsanspruch setzt zwar keinen Schuldnerverzug des Hauptaktionärs voraus. Allerdings muss die Forderung fällig sein (§ 271 Abs. 1 BGB).[299] Da der Barabfindungsanspruch im Rahmen des verschmelzungsrechtlichen Squeeze-out erst mit der Eintragung der Verschmelzung im Handelsregister des übernehmenden Rechtsträgers zur Fälligkeit gelangt, kann folgerichtig auch erst ab deren Bekanntmachung nach § 10 HGB die Verzinsungspflicht des Barabfindungsanspruchs gemäß § 327b Abs. 2 AktG zur Entstehung gelangen.[300]

---

296 So auch *Mayer*, NZG 2012, 561, 568.

297 Siehe u.a. für ein Formulierungsbeispiel einer Bankgarantie *Schockenhoff/Lumpp*, ZIP 2013, 749, 756.

298 *Müller-Michaels* in Hölters AktG, § 327b AktG, Rn. 10; *Singhof* in Spindler/Stilz AktG, § 327b AktG, Rn. 9.

299 *Singhof* in Spindler/Stilz AktG, § 327b AktG, Rn. 9.

300 So auch *Ziemons* in Nirk/Ziemons/Binnewies Hdb. AG, Teil I, Rn. 13.171; *Bungert/Wettich*, DB 2011, 1500, 1503.

III. Squeeze-out-Hauptversammlung

1. Einberufung der Hauptversammlung

Nachdem das Übertragungsverlangen des Hauptaktionärs dem Vorstand des übertragenden Rechtsträgers zugegangen ist und von diesem überprüft werden konnte, entscheidet dieser nach § 121 Abs. 2 Satz 1 AktG über die Einberufung der Hauptversammlung. Bei der Entscheidung, ob die Beschlussfassung über den Squeeze-out auf der nächsten ordentlichen oder einer außerordentlichen Hauptversammlung erfolgen soll, entscheidet der Vorstand allein in Abhängigkeit des Interesses der Gesellschaft und nicht des Hauptaktionärs. Da die Kosten der Hauptversammlung grundsätzlich von der Gesellschaft zu tragen sind, kann lediglich im Falle der Kostenübernahme durch den Hauptaktionär eine sofortige Beschlussfassung geboten sein und somit die Einberufung einer Hauptversammlung beschleunigt werden.[301] Sofern der Verschmelzungsvertrag bereits abgeschlossen ist, hat der Vorstand des übertragenden Rechtsträgers allerdings zu beachten, dass die Hauptversammlung aufgrund von § 62 Abs. 5 Satz 1 UmwG innerhalb von drei Monaten nach Abschluss des Verschmelzungsvertrags stattfinden muss. Da gemäß § 123 Abs. 1 AktG zwischen Einberufung und stattzufindender Hauptversammlung außerdem mindestens dreißig Tage liegen müssen, ist der Vorstand verpflichtet, unabhängig von der nächsten turnusmäßig stattfindenden Hauptversammlung eine Einberufung unter Einhaltung der jeweiligen Ladungsfrist zur Wahrung des dreimonatigen Zeitfensters vorzunehmen.[302] Die Einberufung ist sodann gemäß § 121 Abs. 4 Satz 1 AktG in den Gesellschaftsblättern bekanntzumachen.

2. Aktienrechtliche Vorabinformationen

Die Vorbereitung der Squeeze-out-Hauptversammlung entspricht wegen des Verweises von § 62 Abs. 5 Satz 8 UmwG auf § 327c AktG in weiten Teilen den allgemeinen Regeln des aktienrechtlichen Squeeze-out. Obwohl das Abstimmungsergebnis über den Minderheitenausschluss aufgrund des bestehenden

301 *Habersack* in Emmerich/Habersack, § 327a AktG, Rn. 20; *Singhof* in Spindler/Stilz AktG, § 327a AktG, Rn. 19; *Sieger/Hasselbach*, ZGR 2002, 120, 142; *Grunewald* in Münchener Komm. AktG, § 327a AktG, Rn. 12; zweifelnd *Ziemons* in Nirk/Ziemons/Binnewies Hdb. AG, Teil I, Rn. 13.65 unter Hinweis darauf, dass das Übertragungsverlangen zugleich die Anforderungen an ein Einberufungsverlangen i.S.v. § 122 Abs. 1 AktG erfülle und somit das Gebot einer unverzüglichen Einberufung gelte; so auch *Drinhausen* in Hölters AktG, § 121 AktG, Rn. 12.

302 Ähnlich *Mayer*, NZG 2012, 561, 569.

Mehrheitsverhältnisses bereits vor der Hauptversammlung regelmäßig feststehen wird, liegt auch hier der Zweck in der frühzeitigen Information der Minderheitsaktionäre über die wesentlichen Punkte des Ausschlussverfahrens, um eine Ausübung ihrer Verwaltungsrechte zu gewährleisten beziehungsweise eine Entscheidung über die Einleitung eines Spruchverfahrens hinsichtlich der Überprüfung der angebotenen Barabfindung zu ermöglichen.[303]

a) Bekanntmachung der Tagesordnung

Neben den allgemeinen Inhalten der Bekanntmachung der Einberufung gemäß § 121 Abs. 3 AktG und der Tagesordnung gemäß § 124 Abs. 1 AktG, ergeben sich spezielle Anforderungen an die Tagesordnung aus § 62 Abs. 5 Satz 8 UmwG i.V.m. § 327c Abs. 1 AktG. Da es sich im Rahmen des verschmelzungsrechtlichen Squeeze-out bei dem Hauptaktionär stets um eine Aktiengesellschaft handelt, muss dieser unter Angabe seiner Firma (§ 4 AktG) und seines Sitzes (§ 5 AktG) gemäß § 62 Abs. 5 Satz 8 UmwG i.V.m. § 327c Abs. 1 Nr. 1 AktG genannt werden. Zudem bietet es sich an, auch die weiteren Handelsregisterdaten (Handelsregisternummer und zuständiges Amtsgericht) anzugeben.[304] Nach § 62 Abs. 5 Satz 8 UmwG i.V.m. § 327c Abs. 1 Nr. 2 AktG ist außerdem die festgelegte Barabfindung, mithin der Betrag zu nennen, den jeder Aktionär entsprechend der jeweiligen Aktiengattung für den Verlust seiner Aktie(n) erhält. Nach § 124 Abs. 3 Satz 1 AktG müssen der Vorstand und der Aufsichtsrat einen Vorschlag zur Beschlussfassung machen. Entsprechend muss in der Bekanntmachung darauf hingewiesen werden, dass der beabsichtigte Ausschluss der Minderheitsaktionäre im Zusammenhang mit einer Konzernverschmelzung erfolgt, da auf diese Weise das erniedrigte Beteiligungserfordernis von 90% schlüssig wird. Nicht erforderlich ist indes, dass der Verschmelzungsvertrag etwa gemäß § 124 Abs. 2 Satz 2 AktG seinem wesentlichen Inhalt nach bekannt gemacht wird. Schließlich ist Beschlussgegenstand nicht der Verschmelzungsvertrag, sondern der Ausschluss der Minderheitsaktionäre. Dem diesbezüglichen Informationsinteresse wird jedoch bereits durch § 62 Abs. 5 Satz 5 UmwG ausreichend Rechnung getragen.[305]

---

303 *Singhof* in Spindler/Stilz AktG, § 327c AktG, Rn. 1; *Müller-Michaels* in Hölters AktG, § 327c AktG, Rn. 1; *Wilsing* in Henssler/Strohn GesR, § 327c AktG, Rn. 1.

304 *Müller-Michaels* in Hölters AktG, § 327c AktG, Rn. 3.

305 So auch *Mayer*, NZG 2012, 561, 569; *Rieger* in Widmann/Mayer UmwG, § 62 UmwG, Rn. 147.

b) Übertragungsbericht des Hauptaktionärs

Nach § 62 Abs. 5 Satz 8 UmwG i.V.m. § 327c Abs. 2 Satz 1 AktG hat der Hauptaktionär der Hauptversammlung einen schriftlichen Bericht zu erstatten. Da es sich im Rahmen eines verschmelzungsrechtlichen Squeeze-out bei dem Hauptaktionär stets um eine Aktiengesellschaft handelt, muss der Übertragungsbericht von den Mitgliedern des Vorstands zumindest in vertretungsberechtigter Anzahl unterschrieben werden. Es müssen die Übertragungsvoraussetzungen und die Angemessenheit der Barabfindung erläutert und begründet werden. Zwar verzichtet das Gesetz an dieser Stelle im Gegensatz zu den Berichten bei der Eingliederung (§ 319 Abs. 3 Satz 1 Nr. 3 AktG), dem Unternehmensvertrag (§ 293a Abs. 1 Satz 1 AktG), der Verschmelzung (§ 8 Abs. 1 Satz 1 UmwG), der Spaltung (§§ 125 Satz 1, 127 Satz 1 UmwG) und dem Formwechsel (§ 192 Abs. 1 Satz 1 UmwG) auf das Adjektiv „ausführlich". Der Übertragungsbericht muss dennoch so umfangreich sein, dass ein durchschnittlich verständiger Aktionär die Voraussetzungen des Minderheitenausschlusses und die Angemessenheit der Barabfindung nachvollziehen kann.[306] Mehr als eine Plausibilitätskontrolle ist jedoch nicht notwendig.[307]

Zu den Übertragungsvoraussetzungen zählt auch beim verschmelzungsrechtlichen Squeeze-out neben dem erforderlichen Übertragungsverlangen des Hauptaktionärs und der Gewährleistungserklärung eines Kreditinstituts zur Absicherung der Barabfindung vor allem die Erläuterung des Beteiligungsquorums. Insoweit muss jedenfalls auf das Beteiligungserfordernis in Höhe von 90% näher eingegangen werden. Es ist darzulegen, woraus sich das abgesenkte Beteiligungserfordernis gegenüber dem regulären aktienrechtlichen Squeeze-out ergibt, so dass auch auf den verschmelzungsrechtlichen Kontext eingegangen werden muss. Erforderlich ist daher jedenfalls die Darlegung des Verschmelzungsvertrags unter Angabe des Zeitpunkts seines Abschlusses, sofern ein solcher bereits erfolgt ist.[308] Ist dies nicht der Fall, muss an seiner statt zumindest auf den Entwurf des Verschmelzungsvertrags eingegangen werden.

Der Umfang der Erläuterungen über die durchzuführende Konzernverschmelzung muss jedoch nicht darüber hinausgehen, was auch im Übrigen von § 327c Abs. 2 AktG an Informationstiefe verlangt wird. So dient der Übertra-

---

306 *Austmann* in Münch. Hdb. d. GesR AG, § 74 Rn. 40.

307 *Ziemons* in Nirk/Ziemons/Binnewies Hdb. AG, Teil I, Rn. 13.72; *Singhof* in Spindler/Stilz AktG, § 327c AktG, Rn. 6, *Schnorbus* in K. Schmidt/Lutter AktG, § 327c AktG, Rn. 8; *Müller-Michaels* in Hölters AktG, § 327c AktG, Rn. 9.

308 *Packi*, ZGR 2011, 776, 790.

gungsbericht auch im Rahmen des verschmelzungsrechtlichen Squeeze-out der Erläuterung des Ausschlusses der Minderheitsaktionäre und nicht der ebenfalls durchzuführenden Konzernverschmelzung. Keinesfalls darf der Übertragungsbericht zu einem verkappten Verschmelzungsbericht führen. Solches verbietet sich bereits vor dem Hintergrund der Verschmelzungsrichtlinie, wonach die Verwaltungslasten der Verschmelzung durch den Ausschluss der Minderheitsaktionäre gesenkt werden sollen. Sie dürfen daher auch nicht durch die Hintertür wieder aufgebürdet werden. Entsprechend erstreckt sich der zwingende Inhalt des Übertragungsberichts auch nur insoweit auf die Konzernverschmelzung, als er dazu dient, die Übertragungsvoraussetzungen und -rechtsfolgen zu erläutern.[309] Nicht notwendig ist es demnach, näher auf den mit dem verschmelzungsrechtlichen Squeeze-out verfolgten Zweck einzugehen, so dass rechtlich eine wirtschaftliche Begründung, auch in Abgrenzung zu anderen Ausschlussverfahren, für den Minderheitsausschluss nicht erforderlich ist.[310] Auch eine umfassende Beschreibung des übertragenden und übernehmenden Rechtsträgers wird anders als im Rahmen eines Verschmelzungsberichts i.S.v. § 8 UmwG rechtlich nicht verlangt.

Im Hinblick auf die Erläuterung der Rechtsfolgen ist für den verschmelzungsrechtlichen Squeeze-out entsprechend darzustellen, dass der Ausschluss der Minderheitsaktionäre lediglich und auch erst mit der Eintragung der Verschmelzung im Handelsregister des übernehmenden Rechtsträgers wirksam wird und sich damit von der Rechtsfolge des § 327e Abs. 3 Satz 1 AktG auch insofern unterscheidet, als der Aktienübergang erst in diesem Moment erfolgt und der Barabfindungsanspruch erst zu diesem Zeitpunkt fällig wird.[311] Da die Unternehmensbewertung in aller Regel durch eine Wirtschaftsprüfungsgesellschaft durchgeführt wird, ist es hinsichtlich der Erläuterung der Angemessenheit der Barabfindung zumeist ausreichend, deren Gutachten in den Übertragungsbericht zu implementieren.[312]

309 *Bungert/Wettich*, DB 2010, 2545, 2546.

310 Vgl. *Schockenhoff/Lumpp*, ZIP 2013, 749, 751; für den aktienrechtlichen Squeeze-out finden sich in der Praxis gleichwohl Übertragungsberichte, in denen eine wirtschaftliche Begründung angeführt wird, vgl. hierzu *Hasselbach* in Kölner Komm. z. WpÜG, § 327c AktG, Rn. 10; *Austmann* in Münch. Hdb. d. GesR AG, § 74 Rn. 42.

311 So auch *Ziemons* in Nirk/Ziemons/Binnewies Hdb. AG, Teil I, Rn. 13.158; *Bungert/Wettich*, DB 2010, 2545, 2546; *Göthel*, ZIP 1541, 1545.

312 *Ziemons* in Nirk/Ziemons/Binnewies Hdb. AG, Teil I, Rn. 13.73.

c) Prüfung der Barabfindung durch einen Sachverständigen

Neben der Erläuterung der Angemessenheit der Barabfindung im Übertragungsbericht, bedarf es einer nach § 62 Abs. 5 Satz 8 UmwG i.V.m. § 327c Abs. 2 Satz 2 AktG notwendigen Überprüfung der Angemessenheit der Barabfindung durch einen sachverständigen Prüfer. Dieser wird auf Antrag des Hauptaktionärs durch den Vorsitzenden der Kammer für Handelssachen des Landgerichts, in dessen Bezirk die Gesellschaft ihren Sitz hat, ausgewählt und bestellt.[313] Der Abfindungsprüfer hat am Ende gemäß § 327c Abs. 2 Satz 4 AktG i.V.m. § 293e AktG einen schriftlichen Prüfungsbericht zu erstellen und zu erklären, ob die Barabfindung angemessen ist.

d) Auslage von Dokumenten

Nach § 62 Abs. 5 Satz 8 UmwG i.V.m. § 327c Abs. 3 AktG sind von der Einberufung der Hauptversammlung an der Entwurf des Übertragungsbeschlusses, die Jahresabschlüsse und Lageberichte für die letzten drei, dem laufenden Geschäftsjahr vorangegangenen Geschäftsjahre, der Übertragungsbericht des Hauptaktionärs und der Prüfungsbericht des Abfindungsprüfers während der üblichen Geschäftszeiten in den Geschäftsräumen der übertragenden Gesellschaft zur Information der Minderheitsaktionäre auszulegen.[314] Diese auszulegenden Dokumente werden im Rahmen des verschmelzungsrechtlichen Squeeze-out gemäß § 62 Abs. 5 Satz 5 UmwG um den Verschmelzungsvertrag oder seinen Entwurf ergänzt, so dass der sachliche Zusammenhang des Squeeze-out und der Konzernverschmelzung bereits verdeutlicht wird.

Sofern der Verschmelzungsvertrag zum Zeitpunkt der Einberufung der Hauptversammlung bereits abgeschlossen ist, muss die Vorschrift insoweit teleologisch reduziert werden, als allein die Auslage des bereits abgeschlossenen Verschmelzungsvertrags die Auslegungspflicht erfüllt. Dies ergibt sich daraus, dass Sinn und Zweck der Auslegung die Information der Aktionäre ist und diese stets aktuell erfolgen muss, wobei jedoch kaum praktische Probleme zu befürchten sind. Sofern allerdings der bloße Entwurf ausgelegt wird, muss dieser sei-

---

313 Etwas anderes gilt dann, wenn die Landesregierung die Zuständigkeit durch Rechtsverordnung gemäß §§ 327c Abs. 2 Satz 4, 293c Abs. 2 AktG i.V.m. § 10 Abs. 4 UmwG bei einem oder mehreren Landgerichten konzentriert hat. Exemplarisch seien hierfür Bayern (LG München I und LG Nürnberg-Fürth) und Hessen (LG Frankfurt a.M.) erwähnt.

314 *Hasselbach* in Kölner Komm. z. WpÜG, § 327c AktG, Rn. 32; *Austmann* in Münch. Hdb. d. GesR AG, § 74 Rn. 65.

nem wesentlichen Inhalt nach dem später abgeschlossenen Verschmelzungsvertrag entsprechen, da die Vorabinformation der Aktionäre andernfalls ins Leere liefe.[315] Insoweit ist es jedoch verfehlt, anzunehmen, der Entwurf sei nicht tauglich, die Aktionäre im Vorfeld der Hauptversammlung überhaupt ausreichend zu informieren.[316] Es handelt sich daher auch nicht um ein Redaktionsversehen des Gesetzgebers, wenn dieser die Auslage des Entwurfs genügen lässt.[317] Der Gesetzgeber wahrt hierdurch allein die notwendige Flexibilität hinsichtlich des Abschlusses des Verschmelzungsvertrags, so dass eine kostspielige notarielle Beurkundung des Verschmelzungsvertrags nach § 6 UmwG nicht unnötig vorverlagert wird.[318] Sofern der Entwurf ausgelegt wird, muss dieser zwar rechtlich weder datiert noch paraphiert sein, dennoch darf auch der Entwurf während der Auslegung nicht erneut geändert werden, da andernfalls eine ausreichende Information durch ihn nicht gewährleistet wäre.[319] Auch die Berechtigung der Aktionäre, unverzüglich eine kostenlose Abschrift der genannten Unterlagen gemäß § 62 Abs. 5 Satz 8 UmwG i.V.m. § 327c Abs. 4 AktG von der Gesellschaft zu verlangen, erstreckt sich auf den Verschmelzungsvertrag oder seinen Entwurf.[320] Die Verpflichtung zur Auslegung und zur Erteilung von Abschriften entfällt gemäß § 62 Abs. 5 Satz 8 UmwG i.V.m. § 327c Abs. 4 AktG nur dann, wenn die in Absatz 3 bezeichneten Unterlagen für denselben Zeitraum über die Internetseite der Gesellschaft zugänglich sind.

3. Durchführung der Hauptversammlung
a) Auslage und Erläuterung der Unterlagen

Nach § 62 Abs. 5 Satz 8 UmwG i.V.m. § 327d Satz 1 AktG sind die in § 327c Abs. 3 AktG bezeichneten Unterlagen in der Hauptversammlung zugänglich zu machen. Den Aktionären muss es möglich sein, innerhalb des Präsenzbereiches der Hauptversammlung Einsicht in die Unterlagen zu nehmen.[321] Wegen § 62 Abs. 5 Satz 5 UmwG und des allgemeinen Verweises von § 62 Abs. 5 Satz 8 UmwG auf die § 327a ff. AktG erstreckt sich die Auslegungspflicht nach § 327d Satz 1 AktG auch auf den Verschmelzungsvertrag. Die Auslegung des

315 Vgl. *Rieger* in Widmann/Mayer UmwG, § 63 UmwG, Rn. 7; *Diekmann* in Semler/Stengel UmwG, § 63 UmwG, Rn. 10.
316 So aber *Rubner*, CFl 2011, 274, 277.
317 So aber *Rubner*, CFl 2011, 274, 277.
318 Vgl. hierzu unten § 6 A. I.
319 Vgl. *Rose* in Maulbetsch/Klumpp/Rose UmwG, § 63 UmwG, Rn. 5.
320 Vgl. *Habersack* in Emmerich/Habersack, § 327c AktG, Rn. 15.
321 So auch *Mayer*, NZG 2012, 561, 570.

bloßen Entwurfs ist insoweit nicht ausreichend, da der Verschmelzungsvertrag gemäß § 62 Abs. 5 Satz 1 UmwG („nach Abschluss des Verschmelzungsvertrags") jedenfalls zu Beginn der Hauptversammlung abgeschlossen sein muss. Dann aber muss auch er und nicht der bloße Entwurf in der Hauptversammlung ausgelegt werden, um eine hinreichend aktuelle Information der Aktionäre zu gewährleisten.[322]

Nach § 327d Satz 2 AktG kann dem Hauptaktionär durch den Vorstand Gelegenheit gegeben werden, den Entwurf des Übertragungsbeschlusses und die Bemessung der Höhe der Barabfindung zu Beginn der Verhandlung mündlich zu erläutern. Ob den Vorstand darüber hinaus selbst die Pflicht zur Erläuterung der ausgelegten Unterlagen trifft, ist hingegen streitig.[323] Letztlich muss nach vorzugswürdiger Auffassung von einer solchen Erläuterungspflicht ausgegangen werden, da es sich um einen allgemeinen Rechtsgrundsatz handelt und der Wortlaut der Vorschrift daher entsprechend um diese grundsätzliche Organpflicht zu erweitern ist. Andernfalls könnte es dazu kommen, dass eine mündliche Erläuterung völlig ausbliebe.[324]

b) Auskunftsrecht der Aktionäre

Neben die allgemeine Erläuterung durch Vorstand und Hauptaktionär tritt das allgemeine Auskunftsrecht der Aktionäre gemäß § 131 Abs. 1 Satz 1 AktG. Insoweit sehen weder die § 327a ff. AktG noch § 62 Abs. 5 UmwG selbst Besonderheiten vor. So steht jedem Aktionär ein Informationsanspruch betreffend die Angelegenheiten der Gesellschaft zu. Dieser bezieht sich auch im Rahmen des verschmelzungsrechtlichen Squeeze-out vor allem auf den Übertragungsbericht des Hauptaktionärs gemäß § 62 Abs. 5 Satz 8 UmwG i.V.m. § 327c Abs. 2 Satz 1 AktG und betrifft somit die Übertragungsvoraussetzungen und die An-

---

322 *Göthel*, ZIP 2011, 1541, 1545; *Mayer*, NZG 2012, 561, 570.

323 Für den Streitstand im Rahmen des aktienrechtlichen Squeeze-out vgl. stellvertretend m.w.N. *Müller-Michaels* in Hölters AktG, § 327d AktG, Rn. 4.

324 *Singhof* in Spindler/Stilz AktG, § 327d AktG, Rn. 3; *Austmann* in Münch. Hdb. d. GesR AG, § 74, Rn. 57; *Grunewald* in Münchener Komm. AktG, § 327d AktG, Rn. 3; a.A. *Hasselbach* in Kölner Komm. z. WpÜG, § 327d AktG, Rn. 7; *Mayer*, NZG 2012, 561, 570.

gemessenheit der Barabfindung.[325] Auskunftsverpflichtet ist der Vorstand, nicht aber der Hauptaktionär.[326]

c) Übertragungsbeschluss

aa) Inhalt, Form und Frist

Inhaltlich bezieht sich der Beschluss nach § 62 Abs. 5 Satz 8 UmwG i.V.m. § 327a Abs. 1 Satz 1 AktG auf die Übertragung sämtlicher Anteile, die nicht im Eigentum des Hauptaktionärs stehen sowie auf eine hierfür zu zahlende Barabfindung in Höhe eines konkreten Betrags je Aktie der Gesellschaft durch den Hauptaktionär.[327] Eine Beschränkung nur auf einen Teil der Minderheitsaktionäre ist nicht zulässig und ein dahingehender Beschluss wäre als nichtig anzusehen.[328] Der Beschluss bedarf nach § 133 Abs. 1 AktG der einfachen Mehrheit der abgegebenen Stimmen, wobei auch der Hauptaktionär stimmberechtigt ist.[329] Aus diesem Grund reicht bei einer nichtbörsennotierten Aktiengesellschaft als übertragender Gesellschaft eine vom Vorsitzenden des Aufsichtsrates zu unterzeichnende Niederschrift gemäß § 130 Abs. 1 Satz 3 AktG aus. Bei einer börsennotierten Aktiengesellschaft bedarf es demgegenüber gemäß § 130 Abs. 1 Satz 1 AktG einer notariell beurkundeten Niederschrift. Der Übertragungsbeschluss kann außerdem wirksam nur gefasst werden, wenn er innerhalb der an § 39a Abs. 4 WpÜG angelehnten Dreimonatsfrist seit Abschluss des Verschmelzungsvertrags gefasst wird.[330]

bb) Sachliche Rechtfertigung

Zu Teilen wird die Frage aufgeworfen, ob der Übertragungsbeschluss einer materiellen Beschlusskontrolle zu unterziehen ist und somit einer sachlichen Rechtfertigung im Einzelfall bedarf. Der Übertragungsbeschluss wäre in diesem Fall

325 *Müller-Michaels* in Hölters AktG, § 327d AktG, Rn. 6.

326 *Singhof* in Spindler/Stilz AktG, § 327d AktG, Rn. 5; *Hasselbach* in Kölner Komm. z. WpÜG, § 327d AktG, Rn. 6; a.A. *Grunewald* in Münchener Komm. AktG, § 327d AktG, Rn. 6, die eine Auskunftserteilungspflicht des Hauptaktionärs wegen der Treuepflicht gegenüber der AG oder gegenüber den Mitaktionären annimmt.

327 *Habersack* in Emmerich/Habersack, § 327a AktG, Rn. 22 f.

328 *Habersack* in Emmerich/Habersack, § 327a AktG, Rn. 22; so auch *Fuhrmann/Simon*, WM 2002, 1211, 1214 mit einem Formulierungsvorschlag.

329 *Hüffer* AktG, § 327a AktG, Rn. 10.

330 Vgl. Begr. RegE, BT-Drs. 17/3122, S. 13.

nur dann rechtmäßig, wenn er im Gesellschaftsinteresse liegt, zur Verwirklichung des Gesellschaftsinteresses geeignet und erforderlich ist und in einem angemessenen Verhältnis zu den Nachteilen der betroffenen Minderheitsaktionäre stehen würde.[331] In der Regel müssten daher unternehmerische Gründe für die Durchführung des verschmelzungsrechtlichen Squeeze-out vorgebracht werden. Die Gesetzesbegründung führt hierzu aus, dass der Zusammenhang mit der ausdrücklich beabsichtigten Umstrukturierung den spezifischen Squeeze-out nach § 62 Abs. 5 UmwG von dem allgemeinen Ausschluss nach § 327a AktG unterscheide, der im Belieben des Hauptaktionärs stehe und keiner besonderen sachlichen Rechtfertigung bedürfe.[332]

Diesen Ausführungen wird man jedoch nicht entnehmen können, dass der Übertragungsbeschluss im Rahmen eines verschmelzungsrechtlichen Squeeze-out einer materiellen Beschlusskontrolle zu unterziehen ist, in der es in besonderer Weise festzustellen gälte, dass i.E. eine Vereinfachung der Konzernstruktur erfolgen würde.[333] Vielmehr wird durch diese Ausführungen verdeutlicht, dass der Gesetzgeber eine generelle Abwägung der widerstreitenden Interessen vorgenommen hat, so dass der bereits aus dem Recht des aktienrechtlichen Squeeze-out bekannte Grundsatz für den verschmelzungsrechtlichen Squeeze-out erst recht zutrifft, wonach der Ausschluss der Minderheitsaktionäre die sachliche Rechtfertigung bereits in sich trage.[334] Soweit ersichtlich wird dies auch im bisherigen Schrifttum einhellig so gesehen.[335] Ein abweichendes Verständnis wäre auch insofern überraschend, als weder der aktienrechtliche Squeeze-out noch die isolierte Verschmelzung einer sachlichen Rechtfertigung im Einzelfall bedürfen, so dass es systematisch fragwürdig wäre, wenn nunmehr der sich aus diesen

---

331 Vgl. statt vieler für das Prinzip der sachlichen Rechtfertigung beim Ausschluss des Bezugsrechts im Rahmen einer Kapitalerhöhung, *Servatius* in Spindler/Stilz AktG, § 186 AktG, Rn. 43.

332 Begr. RegE, BT-Drs. 17/3122, S. 13.

333 So wie hier *Wagner* DStR 2010, 1629, 1634; *Stephanblome*, AG 2012, 814, 817.

334 Vgl. für den aktienrechtlichen Squeeze-out statt aller *Grunewald* in Münchener Komm. AktG, § 327a AktG, Rn. 17 sowie BGH, Urteil v. 16.3.2009 – II ZR 302/06 („Wertpapierdarlehen"), BGHZ 180, 154, 161 = NZG 2009, 585.

335 *Mayer*, NZG 2012, 561, 568; *Klie/Wind/Rödter*, DStR 2011, 1668, 1672; *Simon/Merkelbach*, DB 2011, 1317, 1321; *Goslar/Mense*, GWR 2011, 275, 277; *Heckschen*, NJW 2011, 2390, 2393; *Leitzen*, DNotZ 2011, 526, 538; *Freytag* BB 2010, 2839, 2841; *Wagner* DStR 2010, 1629, 1634; *Diekmann* in Semler/Stengel UmwG, § 62 UmwG, Rn. 23; *Stephanblome*, AG 2012, 814, 817.

Verfahren zusammensetzende verschmelzungsrechtliche Squeeze-out eine solche erforderte.[336]

IV. Handelsregisterverfahren

1. Anmeldung

Den Vorstand trifft nach § 62 Abs. 5 Satz 8 UmwG i.V.m. § 327e Abs. 1 Satz 1 AktG die Pflicht, den Übertragungsbeschluss unverzüglich in vertretungsberechtigter Zahl zur Eintragung in das Handelsregister beim zuständigen Registergericht am Sitz der Gesellschaft nach § 14 AktG anzumelden. Beizufügen sind der Registeranmeldung nach § 62 Abs. 5 Satz 8 UmwG i.V.m. § 327e Abs. 1 Satz 2 die Niederschrift des Übertragungsbeschlusses und seine Anlagen in Ausfertigung oder beglaubigter Abschrift. Davon umfasst sind nur die in § 130 Abs. 3 AktG genannten Einberufungsbelege und nicht die in § 327c Abs. 3 AktG genannten Unterlagen, da es insoweit an einer abweichenden Ausnahme von dieser allgemeinen Regel mangelt.[337]

Dass auch der Gesetzgeber von der Erforderlichkeit einer solchen Ausnahmeregelung ausgeht, zeigt nunmehr § 62 Abs. 5 Satz 6 UmwG. Erst durch diese spezielle Regelung wird für das verschmelzungsrechtliche Squeeze-out-Verfahren das Erfordernis aufgestellt, wonach auch der Verschmelzungsvertrag in Ausfertigung oder öffentlich beglaubigter Abschrift oder sein Entwurf der Anmeldung des Übertragungsbeschlusses beigefügt werden muss. Sofern die nach § 327c Abs. 3 AktG auszulegenden Unterlagen generell beizufügen wären, hätte es dieser erweiternden Ausnahme(-regelung) nicht bedurft, da sich die Auslegungspflicht im Rahmen des verschmelzungsrechtlichen Squeeze-out nach § 327c Abs. 3 AktG wegen § 62 Abs. 5 Satz 5 UmwG auch auf den Verschmelzungsvertrag oder seinen Entwurf erstreckt und damit zwangsläufig bereits von der Beifügungspflicht im Rahmen der Anmeldung umfasst wäre.

Allgemeine Einigkeit besteht aber insoweit, als die Vorschrift des § 62 Abs. 5 Satz 6 UmwG der Einschränkung bedarf, dass die Einreichung des bloßen Entwurfs nicht ausreichend und daher der Anmeldung zwingend der Ver-

---

336 Vgl. für die Verschmelzung statt aller *Gehling* in Semler/Stengel UmwG, § 13 UmwG, Rn. 23.

337 *Rieger* in Widmann/Mayer UmwG, § 62 UmwG, Rn. 162; vertiefend *Austmann* in Münch. Hdb. d. GesR AG, § 74 Rn. 29; *Hasselbach* in Kölner Komm. z. WpÜG, § 327e AktG, Rn. 3; *Koppensteiner* in Kölner Komm. z. AktG, § 327e AktG, Rn. 3; a.A. *Habersack* in Emmerich/Habersack, § 327e, Rn. 3; *Vossius*, ZIP 2002, 511, 514.

schmelzungsvertrag in Ausfertigung oder öffentlich beglaubigter Abschrift beizufügen ist.[338] So kann ein Übertragungsbeschluss gemäß § 62 Abs. 5 Satz 1 UmwG nur innerhalb von drei Monaten *nach Abschluss des Verschmelzungsvertrags* gefasst werden. Da dieser somit zwingend im Moment der Anmeldung des Übertragungsbeschlusses zur Eintragung im Handelsregister vorliegt, ist es schon aus Gründen der aktuellen Information notwendig, diesen und nicht den bloßen Entwurf der Anmeldung beizufügen. Jedenfalls aber kann das Registergericht nur auf Basis des abgeschlossenen Verschmelzungsvertrags eine Entscheidung über die Einhaltung der Dreimonatsfrist gemäß § 62 Abs. 5 Satz 1 UmwG treffen, so dass die Einreichung des Entwurfs auch vor diesem Hintergrund ausscheiden muss.[339] Letztlich findet sich diese Auffassung auch in den Gesetzgebungsmaterialien wieder, die in der Begründung zu § 62 Abs. 5 UmwG ausführen, dass

> *„um dem Handelsregister die Kontrolle der besonderen Voraussetzungen des § 62 Absatz 5 UmwG – insbesondere der Dreimonatsfrist – zu ermöglich, […] außerdem der Verschmelzungsvertrag bei der Anmeldung des Squeeze-out vorzulegen [ist]."*[340]

Von der Vorlage des bloßen Entwurfs ist nicht die Rede, so dass überzeugenderweise von einem Redaktionsversehen auszugehen ist.[341] Bei der Anmeldung hat der Vorstand außerdem gemäß § 62 Abs. 5 Satz 8 UmwG i.V.m. § 327e Abs. 2 AktG i.V.m. § 319 Abs. 5 zu erklären, dass eine Klage gegen die Wirksamkeit des Hauptversammlungsbeschlusses nicht oder nicht fristgemäß erhoben oder eine solche Klage rechtskräftig abgewiesen oder zurückgenommen worden ist (Negativerklärung). Ebenfalls kann eine Erklärung abgegeben werden, wonach die Aktionäre durch notariell beurkundete Verzichtserklärung auf die Klage gegen die Wirksamkeit des Hauptversammlungsbeschlusses verzichtet haben. Die Negativerklärung kann dabei erst nach Ablauf der einmonatigen Anfechtungsfrist des § 246 Abs. 1 AktG wirksam abgegeben werden.[342] Es kann

---

338 *Mayer*, NZG 2012, 561, 571; *Simon/Merkelbach*, DB 2011, 1317, 1320; *Göthel*, ZIP 2011, 1541, 1545; *Bungert/Wettich*, DB 2010, 2545, 2546; *Wagner*, DStR 2010, 1629, 1633, *Ziemons* in Nirk/Ziemons/Binnewies Hdb. AG, Teil I, Rn. 13.166; a.A. *Diekmann* in Semler/Stengel UmwG, § 62 UmwG, Rn. 32 f.

339 *Mayer*, NZG 2012, 561, 571; *Simon/Merkelbach*, DB 2011, 1317, 1320; *Göthel*, ZIP 2011, 1541, 1545; *Bungert/Wettich*, DB 2010, 2545, 2546; *Wagner*, DStR 2010, 1629, 1633.

340 Begr. RegE, BT-Drs. 17/3122, S. 3.

341 So auch *Wagner*, DStR 2010, 1629, 1633; dahingehend auch *Ziemons* in Nirk/Ziemons/Binnewies Hdb. AG, Teil I, Rn. 13.166.

342 *Holzborn/Müller* in Bürgers/Körber AktG, § 327e AktG, Rn. 4; so auch BGH, Urteil v. 5.10.2006 – III ZR 283/05, NZG 2006, 956 zum umwandlungsrechtlichen Eintragungs-

daher empfehlenswert sein, mit der Anmeldung und der Abgabe der Negativerklärung bis zum Ablauf der Anfechtungsfrist zu warten. Ein dahingehender Zwang für den Vorstand besteht allerdings nicht, so dass dieser die Anmeldung auch schon vorher mit einer dann auf den Zeitpunkt der Abgabe bezogenen Negativerklärung vornehmen kann.[343]

2. Eintragung

Sofern alle Eintragungsvoraussetzungen für den Ausschluss der Minderheitsaktionäre vorliegen, wird der Übertragungsbeschluss durch den Registerrichter eingetragen. Zuvor führt das Registergericht eine formelle und materielle Prüfung des Ausschlussverfahrens durch, wobei die Überprüfung der Angemessenheit der Barabfindung nicht gegenständlich ist, da dies allein Aufgabe eines möglichen Spruchverfahrens ist.[344] Die Prüfung beschränkt sich daher regelmäßig auf eine reine Plausibilitätsprüfung unter Beachtung offensichtlicher Mängel.[345] Während beim aktienrechtlichen Squeeze-out der Ausschluss der Minderheitsaktionäre gemäß § 327e Abs. 3 Satz AktG infolge der Eintragung unmittelbar wirksam wird und insbesondere alle Aktien der Minderheitsaktionäre auf den Hauptaktionär übergehen, muss der Übertragungsbeschluss im Rahmen des verschmelzungsrechtlichen Squeeze-out mit dem Vermerk nach § 62 Abs. 5 Satz 7 UmwG eingetragen werden, wonach er erst gleichzeitig mit der Eintragung der Verschmelzung im Register des Sitzes der übernehmenden Aktiengesellschaft wirksam werden soll.

3. Registerrechtliche Lösung

Die Intention des Gesetzgebers für diese *„registerrechtliche Lösung"* war es, sicherzustellen, dass es zu einem Ausschluss der Minderheitsaktionäre nur

---

verfahren und dem Erfordernis aus § 16 Abs. 2 Satz 1 UmwG; vgl. für die Rechtsfolgen einer nicht (wirksam) abgegeben Negativerklärung § 7 A.

343 *Singhof* in Spindler/Stilz AktG, § 319 AktG, Rn. 18; *Grunewald* in Münchener Komm. AktG, § 319 AktG, Rn. 37; *Rieger* in Widmann/Mayer UmwG, § 62 UmwG, Rn. 163.

344 Vgl. *Müller-Michaels* in Hölters AktG, § 327e AktG, Rn. 4; *Holzborn/Müller* in Bürgers/Körber AktG, § 327e AktG, Rn. 2; *Grunewald* in Münchener Komm. AktG, § 327e AktG, Rn. 4; *Habersack* in Emmerich/Habersack, § 327e AktG, Rn. 4.

345 Statt aller *Singhof* in Spindler/Stilz AktG, § 327e AktG, Rn. 4.

kommt, wenn zugleich eine Konzernverschmelzung durchgeführt wird.[346] Der Gesetzgeber bedient sich zu diesem Zweck eines dem UmwG bekannten Regelungswortlauts, so dass die Vermutung nahe liegt, dass auch die jeweiligen Rechtsfolgen miteinander vergleichbar sind.[347] So verlangt § 19 Abs. 1 Satz 2 UmwG im Rahmen der Eintragung einer reinen Verschmelzung einen Registervermerk im Handelsregister des übernehmenden Rechtsträgers, dass die Verschmelzung erst mit der Eintragung im Register des Sitzes des übernehmenden Rechtsträgers wirksam wird. Der materiell-rechtliche Aufschub der Wirksamkeit ergibt sich insofern jedoch nicht schon aus dem Vorläufigkeitsvermerk nach § 19 Abs. 1 Satz 2 UmwG, sondern erst aus § 20 Abs. 1 UmwG, wonach die Wirksamkeit und die Rechtsfolgen der Verschmelzung an die Eintragung selbiger in das Register des Sitzes des übernehmenden Rechtsträgers geknüpft sind. Dem Vermerk wird insoweit lediglich deklaratorische und warnende Funktion zugesprochen.[348]

Aus dem nahezu identischen Wortlaut von § 62 Abs. 5 Satz 7 UmwG wird nunmehr gefolgert, dass die gesetzgeberische Umsetzung hinsichtlich des Vorläufigkeitsvermerks zu kurz greife und somit i.E. nicht im Stande sei, die Rechtswirkungen des § 327e Abs. 3 AktG zu modifizieren.[349] Die materielle Wirkung der Eintragung des Übertragungsbeschlusses beurteile sich vielmehr allein nach § 327e Abs. 3 Satz 1 AktG. Wolle man den Eintritt der Rechtsfolgen der Eintragung des Übertragungsbeschlusses abweichend von § 327e Abs. 3 Satz 1 AktG zeitlich wirksam nach hinten verlagern, so müsse ein Vermerk an geeigneter Stelle und nicht in einer bloßen an das Registergericht adressierten Verfahrensregelung vorgesehen werden.[350]

a) Materiell-rechtliche Wirkung des Vorläufigkeitsvermerks?

Fraglich ist daher, ob der Vorschrift des § 62 Abs. 5 Satz 7 UmwG eine materiell-rechtliche Wirkung entnommen werden kann. Zweifel hieran ergeben sich

346 *Neye/Kraft*, NZG 2011, 681, 683; Beschlussempfehlung und Bericht des Rechtsausschusses zu dem Gesetzentwurf der Bundesregierung – Drucksache 17/3122 – v. 25.5.2011, BT-Drs. 17/5930, S. 12; anders noch in den Fassungen des RefE und RegE.

347 *Neye/Kraft*, NZG 2011, 681, 683 Fn. 21; *Mayer*, NZG 2012, 561, 571.

348 Statt aller *Zimmermann* in Kallmeyer UmwG, § 19 UmwG, Rn. 9 m.w.N. in Fn. 9.

349 *Freytag/Müller-Etienne*, BB 2011, 1731, 1733; dahingehend auch *Neye/Kraft*, NZG 2011, 681, 683, die davon ausgehen, dass dem Vermerk zunächst nur ankündigende Wirkung mit Warnfunktion zukomme.

350 *Freytag/Müller-Etienne*, BB 2011, 1731, 1733.

daraus, dass der Gesetzgeber von seiner sonstigen im Rahmen von § 62 Abs. 5 UmwG angewendeten Systematik abweicht, wonach er die auf den aktienrechtlichen Squeeze-out zugeschnittenen Regelungen für den verschmelzungsrechtlichen Squeeze-out dadurch anpasst, dass er die Vorschrift in § 62 Abs. 5 UmwG benennt und angibt, welche Besonderheiten im verschmelzungsrechtlichen Ausschlussverfahren gelten sollen. So erweitert § 62 Abs. 5 Satz 5 UmwG die Auslegungspflichten nach § 327c Abs. 3 AktG um den Verschmelzungsvertrag oder seinen Entwurf. Gleiches gilt für § 62 Abs. 5 Satz 6 UmwG und die Anmeldung des Übertragungsbeschlusses, wozu er ebenfalls die relevante Vorschrift des § 327e Abs. 1 AktG apostrophiert. Zwar schließt sich § 62 Abs. 5 Satz 7 UmwG daran an und es könnte angenommen werden, dass deshalb die Vorschrift des § 327e AktG nicht nochmals benannt werden müsste. Relevant für die Eintragung des Übertragungsbeschlusses und die daran geknüpften Rechtsfolgen ist allerdings lediglich Absatz 3 der Vorschrift. Es ist daher grundsätzlich nicht ausreichend, wenn § 327e Abs. 1 AktG einen Satz zuvor zitiert wurde, da es sich um einen speziellen Verweis handelt, der Absatz 3 gerade ausschließen soll.

Es verwundert daher umso mehr, dass an dieser zentralen Stelle des verschmelzungsrechtlichen Squeeze-out keine eindeutige Regelung ihren Weg in das Gesetz gefunden hat. Da aber weder der RefE noch der RegE zum 3. UmwÄndG eine zwingende Wirksamkeitsverknüpfung von Konzernverschmelzung und Ausschlussverfahren vorsahen, ist die Erklärung in der eiligen Umsetzung zu suchen. Zwar wurde auf die Problematik einer fehlenden rechtlichen Verknüpfung von Squeeze-out und Konzernverschmelzung seitens der verschmelzungsrechtlichen Literatur und vor allem durch die Stellungnahme des DAV Handelsrechtsausschusses hingewiesen, um insbesondere zu verhindern, dass nach Durchführung des Squeeze-out von der Verschmelzung Abstand genommen wird.[351] Nicht besprochen werden konnte allerdings die heutige „registerrechtliche Lösung“. Dies allein zeigt bereits, dass bei der Auslegung der Vorschrift nicht an dem reinen Wortlaut verhaftet werden darf. Unter Hinzuziehung der Gesetzesmaterialien erschließt sich sodann auch der materielle Wesens- und Wirkungsgehalt der Vorschrift.[352] So wird ausgeführt, dass durch ihn verhindert werden soll, dass im Anschluss an den Ausschluss von Minderheitsaktionären unter erleichterten Voraussetzungen die geplante Konzernverschmelzung nicht

351 DAV-HRA Stellungnahme RefE, NZG 2010, 614, 615; *Austmann*, NZG 2011, 684, 688.

352 Dafür ausdrücklich *Ziemons* in Nirk/Ziemons/Binnewies Hdb. AG, Teil I, Rn. 13.167.

vollzogen wird.[353] Der Gesetzgeber wollte somit ersichtlich die Rechtswirkungen des § 327e Abs. 3 AktG modifizieren und die Wirksamkeit des Ausschlusses der Minderheitsaktionäre an die Wirksamkeit der Verschmelzung koppeln. Gleichwohl sollte schon aus Gründen der Rechtssicherheit eine gesetzliche Klarstellung vorgenommen werden. Wollte man § 327e Abs. 3 AktG in diese Richtung modifizieren, so böte sich ein dies klarstellender Wortlaut von § 62 Abs. 5 Satz 7 UmwG wie folgt an:

> *„§ 327e Abs. 3 AktG findet mit der Maßgabe Anwendung, dass der Übertragungsbeschluss erst gleichzeitig mit der Eintragung der Verschmelzung im Register des Sitzes der übernehmenden Aktiengesellschaft wirksam wird. Die Eintragung des Übertragungsbeschlusses ist mit einem entsprechenden Vermerk zu versehen.“*

Auf diese Weise könnten die Restzweifel an der Modifikation von § 327e Abs. 3 AktG im Rahmen des verschmelzungsrechtlichen Squeeze-out ausgeschlossen werden, wobei zugleich die Differenzierung einer solchen von dem bloß nachrichtlichen Registervermerk durch die Trennung in zwei eigenständigen Sätzen zum Ausdruck gebracht würde.

b) Rechtswirkungen des Vorläufigkeitsvermerks

Ungeachtet dieser gesetzgeberischen Ungenauigkeit, stellt sich die Frage, welche Rechtsfolgen sich aus dem Vorläufigkeitsvermerk im Speziellen ergeben. Die Behandlung der Rechtswirkungen des Vorläufigkeitsvermerks bildet eine zentrale Weichenstellung für das gesamte verschmelzungsrechtliche Ausschlussverfahren. Die Auseinandersetzung betrifft dabei den Umstand, dass der Übertragungsbeschluss nach § 62 Abs. 5 Satz 7 UmwG erst *gleichzeitig* mit der Eintragung der Verschmelzung im Register der übernehmenden Gesellschaft wirksam werden soll. Leidenschaftlich umstritten ist daher, was unter dem Begriff *gleichzeitig* in diesem Zusammenhang zu verstehen ist.

aa) Meinungsstand

Von einem beträchtlichen Teil der Literatur wird der Begriff *gleichzeitig* wörtlich verstanden, so dass es mit der Eintragung der Verschmelzung unmittelbar zu einem Untergang der Anteile in der Hand der Minderheitsaktionäre komme; ein Übergang der Aktien der Minderheitsaktionäre auf den Hauptaktionär finde

---

353 Beschlussempfehlung und Bericht des Rechtsausschusses zu dem Gesetzentwurf der Bundesregierung – Drucksache 17/3122 – v. 25.5.2011, BT-Drs. 17/5930, S. 12.

daher gar nicht statt.[354] Andernfalls müsse befürchtet werden, dass der vorherige Aktienübergang zu einer Forderung nach zweimaliger Zahlung der Grunderwerbsteuer auf das Grundvermögen der übertragenden Gesellschaft führen könne.[355] Diese könne u.U. einmal aufgrund der Anteilsvereinigung in der Hand des Hauptaktionärs infolge des Squeeze-out gemäß § 1 Abs. 3 Nr. 2 GrEStG und sodann nochmals aufgrund des Vermögensübergangs infolge der Verschmelzung gemäß § 1 Abs. 1 Nr. 3 GrEStG gefordert werden. Eine solche steuerliche Konsequenz passe nicht dazu, dass der Squeeze-out eine reine Vorbereitungsmaßnahme zur erleichterten Durchführung der Verschmelzung sein solle.[356] Der Wortlaut der Vorschrift sei insoweit eindeutig, als die Begriffe *gleichzeitig* und *zeitgleich* im allgemeinen Sprachgebrauch synonym verwendet würden.[357] Der klare Wortlaut lasse daher keine Fiktion einer juristischen Sekunde zwischen Wirksamwerden des Squeeze-out und Wirksamwerden der Verschmelzung zu.[358]

Dem wird von der vorherrschenden Ansicht entgegengehalten, dass es sich bei dem Begriff *gleichzeitig* um keinen klassischen Rechtsbegriff handele und dieser vom deutschen Gesetzgeber auch nur an zwei weiteren Stellen (§ 130 Abs. 1 Satz 2 BGB und § 62 Abs. 3 Satz 2 UmwG) gebraucht würde.[359] So werde bereits aus dem Zusammenspiel in § 62 Abs. 3 Satz 1 und Satz 2 UmwG deutlich, dass die Auslage der in § 63 Abs. 1 UmwG bezeichneten Unterlagen nicht zeitgleich mit der Hinweisbekanntmachung und der Einreichung des Verschmelzungsvertrags zum Handelsregister erfolgen könne.[360] Der Begriff *gleichzeitig* sei daher so zu verstehen, dass die Aktien zunächst auf den Hauptaktionär übergingen, um in der nächsten juristischen Sekunde – nämlich mit Wirksam-

---

354 So ausdrücklich *Austmann*, NZG 2011, 684, 688; *Kiefner/Brügel*, AG 2011, 525, 528; *Simon/Merkelbach*, DB 2011, 1317, 1321; *Heckschen*, NJW 2011, 2390, 2392; *Klie/Wind/Rödter*, DStR 2011, 1668, 1670; so auch *Bungert/Wettich*, DB 2011, 1500, 1503; *Goldenberg*, Der verschmelzungsrechtliche Squeeze-out, S. 247.

355 *Austmann*, NZG 2011, 684, 688; andeutend auch *Kiefner/Brügel*, AG 2011, 525, 528.

356 *Austmann*, NZG 2011, 684, 688.

357 Darauf hinweisend auch *Mayer*, NZG, 561, 574.

358 *Kiefner/Brügel*, AG 2011, 525, 528.

359 *Mayer*, NZG, 561, 574.

360 *Mayer*, NZG, 561, 574.

werden der Verschmelzung – in der Hand des Hauptaktionärs unterzugehen.[361] Dieses Verständnis lege auch der Bericht des Rechtsausschusses zugrunde.[362]

bb) Stellungnahme

Entsprechend des Verständnisses des Rechtsausschusses und der überwiegenden Ansicht ist der Begriff *gleichzeitig* cum grano salis und daher nicht i.S.v. *zeitgleich* zu verstehen. So wird die gleiche Begrifflichkeit von dem deutschen Gesetzgeber über § 62 Abs. 5 Satz 7 UmwG hinaus nicht nur in § 130 Abs. 1 Satz 2 BGB und § 62 Abs. 3 Satz 2 UmwG verwendet – wozu im Übrigen anerkannt ist, dass keine Zeitgleichheit gemeint sein kann.[363] Vielmehr trifft man sie auch an verschiedenen Stellen des Kapitalmarktrechts an. So ist die aus § 21 Abs. 1 Satz 1 WpHG resultierende Mitteilungspflicht gegenüber dem Emittenten und *gleichzeitig* der Bundesanstalt zu erbringen. Der Emittentenleitfaden der BaFin führt hierzu aus, dass ein unmittelbares Versenden *hintereinander* die Anforderungen an eine *gleichzeitige* Mitteilung erfüllt.[364] Ähnliches gilt für die Stellungnahme des Vorstands und Aufsichtsrats nach § 27 WpÜG, die nicht nur gemäß § 27 Abs. 3 Satz 1 WpÜG zu veröffentlichen, sondern *gleichzeitig* an den Betriebsrat oder, sofern ein solcher nicht besteht, unmittelbar an die Arbeitnehmer zu übermitteln ist. Auch in diesem Kontext ist grundsätzlich unklar, was unter *gleichzeitig* zu verstehen ist, aber auch dort ist anerkannt, dass absolute Zeitgleichheit jedenfalls nicht gemeint sein kann und stattdessen von zwei unmittelbar aufeinander folgenden Geschäftshandlungen auszugehen ist.[365] Das allgemeine Rechtsverständnis weicht daher von dem allgemeinen Sprachverständnis ab. Es ist kein Grund ersichtlich, weshalb der Begriff *gleichzeitig* im Rahmen von § 62 Abs. 5 Satz 7 UmwG nunmehr abweichend von diesem allgemeinen Rechtsverständnis ausgelegt werden sollte.

---

361 *Mayer*, NZG 2012, 561, 574; *Bungert/Wettich*, DB 2011, 1500, 1503; *Neye/Kraft*, NZG 2011, 681, 683; *Göthel*, ZIP 2011, 1541, 1543; *Buschmann*, DZWIR 2011, 318, 320; *Ziemons* in Nirk/Ziemons/Binnewies Hdb. AG, Teil I, Rn. 13.169 f.

362 Beschlussempfehlung und Bericht des Rechtsausschusses zu dem Gesetzentwurf der Bundesregierung – Drucksache 17/3122 – v. 25.5.2011, BT-Drs. 17/5930, S. 12; *Bungert/Wettich*, DB 2011, 1500, 1503; *Mayer*, NZG 2012, 561, 574.

363 Vgl. hierzu ausführlich *Rieger* in Widmann/Mayer UmwG, § 62 UmwG, Rn. 53.

364 Emittentenleitfaden der Bundesanstalt für Finanzdienstleistungsaufsicht, 4. Auflage, VIII.2.3.9.4 – Frist.

365 *Schwennicke* in Geibel/Süßmann WpÜG, § 27 WpÜG, Rn. 45.

Die Argumente der Gegenansicht können indes kaum überzeugen. Die Gefahr einer doppelten Erhebung von Grunderwerbssteuer trägt jedenfalls nicht als Argument für einen Anteilsuntergang in der Hand der Aktionäre des übertragenden Rechtsträgers. Insoweit steht einer doppelten Besteuerung schon das Verständnis der Rechtsprechung von dem Verhältnis von § 1 Abs. 3 GrEStG und § 1 Abs. 1 GrEStG entgegen. Denn danach nimmt § 1 Abs. 3 GrEStG eine gewisse Ausnahmestellung ein, als nicht ein unmittelbarer Grundstücksumsatz, sondern ein gesellschaftsrechtlicher Vorgang der Grunderwerbsteuer unterworfen wird, um den gröbsten Steuerumgehungen vorzubeugen.[366] Daraus folgt bereits aus verfassungsrechtlichen Gründen das Gebot, diese Vorschrift sinnvoll ab- und einzugrenzen. Es darf daher nicht außer Acht gelassen werden, dass § 1 Abs. 3 GrEStG seinem Wortlaut („außerdem") und seiner systematischen Stellung nach ein Ersatztatbestand ist, und zwar nicht nur zu § 1 Abs. 2 GrEStG, sondern in erster Linie zu dem Haupttatbestand des § 1 Abs. 1 GrEStG.[367] Eine doppelte Erhebung von Grunderwerbssteuer droht daher auch bei Anteilsvereinigung in der Hand des Hauptaktionärs nicht und kann entsprechend allein aufgrund der Verschmelzungswirkungen nach § 1 Abs. 1 GrEStG anfallen.

Es ist daher mit der überzeugenden Ansicht davon auszugehen, dass es in einem ersten Schritt durch die Eintragung der Verschmelzung im Register der übernehmenden Gesellschaft zu den Rechtswirkungen des § 327e Abs. 3 Satz 1 AktG kommt und somit zu den typischen Rechtsfolgen eines wirksam eingetragenen Squeeze-out, d.h. auch des Übergangs der Aktien und Aktienbezugsrechte[368] auf den Hauptaktionär. Erst eine juristische Sekunde später setzen die Rechtsfolgen der Verschmelzung gemäß § 20 Abs. 1 UmwG ein und es kommt zu dem dadurch bedingten Untergang der Anteile des übertragenden Rechtsträgers in der Hand des übernehmenden Rechtsträgers und des Vermögensübergangs. Diese Sichtweise trägt auch der Intention des Gesetzgebers Rechnung, der durch den Vorläufigkeitsvermerk allein der Durchführung eines isolierten Squeeze-out mit 90%iger Beteiligung ohne sich daran anschließende Konzernverschmelzung vorbeugen wollte. Er bezweckte indes keine Änderung des bereits zuvor zweistufigen verschmelzungsrechtlichen Squeeze-out-Verfahrens. Letztlich wird auch nur so den Vorgaben von Art. 28 VRL entspro-

---

366 Ausdrücklich BFH, Urteil v. 16.3.1966 – II 70/63, BStBl. III 66, 378; *Fischer* in Boruttau GrEStG, § 1 GrEStG, Rn. 902.

367 Ausdrücklich BFH, Urteil v. 16.3.1966 – II 70/63, BStBl. III 66, 378; *Fischer* in Boruttau GrEStG, § 1 GrEStG, Rn. 902.

368 Gegen einen Übergang der (bedingten) Aktienbezugsrechte beim verschmelzungsrechtlichen Squeeze-out, *Arens*, WM 2014, 682 ff.

chen, wonach die Anteile *vor* der Verschmelzung zu einem angemessen Preis verkauft werden müssen. Eine richtlinienkonforme Auslegung ergibt daher, dass die Rechtsfolgen des Squeeze-out zeitlich *vor* den Verschmelzungswirkungen eintreten müssen.[369]

V. Zusammenfassende Würdigung

Hinsichtlich des eigentlichen Ausschlussverfahrens des verschmelzungsrechtlichen Squeeze-out war bereits vor der Untersuchung ersichtlich, dass sich in Anbetracht des umfassenden Verweises gemäß § 62 Abs. 5 Satz 8 UmwG nur wenige verfahrensspezifische Unterschiede gegenüber dem aktienrechtlichen Squeeze-out ergeben werden. Der verschmelzungsbezogene Kontext schlägt sich vielmehr in dem Erfordernis nieder, wonach auch der Verschmelzungsvertrag (gegebenenfalls dessen Entwurf) als Vorabinformation ausgelegt, in der Hauptversammlung erläutert oder im Rahmen der Anmeldung des Übertragungsbeschlusses zur Eintragung in das Handelsregister mit eingereicht werden muss.

Als wesentliches Ergebnis der Untersuchung kann indes festgehalten werden, dass ebenso wie beim aktienrechtlichen Squeeze-out ein Übertragungsverlangen zur Einleitung des Verfahrens erforderlich ist. Allerdings ergibt sich eine aktienrechtliche Verpflichtung hierzu nur für ein konkretisierendes Übertragungsverlangen, da hierin erstmalig die Barabfindung angegeben wird. Aufgrund der verschmelzungsrechtlichen Besonderheiten kann von einem diesem regelmäßig vorgehenden vorläufigen Übertragungsverlangen abgesehen werden. Dessen Funktion kann bereits durch den Abschluss des Verschmelzungsvertrags übernommen werden. Allenfalls kann hierfür – im Hinblick auf die Vorbeugung etwaiger Schadensersatzansprüche – ein faktischer Zwang angenommen werden.

Die wesentliche Besonderheit des verschmelzungsrechtlichen Squeeze-out stellt zweifelsohne die *„registerrechtliche Lösung“* des Gesetzgebers hinsichtlich der verschobenen Wirksamkeit des Squeeze-out dar. Mit der herrschenden Ansicht ist insoweit davon auszugehen, dass dem Vorläufigkeitsvermerk einerseits ein materiell-rechtlicher Gehalt zu entnehmen ist und dass es andererseits in dessen Folge zuerst zu dem Eintritt der Squeeze-out-spezifischen Rechtsfolgen gemäß § 327e Abs. 3 Satz 1 AktG kommt, bevor die Verschmelzungswirkungen i.S.v. § 20 Abs. 1 UmwG eintreten. In der Folge kommt es zu dem Eintritt eines 100%igen Konzernverhältnisses, das für den verschmelzungsrechtli-

369 So auch *Ziemons* in Nirk/Ziemons/Binnewies Hdb. AG, Teil I, Rn. 13.170.

chen Squeeze-out von zentraler Bedeutung ist, selbst wenn es lediglich für eine juristische Sekunde besteht. Denn hierdurch wird erst der Systematik von der grundsätzlichen Zweigliedrigkeit des verschmelzungsrechtlichen Squeeze-out entsprochen, da nur auf diese Weise gewährleistet wird, dass die wesentlichen Konzernprivilegien zur Anwendung gelangen, die auch im Rahmen einer isolierten 100%igen Konzernverschmelzung einschlägig sind. Insoweit hat es der Gesetzgeber lediglich versäumt, eine entsprechende Klarstellung an geeigneter Stelle nach dem Vorbild des § 62 Abs. 4 Satz 2 UmwG vorzusehen.

§ 6 Konzernverschmelzung

Während nach der Konzeption des RefE die Zweigliedrigkeit des verschmelzungsrechtlichen Squeeze-out vor allem dadurch zum Ausdruck kam, dass erst der Ausschluss der Minderheitsaktionäre vollständig durchgeführt werden sollte und erst daran anschließend die (dann) 100%ige-Konzernverschmelzung durchgeführt werden konnte, lässt § 62 Abs. 5 UmwG, insbesondere aufgrund von § 62 Abs. 5 Satz 7 UmwG, solche Rückschlüsse auf die grundsätzliche Eigenständigkeit des Verschmelzungsverfahrens in seiner nunmehr gültigen Fassung nicht mehr zu. Gleichwohl bietet es sich aus systematischen Gründen an, der Verschmelzungskomponente eigenständig nachzugehen, deren Grundlage der Verschmelzungsvertrag bildet.

A. Verschmelzungsvertrag

Der Verschmelzungsvertrag wird zwischen den beteiligten Aktiengesellschaften durch deren jeweiligen Vorstand nach den allgemeinen Bestimmungen der §§ 4 ff. UmwG geschlossen und bildet die rechtsgeschäftliche Grundlage der Verschmelzung.[370] Anders als noch im RefE kann der Übertragungsbeschluss nicht mehr auf Grundlage des bloßen Entwurfs ergehen, sondern setzt zwingend den Abschluss des Verschmelzungsvertrags voraus. Neben der Begründung schuldrechtlicher Pflichten stellt dieser in erster Linie einen körperschaftlichen Organisationsakt dar.[371] Mit ihm beginnen aber nicht nur die dreimonatige Frist hinsichtlich des Übertragungsbeschlusses, sondern auch die Offenlegungs- und Bekanntmachungspflichten nach § 62 Abs. 5 Satz 3 UmwG i.V.m. § 62 Abs. 3 UmwG sowie die Zuleitungsverpflichtung an den Betriebsrat nach § 62 Abs. 5 Satz 3 UmwG i.V.m. § 5 Abs. 3 UmwG. Mit seinem Abschluss beginnt daher letztlich der verschmelzungsrechtliche Teil des Ausschlussverfahrens nach § 62 Abs. 5 UmwG.[372]

---

370 *Heidinger* in Henssler/Strohn GesR, § 4 UmwG, Rn. 1.

371 *Marsch-Barner* in Kallmeyer UmwG, § 4 UmwG, Rn. 2; *Mayer* in Widmann/Mayer UmwG, § 4 UmwG, Rn. 21 ff.; *Schröer* in Semler/Stengel UmwG, § 4 UmwG, Rn. 4 f; *Heidinger* in Henssler/Strohn GesR, § 4 UmwG, Rn. 2.

372 So auch *Mayer*, NZG 2012, 561, 565; *Klie/Wind/Rödter*, DStR 2011, 1668, 1669; *Simon/Merkelbach*, DB 2011, 1317, 1320.

I. Form und Wirksamkeit des Verschmelzungsvertrags

Während der Entwurf des Verschmelzungsvertrags lediglich dem Schriftformerfordernis unterliegt, bedarf der endgültige Verschmelzungsvertrag der notariellen Beurkundung gemäß § 6 UmwG. Anders als in isolierten Verschmelzungsverfahren, in denen die Wirksamkeit des Verschmelzungsvertrags im Grundsatz von einem Verschmelzungsbeschluss der Anteilsinhaber der beteiligten Rechtsträger nach § 13 Abs. 1 UmwG abhängt, entfaltet er im Rahmen des verschmelzungsrechtlichen Ausschlussverfahrens wegen der mit seiner Durchführung einhergehenden Privilegierungen gemäß § 62 Abs. 1 Satz 1 UmwG und § 62 Abs. 4 Satz 2 UmwG, wonach eine Zustimmung der Anteilseigner beider beteiligter Rechtsträger grundsätzlich nicht notwendig ist, seine Bindungswirkung bereits mit seinem Abschluss.[373] Dabei stellt sich jedoch die Frage, wann überhaupt von einem *Abschluss* des Verschmelzungsvertrags im Sinne des § 62 Abs. 5 UmwG gesprochen werden kann, der sodann den Beginn des verschmelzungsrechtlichen Teils des Ausschlussverfahrens markiert.

1. Vollmachtloser Vertreter

In der Literatur wird diese Frage vornehmlich vor dem Hintergrund des Handelns eines vollmachtlosen Vertreters diskutiert.[374] Dabei wird überzeugenderweise angenommen, dass ein Abschluss erst vorliege, wenn nach materiellem Recht ein wirksam abgeschlossener Verschmelzungsvertrag, also insbesondere die notarielle Beurkundung und eine wirksame Vertretung der Vertragsparteien gegeben seien.[375]

Der Problematik des vollmachtlosen Vertreters dürfte in der Praxis jedoch eine nur untergeordnete Bedeutung zukommen, da von einem Abschluss des Verschmelzungsvertrags erst gesprochen werden kann, wenn die notarielle Beurkundung erfolgt ist. Zuvor handelt es sich mangels Einhaltens der erforderlichen Form lediglich um einen Entwurf. Da demnach jedenfalls die notarielle Beurkundung gemäß der §§ 8 ff. BeurkG erfolgen muss, bedarf es für diese auch des Nachweises der Vertretungsmacht gemäß § 12 BeurkG. Damit dürfte in aller Regel das Risiko des Handelns eines vollmachtlosen Vertreters auf ein Minimum reduziert sein. Sollte ein solches dennoch vorkommen und der Notar trotz alledem seine für die Wirksamkeit der notariellen Beurkundung erforderli-

373 So auch *Zimmermann* in Kallmeyer UmwG, § 6 UmwG, Rn. 2.

374 *Heckschen*, NZG 2010, 1041, 1043; *Leitzen*, DNotZ 2011, 526, 535.

375 *Rieger* in Widmann/Mayer UmwG, § 62 UmwG, Rn. 171; *Mayer*, NZG 2012, 561, 565.

che Unterschrift geleistet haben, kommt noch immer eine Genehmigung des bis dahin schwebend unwirksamen Verschmelzungsvertrags gemäß §§ 182, 184 BGB oder eine Vollmachtsbestätigung in Betracht.[376] Eine solche Genehmigung kann nicht nur formlos, sondern auch konkludent erfolgen.[377]

2. Aufschiebende Bedingung

Problematisch ist hingegen der in der Literatur gegebene Praxishinweis, wonach in dem Verschmelzungsvertrag eine aufschiebende Bedingung vorgesehen werden könne, dass die Wirksamkeit des Verschmelzungsvertrags von der Durchführung des Ausschlusses der Minderheitsaktionäre beziehungsweise der Eintragung des Übertragungsbeschlusses abhängig gemacht werde.[378] Mit einer solchen aufschiebenden Bedingung solle klargestellt werden, dass auch die Verschmelzung nur wirksam werde, wenn der Ausschluss der Minderheitsaktionäre wirksam werde.[379] Teilweise wird eine solche Klausel sogar für erforderlich gehalten, weil es ansonsten gegebenenfalls zu einer Verschmelzung eines nicht 100%igen Konzernsachverhalts komme. Die Klausel solle daher sicherstellen, dass der übernehmende Rechtsträger (Hauptaktionär) zum Zeitpunkt des Wirksamwerdens der Verschmelzung alle Anteile an dem übertragenden Rechtsträger halte.[380]

Soweit auf die generelle Zulässigkeit von aufschiebenden Bedingungen in Verschmelzungsverträgen und speziell bei Kettenumwandlungen verwiesen

376 *Heidinger* in Henssler/Strohn GesR, § 4 UmwG, Rn. 8; *Heidinger/Blath,* FS Spiegelberger 2009, S. 692, 697; *Schröer* in Semler/Stengel UmwG, § 4 UmwG, Rn. 15; *Mayer* in Widmann/Mayer UmwG, § 4 UmwG, Rn. 41; *Lutter/Drygala* in Lutter UmwG, § 4 UmwG, Rn. 10.

377 *Schröer* in Semler/Stengel UmwG, § 4 UmwG, Rn. 15; *Mayer* in Widmann/Mayer UmwG, § 4 UmwG, Rn. 41; *Lutter/Drygala* in Lutter UmwG, § 4 UmwG, Rn. 10; *Marsch-Barner* in Kallmeyer UmwG, § 4 UmwG, Rn. 5; a.A. noch *Heidinger/Blath,* FS Spiegelberger 2009, S. 692, 697.

378 *Hofmeister*, NZG 2012, 688, 689; *Austmann*, NZG 2011, 684, 687; *Göthel*, ZIP 2011, 1541, 1543; *Bungert/Wettich*, DB 2011, 1500, 1502; *Marsch-Barner* in Kallmeyer UmwG, § 62 UmwG, Rn. 38; ähnlich *Mayer*, NZG 2012, 561, 567; *Rieger* in Widmann/Mayer UmwG, § 62 UmwG, Rn. 176; *Goldenberg*, Der verschmelzungsrechtliche Squeeze-out, S. 171.

379 *Rieger* in Widmann/Mayer UmwG, § 62 UmwG, Rn. 176.

380 *Mayer*, NZG 2012, 561, 567; *Rieger* in Widmann/Mayer UmwG, § 62 UmwG, Rn. 176.

wird, trägt dies als Begründung nicht.[381] So wird zwar nicht die grundsätzliche Zulässigkeit von aufschiebenden Bedingungen in Verschmelzungsverträgen angezweifelt. Gleichwohl soll deutlich gemacht werden, dass eine derartige aufschiebende Bedingung nicht mit der Systematik des verschmelzungsrechtlichen Squeeze-out vereinbar wäre. Denn insofern knüpft nicht nur das Fristenregime gemäß § 62 Abs. 5 Satz 3 UmwG i.V.m. § 63 Abs. 3 UmwG zwingend an den Abschluss eines wirksamen Verschmelzungsvertrags an, sondern auch der Übertragungsbeschluss ist zwingend abhängig von einem wirksam abgeschlossenen Verschmelzungsvertrag.[382] Eine aufschiebende Bedingung der genannten Art würde daher zirkulär an sich selbst gebunden werden und somit i.E. untauglich sein. Im Übrigen kann die Klausel allein nicht sicherstellen, dass zum Zeitpunkt des Wirksamwerdens der Verschmelzung ein 100%iges Konzernverhältnis vorliegt. Ohnehin ist dem jeweiligen Registergericht auf andere Weise der Zusammenhang der Verschmelzung mit dem Ausschluss der Minderheitsaktionäre deutlich zu machen.[383]

Sofern nach alledem einzig das Interesse an einer solchen Klausel darin bestehen kann, dass sich keiner der beteiligten Rechtsträger gegenüber der anderen Vertragspartei dem Verlangen nach Durchführung der Verschmelzung (auch) ohne Squeeze-out ausgesetzt sehen will, kann das gewünschte Ergebnis in entsprechender Weise mit einer Rücktrittsklausel erreicht werden. Danach könnte ein beiderseitiges Rücktrittsrecht bis zur Eintragung des Übertragungsbeschlusses samt Vorläufigkeitsvermerk in das Handelsregister vereinbart werden.[384] Eine solche Klausel hätte keine Auswirkungen auf die Systematik des verschmelzungsrechtlichen Squeeze-out und stellt daher das vorzugswürdige gestalterische Mittel dar.

II. Inhalt des Verschmelzungsvertrags

Der Mindestinhalt des Verschmelzungsvertrags oder seines Entwurfs bestimmt sich grundsätzlich nach § 5 Abs. 1 UmwG. Im Rahmen der Verschmelzung zweier Aktiengesellschaften wird dieser Katalog auch nicht durch weitere

381 Vgl. hierzu *Mayer*, NZG 2012, 561, 567 Fn. 60 mit dem Verweis auf die Kettenumwandlung bei *Mayer* in Widmann/Mayer UmwG, § 5 UmwG, Rn. 235.4.1.

382 Gleiches gilt nunmehr im Grunde auch für die 100%ige Konzernverschmelzung zweier Aktiengesellschaften gemäß § 62 Abs. 4 Satz 1 und Satz 3 UmwG.

383 Vgl. hierzu eingehend § 6 E.

384 So auch *Hofmeister*, NZG 2012, 688, 689; *Rieger* in Widmann/Mayer UmwG, § 62 UmwG, Rn. 176.

rechtsformspezifische Sonderregelungen und insbesondere nicht durch § 35 UmwG erweitert. Allerdings bedarf es der Zementierung des sachlichen Zusammenhangs der Verschmelzung mit einem Ausschluss der Minderheitsaktionäre des übertragenden Rechtsträgers im Rahmen des verschmelzungsrechtlichen Ausschlussverfahrens. Insofern wird der zwingende Inhalt des Verschmelzungsvertrags oder seines Entwurfs durch § 62 Abs. 5 Satz 1 UmwG um den Hinweis ergänzt, dass im Zusammenhang mit der Verschmelzung ein Ausschluss der Minderheitsaktionäre der übertragenden Gesellschaft erfolgen soll.

1. Mindestinhalt des Verschmelzungsvertrags

§ 5 Abs. 1 UmwG sieht darüber hinaus weitere Mindestangaben des Verschmelzungsvertrags oder seines Entwurfes vor. So ergeben sich im Rahmen des verschmelzungsrechtlichen Squeeze-out grundsätzlich keine weiteren Besonderheiten. Zu den essentialia des Verschmelzungsvertrags zählt insofern die Angabe gemäß § 5 Abs. 1 Nr. 1 UmwG, so dass der Verschmelzungsvertrag nichtig ist, wenn die beteiligten Rechtsträger nicht unter Angabe ihrer Firma und ihres Sitzes im Verschmelzungsvertrag oder seines Entwurfs benannt werden.[385] Die darüber hinausgehenden Informationen dienen mithin dem Schutz der Mitglieder, Arbeitnehmer und deren Vertreter für eine sachgerechte Beurteilung des Verschmelzungsvorhabens, wobei ein Fehlen dieser Informationen die Wirksamkeit des gesamten Verschmelzungsvertrags unberührt lässt.[386]

Die wichtigste Information stellt die nach Nr. 6 erforderliche Festlegung eines Verschmelzungsstichtags dar, also des Zeitpunkts, von dem an die Verschmelzung im Verhältnis zwischen den beteiligten Rechtsträgern und ihren Anteilsinhabern wirkt und somit auch die Handlungen des übertragenden Rechtsträgers als für Rechnung des übernehmenden Rechtsträgers vorgenommen gelten.[387] Der Verschmelzungsstichtag kann grundsätzlich frei gewählt werden, wobei er in der Praxis wegen § 2 Abs. 1 UmwStG in aller Regel übereinstimmend mit dem Ablauf des Stichtags der Schlussbilanz festgelegt wird.[388]

---

385 *Heidinger* in Henssler/Strohn GesR, § 5 UmwG, Rn. 1.

386 *Marsch-Barner* in Kallmeyer UmwG, § 5 UmwG, Rn. 63; *Fandrich* in Pöhlmann/Fandrich/Bloehs GenG, § 5 UmwG, Rn. 2; *Heidinger* in Henssler/Strohn GesR, § 5 UmwG, Rn. 1.

387 *Marsch-Barner* in Kallmeyer UmwG, § 5 UmwG, Rn. 40.

388 *Marsch-Barner* in Kallmeyer UmwG, § 5 UmwG, Rn. 30; die herrschende Ansicht nimmt zudem eine Verpflichtung eines solchen Gleichklangs von Verschmelzungsstichtag und Schlussbilanzstichtag an, vgl. *Lutter/Drygala* in Lutter UmwG, § 5 UmwG,

Daneben müssen nach Nr. 7 auch Rechte, die der übernehmende Rechtsträger einzelnen Anteilsinhabern sowie Inhabern besonderer Rechte gewährt, oder die für diese Personen vorgesehenen Maßnahmen als Sonderrechte im Verschmelzungsvertrag angegeben werden. Hierdurch soll es den nichtbegünstigten Anteilsinhabern ermöglicht werden, die Einhaltung des Gleichbehandlungsgrundsatzes nach § 53a AktG im Vergleich zu den Sonderrechtsinhabern zu überprüfen.[389] Zu den Begünstigten zählen sowohl die Anteilsinhaber des übernehmenden als auch die des übertragenden Rechtsträgers.[390] Erfasst werden alle gesellschaftsrechtlichen Sonderrechte und schuldrechtlichen Sondervorteile.[391]

Besondere praktische Bedeutung besitzt außerdem die nach Nr. 8 erforderliche Angabe jedes besonderen Vorteils, der einem Mitglied eines Vertretungsorgans oder eines Aufsichtsorgans der an der Verschmelzung beteiligten Rechtsträger oder deren Abschlussprüfern gewährt wird. Die Angabe dient der Transparenz, ob die betroffenen Personen eigene wirtschaftliche Interessen durch die Verschmelzung erlangen, sowie dazu, ihr Handeln darauf kontrollieren zu können. Besondere Vorteile werden als finanzielle Vorteile oder Vergünstigungen in Bezug auf sonstige Rechte und Pflichten definiert, die nicht durch eine entsprechende Gegenleistung der begünstigten Person kompensiert werden oder die ohne die Verschmelzung so nicht beansprucht werden können.[392] Sofern kein Sondervorteil an die betroffenen Personen gewährt wird, ist es in der Praxis üblich, dass eine Negativerklärung abgegeben wird, auch wenn diese nicht zwingend notwendig ist.[393]

Zuletzt müssen nach Nr. 9 die Folgen der Verschmelzung für die Arbeitnehmer und ihre Vertretungen sowie die insoweit vorgesehenen Maßnahmen in den Verschmelzungsvertrag aufgenommen werden, so dass eine rechtzeitige Information der Arbeitnehmer und deren Vertreter hinsichtlich der rechtlichen Folgen der Verschmelzung gewährleistet ist und insbesondere der Betriebsrat in

---

Rn. 46; *Hörtnagl* in Schmitt/Hörtnagl/Stratz UmwG/UmwStG, § 17 UmwG, Rn. 37 ff.; *Hoffmann-Becking*, FS Fleck 1988, 105, 111; *Ihrig*, GmbHR 1995, 622, 628.

389 *Lutter/Drygala* in Lutter UmwG, § 5 UmwG, Rn. 48.

390 *Schröer* in Semler/Stengel UmwG, § 5 UmwG, Rn. 66; *Marsch-Barner* in Kallmeyer UmwG, § 5 UmwG, Rn. 30.

391 *Marsch-Barner* in Kallmeyer UmwG, § 5 UmwG, Rn. 30.

392 *Schröer* in Semler/Stengel UmwG, § 5 UmwG, Rn. 72; *Fandrich* in Pöhlmann/Fandrich/Bloehs GenG, § 5 UmwG, Rn. 12.

393 *Fandrich* in Pöhlmann/Fandrich/Bloehs GenG, § 5 UmwG, Rn. 12.

die Lage versetzt wird, seine Beteiligungsrechte nach dem BetrVG wirkungsvoll wahrzunehmen.[394]

2. Anwendbarkeit der Privilegierung nach § 5 Abs. 2 UmwG

Darüber hinaus bestehen jedoch Zweifel, welche Informationen der Verschmelzungsvertrag im Rahmen der Durchführung eines verschmelzungsrechtlichen Squeeze-out beinhalten muss. So ist fraglich, ob der Verschmelzungsvertrag Angaben über den Umtausch der Anteile gemäß § 5 Abs. 1 Nr. 2 bis 5 UmwG beinhalten muss. Aus dem Konzernprivileg gemäß § 5 Abs. 2 UmwG ergibt sich für eine 100%ige Konzernverschmelzung, dass Angaben über den Umtausch der Anteile nicht im Verschmelzungsvertrag oder seinem Entwurf enthalten sein müssen. Die Angaben sind aber nach herrschender Ansicht nur dann entbehrlich, wenn sich alle Anteile des übertragenden Rechtsträgers im Moment der Eintragung der Verschmelzung in der Hand des übernehmenden Rechtsträgers befinden.[395] Der Registerrichter muss im Rahmen seiner Entscheidung die Verhältnisse zugrunde legen, die zum Zeitpunkt seiner Entscheidungsfindung, also der Eintragungsverfügung gelten.[396] Dies gilt sowohl für die Entscheidung des Registerrichters am Sitz des übertragenden Rechtsträgers als auch für die Entscheidung des Registerrichters am Sitz des übernehmenden Rechtsträgers.[397]

Aus dem Umstand, dass die Wirksamkeit des Ausschlusses der Minderheitsaktionäre nach § 62 Abs. 5 Satz 7 UmwG auf die Eintragung der Verschmelzung im Register des übernehmenden Rechtsträgers bedingt ist, ergibt sich die Frage, ob auch im Rahmen des verschmelzungsrechtlichen Squeeze-out die Angaben nach § 5 Abs. 1 Nr. 2 bis 5 UmwG im Verschmelzungsvertrag entbehrlich sind. Problematisch ist dabei, dass der übernehmende Rechtsträger ma-

---

394 *Stratz* in Schmitt/Hörtnagl/Stratz UmwG/UmwStG, § 5 UmwG, Rn. 87; *Fandrich* in Pöhlmann/Fandrich/Bloehs GenG, § 5 UmwG, Rn. 12; vgl. ausführlich zu den Beteiligungsrechten des Betriebsrats, *Gaul*, DB 1995, 2265.

395 *Marsch-Barner* in Kallmeyer UmwG, § 5 UmwG, Rn. 70; *Schröer* in Semler/Stengel UmwG, § 5 UmwG, Rn. 129; *Mayer* in Widmann/Mayer UmwG, § 5 UmwG, Rn. 213; *Simon* in Kölner Komm. z. UmwG, § 5 UmwG, Rn. 238; a.A. für den Zeitpunkt der Anmeldung *Bermel/Hannappel* in Goutier/Knopf/Tulloch UmwG, § 5 UmwG, Rn. 117; für den Zeitpunkt der Beschlussfassung des übertragenden Rechtsträgers *Lutter/Drygala* in Lutter UmwG, § 5 UmwG, Rn. 103, deren Ansicht im Anwendungsbereich des verschmelzungsrechtlichen Squeeze-out wegen § 62 Abs. 4 Satz 2 UmwG aber nicht in Betracht zu ziehen ist.

396 *Schröer* in Semler/Stengel UmwG, § 4 UmwG, Rn. 129.

397 Abweichend *Göthel*, ZIP 2011, 1541, 1543; *Mayer*, NZG 2012, 561, 566.

teriell-rechtlich noch keine 100% der Aktien im Zeitpunkt der Eintragungsverfügung des jeweiligen Registerrichters hält. Auch wenn der hier vertretenen Auffassung gefolgt wird, wonach es infolge der Eintragung der Verschmelzung in einem ersten Schritt zu dem Eintritt der Rechtsfolgen des § 327e AktG kommt und somit für eine juristische Sekunde ein 100%iges Konzernverhältnis vorliegt, bleibt die Frage, ob dieser kurze und sehr späte Moment für das Konzernprivileg des § 5 Abs. 2 UmwG ausreichend ist.[398]

a) Meinungsstand

Die absolut herrschende Ansicht nimmt dies an und lässt diese juristische Sekunde für das Eingreifen des Konzernprivilegs gemäß § 5 Abs. 2 UmwG genügen. Denn spätestens mit der Eintragung des Registervermerks des § 62 Abs. 5 Satz 7 UmwG stehe das Ausscheiden der Minderheitsaktionäre des übertragenden Rechtsträgers mit Eintragung der Verschmelzung im Register des übernehmenden Rechtsträgers fest und könne daher bei Vertragsschluss bereits zugrunde gelegt werden.[399] Angaben über den Anteilstausch seien daher weder möglich noch sinnvoll, wenn ein verschmelzungsrechtlicher Squeeze-out durchgeführt werde, da eine Anteilsgewährung nach § 20 Abs. 1 Nr. 3 UmwG ausgeschlossen sei, sofern der übernehmende Rechtsträger Anteilsinhaber des übertragenden Rechtsträgers sei.[400] Zwar müsse die bisher herrschende Ansicht hinsichtlich des relevanten Zeitpunktes für das Vorliegen der von § 5 Abs. 2 UmwG geforderten Beteiligungshöhe erweitert werden, da insoweit nicht ohne Weiteres auf die Eintragungsverfügung des Registerrichters abgestellt werden könne. Die begünstigende Konzernsituation liege ja gerade noch nicht vor. Allerdings müsse berücksichtigt werden, dass ein 100%iges Konzernverhältnis zweifelsfrei mit der Eintragung der Verschmelzung in das Register des übernehmenden Rechtsträgers entstehe und daher allein von der Entscheidung des Registerrichters abhänge.[401] Ausreichend sei es für den Zeitpunkt des alleinigen Aktienbesitzes des übernehmenden Rechtsträgers daher auch, wenn die Herbeiführung desselben nur noch von dem Eintragungsakt selbst abhänge.[402] Zur Klarstellung solle daher die

398 Diese Frage stellend *Göthel*, ZIP 2011, 1541, 1543.

399 *Göthel*, ZIP 2011, 1541, 1543; *Mayer*, NZG 2012, 561, 566.

400 *Göthel*, ZIP 2011, 1541, 1543; *Mayer*, NZG 2012, 561, 566.

401 *Göthel*, ZIP 2011, 1541, 1543.

402 *Göthel*, ZIP 2011, 1541, 1543; i.E. auch *Austmann*, NZG 2011, 684, 687; *Heckschen*, NJW 2011, 2390, 2392; *Hofmeister*, NZG 2012, 688, 689; *Mayer*, NZG 2012, 561, 566; *Bungert/Wettich*, DB 2011, 1500, 1502.

Wirksamkeit des Verschmelzungsvertrags von der aufschiebenden Bedingung abhängig gemacht werden, dass der Squeeze-out wirksam geworden sei.[403]

Teilweise wird jedoch angenommen, dass § 5 Abs. 2 UmwG im Rahmen des verschmelzungsrechtlichen Squeeze-out nicht zur Anwendung komme.[404] Allein die Eintragung des Übertragungsbeschlusses mit dem nach § 62 Abs. 5 Satz 7 UmwG vorgesehenen Vermerk führe nicht zu der gesetzlichen Annahme einer in Wirklichkeit nicht bestehenden 100%igen Beteiligung.[405] Die Eintragung des Squeeze-out samt Vorläufigkeitsvermerk könne insbesondere nicht dazu führen, dass schon im Vorfeld der Anwendungsbereich anderer verschmelzungsrechtlicher Vorschriften eröffnet sei, wonach bei Vorliegen einer 100%igen Beteiligung bestimmte Erleichterungen in Betracht kämen.[406]

b) Stellungnahme

Die Erleichterungen beziehen sich allesamt auf den Umtausch von Anteilen, der erst mit der Eintragung der Verschmelzung und damit grundsätzlich eine juristische Sekunde nach der Eintragung der Verschmelzung erfolgt. Die Anteilsgewährung ist aber gemäß § 20 Abs. 1 Nr. 3 UmwG gesetzlich ausgeschlossen, wenn und soweit der übernehmende Rechtsträger Anteilsinhaber des übertragenden Rechtsträgers ist. Wie bereits gezeigt, ist es überzeugend mit der herrschenden Ansicht davon auszugehen, dass die Rechtsfolgen des § 20 Abs. 1 UmwG im Anwendungsbereich des verschmelzungsrechtlichen Squeeze-out erst eine juristische Sekunde nach dem Eintritt der Rechtsfolgen des § 327e Abs. 3 Satz 1 AktG eintreten. Durch das zeitlich vorgelagerte Eingreifen wird der übernehmende Rechtsträger 100%iger Anteilsinhaber des übertragenden Rechtsträgers, so dass jedenfalls die Anteilsgewährung gemäß § 20 Abs. 1 Nr. 3 UmwG in der Folge vollumfänglich ausgeschlossen ist. § 5 Abs. 2 UmwG dient nunmehr u.a. der Berücksichtigung und Antizipation dieser gesetzlich normierten Rechtsfolge im Verschmelzungsvertrag. Dem Konzernprivileg liegt der Sinn und Zweck zugrunde, dass die Angaben hinsichtlich des Anteilstausches nicht im Verschmelzungsvertrag aufgeführt werden müssen, sofern eine Mitgliedschaftsperpetuierung infolge der Eintragung der Verschmelzung nicht stattfindet, da es sich letztlich um eine nutzlose Information handelte, die

---

403 *Austmann*, NZG 2011, 684, 687; ähnlich *Bungert/Wettich*, DB 2011, 1500, 1502.

404 Eindeutig insoweit vor allem *Neye/Kraft*, NZG 2010, 681, 683; zustimmend *Goldenberg*, Der verschmelzungsrechtliche Squeeze-out, S. 171.

405 *Neye/Kraft*, NZG 2010, 681, 683.

406 *Neye/Kraft*, NZG 2010, 681, 683.

gleichwohl, insbesondere hinsichtlich der Ermittlung der Unternehmenswerte, kostspieliger Untersuchungen bedürfte.[407] Ausgehend von dem so verstandenen Sinn und Zweck des § 5 Abs. 2 UmwG ist es zugleich unschädlich, dass zum Zeitpunkt der Eintragungsentscheidung des Registerrichters materiell-rechtlich noch keine 100%-Anteilsbeteiligung vorliegt. Entscheidend ist vielmehr, welche Rechtsfolgen infolge der Abverfügung des Registerrichters eintreten und ob diese bereits im Verschmelzungsvertrag entsprechend abgebildet und antizipiert sind, so dass für den jeweiligen Registerrichter deutlich wird, dass es sich um eine Konzernverschmelzung handelt, die ausschließlich mit einem vorherigen Squeeze-out in sachlichem und zeitlichem Zusammenhang steht und daher entsprechende Informationen zu dem Umtausch von Anteilen nicht erfordert.

Damit wird zugleich deutlich, dass dieses Ergebnis auch dann gilt, wenn abweichend zu der hier vertretenen Auffassung angenommen würde, dass es infolge der Eintragung der Verschmelzung zu einem unmittelbaren Anteilsuntergang in der Hand der Minderheitsaktionäre des übertragenden Rechtsträgers käme. Auch dann ist es offensichtlich, dass es keinesfalls zu einem Anteilstausch kommt und daher Angaben im Verschmelzungsvertrag über diesen nicht erforderlich sind.[408]

3. Barabfindungsangebot nach § 29 UmwG

Sofern die übertragende Aktiengesellschaft börsennotiert ist und auf eine nichtbörsennotierte Aktiengesellschaft als übernehmendem Rechtsträger verschmolzen werden soll, könnte sich eine Verpflichtung zur Aufnahme eines Barabfindungsangebots in den Verschmelzungsvertrag oder seinen Entwurf gemäß § 29 Abs. 1 Satz 1 UmwG ergeben. Sofern Teile der Literatur eine solche Verpflichtung überhaupt ansprechen, wird sie i.E. zu Recht abgelehnt.[409] So setze § 29 UmwG voraus, dass der Anteilsinhaber Widerspruch zur Niederschrift des Zustimmungsbeschlusses erklärt haben müsse, was aufgrund von § 62 Abs. 4 Satz 2 UmwG beim verschmelzungsrechtlichen Squeeze-out regelmäßig nicht möglich sei.[410] Außerdem würden die Minderheitsaktionäre nach der Systematik

---

407 Vgl. zur Frage der Ermittlung der Unternehmenswerte als Grundvoraussetzung für die Festlegung des Umtauschverhältnisses *Lutter/Drygala* in Lutter UmwG, § 5 UmwG, Rn. 20 ff.

408 So auch *Mayer*, NZG 2012, 561, 566.

409 *Mayer*, NZG 2012, 561, 566; *Marsch-Barner* in Kallmeyer UmwG, § 62 UmwG, Rn. 38.

410 *Mayer*, NZG 2012, 561, 566.

des verschmelzungsrechtlichen Squeeze-out keinesfalls Aktionäre des übertragenden Rechtsträgers, da jedenfalls mit der Eintragung der Verschmelzung im Register des übernehmenden Rechtsträgers ein 100%iges Konzernverhältnis vorliege und für ein solches die Tatbestandsvoraussetzungen und Rechtsfolgen der §§ 29 ff. UmwG nicht passten.[411] Auch sei aufgrund von § 62 Abs. 5 Satz 8 UmwG und dessen Verweis auf § 327b Abs. 1 Satz 1 AktG von einem grundsätzlichen Vorrang des Squeeze-out-spezifischen Barabfindungsanspruchs auszugehen.[412]

Ungeachtet der Tatbestandsvoraussetzungen des § 29 UmwG und der Notwendigkeit eines Widerspruchs zur Niederschrift, bedarf es eines Barabfindungsangebotes jedenfalls deshalb nicht, weil ein Anteilstausch nicht stattfindet. Ein solcher ist Kernvoraussetzung jedes Austrittsrechtes gegen Barabfindung, das dem deutschen Gesellschaftsrecht bekannt ist. Der Anteilstausch bildet den Ausgangspunkt der anzustellenden Wertung hinsichtlich einer außerordentlichen Härte für die Anteilsinhaber infolge der Strukturmaßnahme, die es durch ein Austrittsrecht gegen Barabfindung auszugleichen gilt. Im Falle der Verschmelzung einer börsennotierten auf eine nichtbörsennotierte Aktiengesellschaft liegt diese auszugleichende Härte in dem Verlust der Fungibilität der Aktien, wodurch die Fähigkeit beeinträchtigt wird, den Verkehrswert der Aktien durch jederzeitige Desinvestitionsentscheidung realisieren zu können.[413] Sofern ein Anteilstausch von vornherein ausgeschlossen ist, kann es auch nicht zu einer durch ihn verursachten und durch ein Austrittsrecht gegen Barabfindung abzumildernden Härte für die Anteilsinhaber kommen. Es mangelt daher bereits an dem erforderlichen Anknüpfungspunkt. In Anbetracht dessen nimmt die allgemeine Ansicht im Rahmen einer 100%igen Konzernverschmelzung an, dass ein Barabfindungsangebot gemäß § 29 Abs. 1 Satz 1 UmwG entbehrlich ist, da bei dieser ein Anteilsaustausch nicht erfolgt und ein solches auch insbesondere durch § 5 Abs. 2 UmwG de lege lata berücksichtigt werde.[414]

Nach der hier vertretenen Auffassung, wonach es auch beim verschmelzungsrechtlichen Squeeze-out für eine juristische Sekunde zu einem 100%igen Konzernverhältnis kommt, kann daher aus den gleichen Gründen von der Ent-

---

411 *Mayer*, NZG 2012, 561, 566.

412 *Mayer*, NZG 2012, 561, 566.

413 BGH, Urteil v. 25.11.2002 – II ZR 133/01, BGHZ 153, 47 = BGH, NZG 2003, 280.

414 *Marsch-Barner* in Kallmeyer UmwG, § 29 UmwG, Rn. 17; *Grunewald* in Lutter UmwG, § 29 UmwG, Rn. 19; *Lutter/Drygala* in Lutter UmwG, § 5 UmwG, Rn. 82; *Kalss* in Semler/Stengel UmwG, § 29 UmwG, Rn. 23; *Schaub*, NZG 1998, 626, 628; *Mayer*, NZG 2012, 561, 566.

behrlichkeit eines Barabfindungsangebots nach § 29 Abs. 1 Satz 1 UmwG ausgegangen werden. Aber selbst die Annahme, dass eine Fiktion einer juristischen Sekunde für nicht sachgerecht und vielmehr von einem Untergang der Aktien der Minderheitsaktionäre des übertragenden Rechtsträgers in deren Hand ausgegangen wird, führt zu dem gleichen Ergebnis. Denn auch insoweit ist ein Umtausch der Anteile von vornherein ausgeschlossen. Der Anknüpfungspunkt für die Rechtfertigung eines Austrittsrechts gegen Barabfindung entfällt demnach auch hier. Damit besteht jedenfalls unabhängig von der rechtlichen Wertung des Wirksamkeitsvorbehalts gemäß § 62 Abs. 5 Satz 7 UmwG Rechtssicherheit dahingehend, dass ein Barabfindungsangebot nach § 29 Abs. 1 Satz 1 UmwG nicht in den Verschmelzungsvertrag oder seinen Entwurf aufgenommen werden muss.

III. Zeitpunkt des Abschlusses des Verschmelzungsvertrags

Neben inhaltlichen Fragen ist es aufgrund des sachlichen und zeitlichen Zusammenhangs von Squeeze-out und Konzernverschmelzung für die Transaktionsplanung vor allem von Wichtigkeit, wann der Verschmelzungsvertrag abgeschlossen sein und damit die erforderliche notarielle Beurkundung nach § 6 UmwG vorgenommen werden muss.

1. Nach Fassung des Übertragungsbeschlusses

Nach § 62 Abs. 5 Satz UmwG *kann* der Übertragungsbeschluss nach § 327a Abs. 1 Satz 1 AktG innerhalb von drei Monaten nach Abschluss des Verschmelzungsvertrags erfolgen. Wenn die Vorschrift den Begriff *kann* verwendet, so wird dadurch allein der Squeeze-out-Beschluss modalisiert und eröffnet damit die Möglichkeit, auch nach geschlossenem Verschmelzungsvertrag weiterhin von einem Squeeze-out abzusehen. Der Wortlaut darf aber nicht in der Form fehlgedeutet werden, dass etwa der Squeeze-out-Beschluss bereits zeitlich vor Abschluss des Verschmelzungsvertrags erfolgen *kann* und somit vor der notariellen Beurkundung gemäß § 6 UmwG.[415] Diese hat dem Übertragungsbeschluss zwingend vorzugehen, da auch nur auf Basis des abgeschlossenen Verschmelzungsvertrags als notwendiger Information für die Beschlussfassung der Aktionäre ein Übertragungsbeschluss gefasst werden kann.[416] Diese Sichtweise verdeutlicht sich vor dem Hintergrund von § 62 Abs. 5 Satz 2 UmwG, wonach der

---

415 Vgl. *Göthel*, ZIP 2011, 1541, 1542.

416 Anders noch der RefE, wonach die bloße Aufstellung des Vertragsentwurfs genügte.

Verschmelzungsvertrag die Angabe enthalten muss, dass im Zusammenhang mit der Verschmelzung ein Squeeze-out erfolgen *soll* und nicht *wird.*[417] Der Abschluss des Verschmelzungsvertrags markiert damit noch keine endgültige Entscheidung über das weitere Verfahren beziehungsweise darüber, ob der Ausschluss der Minderheitsaktionäre überhaupt durchgeführt wird.

2. Nach Einberufung der Squeeze-out-Hauptversammlung

Fraglich ist, ob der Verschmelzungsvertrag bereits vor Einberufung der Squeeze-out-Hauptversammlung abgeschlossen sein muss oder ob es ausreicht, wenn dieser erst unmittelbar vor der stattfindenden Hauptversammlung notariell beurkundet wird. Diese Frage ist insbesondere in Fortführung der bereits oben angesprochenen Problematik zu betrachten, ob die Vorabinformation der Aktionäre auch durch Auslage des Entwurfs sichergestellt ist.

Wenn angenommen wird, dass allein der abgeschlossene Verschmelzungsvertrag von der Einberufung an gemäß § 327c Abs.3 AktG ausgelegt werden muss, um der Informationspflicht der Aktionäre nachzukommen, so wird damit zugleich impliziert, dass der Verschmelzungsvertrag bereits zum Zeitpunkt der Einberufung der Squeeze-out-Hauptversammlung abgeschlossen und somit notariell beurkundet sein müsse.[418] Da jedoch – wie bereits oben gezeigt – auch die Auslage des Entwurfs, sofern dieser seinem wesentlichen Inhalt nach dem später abgeschlossenen Verschmelzungsvertrag entspricht, für die Vorabinformation der Aktionäre genügt, reicht es, wenn der Verschmelzungsvertrag erst zur Hauptversammlung abgeschlossen ist.[419] Die Möglichkeit, allein den Entwurf zur Einsicht der Minderheitsaktionäre auszulegen, konterkariert einerseits nicht das Informationsinteresse der Minderheitsaktionäre und wahrt andererseits die für die Praxis nötige Flexibilität hinsichtlich der notariellen Beurkundung. Sofern bis zur Hauptversammlung Gründe auftauchen sollten, die das angestrebte Ausschlussverfahren verhindern oder unattraktiv machen, kann der späte Abschluss des Verschmelzungsvertrags durchaus von Vorteil sein. Denn in einem solchen Fall bleiben zumindest die Kosten der notariellen Beurkundung eines auf das Ausschlussverfahren inhaltlich zugeschnittenen Verschmelzungsvertrags erspart.

---

417 *Göthel*, ZIP 2011, 1541, 1542.

418 *Rubner*, CFl 2011, 274, 277.

419 So auch *Göthel*, ZIP 2011, 1541, 1542.

Dies zeigt sich insbesondere dann, wenn sich die beteiligten Rechtsträger abschließend für eine isolierte Konzernverschmelzung nach § 62 Abs. 1 UmwG entscheiden und damit von einem vorherigen Ausschluss der Minderheitsaktionäre des übertragenden Rechtsträgers Abstand nehmen. Da in diesem Fall der Konzernverschmelzung regelmäßig keine 100%ige Beteiligungshöhe erreicht sein wird, findet auch das Konzernprivileg gemäß § 5 Abs. 2 UmwG keine Anwendung. Somit muss der dann erforderliche Verschmelzungsvertrag auch die entsprechenden Informationen hinsichtlich eines Umtausches von Anteilen enthalten, so dass der ursprünglich geschlossene Verschmelzungsvertrag samt notarieller Beurkundung hinfällig wäre. Damit sprechen auch rein praktische Gründe dafür, dass der Verschmelzungsvertrag noch nicht zum Zeitpunkt der Einberufung der Squeeze-out-Hauptversammlung abgeschlossen sein muss.

3. Einen Monat vor der Einberufung – tauglicher Praxishinweis?

Gleichwohl wird verbreitet der Praxishinweis gegeben, den Verschmelzungsvertrag einen guten Monat vor der Einberufung der Squeeze-out-Hauptversammlung abzuschließen. Denn die Hinweis- und Bekanntmachungspflichten nach § 62 Abs. 3 UmwG müssen im Rahmen des verschmelzungsrechtlichen Squeeze-out gemäß § 62 Abs. 5 Satz 3 UmwG für einen Monat nach Abschluss des Verschmelzungsvertrags erfüllt werden. Es könne sich daher vor dem Hintergrund des Rechts auf ein Minderheitsverlangen nach § 62 Abs. 2 UmwG empfehlen, die Ausübung dieses Rechts ebenfalls mit einer einmonatigen Frist ab Hinweisbekanntmachung zu versehen, so dass bereits im Zeitpunkt der Einberufung der Squeeze-out-Hauptversammlung feststehe, ob ein Minderheitsverlangen durchgeführt werde.[420]

Auch wenn es sich um einen durchaus verbreiteten Hinweis handelt, dürfte seine Relevanz letztlich sehr gering sein. So bleiben seine Vertreter insbesondere einen Grund schuldig, der ein Interesse des Hauptaktionärs an einer solchen Information rechtfertigen könnte. Denkbar wäre ein solches lediglich dann, wenn die Beteiligungsstruktur am Hauptaktionär als übernehmendem Rechtsträger eine feste Mehrheit für den im Falle eines Minderheitsverlangens erforderlichen Zustimmungsbeschluss gemäß § 13 Abs. 1 Satz 1 UmwG nicht gewährleisten würde. Dazu dürfte der Hauptaktionär selbst nicht von einem Mehrheitsaktionär beherrscht werden, der mindestens über die einfache Stimmenmehrheit gemäß § 133 Abs. 1 AktG verfügt. Denn nur in diesem Fall könnte die Durch-

420 *Mayer*, NZG 2012, 561, 569; *Bungert/Wettich*, DB 2011, 1500, 1502.

führung des gesamten verschmelzungsrechtlichen Squeeze-out letztlich an dem erforderlichen Verschmelzungsbeschluss des übernehmenden Rechtsträgers scheitern. Ein solches wird jedoch im Anwendungsbereich des verschmelzungsrechtlichen Squeeze-out in nahezu allen Fällen ausgeschlossen sein. Der Praxishinweis verliert jedenfalls dann an immenser Bedeutung, wenn – wie so oft in der Praxis – durch den Hauptaktionär eine Zwischenholding eingezogen wird, der die Anteile übertragen werden und diese Gesellschaft nun als Hauptaktionär und übernehmender Rechtsträger fungiert. In diesem Fall bestünde einerseits von vornherein nicht die Gefahr eines Minderheitsverlangens nach § 62 Abs. 2 UmwG und andererseits wäre in diesem Fall zumindest die erforderliche Stimmenmehrheit nach § 133 Abs. 1 AktG sichergestellt.

Ohnehin kann man sich des Eindrucks nicht erwehren, dass an dieser Stelle ein Praxishinweis adaptiert wird, der bereits aus einem ähnlichen Kontext bekannt ist, wobei jedoch die notwendige Differenzierung nicht gewahrt wird. So entspricht es der allgemeinen Ansicht, dass es im Rahmen der isolierten Konzernverschmelzung nach § 62 Abs. 1 UmwG empfehlenswert sei, in der Hinweisbekanntmachung nach § 62 Abs. 3 Satz 2 UmwG eine Frist für das Minderheitsverlangen vorzusehen, deren Länge sich an der Monatsfrist des § 62 Abs. 3 UmwG orientieren solle.[421] Dabei wird es als zweckmäßig erachtet, wenn die Frist mit dem Tag vor dem Tag der Hauptversammlung des übertragenden Rechtsträgers abläuft. In diesem Fall könne die Verschmelzung unmittelbar nach Beurkundung des Gesellschafterbeschlusses zur Eintragung in das Handelsregister angemeldet werden, da andernfalls der erforderliche Nachweis über das Nichtverlangen nach § 62 Abs. 2 UmwG nicht erbracht werden könne.[422] Es ist daher augenfällig, dass die Befristung des Minderheitsverlangens an die 30-tägige Einberufungsfrist des § 123 Abs. 1 AktG angelehnt wird.

Für den verschmelzungsrechtlichen Squeeze-out sind keine Gründe ersichtlich, die ein Abweichen von diesem Grundprinzip rechtfertigen könnten. Auch insoweit kann sich die Begründung für die Verknüpfung einer Monatsfrist für das Minderheitsverlangen nach § 62 Abs. 2 UmwG ab der Erfüllung der Hinweis- und Bekanntmachungspflichten nach § 62 Abs. 5 Satz 3 UmwG sinnvoll nur aus dem Anliegen ergeben, möglichst unmittelbar nach Fassung des Übertragungsbeschlusses auch die Konzernverschmelzung zur Eintragung in das Handelsregister anzumelden. Es bietet sich daher an, auch im Falle des ver-

421 *Diekmann* in Semler/Stengel UmwG, § 62 UmwG, Rn. 30; *Grunewald* in Lutter UmwG, § 62 UmwG, Rn. 15; *Marsch-Barner* in Kallmeyer UmwG, § 62 UmwG, Rn. 26.

422 Vgl. *Freytag*, BB 2010, 1611, 1612.

schmelzungsrechtlichen Squeeze-out den Fristbeginn der Hinweis- und Bekanntmachungspflichten gemäß § 62 Abs. 5 Satz 3 UmwG (einen Monat nach Abschluss des Verschmelzungsvertrags) möglichst im Gleichklang zu § 123 Abs. 1 AktG (30 Tage vor dem Tag der Versammlung) zu gestalten. Hierzu würde es genügen, den Verschmelzungsvertrag unmittelbar vor der Einberufung der Hauptversammlung abzuschließen, um die Hinweis- und Bekanntmachungspflichten erfüllen zu können. Sollte nun in der Hinweisbekanntmachung auch das Minderheitsverlangen nach § 62 Abs. 2 UmwG mit einer Monatsfrist versehen werden, so wäre dem gewünschten gestalterischen Ziel entsprochen, so dass jedenfalls die Anmeldung der Verschmelzung beim Handelsregister des übertragenden Rechtsträgers unmittelbar nach der Fassung des Übertragungsbeschlusses erfolgen kann.[423] Des Abschlusses des Verschmelzungsvertrags bereits einen Monat vor der Einberufung bedarf es hierfür jedenfalls nicht. Der Praxishinweis ist daher darauf zu beschränken, dass der Verschmelzungsvertrag lediglich vor der Einberufung der Squeeze-out-Hauptversammlung abgeschlossen werden sollte, wenn ein besonderes Bedürfnis (bspw. die Einhaltung der Acht-Monatsfrist gemäß § 17 Abs. 2 Satz 4 UmwG) an der zügigen Durchführung des gesamten Ausschlussverfahrens besteht.[424]

IV. Zusammenfassende Würdigung

Der Verschmelzungsvertrag rückt in Anbetracht seiner zentralen Stellung im System des zweigliedrigen Ausschlussverfahrens gemäß § 62 Abs. 5 UmwG in besonderer Weise in den Fokus der Untersuchung. Dies betrifft sowohl seine inhaltliche Ausgestaltung als auch den Zeitpunkt seines Abschlusses. Hinsichtlich seines Inhalts stellen sich die wesentlichen Fragen als Fortführung um das Verständnis der Regelungswirkung der registerrechtlichen Lösung gemäß § 62 Abs. 5 Satz 7 UmwG dar. Die Untersuchung hat gezeigt, dass es weder der Angabe eines Umtauschverhältnisses der Anteile noch der gegebenenfalls erforderlichen Aufnahme eines Barabfindungsangebots gemäß § 29 UmwG in den Verschmelzungsvertrag bedarf. Letztlich ergibt sich dies aus der Konsequenz, dass es im Rahmen einer mit dem verschmelzungsrechtlichen Squeeze-out einhergehenden Konzernverschmelzung unter keinen Umständen zu einem Anteilstausch kommt, der sowohl für die Angabe eines Umtauschverhältnisses der Anteile als

423 Zur Anmeldung der Verschmelzung zur Eintragung in das Handelsregister der übernehmenden, vgl. § 6 E. II. 1.

424 Vgl. hierzu aus Sicht der Praxis, *Schockenhoff/Lumpp*, ZIP 2013, 749, 757.

auch für ein Barabfindungsangebot gemäß § 29 UmwG den dogmatischen Ausgangspunkt bildet.

Es konnte ferner gezeigt werden, dass in Abkehr zu vereinzelten Stimmen in der Literatur der Verschmelzungsvertrag nicht unter der aufschiebenden Bedingung der Durchführung des Ausschlusses der Minderheitsaktionäre beziehungsweise der Handelsregistereintragung des Übertragungsbeschlusses geschlossen werden darf. Denn letztlich knüpft die verschmelzungsrechtliche Komponente des Ausschlussverfahrens nach § 62 Abs. 5 UmwG an einen *wirksamen* Verschmelzungsvertrag an. Dies gilt in besonderem Maße für das Fristenregime gemäß § 62 Abs. 5 Satz 3 UmwG i.V.m. § 63 Abs. 3 UmwG. Der Abschluss des Verschmelzungsvertrags ist daher im Hinblick auf die Durchführung des verschmelzungsrechtlichen Squeeze-out als bedingungsfeindlich einzustufen. Dass der Verschmelzungsvertrag im Übrigen bereits vor der Einberufung der Squeeze-out-Hauptversammlung abgeschlossen werden sollte, rechtfertigt sich lediglich aus dem Interesse an einer möglichst zügigen Durchführung des Ausschlussverfahrens. Denn in diesem Fall kann auch die Verschmelzung beim Handelsregister des übertragenden Rechtsträgers unmittelbar nach der Squeeze-out-Hauptversammlung angemeldet werden, sofern die Hinweis- und Bekanntmachungspflichten gemäß § 62 Abs. 5 Satz 3 UmwG i.V.m. § 62 Abs. 3 UmwG ab dem Zeitpunkt des Abschlusses allesamt erfüllt werden und in der Hinweisbekanntmachung die Ausübung des Rechts auf ein Minderheitsverlangen gemäß § 62 Abs. 2 UmwG auf einen Monat beschränkt wird. Sofern indes ein erhöhtes Bedürfnis nach Flexibilität besteht, ist es gleichfalls möglich, den Verschmelzungsvertrag nach der Einberufung der Squeeze-out-Hauptversammlung abzuschließen.

B. Verschmelzungsbeschlüsse

I. Grundsatz der beschlusslosen Konzernverschmelzung

Grundsätzlich bedarf ein Verschmelzungsvertrag für seine Wirksamkeit der Zustimmung der beteiligten Rechtsträger gemäß § 13 Abs. 1 UmwG. Die Zustimmung hat dabei gemäß § 13 Abs. 1 Satz 2 UmwG zwingend durch Beschluss in der Versammlung der Anteilsinhaber der an der Verschmelzung beteiligten Rechtsträger zu erfolgen. Im Rahmen des verschmelzungsrechtlichen Squeeze-out wird von dieser Grundsatzregel für beide beteiligte Rechtsträger eine Ausnahme gemacht. So ist ein Verschmelzungsbeschluss der Anteilsinhaber der übernehmenden Aktiengesellschaft schon nach bisherigem Recht im Rahmen einer isolierten Konzernverschmelzung gemäß § 62 Abs. 1 Satz 1 UmwG entbehrlich, wenn die übernehmende Aktiengesellschaft 90% des Grundkapitals der übertragenden Kapitalgesellschaft in ihrer Hand hält. Mit der Einführung des 3. UmwÄndG hat der Gesetzgeber nunmehr eine ähnliche Regelung auch für den übertragenden Rechtsträger geschaffen. Sofern sich demnach das gesamte Grundkapital eines übertragenden Rechtsträgers in der Hand des übernehmenden Rechtsträgers befindet, bedarf es eines Verschmelzungsbeschlusses des Anteilsinhabers des übertragenden Rechtsträgers gemäß § 62 Abs. 4 Satz 1 UmwG nicht.

Eines solchen bedarf es gemäß § 62 Abs. 4 Satz 2 UmwG auch dann nicht, wenn ein Übertragungsbeschluss nach § 62 Abs. 5 Satz 1 UmwG gefasst und mit einem Vermerk nach § 62 Abs. 5 Satz 7 UmwG in das Handelsregister eingetragen wurde. Insofern handelt es sich bei der Alternative des § 62 Abs. 4 Satz 2 UmwG lediglich um eine Klarstellung, wodurch der sachliche Zusammenhang von Konzernverschmelzung und Squeeze-out zum Ausdruck gebracht werden soll.[425] Denn ein Verschmelzungsbeschluss des übertragenden Rechtsträgers wäre auch ohne diese Sonderregelung bereits nach § 62 Abs. 4 Satz 1 UmwG aufgrund des Wirkprinzips des Vorläufigkeitsvermerks entbehrlich, da es auch hier zu einem 100%-Konzernverhältnis kommt und die Richtlinie gerade keine Aussage darüber trifft, wann das Beteiligungserfordernis erfüllt sein muss.[426]

Vor dem Hintergrund dieser Neuregelung keimt der schon zuvor diskutierte Streit um eine unzulässige Durchbrechung der Zuständigkeitsordnung im deutschen Gesellschaftsrecht auf, wenn ein Zustimmungsbeschluss der Anteilsinhaber eines an der Verschmelzung beteiligten Rechtsträgers nicht erforderlich ist.[427] Allerdings handelt es sich erneut um eine zwingende Vorgabe des europäischen Gesetzgebers, der in Art. 25 der Änderungsrichtlinie vorschreibt, dass Mitgliedstaaten unter bestimmten Voraussetzungen eine Genehmigung durch die Hauptversammlung nicht vorsehen dürfen.[428] Damit steht jedenfalls außer Frage, dass der deutsche Gesetzgeber eine solche Regelung vorsehen musste, auch wenn er eine solche selbst als schwerwiegende Durchbrechung der Zustän-

---

425 Ähnlich *Mayer*, NZG 2012, 561, 572.

426 *Mayer*, NZG 2012, 561, 572; *Hofmeister*, NZG 2012, 688, 691; *Göthel*, ZIP 2011, 1541, 546.

427 Vgl. *Neye/Jäckel*, AG 2010, 237, 239; *Heckschen*, NZG 2010, 1041, 1043; *Leitzen*, DNotZ 2011, 526, 533; *Marsch-Barner* in Kallmeyer UmwG, § 62 UmwG, Rn. 28; Schreiben des DNotarV z. RefE v. 29.4.2010, S. 4.

428 *Heckschen*, NZG 2010, 1041, 1043; vgl. auch Erklärung Deutschlands in Dok. 12396/09 ADD 1, S. 9; für eine Umsetzung schon immer *Bayer/J. Schmidt*, NJW 2006, 401; *Bayer/J. Schmidt*, NZG 2006, 841, 843.

digkeitsordnung betrachtet.[429] Aus diesem Grund kann sich eine Zuständigkeit der Hauptversammlung lediglich (noch) aus einer ungeschriebenen Kompetenz ergeben.

II. Ungeschriebene Hauptversammlungszuständigkeiten

Ausgehend von § 119 Abs. 1 AktG ergeben sich abseits der in Gesetz und Satzung ausdrücklich vorgesehenen Fälle grundsätzlich keine weiteren Zuständigkeiten der Hauptversammlung.[430] Da hierin ein generelles Kompetenzdefizit der Hauptversammlung gesehen wurde, sah sich auch der BGH erstmalig im Jahr 1982 in seiner Holzmüller-Entscheidung[431] veranlasst, zu der Zuständigkeitsordnung in der Aktiengesellschaft und der Kompetenzverteilung zwischen Vorstand und Hauptversammlung Stellung zu nehmen.

1. Holzmüller/Gelatine-Grundsätze

Er entschied, dass sich das dem Vorstand zustehende Ermessen im Rahmen seiner Vorlage*möglichkeit* nach § 119 Abs. 2 AktG zu einer Vorlage*pflicht* verdichtet, wenn eine Maßnahme

> *„so tief in die Mitgliedschaftsrechte der Aktionäre und deren im Anteilseigentum verkörpertes Vermögensinteresse [eingreift], dass der Vorstand vernünftigerweise nicht annehmen kann, er dürfe sie in ausschließlich eigener Verantwortung treffen, ohne die Hauptversammlung zu beteiligen.“*[432]

Die Maßnahme müsse sich im *„Kernbereich der Unternehmenstätigkeit“* abspielen und die *„Unternehmensstruktur von Grund auf“* ändern.[433] Eine Präzisierung in Form qualitativer und quantitativer Eingriffskriterien lieferte der BGH jedoch nicht. Erst in seinen Gelatine-Entscheidungen präzisierte und modifizierte der BGH seine Aussagen zu den ungeschriebenen Hauptversammlungs-

---

429 Erklärung Deutschlands in Dok. 12396/09 ADD 1, S. 9; bezweifelnd *Bayer/J. Schmidt*, ZIP 2010, 953, 958.

430 *Kubis* in Münchener Komm. AktG, § 119 AktG, Rn. 9.

431 BGH Urteil v. 25.2.1982 – II ZR 174/80 („Holzmüller“), BGHZ 83, 122 = NJW 1982, 1703.

432 BGH Urteil v. 25.2.1982 – II ZR 174/80 („Holzmüller“), BGHZ 83, 122, 131 = NJW 1982, 1703.

433 BGH Urteil v. 25.2.1982 – II ZR 174/80 („Holzmüller“), BGHZ 83, 122, 131 = NJW 1982, 1703.

zuständigkeiten insoweit, als solche nur in engen Grenzen und daher auch nur dann in Betracht kämen, wenn die Maßnahmen

> *„an die Kernkompetenz der Hauptversammlung, über die Verfassung der Gesellschaft zu bestimmen, rühren und in ihren Auswirkungen einem Zustand nahezu entsprechen, der allein durch eine Satzungsänderung herbeigeführt werden kann.“*[434]

Die Rechtfertigung für eine ungeschriebene Hauptversammlungszuständigkeit sei einerseits in einem Mediatisierungseffekt zu finden; er könne aber auch in einer nachhaltigen Schwächung des Wertes der Aktionärsbeteiligung liegen.[435] In Abweichung zu seiner Holzmüller-Entscheidung stützt er das Eingreifen einer ungeschriebenen Hauptversammlungszuständigkeit nicht mehr auf eine Ermessensschrumpfung auf Null im Rahmen von § 119 Abs. 2 AktG, sondern betrachtet sie seither als das Ergebnis einer offenen Rechtsfortbildung.[436]

Qualitativ muss somit ein Mediatisierungseffekt, also die Verringerung des Einflusses der Aktionäre hinsichtlich des von den Maßnahmen betroffenen Gesellschaftsvermögens, oder eine Einbuße des durch den Anteil verkörperten Vermögenswertes eintreten.[437] Exakte quantitative Schwellenwerte lassen sich zwar aufgrund der vom BGH gewählten Formulierung nicht ausmachen. In seiner Holzmüller-Entscheidung machte der ausgegliederte Betriebsteil aber 80% der Aktiva der Gesellschaft aus, so dass dieser Schwellenwert auch in sonstigen Fällen grundsätzlich zugrunde zu legen ist.[438]

2. Konsequenzen für den übernehmenden Rechtsträger

Für § 62 Abs. 1 UmwG und die Entbehrlichkeit des Verschmelzungsbeschlusses der Anteilsinhaber einer übernehmenden Aktiengesellschaft, die 90% der Anteile der übertragenden Kapitalgesellschaft in der Hand hält, wird unisono das Vorliegen sowohl der qualitativen als auch der quantitativen Eingriffsvoraussetzungen einer ungeschriebenen Hauptversammlungszuständigkeit abgelehnt.[439] Letz-

434 BGH Urteil v. 26.4.2004 – II ZR 155/02 („Gelatine“), BGHZ 159, 30, 45 = NZG 2004, 571.

435 BGH Urteil v. 26.4.2004 – II ZR 155/02 („Gelatine“), BGHZ 159, 30, 40 = NZG 2004, 571.

436 BGH, Urteil v. 26.4.2004 – II ZR 155/02 („Gelatine“), BGHZ 159, 30, 43 = NZG 2004, 571.

437 *Drinhausen* in Hölters AktG, § 119 AktG, Rn. 20.

438 *Drinhausen* in Hölters AktG, § 119 AktG, Rn. 20.

439 *Marsch-Barner* in Kallmeyer UmwG, § 62 UmwG, Rn. 3; *Diekmann* in Semler/Stengel UmwG, § 62 UmwG, Rn. 5; *Rose* in Maulbetsch/Klumpp/Rose UmwG, § 62 UmwG,

ten Endes wird man der herrschenden Ansicht beipflichten können, da ein Mediatisierungseffekt nicht erfolgt und die Aktionäre ihren Einfluss auf das Gesellschaftsvermögen des übernehmenden Rechtsträgers auch nach Vollzug der Verschmelzung nicht verlieren.[440] Weiterhin fehlt es aufgrund der 90%igen Beteiligung der übernehmenden Aktiengesellschaft an der Erfüllung des quantitativen Kriteriums, da eine solche Bagatellverschmelzung regelmäßig eine nur geringe Bedeutung besitzt.[441] Diese Grundsätze gelten daher erst Recht für eine 100%-Konzernverschmelzung und damit für den Fall des § 62 Abs. 4 Satz 1 und Satz 2 UmwG.

3. Konsequenzen für den übertragenden Rechtsträger

Hinsichtlich der Entbehrlichkeit eines Verschmelzungsbeschlusses des Anteilsinhabers der übertragenden Aktiengesellschaft in den Fällen des § 62 Abs. 4 Satz 1 und 2 UmwG stellt sich die Beurteilung ähnlich dar, wobei insofern eine Auseinandersetzung in der Literatur bisher ausgeblieben ist. Klargestellt sei, dass § 62 Abs. 4 Satz 1 UmwG wegen seines Wortlauts *Kapitalgesellschaft* durchaus auch eine GmbH als übertragende Gesellschaft erfasst. Dennoch soll auf die damit verbundenen Fragen und im Speziellen darauf, ob die Entbehrlichkeit eines Verschmelzungsbeschlusses der Anteilsinhaber auch mit der personalistisch geprägten Struktur der GmbH vereinbar ist, nicht eingegangen werden. Vielmehr soll eine Beschränkung der Betrachtung auf die Aktiengesellschaft als übertragendem Rechtsträger erfolgen. Denn letztlich erfordert der hier untersuchungsgegenständliche verschmelzungsrechtliche Squeeze-out zwingend eine Aktiengesellschaft als übertragenden Rechtsträger, so dass die Problematik hinsichtlich der GmbH an dieser Stelle nicht virulent wird.

Hinsichtlich der qualitativen und quantitativen Eingriffsvoraussetzungen der Holzmüller/Gelatine-Grundsätze kann die auf den verschmelzungsrechtlichen Squeeze-out zugeschnittene Privilegierung des § 62 Abs. 4 Satz 2 UmwG genauso behandelt werden wie diejenige des § 62 Abs. 4 Satz 1 UmwG, da es sich

---

Rn. 5; *Simon* in Kölner Komm. z. UmwG, § 62 UmwG, Rn. 26; *Liebscher*, ZGR 2005, 1, 28; *Habersack*, FS Horn 2006, 337, 343.

440 So auch *Marsch-Barner* in Kallmeyer UmwG, § 62 UmwG, Rn. 3; *Simon* in Kölner Komm. z. UmwG, § 62 UmwG, Rn. 26; *Rose* in Maulbetsch/Klumpp/Rose UmwG, § 62 UmwG, Rn. 5.

441 *Marsch-Barner* in Kallmeyer UmwG, § 62 UmwG, Rn. 3; *Habersack*, FS Horn 2006, 337, 343; *Liebscher*, ZGR 2005, 1, 28; vgl. OLG Frankfurt a.M., Urteil v. 7.12.2010 – 5 U 29/10 (Commerzbank/Dresdner Bank), NZG 2011, 62, 63 f.

ohnehin nur um eine Klarstellung des Gesetzgebers handelt.[442] Insofern kann bei Anwendung der aufgestellten Grundsätze keinerlei Mediatisierungseffekt festgestellt werden.[443] Der in diesem Fall bestehende Hauptaktionär der übertragenden Aktiengesellschaft kann seinen Einfluss auf das Gesellschaftsvermögen der übertragenden Gesellschaft am Ende des Verschmelzungsvorgangs zwar nicht mehr im Wege einer Hauptversammlung der übertragenden Gesellschaft wahrnehmen. Gleichwohl intensiviert und verdichtet sich sein zukünftiger Einfluss dadurch, dass er infolge des aus § 20 Abs. 1 Nr. 1 UmwG resultierenden Vermögensübergangs nunmehr über das Gesellschaftsvermögen auch im Rahmen des operativen Geschäfts verfügen kann. Im Grunde ändert sich somit allein das Forum seiner Einflussnahme.[444]

Demgegenüber kann das Argument, ein solcher Verschmelzungsbeschluss sei aufgrund der festen Mehrheit ohnehin bloßer Formalismus, nicht durchgreifen.[445] Denn zum Zeitpunkt der Hauptversammlung wäre der Hauptaktionär als Vertragspartner im Rahmen des verschmelzungsrechtlichen Squeeze-out noch gar nicht Alleinaktionär. So darf die Zuständigkeitsordnung zwar nicht zum reinen Selbstzweck verkommen. Dennoch würde eine solche Sichtweise, wie *Kiem* es in einem ähnlichen Kontext zutreffend für den aktienrechtlichen Squeeze-out beschrieben hat, einen „Rückfall in alte Hibernia-Zeiten“ bedeuten.[446] Auch wenn das Abstimmungsergebnis schon vorher feststehen mag, so dient eine Hauptversammlung zugleich der Information und der Prüfung der Strukturmaßnahme. Die Hauptversammlung ist somit mehr als die reine Zusammenkunft zwecks der gemeinsamen Abstimmung. Dennoch scheidet eine ungeschriebene

---

442 *Mayer*, NZG 2012, 561, 572; *Hofmeister*, NZG 2012, 688, 690; *Göthel*, ZIP 2011, 1541, 546; dahingehend auch *Bungert/Wettich*, DB 2011, 1500; nicht eindeutig *Neye/Kraft*, NZG 2011, 681, 683; vgl. ausführlich zur Privilegierungsreichweite von § 62 Abs. 4 Satz 2 UmwG § 5 A. II. 3. b).

443 So auch *Marsch-Barner* in Kallmeyer UmwG, § 62 UmwG, Rn. 27; *Keller/Klett*, GWR 2010, 415 (147).

444 Vgl. auch *Renner*, NZG 2002, 1091, 1092.

445 So jedoch *Freytag*, BB 2010, 1611, 1613, dessen Argumentation indes primär auf einem während des gesamten Verschmelzungsprozesses bestehenden 100%igen Konzernverhältnisses basiert und letztlich vor allem auf § 62 Abs. 4 Satz 1 UmwG abzielt; ähnlich *Bayer/J. Schmidt*, ZIP 2010, 953, 958.

446 *Kiem*, RWS-Forum Gesellschaftsrecht 2001, 329, 336; RGZ 63, 235, 246, danach sind im Übrigen *„die […] Beschlüsse der Mehrheit für die Minderheit auch dann maßgebend, wenn sie dieser als verkehrt, wirtschaftlich nachteilig und den Bestrebungen der Minderheit schädigend erscheinen. […] Mit dieser Tatsache muss sich jeder abgefunden haben, der Aktien erwirbt; […]“*; vgl. hierzu auch *Kießling*, Der übernahmerechtliche Squeeze-out, S. 187.

Hauptversammlungszuständigkeit nach den Holzmüller/Gelatine-Grundsätzen an dieser Stelle auch für die übertragende Aktiengesellschaft aus.

III. Abschließender Charakter der Privilegierungen

Auf die Erfüllung der qualitativen und quantitativen Holzmüller/Gelatine-Voraussetzungen käme es im Übrigen erst gar nicht an, wenn den verschmelzungsrechtlichen Ausnahmeregelungen ein abschließender Charakter entnommen werden könnte. Es lässt sich einerseits feststellen, dass die Ausführungen des BGH zu den Holzmüller/Gelatine-Grundsätzen jeweils Fälle betrafen, in denen eine Hauptversammlungszuständigkeit weder vom Gesetz noch von der Satzung vorgesehen war. Andererseits lagen Sachverhalte zugrunde, hinsichtlich derer auch das Gesetz keine ausdrückliche Nichtzuständigkeit formulierte. Anders verhält es sich jedoch in den Fällen des § 62 Abs. 1 Satz 1 UmwG und des § 62 Abs. 4 UmwG, die allesamt die Entbehrlichkeit eines Hauptversammlungsbeschlusses ausdrücklich regeln.[447] Insofern drängt sich die Frage auf, ob die Annahme einer ungeschriebenen Hauptversammlungszuständigkeit im Wege der offenen Rechtsfortbildung neben der ausdrücklichen Nichtzuständigkeit der Hauptversammlung Anwendung finden kann oder ob es sich um eine abschließende Einordnung der (Geschäftsführungs-)Maßnahme handelt, die zwingend dem ausschließlichen Zuständigkeitsbereich des Vorstands unterfällt.

1. Meinungsstand

Im Rahmen der schon seit längerem bestehenden Regelung des § 62 Abs. 1 UmwG wird die positiv gesetzliche Kompetenzverteilung teilweise als abschließend erachtet.[448] Danach beinhalte sie eine abschließende Gewichtung der für und gegen eine Beschlussfassung sprechenden Gründe. Daher könne auch die besondere Bedeutung der Verschmelzung für den übernehmenden Rechtsträger nicht das Eingreifen der Holzmüller/Gelatine-Grundsätze rechtfertigen. Ansonsten würde dem vom Gesetz angestrebten Ziel nicht entsprochen, Klarheit in diesem Punkt zu schaffen, so dass in der Folge eine für die Praxis

---

447 Gleiches gilt für den im Rahmen des innerdeutschen verschmelzungsrechtlichen Squeeze-out nicht relevanten § 122g Abs. 1 UmwG.

448 *Grunewald* in Lutter UmwG, § 62 UmwG, Rn. 8; *Rose* in Maulbetsch/Klumpp/Rose UmwG, § 62 UmwG, Rn. 5.

nicht hinnehmbare Rechtsunsicherheit entstünde.[449] Eine solche abschließende Regelung wird auch für § 122g Abs. 2 UmwG angenommen, wonach im Rahmen einer grenzüberschreitenden Verschmelzung ein Verschmelzungsbeschluss der Anteilsinhaber des übertragenden Rechtsträgers nicht erforderlich ist, wenn sich alle Anteile der übertragenden Gesellschaft in der Hand der übernehmenden Gesellschaft befinden.[450] Hinsichtlich des nunmehr durch das 3. UmwÄndG neu geschaffenen § 62 Abs. 4 Satz 1 und 2 UmwG wird hinzufügend vertreten, dass sich eine Ausnahme von der Ausnahme bereits aus systematischen Gründen verbiete, da die vorgesehene positive Ausnahmeregelung nicht durch ungeschriebenes Recht ins Gegenteil verkehrt werden dürfe.[451]

In der Konsequenz scheint das überwiegende Schrifttum damit davon auszugehen, dass die gesetzgeberische Entscheidung für die Entbehrlichkeit eines Verschmelzungsbeschlusses zu respektieren sei und es sich daher um jeweils abschließende Regelungen handele, die auch nicht durch eine ungeschriebene Hauptversammlungszuständigkeit im Wege der Holzmüller/Gelatine-Grundsätze ausgehebelt werden könnten.

Andere Literaturstimmen gehen, ohne eine nähere Begründung zu liefern, jedenfalls für § 62 Abs. 1 UmwG nicht von einer abschließenden Regelung aus, so dass die Holzmüller/Gelatine-Grundsätze grundsätzlich anwendbar bleiben sollen.[452] Da es sich um eine grundsätzliche Einstufung der Anwendbarkeit der Holzmüller/Gelatine-Grundsätze handelt, wird man unterstellen müssen, dass die Vertreter dieser Ansicht selbiges auch für § 62 Abs. 4 UmwG annehmen würden.

2. Stellungnahme

Der vorstehende Meinungsstand offenbart, dass es sich um eine – jedenfalls hinsichtlich der bisher ausgetauschten Argumente – kaum besprochene Problematik handelt. Dass aber hinsichtlich der Einführung von § 62 Abs. 1 UmwG eine Gewichtung der genauen Ausgestaltung der Fälle für die Entbehrlichkeit eines Verschmelzungsbeschlusses stattgefunden hat, offenbaren die einschlägigen Ge-

---

449 *Grunewald* in Lutter UmwG, § 62 UmwG, Rn. 8; *Rose* in Maulbetsch/Klumpp/Rose UmwG, § 62 UmwG, Rn. 5.

450 *Heckschen* in Widmann/Mayer UmwG, § 122g UmwG, Rn. 174.

451 *Keller/Klett*, GWR 2010, 415, 417.

452 *Diekmann* in Semler/Stengel UmwG, § 62UmwG, Rn. 5; vgl. auch *Habersack*, FS Horn 2006, 337, 352; Schreiben des DNotarV z. RefE v. 29.4.2010, S. 4.

setzgebungsmaterialien. So sah der RegE für das Gesetz über die Bereinigung des Umwandlungsrechts zunächst eine Abweichung zur Vorgängervorschrift des § 352b Abs. 1 AktG a.F. insoweit vor, als ein Verschmelzungsbeschluss nur dann entbehrlich sein sollte, wenn die übernehmende Aktiengesellschaft als herrschendes Unternehmen i.S.v. § 17 AktG für alle Verbindlichkeiten der übertragenden Gesellschaft haftet.[453] So sollte jedenfalls dann ein Hauptversammlungsbeschluss notwendig sein,

> *„wenn die Haftung der übernehmenden Gesellschaft für die Verbindlichkeiten einer übertragenden Kapitalgesellschaft erst durch die Verschmelzung eintritt und nicht schon vorher, etwa aufgrund einer Eingliederung oder aufgrund der Leitung eines qualifizierten Konzerns, bestand.“*[454]

Damit wird jedenfalls deutlich, dass der Gesetzgeber die Problematik auch in Anbetracht der damals bekannten Holzmüller-Rechtsprechung erkannte, aber sich dennoch in der endgültigen Gesetzesfassung für eine Entbehrlichkeit eines Verschmelzungsbeschlusses ohne Einschränkung entschied.

Zur Einführung von § 62 Abs. 4 Satz 1 und 2 UmwG sah sich der Gesetzgeber durch Art. 25 der Dritten Richtlinie gezwungen. Hiernach durften die Mitgliedstaaten unter bestimmten Voraussetzungen eine Genehmigung durch die Hauptversammlung nicht vorsehen.[455] Da der deutsche Gesetzgeber eine solche Regelung selbst als schwerwiegende Durchbrechung der Zuständigkeitsordnung bereits während des Gesetzgebungsverfahrens zur Änderungsrichtlinie ansah, wird man in Anbetracht dessen annehmen können, dass eine intensive Auseinandersetzung mit dieser Problematik stattgefunden hat. Dies jedenfalls spräche dafür, dass die Holzmüller/Gelatine-Grundsätze nicht von vornherein auszublenden sind.

Erst die Begründung des BGH, der die Holzmüller/Gelatine-Grundsätze im Wege einer offenen Rechtsfortbildung anwendet, führt dazu, dass überzeugend nur von einer abschließenden Regelung ausgegangen werden kann. Denn eine offene Rechtsfortbildung ist uneingeschränkt nur insoweit zulässig, als es sich um eine Rechtsfortbildung praeter legem handelt.[456] Sofern also keine positiv-

---

453 Siehe Begr. RegE UmwBerG, BR-Drs. 75/94.

454 So die Begr. RegE UmwBerG, BR-Drs. 75/94, S. 102 f.; vgl. auch *Rieger* in Widmann/Mayer UmwG, § 62 UmwG, Rn. 3.

455 *Heckschen*, NZG 2010, 1041, 1043; vgl. auch Erklärung Deutschlands in Dok. 12396/09 ADD 1, S. 9.

456 Vgl. grdl. zur Begrifflichkeit der gesetzesimmanenten Rechtsfortbildung, *Larenz*. Methodenlehre der Rechtswissenschaften, S. 370 f.

rechtliche Regelung die Nichtzuständigkeit vorschreibt, ist auch gegen eine Rechtsfortbildung prinzipiell nichts einzuwenden, sofern die entsprechenden Voraussetzungen erfüllt sind. Wenn jedoch, wie in den Fällen des § 62 Abs. 1 Satz 1 UmwG und § 62 Abs. 4 UmwG, eine Nichtzuständigkeit beziehungsweise die Entbehrlichkeit eines Hauptversammlungsbeschlusses kodifiziert ist und nunmehr trotzdem eine ungeschriebene Hauptversammlungszuständigkeit im Wege der Rechtsfortbildung angenommen werden soll, dann handelt es sich qualitativ um eine Rechtsfortbildung contra legem. Eine solche aber ist nur im Ausnahmefall zulässig und unterfällt daher weitaus strengeren Voraussetzungen.[457] Es ist daher davon auszugehen, dass die genannten Regelungen abschließend sind. Etwas anderes würde zu erheblicher Rechtsunsicherheit führen.

IV. Einberufung einer Hauptversammlung nach § 62 Abs. 2 UmwG

1. Übernehmender Rechtsträger

Um die Einberufung einer Hauptversammlung zu verlangen, verbleibt daher einzig die Möglichkeit eines Minderheitsverlangens gemäß § 62 Abs. 2 UmwG, wonach allerdings mindestens 5% der Anteile an der übernehmenden Aktiengesellschaft erforderlich sind. Der Vorstand hat einem derartigen ordnungsgemäß gestellten Minderheitsverlangen unverzüglich nachzukommen. Andernfalls kann sich die Minderheit analog § 122 Abs. 3 AktG durch das Gericht zur Einberufung der Hauptversammlung ermächtigen lassen.[458]

2. Übertragender Rechtsträger

Den (Minderheits-)Aktionären des übertragenden Rechtsträgers steht hingegen nicht die Möglichkeit eines Minderheitsverlangens nach § 62 Abs. 2 UmwG offen. Auch wenn die gegenteilige Annahme aufgrund des Umstands nahe liegt, dass der Squeeze-out bis zur Eintragung der Verschmelzung im Handelsregister der übernehmenden Aktiengesellschaft nicht wirksam wird und daher in aller Regel bis zu diesem Zeitpunkt entsprechende Minderheitsaktionäre bestehen,

457 Vgl. grdl. zur Begrifflichkeit der gesetzesübersteigernden Rechtsfortbildung, *Larenz*. Methodenlehre der Rechtswissenschaften, S. 413 f.

458 *Marsch-Barner* in Kallmeyer UmwG, § 62 UmwG, Rn. 24; *Diekmann* in Semler/Stengel UmwG, § 62 UmwG, Rn. 35; *Rieger* in Widmann/Mayer UmwG, § 62 UmwG, Rn. 31.

folgt hieraus noch nicht die Zulässigkeit eines solchen Minderheitsverlangens.[459] Denn das Gesetz sieht eine solche Regelung für die übertragende Gesellschaft ausdrücklich nicht vor. Vielmehr ist § 62 Abs. 2 UmwG auf die übernehmende Aktiengesellschaft zugeschnitten. Auch die europarechtlichen Richtlinienvorgaben verlangen ein solches nicht. So sehen die das Minderheitsverlangen erwähnenden Regelungen des Art. 25 lit. c i.V.m. Art. 8 lit. c VRL die Möglichkeit eines Minderheitsverlangens ebenfalls nur für die übernehmende Gesellschaft vor.[460] Der deutsche Gesetzgeber hat auch davon abgesehen, im Rahmen der vollumfänglichen Überarbeitung des § 62 UmwG eine vergleichbare Regelung und Möglichkeit zur Einberufung einer Hauptversammlung für die Aktionäre der übertragenden Aktiengesellschaft zu schaffen.

Eine analoge Anwendung von § 62 Abs. 2 UmwG scheidet ebenfalls aus.[461] So zeigt der Blick in die Gesetzesmaterialien, dass es bereits an einer für die Annahme einer Analogie erforderlichen planwidrigen Regelungslücke mangelt. Denn die Begründung des Regierungsentwurfs zu dem 3. UmwÄndG erwähnt das Minderheitenrecht nach § 62 Abs. 2 UmwG ausdrücklich und konstatiert, dass es unberührt bleiben solle.[462] Damit zeigt sich, dass der Gesetzgeber eine Ausdehnung auf die übertragende Gesellschaft auch im Kontext des § 62 Abs. 4 UmwG für nicht erforderlich gehalten, sich aber gleichwohl damit beschäftigt hat. Selbst wenn man eine planwidrige Regelungslücke dennoch annehmen wollte, fehlte es an einer vergleichbaren Interessenlage. Den Anteilsinhabern des übertragenden Rechtsträgers fehlt regelmäßig das ein Minderheitsverlangen rechtfertigende, rechtlich relevante Interesse an einer Beschlussfassung über die Konzernverschmelzung im Rahmen des Ausschlussverfahrens nach § 62 Abs. 5 UmwG.[463] Anders als die etwaigen Minderheitsaktionäre der übernehmenden Aktiengesellschaft werden sie im Grunde zu keinem Zeitpunkt von den originären Verschmelzungswirkungen betroffen. Ihr rechtlich zu schützendes Interesse beschränkt sich in diesem Kontext insbesondere auf ihren Ausschluss aus der Gesellschaft und auf die damit verbundene vermögensmäßige Abfindung. Diesem Interesse wird jedoch bereits im Rahmen der Hauptversammlung über den Übertragungsbeschluss hinreichend entsprochen. Darüber

---

459 Vgl. *Hofmeister*, NZG 2012, 688, 691; *Marsch-Barner* in Kallmeyer UmwG, § 62 UmwG, Rn. 29.

460 *Göthel*, ZIP 2011, 1541, 1546; *Hofmeister*, NZG 2012, 688, 691; *Marsch-Barner* in Kallmeyer UmwG, § 62 UmwG, Rn. 29.

461 *Göthel*, ZIP 2011, 1541, 1546.

462 Begr. RegE, BT-Drs. 17/1322, S. 12.

463 So auch *Göthel*, ZIP 2011, 1541, 1546; *Hofmeister*, NZG 2012, 688, 691; *Mayer*, NZG 2012, 561, 572.

hinaus käme einem Minderheitenrecht wie § 62 Abs. 2 UmwG keine Berechtigung zu, da es als potenzielles Störungsmittel des Transaktionsgeschehens missbraucht werden könnte.

Denkbar wäre es, die Einberufung einer Hauptversammlung über das allgemeine Minderheitenrecht gemäß § 122 Abs. 1 Satz 1 AktG zu verlangen.[464] Da das Verlangen nach § 122 Abs. 1 Satz 1 AktG auf die Behandlung bestimmter Gegenstände durch die Hauptversammlung gerichtet ist, kann es aber nur dann eine Einberufungspflicht des Vorstands auslösen, wenn die Hauptversammlung hierfür eine aktienrechtliche Zuständigkeit besitzt.[465] Da eine solche vorliegend nicht gegeben ist und auch nicht aus einer ungeschriebenen Zuständigkeit der Hauptversammlung folgt, scheidet auch ein Minderheitsverlangen gemäß § 122 Abs. 1 Satz 1 AktG zwangsläufig aus.[466]

V. Beschlusslosigkeit trotz sonstiger Zustimmungserfordernisse?

1. Beherrschungs- oder Gewinnabführungsvertrags

Sofern die übertragende Aktiengesellschaft mit einer nicht an dem verschmelzungsrechtlichen Squeeze-out-Verfahren beteiligten (dritten) Aktiengesellschaft einen Beherrschungs- oder Gewinnabführungsvertrag als herrschendes Unternehmen abgeschlossen hat, geht dieser Unternehmensvertrag im Zuge der Verschmelzung als Rechtsfolge der Universalsukzession gemäß § 20 Abs. 1 Nr. 1 UmwG ebenfalls grundsätzlich auf die übernehmende Aktiengesellschaft über.[467] Wegen der Gesamt- und nicht der Einzelrechtsnachfolge bedarf es zumindest keiner Zustimmung der Anteilsinhaber des abhängigen Unternehmens

464 Siehe hierzu *Hofmeister*, NZG 2012, 688, 691.

465 *Kubis* in Münchener Komm. AktG, § 122 AktG, Rn. 15; *Noack/Zetsche* in Kölner Komm. z. AktG, § 122 AktG, Rn. 60; *Rieckers* in Spindler/Stilz AktG, § 122 AktG, Rn. 22.

466 Zu dem Streit, ob § 122 Abs. 1 Satz 1 AktG überhaupt auf ungeschriebene Zuständigkeiten Anwendung findet, vgl. eingehend *Kubis* in Münchener Komm. AktG, § 122 AktG, Rn. 15; i.E. auch *Marsch-Barner* in Kallmeyer UmwG, § 62 UmwG, Rn. 29; *Hofmeister*, NZG 2012, 688, 691.

467 OLG Karlsruhe v. 7.12.1990 – 15 U 256/89, ZIP 1991, 101, 104; *Martens*, AG 1986, 57, 62; *Marsch-Barner* in Kallmeyer UmwG, § 20 UmwG, Rn. 20; *Stratz* in Schmitt/Hörtnagl/Stratz UmwG/UmwStG, § 20 UmwG, Rn. 58; *Kübler* in Semler/Stengel UmwG, § 20 UmwG, Rn. 30.

gemäß § 295 AktG.[468] Für die übernehmende Aktiengesellschaft könnte nunmehr allerdings angenommen werden, dass ein Zustimmungsbeschluss gemäß § 293 Abs. 2 AktG erforderlich wird, da jedenfalls ein Verschmelzungsbeschluss wegen § 62 Abs. 1 Satz 1 UmwG nicht erforderlich ist und für den Zustimmungsbeschluss gemäß § 293 Abs. 2 AktG teils angenommen wird, dass er grundsätzlich im Rahmen einer Verschmelzung nur deshalb ausbleiben könne, weil er in dem Verschmelzungsbeschluss gemäß § 13 UmwG aufginge.[469] Dahingehend wird (zumindest) angezweifelt, dass die Privilegierungsfunktion des § 62 Abs. 1 UmwG auch das Zustimmungserfordernis des § 293 Abs. 2 AktG verdrängen könne und dieses somit unter Umständen wieder auflebe.[470] Eine vollständige Verdrängung wird jedoch auch hier nur für den Fall angenommen, dass das mit dem Unternehmensvertrag übernommene wirtschaftliche Risiko (§§ 302 f. AktG) sowie eventuelle Ausgleichs- und Abfindungsleistungen (§ 304 AktG und § 305 AktG) für die übernehmende Aktiengesellschaft von geringer Bedeutung seien.[471] Da damit letztlich jedoch eine Bewertung des Einzelfalls notwendig werde und somit erhebliche Rechtsunsicherheit die Folge sei, müsse sich die Wertung des § 62 Abs. 1 UmwG insgesamt und vollumfänglich gegenüber einem etwaigen Beschlusserfordernis gemäß § 293 Abs. 2 AktG durchsetzen.[472]

Dieser Schlussfolgerung ist jedenfalls i.E. zuzustimmen. Allerdings ist grundsätzlich davon auszugehen, dass das UmwG abschließend festlegt, wer der Verschmelzung zuzustimmen hat.[473] Es handelt sich bei der Gesamtrechtsnachfolge bereits um eine Rechtsfolge der Verschmelzung, die sich aus § 20 Abs. 1 Nr. 1 UmwG ergibt. Darauf beruht letztlich auch der Eintritt der übernehmenden Aktiengesellschaft in einen solchen Unternehmensvertrag und daraus ergibt sich auch die Verdrängung des in übrigen Fällen erforderlichen Zustimmungsbeschlusses gemäß § 293 Abs. 2 AktG. Vorzugswürdig ist es daher, zwar einheitlich mit der vorgenannten Ansicht auch im Falle des Übergangs eines solchen Beherrschungs- oder Gewinnabführungsvertrag der übertragenden Aktiengesellschaft als herrschendem Unternehmen von der Entbehrlichkeit eines Hauptversammlungsbeschlusses der übernehmenden Aktiengesellschaft auszugehen. Al-

468 LG Mannheim, Urteil v. 23.10.1989 – 24 O 84/88, AG 1991, 26; *Grunewald* in Lutter UmwG, § 20 UmwG, Rn. 37; *Marsch-Barner* in Kallmeyer UmwG, § 20 UmwG, Rn. 20; *Habersack*, FS Horn 2006, 337, 351; a.A. *Bayer*, ZGR 1993, 599, 604.

469 Diese Frage aufwerfend *Habersack*, FS Horn 2006, 337, 351.

470 *Habersack*, FS Horn 2006, 337, 351.

471 *Habersack*, FS Horn 2006, 337, 352.

472 *Habersack*, FS Horn 2006, 337, 352.

473 *Grunewald* in Lutter UmwG, § 20 UmwG, Rn. 37.

lerdings ergibt sich dieses Ergebnis bereits aus dem gesetzlichen Übergang des Unternehmensvertrages im Wege von § 20 Abs. 1 Nr. 1 UmwG, so dass die Überlagerung von § 293 Abs. 2 AktG auch grundsätzlich nicht aus § 13 UmwG resultiert, sondern aus den originären Rechtsfolgen der Verschmelzung. Einer Beschränkung dieser Privilegierungswirkung des § 62 Abs. 1 UmwG nur für Fälle mit geringem wirtschaftlichem Risiko für den übernehmenden Rechtsträger überzeugt auch aus historischen Gründen nicht. So hat der Gesetzgeber im Rahmen der Einführung des § 62 Abs. 1 UmwG gerade davon Abstand genommen, den Anwendungsbereich der Privilegierung in Abhängigkeit einer wie auch immer schon bestehenden oder aber erst entstehenden Haftung des übernehmenden Rechtsträgers durch die Verschmelzung zu bestimmen.[474]

2. Rechtsstellung der Komplementärin bei der KGaA

Da der verschmelzungsrechtliche Squeeze-out nicht nur für Aktiengesellschaften, sondern wegen des Verweises von § 78 Satz 1 UmwG auch für die KGaA gilt, kann sich trotz Entbehrlichkeit eines Verschmelzungsbeschlusses die Notwendigkeit eines Zustimmungsbeschlusses der persönlich haftenden Gesellschafter gemäß § 78 Satz 3 UmwG ergeben. Hinsichtlich einer KGaA als übernehmendem Rechtsträger ist dies auch folgerichtig, da § 62 Abs. 1 UmwG nur von der Mitwirkung der Hauptversammlung befreit und die Haftung der Komplementäre infolge der Universalsukzession gemäß § 20 Abs. 1 Nr. 1 UmwG eine gesonderte Zustimmung durchaus rechtfertigt.[475] Eine Regelung wie § 327a Abs. 1 Satz 2 AktG für den aktienrechtlichen Squeeze-out, wonach die Unanwendbarkeit des § 285 Abs. 2 Satz AktG normiert wird, ist gerade nicht vorgesehen.[476]

Im Falle einer KGaA als übertragendem Rechtsträger ergibt sich keine andere Bewertung. So ist generell anerkannt, dass § 78 Satz 3 UmwG grundsätzlich auch für die KGaA als dem übertragenden Rechtsträger Anwendung findet, da sich die Rechte und Pflichten der Komplementäre in der übernehmenden Gesellschaft unterscheiden.[477] Dies gilt auch dann, wenn es sich bei dem übernehmenden Rechtsträger ebenfalls um eine KGaA handelt.[478] Nicht zuletzt sind die per-

474 Vgl. hierzu Begr. RegE UmwBerG, BR-Drs. 75/94, S. 102 f.

475 *Habersack*, FS Horn 2006, 337, 350.

476 *Habersack*, FS Horn 2006, 337, 350.

477 *Grunewald* in Lutter UmwG, § 78 UmwG, Rn. 7.

478 *Grunewald* in Lutter UmwG, § 78 UmwG, Rn. 7; *Simon* in Kölner Komm. z. UmwG, § 78 UmwG, Rn. 7; *Perlitt* in Semler/Stengel UmwG, § 78 UmwG, Rn. 20.

sönlich haftenden Gesellschafter auch nicht von den Squeeze-out-spezifischen Rechtsfolgen betroffen und bleiben daher weiterhin Komplementäre des übertragenden Rechtsträgers, so dass es an dieser Stelle unerheblich ist, ob man mit der hier vertretenen Ansicht davon ausgeht, dass der Squeeze-out eine juristische Sekunde vor der Verschmelzung wirksam wird.[479] Unabhängig von dem vorgeschalteten Squeeze-out besteht daher ein rechtlich relevantes Interesse der Komplementäre an einem gesonderten Zustimmungsbeschluss gemäß § 78 Satz 3 UmwG.

VI. Freiwillige Fassung eines Verschmelzungsbeschlusses?

Auch wenn ein Verschmelzungsbeschluss sowohl für den übernehmenden als auch für den übertragenden Rechtsträger im Rahmen des verschmelzungsrechtlichen Squeeze-out nicht erforderlich ist, kann er gleichwohl aufgrund einer freiwilligen Vorlage der (Geschäftsführungs-)Maßnahme durch den Vorstand an die Hauptversammlung des jeweiligen Rechtsträgers gemäß § 119 Abs. 2 AktG gefasst werden. Dies entspricht auch der Auffassung des deutschen Gesetzgebers, der hierzu ausführt, dass

> *„auch nach dem Wegfall des Beschlusserfordernisses […] die Möglichkeit bestehen [bleibt], eine Haupt- bzw. Gesellschafterversammlung bei dem 100-prozentigen Tochterunternehmen durchzuführen und damit der im deutschen Gesellschaftsrecht bisher üblichen Kompetenzverteilung bei wichtigen Strukturmaßnahmen zu entsprechen.“*[480]

Gleiches gilt zwar auch für die übernehmende Gesellschaft. Dennoch wird ein solcher Zustimmungsbeschluss gerade für den übertragenden Rechtsträger empfohlen, da er bei diesem vermeintlich besonders einfach und ohne nennenswerten Mehraufwand mit dem Squeeze-out-Beschluss in einer gemeinsamen Hauptversammlung gefasst werden könne.[481] Der Vorteil einer solchen Beschlussfassung sei mithin in der Haftungsbefreiung von Vorstand und Aufsichts-

---

479 *Habersack* in Emmerich/Habersack, § 327a AktG, Rn. 13; so auch *Grunewald* in Münchener Komm. AktG, § 327a AktG, Rn. 4; *Singhof* in Spindler/Stilz AktG, § 327a AktG, Rn. 14; vgl. auch Begr. RegE Gesetz zur Regelung von öffentlichen Angeboten zum Erwerb von Wertpapieren und von Unternehmensübernahmen, BT-Drs. 14/7034, S. 72.

480 So Begr. RegE, BT-Drs. 17/3122, S. 13.

481 *Klie/Wind/Rödter*, DStR 2011, 1668, 1671.

rat zu finden.[482] Ob es sich um einen tauglichen Praxishinweis handelt, ist hingegen fraglich.

1. Meinungsstand

Eine solche Praxisempfehlung wird mehrheitlich in Zweifel gezogen.[483] Hinsichtlich der Haftungsbefreiung sei zu bedenken, dass eine solche im Wege eines Hauptversammlungsbeschlusses gemäß § 93 Abs. 4 Satz 1 AktG vor allem für die Konsequenzen aus dem Abschluss des Verschmelzungsvertrags und somit für die gesetzlich vorgesehenen Verschmelzungswirkungen erreicht werden könne. Damit sei aber letztlich auch der Anwendungsbereich des § 25 Abs. 1 UmwG eröffnet, der gemäß § 25 Abs. 2 Satz 1 UmwG grundsätzlich neben den allgemeinen Vorschriften Anwendung finde. Problematisch sei somit jedenfalls, inwieweit die Regelung des § 93 Abs. 4 Satz 1 AktG auf § 25 Abs. 1 UmwG im Rahmen des verschmelzungsrechtlichen Squeeze-out überhaupt anwendbar sei.[484] Denn im Grundsatz sei diese Anwendbarkeit gerade zu verneinen.[485] Dennoch müsse an dieser Stelle etwas anderes gelten, da die grundsätzliche Unanwendbarkeit daraus folge, dass im Regelfall die Verschmelzung einen Hauptversammlungsbeschluss der beteiligten Rechtsträger gemäß § 13 Abs. 1 UmwG erfordere und somit die an einen solchen geknüpfte Haftungsbefreiung die Haftungsregelung des § 25 Abs. 1 UmwG sinnlos erscheinen ließe.[486] Im Rahmen des verschmelzungsrechtlichen Squeeze-out sei ein solcher Hauptversammlungsbeschluss hingegen die Ausnahme, so dass eine Haftungsbefreiung durch einen solchen durchaus seine Berechtigung habe.[487] Eine Haftungsbefreiung könne grundsätzlich im Wege eines Hauptversammlungsbeschlusses erreicht werden. Allerdings mangele es oftmals an einem rechtspraktischen Bedürfnis hierfür, da es in aller Regel an einem Schaden des übertragenden Rechtsträgers fehle, wenn dieser infolge der Verschmelzung selbst erlösche

482 *Klie/Wind/Rödter*, DStR 2011, 1668, 1671.

483 *Mayer*, NZG 2012, 561, 572; *Hofmeister*, NZG, 2012, 688, 691 ff.

484 *Hofmeister*, NZG, 2012, 688, 691.

485 *Marsch-Barner* in Kallmeyer UmwG, § 25 UmwG, Rn. 7; *Kübler* in Semler/Stengel UmwG, § 25 UmwG, Rn. 18 ff.; *Schnorbus*, ZHR 167 (2003), 666, 667; *Grunewald* in Lutter UmwG, § 25 UmwG, Rn. 19.

486 *Hofmeister*, NZG, 2012, 688, 691; so bereits *Grunewald* in Lutter UmwG, § 25 UmwG, Rn. 19.

487 *Hofmeister*, NZG, 2012, 688, 691.

und sein gesamtes Vermögen einschließlich der Verbindlichkeiten auf den übernehmenden Rechtsträger übergehe.[488]

Darüber hinaus gelte es zu bedenken, dass ein solcher Verschmelzungsbeschluss einen weiteren Anknüpfungspunkt für Beschlussmängelklagen schaffe.[489] In der Folge könne es wegen der auch in diesem Fall unstreitig erforderlichen Negativerklärung gemäß § 16 Abs. 2 UmwG zu erheblichen zeitlichen Verzögerungen im Transaktionsablauf kommen, da jedenfalls bis zum Ablauf der Monatsfrist des § 14 Abs. 1 UmwG eine Eintragungsfähigkeit der Verschmelzung nicht gegeben sei.[490] Außerdem könne es im tatsächlichen Falle der Erhebung einer Anfechtungs- oder Nichtigkeitsklage darüber hinaus erforderlich werden, ein zeitintensives Unbedenklichkeitsverfahren gemäß § 16 Abs. 3 UmwG durchzuführen.[491] Die Befassung der Hauptversammlung mit der Verschmelzung erfordere außerdem, dass eine entsprechende Information der Anteilsinhaber erfolge, die eine Entscheidung über die Verschmelzung transparent gestalte und somit überhaupt erst ermögliche. In der Konsequenz seien daher ein Verschmelzungsbericht (§ 8 Abs. 1 UmwG) und ein Prüfungsbericht (§ 12 Abs. 1 UmwG) anzufertigen und zur Verfügung zu stellen, die ihrerseits wiederum ein Risiko für Anfechtungsklagen bieten könnten.[492]

2. Stellungnahme

Den vorgebrachten Zweifeln an der Fassung eines Verschmelzungsbeschlusses ist vollumfänglich zuzustimmen, so dass von einem solchen abgesehen werden sollte. Insbesondere eine Haftungsbefreiung qua Hauptversammlungsbeschluss gemäß § 93 Abs. 4 Satz 1 AktG ist nur selten erforderlich, da ein zu ersetzender Schaden regelmäßig ausscheiden wird. Zwar kann neben einem Schaden des übertragenden Rechtsträgers auch ein Schaden der Anteilsinhaber und der Gläubiger des übertragenden Rechtsträgers in Betracht kommen, der ebenfalls durch

488 *Hofmeister*, NZG, 2012, 688, 692 unter Hinweis auf *Grunewald* in Lutter UmwG, § 25 UmwG, Rn. 14; *Kübler* in Semler/Stengel UmwG, § 25 UmwG, Rn. 13; *Marsch-Barner* in Kallmeyer UmwG, § 25 UmwG, Rn. 9 et al.

489 *Mayer*, NZG 2012, 561, 572; *Hofmeister*, NZG, 2012, 688, 692.

490 Die von *Hofmeister* aufgeworfene Problematik der Anwendbarkeit von § 16 Abs. 2 UmwG stellt sich erst gar nicht, da keinerlei Grund ersichtlich ist, § 16 UmwG nicht auch bei freiwillig gefassten Verschmelzungsbeschlüssen anzuwenden, vgl. vertiefend *Hofmeister*, NZG, 2012, 688, 692; so wie hier *Mayer*, NZG 2012, 561, 572.

491 *Hofmeister*, NZG, 2012, 688, 692.

492 *Hofmeister*, NZG, 2012, 688, 692; vgl. auch *Mayer*, NZG 2012, 561, 572.

den übertragenden Rechtsträger geltend gemacht werden muss.[493] Allerdings wird es auch hieran regelmäßig fehlen. So gilt für den Schaden der Anteilsinhaber, dass dieser oftmals in einem ungünstigen Umtauschverhältnis liegen wird.[494] Im Rahmen des Verfahrens nach § 62 Abs. 5 UmwG kommt es jedoch erst gar nicht zu einem Umtausch von Anteilen, so dass ein Schaden insoweit von vornherein ausscheidet. Auch für die Gläubiger des übertragenden Rechtsträgers verbleibt es bei dem durch § 22 UmwG verkörperten Schutz. Ein Schaden kann über § 25 Abs. 1 UmwG nur dann geltend gemacht werden, wenn es aufgrund einer ungenügenden Überprüfung der Vermögenslage des übernehmenden Rechtsträgers zu einer Gefährdung seiner Ansprüche käme.[495] Soweit es auch bei ordnungsgemäßer Überprüfung der Vermögenslage zur Verschmelzung gekommen wäre, bestünden schon keine Ansprüche der Gläubiger.[496] Eine Prüfung der Vermögenslage des übernehmenden Rechtsträgers wird im Rahmen des verschmelzungsrechtlichen Squeeze-out jedoch in aller Regel nicht stattfinden, so dass die Verschmelzung auch nicht von deren Prüfung abhängig gemacht werden kann. Eine durch einen Hauptversammlungsbeschluss möglicherweise herbeigeführte Haftungsbefreiung verliert damit in den meisten Fällen ihre prophezeite praktische Relevanz.

Letzten Endes sollte das Angriffspotenzial für Beschlussmängelklagen so gering wie möglich gehalten werden. Mit der Entbehrlichkeit eines Verschmelzungsbeschlusses der beteiligten Rechtsträger ist somit ein echter Vorteil gegenüber einem regulären Verschmelzungsverfahren verbunden, der nicht aus einem reinen Vorsichtsgedanken aufgegeben werden sollte. Insbesondere die Verzögerung des gesamten Transaktionsablaufs durch einen eventuellen Anfechtungsprozess sollte bereits Grund genug sein, einen Hauptversammlungsbeschluss nicht unnötigerweise zu fassen. So erfordert ein Verschmelzungsbeschluss durchaus einen erheblichen Mehraufwand, da insbesondere die von der Verschmelzungsrichtlinie angestrebten Erleichterungen in Gestalt des Entfalls eines Verschmelzungsberichts (§ 8 Abs. 1 UmwG) und eines Prüfungsberichts (§ 12 Abs. 1 UmwG) sowie einer diesem vorausgehenden Verschmelzungsprüfung durch einen Sachverständigen (§ 9 Abs. 1 UmwG) nunmehr doch erforderlich wären. Zusätzlich bedürfte es im Falle einer verschmelzungsbezogenen Haupt-

493 Vgl. hierzu allgemein *Grunewald* in Lutter UmwG, § 25 UmwG, Rn. 13.

494 *Marsch-Barner* in Kallmeyer UmwG, § 25 UmwG, Rn. 9; *Kübler* in Semler/Stengel UmwG, § 25 UmwG, Rn. 14; *Grunewald* in Lutter UmwG, § 25 UmwG, Rn. 15; *Veil*, FS Raiser 2005, 453, 462.

495 *Grunewald* in Lutter UmwG, § 25 UmwG, Rn. 16.

496 *Grunewald* in Lutter UmwG, § 25 UmwG, Rn. 16; *Marsch-Barner* in Kallmeyer UmwG, § 25 UmwG, Rn. 9.

versammlung gemäß § 64 Abs. 1 UmwG zwingend der Zugänglichmachung des Verschmelzungs- und Prüfungsberichts währenddessen, da § 64 Abs. 1 Satz 4 UmwG lediglich auf § 8 Abs. 3 Satz 1 Alt. 1 und Satz 2 UmwG und damit ausschließlich auf die Verzichtsmöglichkeit verweist und gerade nicht auf die Alternative, wonach die Verpflichtung entfällt, wenn sich alle Anteile des übertragenden Rechtsträgers in der Hand des übernehmenden Rechtsträgers (Hauptaktionär) befinden.[497] Findet eine verschmelzungsbezogene Hauptversammlung aber überhaupt nicht statt, dann entfällt zwangsläufig auch der Anknüpfungspunkt für die Pflichten nach § 64 Abs. 1 UmwG.[498] Da dasselbe für das Auskunftserteilungsrecht der Aktionäre gemäß § 64 Abs. 2 UmwG gilt, sollte der Vorstand des jeweiligen Rechtsträgers nicht nur aufgrund des erhöhten Kosten-, sondern bereits aufgrund des potenziellen Anfechtungsrisikos von der freiwilligen Vorlage an die Hauptversammlung gemäß § 119 Abs. 2 AktG absehen.[499]

VII. Zusammenfassende Würdigung

Es konnte gezeigt werden, dass der Grundsatz der beschlusslosen Verschmelzung im Rahmen des Verfahrens nach § 62 Abs. 5 UmwG auch im Falle der Beteiligung eines der verfahrensbeteiligten Rechtsträger an einem Beherrschungs- oder Gewinnabführungsvertrags Geltung besitzt. Zudem kann dieser Grundsatz nicht durch die Holzmüller/Gelatine-Grundsätze durchbrochen werden. Denn selbst unter der Annahme, dass es Einzelfälle geben mag, in denen die qualitativen und quantitativen Eingriffsvoraussetzungen vorliegen mögen, so scheitert die Annahme einer ungeschriebenen Hauptversammlungszuständigkeit nach diesen Grundsätzen jedenfalls an deren dogmatischer Herleitung. Denn letztlich statuieren § 62 Abs. 1 UmwG und § 62 Abs. 4 UmwG eine ausdrückliche Ausnahme von dem Erfordernis eines Verschmelzungsbeschlusses gemäß § 13 UmwG. Da die Holzmüller/Gelatine-Grundsätze auf einer offenen Rechtsfortbildung beruhen, können sie nicht zur Herleitung einer Ausnahme von der

---

497 *Rieger* in Widmann/Mayer UmwG, § 62 UmwG, Rn. 189; *Mayer*, NZG 2012, 561, 574.

498 So auch *Rieger* in Widmann/Mayer UmwG, § 62 UmwG, Rn. 189; *Mayer*, NZG 2012, 561, 574.

499 Jeder Mangel des Verschmelzungsberichts oder des Prüfungsberichts ermöglicht den Verschmelzungsbeschluss anzufechten und eröffnet damit ein entsprechendes Blockadepotenzial im Wege der Eintragungssperre gemäß § 16 Abs. 2 Satz 2 UmwG, vgl. für den Verschmelzungsbericht *Marsch-Barner* in Kallmeyer UmwG, § 8 UmwG, Rn. 6 und für den Prüfungsbericht *Lutter/Drygala* in Lutter UmwG, § 12 UmwG, Rn. 15; so wie hier auch *Hofmeister*, NZG 2012, 688, 692.

kodifizierten Ausnahme herangezogen werden, die schlussendlich eine Rechtsfortbildung contra legem darstellen würde. Eine Ausnahme von der Beschlusslosigkeit der Verschmelzung besteht lediglich für den Fall einer verfahrensbeteiligten KGaA, da insofern die Notwendigkeit eines Zustimmungsbeschlusses der persönlich haftenden Gesellschafter gemäß § 78 Satz 3 UmwG besteht.

Unabhängig davon sollte von der für beide Rechtsträger möglichen freiwilligen Fassung eines Verschmelzungsbeschlusses abgesehen werden. So kann der im Hinblick auf den übertragenden Rechtsträger tragende Gedanke an eine vergleichsweise einfach zu erreichende Haftungsbefreiung von Vorstand und Aufsichtsrat nicht die entstehenden Anfechtungsrisiken in Anbetracht der ohnehin geringen Haftungsrisiken aufwiegen.

C. Verschmelzungsbezogene Unterrichtung der Anteilsinhaber

Auch wenn eine Hauptversammlung beider beteiligter Rechtsträger des verschmelzungsrechtlichen Squeeze-out nicht erforderlich ist, ist dies nicht gleichbedeutend mit dem Entfall der Unterrichtung der Anteilsinhaber des übernehmenden Rechtsträgers hinsichtlich der wesentlichen Informationen über die Verschmelzung.[500] So entfällt mangels Hauptversammlung zwar der Rechte- und Pflichtenkanon des § 64 UmwG. Dennoch bedarf es weiterhin der Auslegung der in § 63 Abs. 1 UmwG aufgeführten Unterlagen für mindestens einen Monat zur Einsicht der Aktionäre in den Geschäftsräumen der Gesellschaft, womit in diesem Zusammenhang der Ort des Satzungssitzes der Gesellschaft gemeint ist.[501] Die Informationen sind insbesondere im Hinblick auf ein mögliches Minderheitsverlangen der Anteilsinhaber des übernehmenden Rechtsträgers gemäß § 62 Abs. 2 UmwG von Bedeutung und dienen der Sicherstellung einer hierfür erforderlichen hinreichenden Entscheidungsgrundlage. Die früher geführte Dis-

500 Für den übertragenden Rechtsträger ist ein solches dennoch aufgrund des Wortlauts sowie wegen teleologischer und historischer Gründe anzunehmen, vgl. hierzu ausführlich unten § 5 B. IV.

501 *Diekmann* in Semler/Stengel UmwG, § 63 UmwG, Rn. 9, *Simon* in Kölner Komm. z. UmwG, § 63 UmwG, Rn. 24; a.A. auf den Ort der Hauptverwaltung abstellend, *Grunewald* in Lutter UmwG, § 63 UmwG, Rn. 2; *Marsch-Barner* in Kallmeyer UmwG, § 63 UmwG, Rn. 2; vgl. ausdrücklich auf den Satzungssitz abstellend Art. 11 Abs. 1 VRL, so dass auf § 327c Abs. 3 AktG verwiesen werden kann, wonach für die Auslage auf den Sitz der Hauptverwaltung abgestellt wird und nicht auf den rechtlichen Sitz gemäß § 5 AktG, vgl. hierzu BGH, Urteil v. 22.03.2011 – II ZR 229/09, BGHZ 189, 32, 39 = NZG 2011, 669, der nur Vorschriften des AktG zitiert.

kussion um die vollumfängliche Entbehrlichkeit der nach § 63 Abs. 1 UmwG auszulegenden Unterlagen im Rahmen eines 100%igen Konzernverhältnisses ist durch die Einführung von § 62 Abs. 4 Satz 3 UmwG nunmehr obsolet geworden.[502] Der Gesetzgeber hat hiermit klargestellt, dass die Informations- und Bekanntmachungspflichten auch bei einer 100%igen Konzernverschmelzung zu erbringen sind und somit jedenfalls auch im Rahmen eines verschmelzungsrechtlichen Squeeze-out erfolgen müssen.[503]

Dabei handelt es sich im Gegensatz zu dem ursprünglichen Anwendungsbereich weniger um eine Vorabinformation als um eine nachträglich zu erbringende Informationspflicht. Denn die verschmelzungsbezogenen Informationen sind gemäß § 62 Abs. 5 Satz 3 UmwG i.V.m. § 62 Abs. 3 Satz 1 UmwG „einen Monat *nach* Abschluss des Verschmelzungsvertrags" zu erbringen und nicht „*vor* Beschlussfassung des übertragenden Rechtsträgers" oder „*von* der Einberufung der Hauptversammlung *an*".[504]

I. Informationspflichten gemäß § 63 Abs. 1 UmwG

1. Auszulegende Unterlagen

Grundsätzlich sind gemäß § 63 Abs. 1 Nr. 1 UmwG der Verschmelzungsvertrag oder sein Entwurf auszulegen. Da die Auslegungspflichten im Rahmen des verschmelzungsrechtlichen Squeeze-out gemäß § 62 Abs. 4 Satz 3 UmwG jedoch ab Abschluss des Verschmelzungsvertrags zu erfüllen sind und dieser somit zwangsläufig bereits bei Pflichterfüllung gemäß § 6 UmwG notariell beurkundet ist, wird vereinzelt angenommen, dass nur dieser in Erfüllung der Pflicht ausgelegt werden könne.[505] Dies überzeugt jedoch nicht, da noch in der Fassung des RefE neben dem Abschluss des Verschmelzungsvertrags als alternativer Anknüpfungspunkt die Aufstellung des Entwurfs vorgesehen war.[506] Man wird unterstellen müssen, dass dieser Anknüpfungspunkt nur aus Sorge um die Feststellung des genauen Zeitpunktes der Aufstellung des Entwurfs und damit verbundener Unsicherheiten nicht den Weg in die endgültige Gesetzesfassung gefun-

502 *Kiefner/Brügel*, AG 2011, 525, 530.

503 *Marsch-Barner* in Kallmeyer UmwG, § 62 UmwG, Rn. 30.

504 *Leitzen*, DNotZ 2011, 526, 535.

505 *Leitzen*, DNotZ 2011, 526, 535; *Mayer*, NZG 2012, 561, 569.

506 Vgl. auch die Begr. RefE, S. 11, wonach bereits die Begründung, anders als der Normtext, die Alternative der Aufstellung des Entwurfs nicht mehr ansprach.

den hat.[507] Die Möglichkeit, den einzelnen Pflichten bereits vor Abschluss des Verschmelzungsvertrags nachzukommen, sollte indes nicht verhindert werden, so dass den einzelnen Pflichten nach wie vor bereits vor Abschluss des Verschmelzungsvertrags – dann auf Basis des bloßen Entwurfs – nachgekommen werden kann.[508]

Weiterhin sind nach § 63 Abs. 1 Nr. 2 UmwG die Jahresabschlüsse sowie die Lageberichte aller beteiligten Rechtsträger für die letzten drei Geschäftsjahre auszulegen. Sofern jedoch ein beteiligter Rechtsträger noch nicht so lange existiert, genügt es, wenn die Jahresabschlüsse und Lageberichte der tatsächlich existenten Geschäftsjahre ausgelegt werden.[509] Der Jahresabschluss muss außerdem festgestellt und nicht bloß aufgestellt sein, denn erst die Feststellung fixiert seinen Inhalt.[510] Der Auslegung eines Konzernabschlusses bedarf es hingegen nicht.[511] Falls sich der letzte Jahresabschluss auf ein Geschäftsjahr bezieht, das mehr als sechs Monate vor dem Abschluss des Verschmelzungsvertrags oder der Aufstellung des Entwurfs abgelaufen ist, bedarf es gemäß § 63 Abs. 1 Nr. 3 der Aufstellung und Auslegung einer Zwischenbilanz. Diese muss auf einen Stichtag lauten, der nicht vor dem ersten Tag des dritten Monats liegt, der dem Abschluss des Verschmelzungsvertrags oder der Entwurfsaufstellung vorausgeht. Zwischen diesen beiden für die Fristberechnung relevanten Zeitpunkten besteht keine Alternativität. Im Rahmen einer nicht privilegierten regulären Verschmelzung ist vielmehr anerkannt, dass für den Anknüpfungspunkt der Fristberechnung entscheidend ist, in welcher Form der Vertrag nach § 63 Abs. 1 Nr. 1 UmwG ausgelegt wird.[512] Aufzustellen ist die Zwischenbilanz gemäß § 63 Abs. 2 Satz 1 UmwG nach den Vorschriften, die auf die letzte Jahresbilanz des

---

507 So auch *Freytag*, BB 2010, 2839, 2840 bezugnehmend auf das Schreiben des DNotarV z. RefE v. 29.4.2010, S. 5; hierzu auch *Ising*, NZG 2011, 1368, 1371.

508 So auch *Ising*, NZG 2011, 1368, 1370 f.; a.A. *Simon/Merkelbach*, DB 2011, 1317, 1320; *Leitzen*, DNotZ 2011, 526, 535.

509 *Simon* in Kölner Komm. z. UmwG, § 63 UmwG, Rn. 11; *Marsch-Barner* in Kallmeyer UmwG, § 63 UmwG, Rn. 3; *Diekmann* in Semler/Stengel UmwG, § 63 UmwG, Rn. 11, *Grunewald* in Lutter UmwG, § 63 UmwG, Rn. 3.

510 *Simon* in Kölner Komm. z. UmwG, § 63 UmwG, Rn. 15; *Marsch-Barner* in Kallmeyer UmwG, § 63 UmwG, Rn. 3; a.A. *Diekmann* in Semler/Stengel UmwG, § 63 UmwG, Rn. 12; *J. Vetter*, NZG 1999, 925, 928.

511 *Marsch-Barner* in Kallmeyer UmwG, § 63 UmwG, Rn. 3; *Simon* in Kölner Komm. z. UmwG, § 63 UmwG, Rn. 16; *Grunewald* in Lutter UmwG, § 63 UmwG, Rn. 3; a.A. *Diekmann* in Semler/Stengel UmwG, § 63 UmwG, Rn. 11.

512 *Marsch-Barner* in Kallmeyer UmwG, § 63 UmwG, Rn. 6; *Simon* in Kölner Komm. z. UmwG, § 63 UmwG, Rn. 19.

Rechtsträgers angewendet worden sind, womit ausschließlich die Bilanzvorschriften des HGB (§§ 242 ff. HGB) in Bezug genommen werden.[513] Das 3. UmwÄndG hat mit § 63 Abs. 2 Satz 5 und Satz 6 UmwG zwei Ausnahmen von der Auslegungspflicht einer Zwischenbilanz eingeführt.[514] So können die Anteilsinhaber gemäß § 63 Abs. 2 Satz 5 UmwG i.V.m. § 8 Abs. 3 UmwG zum einen auf die Auslegung verzichten, wobei sämtliche Anteilsinhaber aller an der Verschmelzung beteiligten Rechtsträger durch notarielle Erklärung verzichten müssen.[515] Zum anderen kann die Zwischenbilanz auch gemäß § 63 Abs. 2 Satz 6 UmwG durch einen Halbjahresfinanzbericht gemäß § 37w WpHG ersetzt werden.[516] In diesem Fall muss es sich um einen Emittenten handeln, dessen Aktien- oder Schuldtitel i.S.v. § 2 Abs. 1 Satz 1 WpHG an den regulierten Märkten handelbar sind.[517]

Wie bereits im Rahmen der Squeeze-out-spezifischen Informationspflichten nach § 327c Abs. 4 und 5 AktG, kann jeder Aktionär der beteiligten Rechtsträger auch hinsichtlich der nach § 63 Abs. 1 UmwG auszulegenden verschmelzungsbezogenen Unterlagen verlangen, dass ihm eine Abschrift der jeweiligen Unterlagen unverzüglich und kostenlos erteilt wird. Die Verpflichtungen nach § 63 Abs. 1 und 3 UmwG entfallen außerdem ganz, wenn die in § 63 Abs. 1 UmwG bezeichneten Unterlagen für den denselben Zeitraum, d.h., beim verschmelzungsrechtlichen Squeeze-out für einen Monat nach Abschluss des Verschmelzungsvertrags, über die Internetseite zugänglich sind.

2. Anwendbarkeit von Konzernprivilegien

Auszulegen sind gemäß § 63 Abs. 1 Nr. 4 UmwG grundsätzlich auch die von den Vertretungsorganen zu erstellenden Verschmelzungsberichte gemäß § 8 UmwG. Gleiches gilt aufgrund der gesetzlichen Anordnung des § 63 Abs. 1 Nr. 5 UmwG auch für die Prüfungsberichte der Verschmelzungsprüfer gemäß § 60 UmwG i.V.m. § 12 UmwG. Die Verschmelzungsberichte können nach § 8 Abs. 1 Satz 1 Halbsatz 2 UmwG von den Vertretungsorganen grundsätzlich auch gemeinsam erstattet werden, was zweckmäßig ist und rechtspraktisch der

513 *Müller* in Kallmeyer UmwG, § 63 UmwG, Rn. 10.

514 *Müller* in Kallmeyer UmwG, § 63 UmwG, Rn. 13.

515 Begr. RegE, BT-Drs. 17/3122, S. 14.

516 Begr. RegE, BT-Drs. 17/3122, S. 14.

517 *Heidelbach/Doleczik* in Schwark/Zimmer Komm. KapmR, § 37w WpHG, Rn. 2; *Müller* in Kallmeyer UmwG, § 63 UmwG, Rn. 13.

Regel entspricht.[518] Entsprechend bedarf es auch im Rahmen der Auslegung zur Information der Aktionäre lediglich dieses einen Verschmelzungsberichts.[519] Vergleichbares gilt für die Auslegung eines gemeinsamen Prüfungsberichts für die beteiligten Rechtsträger, wenn gemäß § 10 Abs. 1 Satz 2 UmwG auf gemeinsamen Antrag der Vertretungsorgane für alle beteiligten Rechtsträger ein gemeinsamer Verschmelzungsprüfer durch das Gericht bestellt wird.[520] Die hierfür erforderliche vorausgehende Einigung auf einen gemeinsamen Prüfer seitens der beteiligten Rechtsträger kann regelmäßig im Verschmelzungsvertrag festgehalten werden.[521] Zwar bedarf es damit regelmäßig nur eines gemeinsamen Verschmelzungsberichts und eines gemeinsamen Prüfungsberichts. Allerdings stellt sich für den verschmelzungsrechtlichen Squeeze-out bereits die Frage, ob diese überhaupt auszulegen sind. Dies wäre jedenfalls nicht der Fall, wenn es schon an der Notwendigkeit ihrer Erstellung mangelte. Ähnlich dem Konzernprivileg nach § 5 Abs. 2 UmwG wird daher die Notwendigkeit zur Auslegungspflicht hauptsächlich vor dem Hintergrund diskutiert, ob die Konzernprivilegien für 100%ige Konzernverhältnisse eingreifen, d.h. § 8 Abs. 3 UmwG für den Verschmelzungsbericht und § 12 Abs. 3 UmwG i.V.m. § 8 Abs. 3 UmwG für den Prüfungsbericht.

a) Meinungsstand

Wie schon zuvor im Rahmen von § 5 Abs. 2 UmwG wird von einem Teil der Literatur auch für die Konzernprivilegien des § 8 Abs. 3 UmwG, § 9 Abs. 2 UmwG und § 12 Abs. 3 UmwG i.V.m. § 8 Abs. 3 UmwG angenommen, dass trotz der gestaffelten Wirksamkeit des Ausschlusses der Minderheitsaktionäre einerseits und der Konzernverschmelzung andererseits nicht schon im Vorfeld der Anwendungsbereich anderer verschmelzungsrechtlicher Vorschriften eröffnet sei, die bei Vorliegen einer 100%igen Beteiligung bestimmte Erleichterungen vorsähen. Daher müsse neben der Erstellung eines Verschmelzungsberichts auch eine Verschmelzungsprüfung durchgeführt werden, auf Basis derer

518 *Lutter* Drygala in Lutter UmwG, § 8 UmwG, Rn. 12; *Marsch-Barner* in Kallmeyer UmwG, § 8 UmwG, Rn. 4; *Gehling* in Semler/Stengel UmwG, § 8 UmwG, Rn. 6.

519 *Marsch-Barner* in Kallmeyer UmwG, § 63 UmwG, Rn. 3.

520 *Zeidler* in Semler/Stengel UmwG, § 10 UmwG, Rn. 7; *Marsch-Barner* in Kallmeyer UmwG, § 63 UmwG, Rn. 3.

521 *Müller* in Kallmeyer UmwG, § 10 UmwG, Rn. 20.

dann ein Prüfungsbericht zu erstellen sei. Die Berichte müssten sodann mit den übrigen Unterlagen zur Information der Aktionäre ausgelegt werden.[522]

Die herrschende Ansicht tritt diesem Verständnis u.a. mit dem Hinweis auf die ursprüngliche Konzeption des verschmelzungsrechtlichen Squeeze-out in der Fassung des RefE und RegE entgegen. Danach hätte der Ausschluss der Minderheitsaktionäre bei dem übertragenden Rechtsträger in einem ersten Schritt vollständig durchgeführt werden sollen, bevor in einem zweiten Schritt der dann 100%ige übertragende Rechtsträger auf den übernehmenden Rechtsträger hätte verschmolzen werden können.[523] In diesem Fall wären die Konzernprivilegien des § 8 Abs. 3 Satz 1 UmwG, § 9 Abs. 2 UmwG und § 12 Abs. 3 i.V.m. § 8 Abs. 3 Satz 1 UmwG unproblematisch zur Anwendung gekommen und die Auslegung des Verschmelzungs- und Prüfungsberichts hätte unterbleiben können.[524] Von diesem grundsätzlichen Verständnis sei der Gesetzgeber auch nicht durch den erst in letzter Sekunde eingefügten Vorläufigkeitsvermerk des § 62 Abs. 5 Satz 7 UmwG abgerückt. Dieser dürfe daher nicht in der Weise fehlgedeutet werden, dass der Gesetzgeber die sonstigen Konzernerleichterungen habe suspendieren wollen. Auch die singuläre Klarstellung in § 62 Abs. 4 Satz 2 UmwG hinsichtlich der Entbehrlichkeit des Verschmelzungsbeschlusses des übertragenden Rechtsträgers dürfe nicht zu einem dahingehenden Umkehrschluss verleiten.[525] Die Implementierung des Vorläufigkeitsvermerks habe einzig der Verhinderung einer isolierten Durchführung des Squeeze-out ohne anschließende Konzernverschmelzung dienen sollen.[526] Da es schließlich auch nach der Gesetz gewordenen Konzeption des verschmelzungsrechtlichen Squeeze-out für eine juristische Sekunde zu einem 100%igen Konzernverhältnis komme, seien die Konzernprivilegien der § 8 Abs. 3 Satz 1 UmwG, § 9 Abs. 2 UmwG und § 12 Abs. 3 i.V.m. § 8 Abs. 3 Satz 1 UmwG zumindest entsprechend anwendbar.[527]

Entscheidend sei jedoch, dass die Anforderungen nach ihrem Sinn und Zweck nicht verlangt werden dürften. So bezwecke der Verschmelzungsbericht

---

522 *Neye/Kraft*, NZG 2011, 681, 683; *Leitzen*, DNotZ 2011, 526, 535; vorausgesetzt auch von *Müller* in Kallmeyer UmwG, § 9 UmwG, Rn. 12.

523 *Göthel*, ZIP 2011, 1541, 1546; vgl. auch Begr. RegE, BT-Drs. 17/3122, S. 13; Begr. RefE, S. 12.

524 *Mayer*, NZG, 561, 573; *Göthel*, ZIP 2011, 1541, 1546.

525 *Göthel*, ZIP 2011, 1541, 1546.

526 *Kiefner/Brügel*, AG 2011, 525, 528; *Mayer*, NZG, 561, 573; *Göthel*, ZIP 2011, 1541, 1546.

527 *Mayer*, NZG, 561, 573; *Göthel*, ZIP 2011, 1541, 1546; *Ziemons* in Nirk/Ziemons/Binnewies Hdb. AG, Teil I, Rn. 13.145.

ausschließlich den Schutz der Anteilsinhaber und nicht etwa der Gläubiger, was nicht zuletzt durch die in § 8 Abs. 3 UmwG vorgesehene Verzichtsmöglichkeit zum Ausdruck gebracht werde.[528] Gleiches gelte für die Verschmelzungsprüfung und den darauf basierenden Prüfungsbericht.[529] Aufgrund der regelmäßigen Entbehrlichkeit der Verschmelzungsbeschlüsse der beteiligten Rechtsträger im Rahmen des verschmelzungsrechtlichen Squeeze-out könnten weder der Verschmelzungsbericht noch der Prüfungsbericht samt Verschmelzungsprüfung ihrem eigentlichen Zweck (Vorbereitung der Aktionäre auf die Hauptversammlung) entsprechen.[530] Da außerdem ein Umtausch von Anteilen bei dem Verfahren nach § 62 Abs. 5 UmwG nicht stattfinde, entfalle von vornherein der zentrale Bestandteil dieser Aktionärsschutzinstrumente.[531] Die Verschmelzungs- und Prüfungsberichte würden demnach auch im Hinblick auf das Minderheitenrecht nach § 62 Abs. 2 UmwG nicht den gleichen Informationsgehalt wie im direkten Anwendungsfall von § 62 Abs. 3 UmwG aufweisen.[532]

Die Entbehrlichkeit dieser Anforderungen bestätige sich außerdem im Hinblick auf eine richtlinienkonforme Auslegung von Art. 28 VRL, der in seiner Gesamtheit zu einem Regelungsregime zwinge, unter dem die Anforderungen eines Verschmelzungsberichts, einer Verschmelzungsprüfung und eines Prüfungsberichts nicht auferlegt werden dürften und daher zwingend ausbleiben müssten. Unabhängig von der tatbestandlichen Erfüllung der entsprechenden Konzernprivilegien dürften die ihnen zugrunde liegenden Anforderungen nicht verlangt werden.[533] Denn abgesehen von der Frage, ob der Verschmelzungs- und Prüfungsbericht (ebenso wie die Durchführung einer Verschmelzungsprüfung) überhaupt zu erstellen seien, entfiele jedenfalls deren Auslegungspflichtigkeit. So verbiete die richtlinienkonforme Auslegung der relevanten Vorschriften die Auslegung der Verschmelzungs- und Prüfungsberichte, da Art. 28 VRL insgesamt die Nichtanwendbarkeit der Auslagepflichten bezüglich der Berichte an-

---

528 Vgl. hierzu allgemein *Gehling* in Semler/Stengel UmwG, § 8 UmwG, Rn. 2; *Lutter/Drygala* in Lutter UmwG, § 8 UmwG, Rn. 5; *K. Schmidt*, ZGR 1993, 366, 374 f.

529 *Göthel*, ZIP 2011, 1541, 1546.

530 *Kiefner/Brügel*, AG 2011, 525, 529; *Göthel*, ZIP 2011, 1541, 1546; *Marsch-Barner* in Kallmeyer UmwG, § 62 UmwG, Rn. 41 u. 30; i.E. auch *Goldenberg*, Der verschmelzungsrechtliche Squeeze-out, S. 248 f.

531 *Mayer*, NZG 2012, 561, 573; *Göthel*, ZIP 2011, 1541, 1546.

532 *Göthel*, ZIP 2011, 1541, 1546.

533 *Ziemons* in Nirk/Ziemons/Binnewies Hdb. AG, Teil I, Rn. 13.145; *Kiefner/Brügel*, AG 2011, 525, 528 f.; ähnlich *Mayer*, NZG 2012, 561, 573.

ordne.[534] Das überwiegende Schrifttum kommt nach alledem zu dem Schluss, dass eine Auslegung der Verschmelzungs- und Prüfungsberichte i.E. nicht erforderlich sei.[535]

b) Stellungnahme
aa) Verschmelzungsprüfung und Prüfbericht

Sofern vertreten wird, dass die Konzernprivilegien gemäß § 8 Abs. 3 Satz 1 UmwG, § 9 Abs. 2 UmwG und § 12 Abs. 3 i.V.m. § 8 Abs. 3 Satz 1 UmwG bereits deshalb eingreifen müssten, weil sich dies aus dem Sinn und Zweck der betroffenen Anforderungen ergebe, bedarf es entgegen dieses vermeintlichen Pauschalurteils einer differenzierenden Betrachtung. Für den Prüfungsbericht nach § 12 UmwG wird man einen fehlenden Sinn und Zweck im Rahmen des Verfahrens nach § 62 Abs. 5 UmwG in Abhängigkeit der Notwendigkeit einer durchzuführenden Verschmelzungsprüfung annehmen können. Greift demnach bereits das Konzernprivileg des § 9 Abs. 2 UmwG ein und wird die Verschmelzungsprüfung dadurch entbehrlich, entfällt zwangsläufig auch der Prüfungsbericht, so dass dieser in letzter Konsequenz auch nicht Gegenstand der nach § 63 Abs. 1 UmwG auszulegenden Unterlagen sein kann. Das für ihn geltende Konzernprivileg gemäß § 12 Abs. 3 UmwG i.V.m. § 8 Abs. 3 UmwG liefe in diesem Fall von vornherein ins Leere.[536] Damit kommt es hinsichtlich der Frage nach der Entbehrlichkeit des Prüfungsberichts gemäß § 12 Abs. 3 i.V.m. § 8 Abs. 3 UmwG auf die vorgelagerte Frage an, ob die Privilegierungswirkung des § 9 Abs. 2 UmwG auch im Rahmen des Verfahrens nach § 62 Abs. 5 UmwG eingreift. Die Untersuchung kann sich somit letztlich auf den Sinn und Zweck einer Verschmelzungsprüfung im Rahmen eines verschmelzungsrechtlichen Squeeze-out konzentrieren.

---

534 *Ziemons* in Nirk/Ziemons/Binnewies Hdb. AG, Teil I, Rn. 13.148, die hierfür jedoch auf Art. 1 VRL i.V.m. Art. 27 Abs. 1 lit. b Alt. 2 VRL verweist. Im Grunde ergibt sich die Nichtanwendbarkeit der Auslagepflicht hinsichtlich der Berichte jedoch für den Fall eines Sell-out aus Art. 28 Abs. 1 VRL und für den hier gegenständlichen Fall eines Squeeze-out mittelbar aus Art. 24 VRL, vgl. hierzu § 3 B. I. 2. b).

535 *Ziemons* in Nirk/Ziemons/Binnewies Hdb. AG, Teil I, Rn. 13.148; *Marsch-Barner* in Kallmeyer UmwG, § 62 UmwG, Rn. 40 u. 30; *Marsch-Barner* in Kallmeyer UmwG, § 8 UmwG, Rn. 39; *Göthel*, ZIP 2011, 1541, 1547; *Mayer*, NZG 2012, 561, 573; *Kiefner/Brügel*, AG 2011, 525, 529; *Heckschen*, NJW 2011, 2390, 2392; *Bungert/Wettich*, DB 2011, 1500, 1503.

536 *Lutter/Drygala* in Lutter UmwG, § 12 UmwG, Rn. 12; zustimmend *Müller* in Kallmeyer UmwG, § 12 UmwG, Rn. 15.

Im Rahmen dessen ergibt sich aufgrund des gestaffelten Eintritts der Wirksamkeit von Squeeze-out und Verschmelzung eine identische Wertung wie im Rahmen einer regulären 100%-Konzernverschmelzung. So fehlt es den Aktionären an einem schutzbedürftigen Interesse für eine objektive Verschmelzungsprüfung durch einen Sachverständigen.[537] Wie bereits für den notwendigen Inhalt des Verschmelzungsvertrags festgestellt, kommt es bei dem Verfahren nach § 62 Abs. 5 UmwG in keinem Zeitpunkt zu einem Umtausch von Anteilen. Damit entfällt zugleich die Grundlage der Notwendigkeit einer fachlichen und sachkundigen Angemessenheitsprüfung des Umtauschverhältnisses, da sich die Sachverständigenprüfung hauptsächlich hierauf bezieht. Das darüber hinaus (fortbestehende) Interesse an der Überprüfung der Vollständigkeit und Richtigkeit der Bestimmungen des Verschmelzungsvertrags erfordert jedenfalls keine sachverständige Prüfung und kann durch die Kontrolle des Registerrichters im Rahmen der Eintragung der Verschmelzung erfolgen.[538] Ohnehin handelt es sich bei der Überprüfung des Verschmelzungsvertrags um eine eher formale Prüfung, die nicht den wirtschaftlichen Sachverstand des Verschmelzungsprüfers erfordert. So wurde in der Vergangenheit bereits angeregt, diesen Teil der Prüfung ganz der registergerichtlichen Kontrolle zu unterstellen, auch weil es sich mehr um eine juristische als um eine wirtschaftliche Prüfungsaufgabe handelt.[539] Damit ist es durchaus sachgerecht, das Konzernprivileg des § 9 Abs. 2 UmwG jedenfalls im Rahmen des verschmelzungsrechtlichen Squeeze-out als entsprechend anwendbar zu erachten und von der Entbehrlichkeit einer Verschmelzungsprüfung auszugehen. Letzten Endes entfällt hiermit zugleich die Grundlage für einen üblicherweise nach § 12 UmwG zu erstellenden und nach § 63 Abs. 1 Nr. 5 i.V.m. § 60 UmwG i.V.m. § 12 UmwG auszulegenden Prüfungsbericht, so dass diesem im Rahmen eines verschmelzungsrechtlichen Squeeze-out keine Bedeutung zukommt.

bb) Verschmelzungsbericht

Für die Erstellung des Verschmelzungsberichts gestaltet sich die Betrachtung nicht ganz so eindeutig. Er dient der Information der Aktionäre darüber, ob die

537 Vgl. für die 100%-Konzernverschmelzung *Lutter/Drygala* in Lutter UmwG, § 9 UmwG, Rn. 16.

538 *Lutter/Drygala* in Lutter UmwG, § 9 UmwG, Rn. 16.

539 *Lutter/Drygala* in Lutter UmwG, § 9 UmwG, Rn. 9; vgl. vertiefend *Priester*, IDW 1993, 196, 207 f.

Verschmelzung wirtschaftlich sinnvoll und gesetzmäßig ist.[540] Dabei soll er die Aktionäre *ausführlich* informieren, damit diese eine ausreichende Entscheidungsbasis für die Ausübung ihres Stimmrechts im Rahmen des Verschmelzungsbeschlusses nach § 13 UmwG oder im Falle von § 62 Abs. 3 UmwG für die Ausübung des Minderheitenrechts nach § 62 Abs. 2 UmwG erlangen. Seine Schutzrichtung zielt somit ausschließlich auf die Aktionäre und nicht auf etwaige Gläubiger, was insbesondere durch die Verzichtsmöglichkeit aller Aktionäre gemäß § 8 Abs. 3 UmwG zum Ausdruck gebracht wird.[541] Ausführlich zu berichten gilt es gemäß § 8 Abs. 1 Satz 1 UmwG über die Verschmelzung, den Verschmelzungsvertrag im Einzelnen und insbesondere über das Umtauschverhältnis der Anteile sowie die Höhe einer anzubietenden Barabfindung. Für den Verschmelzungsvertrag muss daher jede einzelne Bestimmung erläutert werden, sofern es sich nicht um eine Standardklausel handelt.[542] Von besonderer Bedeutung sind für den Verschmelzungsbericht ebenfalls die vertraglichen Regelungen zum Umtauschverhältnis.[543] Da jedoch ein Umtausch von Anteilen nicht stattfindet und daher auch der Verschmelzungsvertrag bereits keine Angaben hierzu enthalten muss, bedarf es auch nicht deren Erläuterung.[544] Gleiches gilt für eine nach § 29 UmwG im Verschmelzungsvertrag gegebenenfalls vorzusehende Barabfindung. Auch diese muss im Rahmen des verschmelzungsrechtlichen Squeeze-out nicht in den Verschmelzungsvertrag mit aufgenommen werden, so dass eine Erläuterung ebenfalls ausscheidet.[545] So bezieht sich die Erläuterungspflicht des Verschmelzungsberichts auch nicht auf die Barabfindung nach § 327b Abs. 1 AktG anlässlich der infolge der Wirksamkeit des Ausschlusses der Minderheitsaktionäre übergehenden Aktien. Letztlich handelt es sich bei ihr

540 BGH, Urteil v. 22.5.1989 – II ZR 206/88, BGHZ 107, 296, 303; *Lutter/Drygala* in Lutter UmwG, § 8 UmwG, Rn. 12.

541 *Simon* in Kölner Komm. z. UmwG, § 8 UmwG, Rn. 3 f.; *Hommelhoff*, ZGR 1993, 452, 453; *Mertens*, AG 1990, 20, 22; *Gehling* in Semler/Stengel UmwG, § 8 UmwG, Rn. 2; *Lutter/Drygala* in Lutter UmwG, § 8 UmwG, Rn. 5; *Stratz* in Schmitt/Hörtnagl/Stratz UmwG/UmwStG, § 8 UmwG, Rn. 1.

542 *Gehling* in Semler/Stengel UmwG, § 8 UmwG, Rn. 21; *Marsch-Barner* in Kallmeyer UmwG, § 8 UmwG, Rn. 9.

543 Im Rahmen der Konzernverschmelzung zwischen zwei Aktiengesellschaften scheidet die zweite vom Gesetz vorgesehene Alternative „Angaben über die Mitgliedschaft bei dem übernehmenden Rechtsträger“ von vornherein aus, vgl. hierzu *Marsch-Barner* in Kallmeyer UmwG, § 8 UmwG, Rn. 10.

544 Zur Frage der Entbehrlichkeit von Angaben über den Umtausch von Anteilen im Verschmelzungsvertrag, vgl. § 6 A. II. 2.

545 Zur Frage der Entbehrlichkeit einer Barabfindung im Verschmelzungsvertrag gemäß § 29 UmwG, vgl. § 6 A. II. 3.

um keine verschmelzungsbezogene Barabfindung und auch ihre Erläuterung erfolgt bereits im Rahmen des Übertragungsberichts nach § 327c Abs. 2 Satz 1 AktG. Dem Schutzinteresse ist damit in ausreichendem Umfang Rechnung getragen.[546]

Das Konzernprivileg des § 8 Abs. 3 UmwG steht demnach unverkennbar im Kontext mit § 5 Abs. 2 UmwG. Der Gesetzgeber trifft letztlich die wertende Entscheidung, dass im Falle der Entbehrlichkeit der durch § 5 Abs. 2 UmwG suspendierten Bestandteile des Verschmelzungsvertrags und somit der Entbehrlichkeit dahingehender Erläuterungen im Verschmelzungsbericht das (fortbestehende) Interesse der Aktionäre an den übrigen üblicherweise in einem Verschmelzungsbericht zu erläuternden Informationen (Erläuterung des Verschmelzungsvertrags im Einzelnen, Folgen der Verschmelzung auf die künftige Beteiligung der Anteilsinhaber des übertragenden Rechtsträgers an dem übernehmenden Rechtsträger, Angaben zu verbundenen Unternehmen)[547] hinter dem Gesellschaftsinteresse der beteiligten Rechtsträger an einer Senkung des Verschmelzungsaufwands und der Verschmelzungskosten zurücktreten kann. Diese Wertentscheidung deckt sich ohne Weiteres mit der Intention des europäischen und deutschen Gesetzgebers für die Möglichkeit und Einführung eines verschmelzungsrechtlichen Squeeze-out. Aufgrund der vergleichbaren Interessenlage findet § 8 Abs. 3 UmwG folglich für das Verfahren nach § 62 Abs. 5 UmwG zumindest entsprechende Anwendung.

c) Zusammenfassende Würdigung

Damit lässt sich sowohl die Entbehrlichkeit der Erstellung eines Verschmelzungsberichts als auch die des Prüfungsberichts mit einer Analogie zu den jeweiligen Konzernprivilegien auf Basis ihres Sinn und Zwecks erklären. Darüber hinaus ist eine solche Auslegung auch zwingend, weil es sich um eine richtlinienkonforme Auslegung der Vorschriften in Verbindung mit dem Verfahren nach § 62 Abs. 5 UmwG handelt. Insoweit verlangt Art. 28 Abs. 2 VRL nach einer solchen Auslegung (sofern sie möglich ist), da dieser stets in der Gesamtschau mit Art. 24 VRL gesehen werden muss, wonach die in Art. 9 VRL und Art. 10 VRL beschriebenen Anforderungen nicht durch die Mitgliedstaaten auferlegt werden dürfen. Andernfalls müsste man zu dem Ergebnis gelangen, dass es sich bei § 62 Abs. 5 UmwG insgesamt um keine richtlinienkonforme Umset-

546 So auch *Göthel*, ZIP 2011, 1541, 1547.

547 Vgl. ausführlich hierzu *Marsch-Barner* in Kallmeyer UmwG, § 8 UmwG, Rn. 25 ff.

zung von Art. 28 Abs. 2 VRL handelte. Letzten Endes bedarf es damit weder der Erstellung eines Verschmelzungsberichts noch der Durchführung einer Verschmelzungsprüfung und der darauf basierenden Erstellung eines Prüfungsberichts. In der Folge kann auch keine Auslagepflicht der Berichte angenommen werden.

Für die potenzielle Auslegungspflicht gilt es insofern weiterführend, § 63 Abs. 1 Nr. 4 und 5 UmwG und dessen richtlinienkonforme Auslegung im Lichte von Art. 28 Abs. 2 VRL i.V.m. Art. 24 VRL i.V.m. Art. 11 Abs. 1 lit. d und e VRL zu beachten. Insofern wird die hierdurch bedingte Nichtanwendbarkeit der Auslagepflicht von den europarechtlich zwingenden Vorgaben verlangt, wonach die Mitgliedstaaten die Auslage eines Verschmelzungs- und Prüfungsberichts nicht vorsehen dürfen.

Ungeachtet des (zwingenden) Auslegungsergebnisses, kann gleichwohl nicht bestritten werden, dass erhebliche Restzweifel verbleiben und zwar sowohl hinsichtlich der Auslage des Verschmelzungs- als auch des Prüfungsberichts beziehungsweise des generellen Erfordernisses ihrer Erstellung im Hinblick auf eine einheitliche Registerpraxis, die aus diesem Grunde nicht ohne Weiteres gewährleistet ist.[548] Gerade im Hinblick hierauf bleibt zu befürchten, dass die jeweiligen Berichte sowie die Verschmelzungsprüfung von den Registergerichten vereinzelt verlangt werden.[549] Um unnötige Kosten und Verzögerungen von vornherein zu vermeiden, sollte daher eine frühzeitige Abstimmung mit den jeweiligen Registergerichten erfolgen. Erst wenn sich dabei abzeichnen sollte, dass die Unterlagen verlangt werden, bedarf es im Interesse eines komplikationslosen Transaktionsablaufs ihrer Erstellung, so dass sie dann auch mit ausgelegt werden könnten. Ausreichend wäre jedenfalls eine „abgespeckte" Version, die insbesondere frei von Angaben hinsichtlich des Umtausches von Anteilen sein könnte.[550] Insbesondere die aufwendige Angemessenheitsprüfung des Umtauschverhältnisses und die dazu erforderliche Unternehmensbewertung beider Rechtsträger könnten damit ohne Zweifel entfallen.

Der bestehenden Rechtsunsicherheit sollte der Gesetzgeber mit einer dem Vorbild des § 62 Abs. 4 Satz 2 UmwG entsprechenden Klarstellung für die Konzernprivilegien des § 8 Abs. 3 UmwG, § 9 Abs. 2 UmwG und § 12

---

548 Siehe hierzu die Feststellung von *Schockenhoff/Lumpp*, ZIP 2013, 749, 758, wonach in sämtlichen bisher bekannt gewordenen verschmelzungsrechtlichen Squeeze-out-Verfahren ein Verschmelzungsbericht und ein Prüfungsbericht angefertigt wurden.

549 So auch *Mayer*, NZG 2012, 561, 573; *Göthel*, ZIP 2011, 1541, 1547.

550 *Mayer*, NZG 2012, 561, 573.

Abs. 3 UmwG i.V.m. § 8 Abs. 3 UmwG entgegenwirken. Damit würde außerdem en passant das ursprüngliche Verständnis von der Zweigliedrigkeit (grundsätzliche Eigenständigkeit des Ausschluss- und des Konzernverschmelzungsverfahrens) des Verfahrens nach § 62 Abs. 5 UmwG verdeutlicht und ein zusätzlicher Beitrag für das hier zugrunde gelegte Verständnis des Vorläufigkeitsvermerks gemäß § 62 Abs. 5 Satz 7 UmwG geleistet werden. Sollte es abseits dessen dennoch zu einer Beschäftigung der Gerichte mit einem die Konzernprivilegien betreffenden Sachverhalt kommen, wird man eine Vorlagepflicht an den EuGH gemäß § 267 AEUV annehmen und ihm die Klärung einer mit der Verschmelzungsrichtlinie übereinstimmenden Auslegung des jeweiligen Konzernprivilegs überlassen müssen.[551]

II. Hinweisbekanntmachung gemäß § 62 Abs. 3 Satz 2 und 3 UmwG

Damit die Aktionäre des übernehmenden Rechtsträgers überhaupt Kenntnis von dem Verschmelzungsvorhaben erlangen können, bedarf es gleichzeitig mit der Auslage der Unterlagen nach § 63 Abs. 1 UmwG zwei voneinander zu unterscheidender Hinweisbekanntmachungen. So muss nach § 62 Abs. 5 Satz 3 UmwG i.V.m. § 62 Abs. 3 Satz 2 UmwG ein Hinweis auf die bevorstehende Verschmelzung in den Gesellschaftsblättern des übernehmenden Rechtsträgers bekannt gemacht werden. Zu den Gesellschaftsblättern zählt gemäß § 25 Satz 1 AktG jedenfalls der eBAnz. Daneben kann die Satzung außerdem nach § 25 Satz 2 AktG noch andere Blätter oder elektronische Informationsmedien als Gesellschaftsblätter bezeichnen. Inhaltlich muss die Bekanntmachung lediglich einen Hinweis auf das Verschmelzungsvorhaben und nach § 62 Abs. 3 Satz 3 UmwG auf das Recht eines Minderheitsverlangens gemäß § 62 Abs. 2 UmwG enthalten. Ein Hinweis auf die zur Einsicht in den Gesellschaftsräumen ausliegenden Unterlagen ist hingegen nicht vorgeschrieben, wobei ein solcher in der Regel zweckmäßig ist.[552]

Neben dieser Hinweisbekanntmachung in den Gesellschaftsblättern, muss der Vorstand gemäß § 62 Abs. 5 Satz 3 UmwG i.V.m. § 62 Abs. 3 Satz 2 UmwG den Verschmelzungsvertrag oder seinen Entwurf zum Handelsregister des übernehmenden Rechtsträgers einreichen. Das Registergericht hat daraufhin gemäß § 62 Abs. 5 Satz 3 UmwG i.V.m. § 62 Abs. 3 Satz 2 Halbsatz 2 UmwG i.V.m. § 61 Satz 2 UmwG einen Hinweis in den für die Bekannt-

551 Vgl. für § 8 UmwG, *Marsch-Barner* in Kallmeyer UmwG, § 8 UmwG, Rn. 37 m.w.N. in Fn. 1.

552 *Marsch-Barner* in Kallmeyer UmwG, § 62 UmwG, Rn. 16.

machung der Eintragungen bestimmten Blättern des zuständigen Handelsregisters bekanntzumachen, dass der Verschmelzungsvertrag oder sein Entwurf eingereicht worden ist.[553]

III. Anknüpfungspunkt der Monatsfrist

Mit der Entbehrlichkeit des Verschmelzungsbeschlusses bei der übertragenden Gesellschaft entfällt zugleich der letztmögliche Anknüpfungspunkt für die Monatsfrist zur Auslage der Unterlagen nach § 62 Abs. 3 UmwG. Der Gesetzgeber sieht deshalb für den verschmelzungsrechtlichen Squeeze-out in § 62 Abs. 5 Satz 3 UmwG eine Modifikation des fristauslösenden Zeitpunkts dahingehend vor, dass die in § 62 Abs. 3 UmwG genannten Verpflichtungen „nach Abschluss des Verschmelzungsvertrags für die Dauer eines Monats" zu erfüllen sind. Der Gesetzgeber hält sich damit innerhalb der europäischen Vorgaben von Art. 25 lit. a VRL, wonach eine Frist von mindestens einem Monat „vor dem Zeitpunkt, zu dem der Vorgang wirksam wird", verlangt wird. Insbesondere die als „unbedacht" beschriebene Feststellung in der Gesetzesbegründung[554], es handele sich dabei um eine Ereignisfrist i.S.v. § 187 Abs. 1 BGB, hat in der Literatur eine Diskussion über das genaue Verständnis dieser Frist entfacht.

1. Meinungsstand

So wird unter Hinweis auf die Gesetzesbegründung angenommen, dass der Wortlaut des Gesetzes „nach Abschluss des Verschmelzungsvertrags für die Dauer eines Monats" zwingend so zu verstehen sei, dass gemäß § 187 Abs. 1 BGB die Auslegung der Unterlagen gemäß § 62 Abs. 5 Satz 3 UmwG i.V.m. § 62 Abs. 3 Satz 1 UmwG i.V.m. § 63 Abs. 1 UmwG um 0 Uhr am Tag nach der notariellen Beurkundung des Verschmelzungsvertrags in den Geschäftsräumen des übernehmenden Rechtsträgers beginne und für einen Monat vorzunehmen sei.[555] Dies gewährleiste ein ohne Weiteres feststellbares und damit rechtssicheres Datum, an das der Pflichtenkatalog der Informations- und

553 *Rieger* in Widmann/Mayer UmwG, § 62 UmwG, Rn. 40.

554 Begr. RegE, BT-Drs. 17/3122, S. 12.

555 Grundlegend *Freytag*, BB 2010, 1611, 1613 f.; *Heckschen*, NZG 2010, 1041, 1043 f.; *Keller/Klett*, GWR 2010, 415, 416; dahingehend auch *Kraft/Redenius-Hövermann*, ZIP 2013, 961, 965.

Bekanntmachungspflichten des § 62 Abs. 3 UmwG angeknüpft werden könne.[556]

Die Gegenansicht geht von einem anderen Verständnis der Fristenregelung aus und verweist dabei hauptsächlich auf jene von ihren Widersachern aufgezeigten (aber hingenommenen) Schwierigkeiten, die es zu vermeiden gelte. Denn nach § 62 Abs. 5 Satz 3 UmwG i.V.m. § 62 Abs. 3 Satz 2 UmwG müssten die Hinweisbekanntmachung und die Einreichung des Verschmelzungsvertrags oder seines Entwurfs zum Register des übernehmenden Rechtsträgers *gleichzeitig* erfolgen, womit ebenfalls ersichtlich auf den Abschluss des Verschmelzungsvertrags als fristauslösendes Ereignis Bezug genommen werde.[557] Probleme ergäben sich nun vor allem für die Hinweisbekanntmachung, da diese zumindest (auch) in den eBAnz nach § 25 Satz 1 AktG eingerückt werden müsse. Wenn nun aber der Fristenlauf gemäß § 187 Abs. 1 BGB am Folgetag des Abschlusses des Verschmelzungsvertrags um 0 Uhr beginne, so bedeute dies für die Hinweisbekanntmachung, dass sie zu diesem Zeitpunkt bereits in den eBAnz eingerückt sein müsse.[558] Da die Einrückung eine Übermittlung der Daten bis spätestens 14:00 Uhr des Übermittlungstages beim Betreiber des eBAnz erfordere, damit spätestens am übernächsten Publikationstag die Veröffentlichung erfolgen könne, müsse generell eine Vorlaufzeit von zwei Tagen eingeplant werden. In letzter Konsequenz müsse damit das Verfahren der Hinweisbekanntmachung bereits vor dem eigentlichen Abschluss des Verschmelzungsvertrags initiiert werden, da andernfalls eine fristgerechte Veröffentlichung nicht sichergestellt sei.[559] Erscheine die Hinweisbekanntmachung dann auch noch zu spät, seien die betreffende Monatsfrist und das gesamte Fristenregime des § 62 Abs. 3 UmwG nicht mehr gewahrt. Eine Fehlerkorrektur sei dann nur denkbar, indem das gesamte Verfahren korrekt wiederholt werde, wozu schließlich auch der Neuabschluss des Verschmelzungsvertrags zähle.[560]

Es wird daher vertreten, dass dem Sinn und Zweck der Informations- und Bekanntmachungspflichten im Rahmen des verschmelzungsrechtlichen Squeeze-out ebenfalls entsprochen werde, wenn die Pflichten des § 62 Abs. 3 UmwG zu irgendeinem Zeitpunkt nach Abschluss des Verschmelzungsvertrags erfüllt

556 *Heckschen*, NJW 2010, 1041, 1043.

557 *Freytag*, BB 2010, 1611, 1614.

558 Vgl. für eine ausführliche Darstellung *Freytag*, BB 2010, 1611, 1613 f.

559 *Freytag*, BB 2010, 1611, 1614; ihm folgend *Heckschen*, NZG 2010, 1041, 1043 f.

560 *Freytag*, BB 2010, 1611, 1614.

würden.[561] Denn Ziel sei der Schutz des Minderheitsverlangens der Aktionäre der übernehmenden Gesellschaft nach § 62 Abs. 2 UmwG. Dafür müsse gewährleistet sein, dass eine Anmeldung der Verschmelzung nicht vor Ablauf der Frist von einem Monat nach Bekanntmachung erfolge, da die Hinweisbekanntmachung der effektiven Wahrnehmung des Minderheitenrechts nach § 62 Abs. 2 UmwG und der Möglichkeit der Kenntnisnahme der nach § 63 Abs. 1 UmwG auszulegenden Unterlagen diene. Es komme somit für den Schutz der Aktionäre weniger auf den Beginn als auf die Dauer der Pflichterfüllung an.[562] Außerdem entspreche ein solches Verständnis auch den Vorgaben des Art. 25 VRL, wonach lediglich eine Frist von mindestens einem Monat vor dem Zeitpunkt, zu dem der Vorgang zur Wirksamkeit gelange, verlangt werde.[563]

Teile dieser Auffassung schließen aus dem Wortlaut des § 62 Abs. 5 Satz 3 UmwG außerdem, dass der übernehmende Rechtsträger den Beginn der Monatsfrist durch die Hinweisbekanntmachung frei bestimmen könne.[564] Fristauslösendes Ereignis i.S.v. § 187 Abs. 1 BGB sei für die Auslegungspflichten des § 62 Abs. 3 Satz 1 i.V.m. § 63 Abs. 1 UmwG daher die Veröffentlichung der Hinweisbekanntmachung in den Gesellschaftsblättern und somit zumindest im eBAnz. Die Auslage der Unterlagen müsse erst ab diesem Zeitpunkt für die Dauer eines Monats erfolgen.[565] In der Wahl des Zeitpunkts für die Hinweisbekanntmachung sei die Gesellschaft demgegenüber völlig frei.[566] Wenn das Gesetz den Abschluss des Verschmelzungsvertrags in § 62 Abs. 4 Satz 3 UmwG erwähne, so werde damit lediglich zum Ausdruck gebracht, dass eine Erfüllung der Pflichten vor diesem Zeitpunkt nicht möglich sei.[567]

---

561 *Leitzen*, DNotZ 2011, 526, 536; *Simon/Merkelbach*, DB 2011 , 1317, 1319 f.; *Mayer*, NZG 2012, 561, 568 f; vgl. auch *Ising*, NZG 2011, 1368, 1372 f.; nicht eindeutig *Kiefner/Brügel*, AG 2011, 525, 531.

562 *Breschendorf/Wallner*, GWR 2011, 511, 513.

563 *Simon/Merkelbach*, DB 2011 , 1317, 1320.

564 *Marsch-Barner* in Kallmeyer UmwG, § 62 UmwG, Rn. 41 u. 31; *Mayer*, NZG 2012, 561, 569; so auch *Goldenberg*, Der verschmelzungsrechtliche Squeeze-out, S. 174 f.

565 *Wagner*, DStR 210, 1629, 1630; *Simon/Merkelbach*, DB 2011 , 1317, 1320; *Leitzen*, DNotZ 2011, 526, 536; *Erkens/Lakenberg*, Der Konzern, 392, 397; i.E. auch *Kiefner/Brügel*, AG 2011, 525, 531.

566 *Leitzen*, DNotZ 2011, 526, 536.

567 *Simon/Merkelbach*, DB 2011 , 1317, 1320.

2. Stellungnahme

Die leidenschaftliche Diskussion um den Anknüpfungspunkt der Monatsfrist lässt sich auf die Frage zurückführen, worin das fristauslösende Ereignis zu sehen ist. Die Einordnung der Monatsfrist des § 62 Abs. 5 Satz 3 UmwG als Ereignisfrist steht einem praktikablen Fristenregime jedenfalls nicht von vornherein entgegen. Es verwundert daher wenig, dass sich das gesamte Schrifttum in diesem Punkt einig zu sein scheint und durchweg von einer Ereignisfrist ausgeht. Insofern ist auch die kritisierte gesetzgeberische Feststellung in den Gesetzgebungsmaterialien allein auf diese allgemein anerkannte Einordnung beschränkt. Eine darüber hinausgehende Aussage, insbesondere worin das fristauslösende Ereignis im Sinne des § 187 Abs. 1 BGB zu sehen ist, folgt auch aus ihr nicht ohne Weiteres.

Für den Abschluss des Verschmelzungsvertrags als fristauslösendes Ereignis spricht die ebenfalls in den Gesetzgebungsmaterialien auftauchende Bemerkung, dass an den Abschluss des Verschmelzungsvertrags nach § 4 Abs. 1 UmwG angeknüpft werden solle, da die formelle Bezugnahme auf die Eintragung in das Handelsregister gemäß den §§ 19, 20 UmwG nicht praktikabel sei.[568] Dies scheint prima facie für den Abschluss des Verschmelzungsvertrags zu sprechen, da zumindest ein rechtssicher bestimmbarer Zeitpunkt vorliegen würde. Allerdings führte dies zu den insbesondere von *Freytag* vorgetragenen, teils unüberwindbaren, praktischen Problemen. Dabei wäre es weniger von Gewicht, dass die Hinweisbekanntmachung bereits vor Abschluss des Verschmelzungsvertrags vorgenommen werden müsste, da es für diese schon bisher ausreichend war, dass eine vereinfachte Konzernverschmelzung zwar geplant ist, die Voraussetzungen aber noch nicht allesamt vorliegen und erst in der Zukunft geschaffen werden.[569] Entscheidender sind die drohenden Konsequenzen einer nicht ordnungsgemäßen Erfüllung der Auslagepflicht. Es muss befürchtet werden, dass u.U. der Verschmelzungsvertrag erneut abgeschlossen werden und der Pflichtenkatalog des § 62 Abs. 3 UmwG insgesamt wiederholt werden müsste, da die Verschmelzung andernfalls nicht eintragungsfähig wäre.[570]

---

568 Begr. RegE, BT-Drs. 17/3122, S. 13.

569 *Rieger* in Widmann/Mayer UmwG, § 62 UmwG, Rn. 37.

570 *Rieger* in Widmann/Mayer UmwG, § 62 UmwG, Rn. 50, wonach dies zumindest für die Informationspflichten des § 62 Abs. 3 UmwG anzunehmen sei, jedoch nicht für die Einreichungspflicht gemäß § 62 Abs. 3 Satz 2 Halbsatz 1 UmwG; für ein vollumfängliches Eintragungshindernis aber *Grunewald* in Lutter UmwG, § 62 UmwG, Rn. 12; ein solches ablehnend *Schockenhoff/Lumpp*, ZIP 2013, 749, 758.

Es ist daher mit dem überwiegenden Schrifttum davon auszugehen, dass die Informationspflichten auch noch irgendwann nach Abschluss des Verschmelzungsvertrags erbracht werden können. Auch diese Auslegung ist von dem Wortlaut gedeckt. Allerdings verdient es keine Zustimmung, nunmehr die Hinweisbekanntmachung zwingend als fristauslösendes Ereignis für die nach § 63 Abs. 1 UmwG auszulegenden Unterlagen anzusehen, während der Zeitpunkt der Hinweisbekanntmachung selbst völlig frei bestimmt werden kann. Eine solche Sonderstellung der Hinweisbekanntmachung gegenüber den übrigen Pflichten hätte nur dann angenommen werden können, wenn sich der Reformvorschlag des Deutschen Notarvereins durchgesetzt hätte, den er in seiner Stellungnahme zu dem RefE für das 3. UmwÄndG vorbrachte. In diesem hob er die Hinweisbekanntmachung gegenüber den übrigen Pflichten des § 62 Abs. 3 UmwG ausdrücklich hervor und formulierte, dass

> *„Absatz 3 […] mit der Maßgabe [gelten soll], dass die dort genannten Verpflichtungen nach Abschluss des Verschmelzungsvertrags oder nach der Bekanntmachung nach Absatz 3 Satz 2 für die Dauer eines Monats zu erfüllen sind“.*[571]

Da jedoch zu befürchten war, dass die Erfüllung der Hinweisbekanntmachungspflicht nach Absatz 3 Satz 2 (zugleich) zirkulär an sich selbst geknüpft worden wäre, fand der Vorschlag schließlich nicht den Weg in die endgültige Gesetzesfassung.[572] Überzeugenderweise ist daher nicht nur der Zeitpunkt der Hinweisbekanntmachung als frei bestimmbar zu erachten, sondern Gleiches für die übrigen von § 62 Abs. 3 UmwG erfassten Pflichten anzunehmen. Diesen kann somit in dem nach Abschluss des Verschmelzungsvertrags aufgehenden Zeitfenster, bis zur Anmeldung der Verschmelzung zur Eintragung in das Handelsregister des übernehmenden Rechtsträgers, zu grundsätzlich unterschiedlichen Zeitpunkten nachgekommen werden.[573] Mit dem Nachkommen der einzelnen Pflichtforderung beginnt aber noch keine jeweils eigenständige Monatsfrist.[574] Die von § 62 Abs. 5 Satz 3 UmwG geforderte Monatsfrist wird vielmehr erst im Zeitpunkt des erstmaligen *gleichzeitigen* Nachkommens aller Informations- und Bekanntmachungspflichten in Gang gesetzt. Dass sämtliche Pflichten für einen Monat gleichzeitig erfüllt sein müssen, ergibt sich mittelbar aus § 62

571 Schreiben des DNotarV z. RefE v. 29.4.2010, S. 5.

572 *Freytag*, BB 2010, 2839, 2840.

573 Für die Erfüllbarkeit der Informations- und Bekanntmachungspflichten erst ab der Beurkundung des Verschmelzungsvertrags vgl. auch *Mayer*, NZG 2012, 561, 569; *Simon/Merkelbach*, DB 2011 , 1317, 1320.

574 Vgl. *Ising*, NZG 2011,1368, 1372, der eine solche Annahme unterstellt, wenn nicht der Abschluss des Verschmelzungsvertrags das fristauslösende Ereignis sei.

Abs. 3 Satz 2 UmwG. Diese Sichtweise verfängt auch nicht bei Blick auf das Verständnis von dessen originärem Anwendungsbereich, wonach aus dem Begriff *gleichzeitig* lediglich keine Konnexität im Sinne eines gleichzeitigen Beginns der Pflichterfüllung gefolgert wird. Denn auch insoweit wird klargestellt, dass insbesondere der letzte Tag der Auslegung derjenige vor dem Tag der Hauptversammlung sei und während dieser Zeit die übrigen Pflichten ebenfalls erfüllt sein müssten.[575] Der Aussagegehalt beschränkt sich daher darauf, dass sämtliche Pflichten auch länger als einen Monat erfüllt werden können, die auf die Monatsfrist anrechenbare Zeitspanne allerdings ausschließlich in dem Zeitraum eines Monats vor dem fristauslösenden Ereignis liegt, in dem die Pflichten allesamt erfüllt sein müssen. Dem Gleichzeitigkeitserfordernis wird somit reflexartig durch die Berechnung der Rückwärtsfrist entsprochen, da andernfalls erst gar keine Pflichterfüllung vorläge.

Da ein gesetzlich festgeschriebener Anknüpfungspunkt der Ereignisfrist im Rahmen von § 62 Abs. 5 Satz 3 UmwG nach dem hier zugrunde gelegten Verständnis fehlt, kann dem Gleichzeitigkeitserfordernis nur aus sich heraus entsprochen werden. Entsprechend beginnt die Monatsfrist des § 62 Abs. 5 Satz 3 UmwG erst mit erstmaliger Erfüllung sämtlicher Pflichten. In dem erstmaligen, gleichzeitigen Nachkommen aller Pflichten ist daher das fristauslösende Ereignis zu sehen. Die Fristberechnung erfolgt auch in diesem Fall wegen des Prinzips der Zivilkomputation nach §§ 187 Abs. 1, 188 Abs. 2 BGB. Bei einem solchen Verständnis wird auch dem Sinn und Zweck der Hinweisbekanntmachung entsprochen, der in der effektiven Wahrnehmung des Minderheitenrechts nach § 62 Abs. 2 UmwG liegt, wozu eine gleichzeitige Möglichkeit der Kenntnisnahme der nach § 63 Abs. 1 UmwG auszulegenden Unterlagen erforderlich ist.[576]

Diese Sichtweise unterscheidet sich von der herrschenden Ansicht letztlich nur insofern, als der Pflicht zur Hinweisbekanntmachung keine Sonderstellung gegenüber den übrigen Pflichten eingeräumt wird. Gleichwohl hat es der Rechtsanwender in der Hand, die Monatsfrist mit der Hinweisbekanntmachung beginnen zu lassen, indem er die dafür erforderlichen Unterlagen erst unmittelbar mit oder unwesentlich vor der Auslage der notwendigen Unterlagen nach § 63 Abs. 1 UmwG an den Betreiber des eBAnz übermittelt. In diesem Fall wird die Einrückung im eBAnz regelmäßig das fristauslösende Ereignis darstellen.

---

575 *Rieger* in Widmann/Mayer UmwG, § 62 UmwG, Rn. 53 u. 55.

576 So auch *Leitzen*, DNotZ 2011, 526, 536, obwohl die Hinweisbekanntmachung selbst nicht zwingend einen Hinweis auf die Auslage der Unterlagen enthalten muss.

3. Rückwärtsfrist als alternatives Konzept de lege ferenda?

Wenn vereinzelt bedauert wird, dass der Gesetzgeber solche Auslegungsschwierigkeiten mit einer Monatsfrist vor Anmeldung der Verschmelzung zum Register der übernehmenden Gesellschaft hätte vermeiden können, so muss dem jedenfalls für den verschmelzungsrechtlichen Squeeze-out widersprochen werden. Denn insofern käme es tatsächlich zu den vom Gesetzgeber befürchteten praktischen Problemen, da sich weder der Zeitpunkt der Eintragung der Verschmelzung in das Handelsregister des übernehmenden Rechtsträgers[577] noch der Zeitpunkt der Anmeldung der Verschmelzung zur Eintragung in das Handelsregister des übernehmenden Rechtsträgers[578] exakt prognostizieren ließen. Der Zeitpunkt der Eintragung der Verschmelzung in das Handelsregister des übernehmenden Rechtsträgers kann ohnehin nicht entscheidend sein, da ein Minderheitsverlangen nach § 62 Abs. 2 UmwG nur bis zur Anmeldung möglich ist, da insofern nach § 62 Abs. 3 Satz 5 UmwG die Erklärung abzugeben ist, ob ein solcher Antrag gestellt worden ist.

Aber auch der Zeitpunkt der Anmeldung der Verschmelzung zur Eintragung in das Handelsregister des übernehmenden Rechtsträgers ist ungleich praktikabler. Denn insoweit müsste jedenfalls eine wirksame Anmeldung vorausgesetzt werden. Wenn aber angenommen wird, dass eine wirksame Anmeldung der Verschmelzung zum Handelsregister des übernehmenden Rechtsträgers erst nach Eintragung des Squeeze-out samt des nach § 62 Abs. 5 Satz 7 UmwG erforderlichen Vorläufigkeitsvermerks in das Handelsregister möglich ist, folgt aus der nicht vorhersagbaren Dauer bis zur Eintragungsentscheidung des Registerrichters zugleich die Unbestimmbarkeit des Zeitpunkts der Anmeldung der Verschmelzung beim übernehmenden Rechtsträger.[579] Für diesen Fall könnte auch die Pflichterfüllung nach § 62 Abs. 3 UmwG kaum praktikabel an diesen Zeitpunkt angeknüpft werden.

Der Rechtsanwender hätte sich zu entscheiden. Wollte er eine möglichst schnelle Durchführung des gesamten verschmelzungsrechtlichen Squeeze-out, müsste er mit der Pflichterfüllung bereits spätestens bei Anmeldung des Squeeze-out zur Eintragung in das Handelsregister beginnen und insbesondere die

---

577 Vgl. hierfür Begr. RegE, BT-Drs. 17/3122, S. 12.

578 Anders *Ising*, NZG 2011, 1368, 1374; bereits vor Abschluss des Gesetzgebungsverfahrens *Freytag*, BB 2010, 2839; 2841.

579 Zur Frage, ob der Übertragungsbeschluss samt Vorläufigkeitsvermerk bei der Anmeldung der Verschmelzung zum Handelsregister des übernehmenden Rechtsträgers bereits vorliegen muss, vgl. § 6 E. II. 1.

Auslagepflicht bis zur Anmeldung der Verschmelzung zur Eintragung in das Handelsregister des übernehmenden Rechtsträgers quasi auf Vorrat aufrechterhalten. Nur dann wäre sichergestellt, dass die Verschmelzung unmittelbar nach Eintragung des Squeeze-out (auch) beim übernehmenden Rechtsträger zur Eintragung angemeldet werden könnte. Ein solches Prozedere wäre mit einer erhöhten Wahrscheinlichkeit für Fehler während des Auslageverfahrens behaftet, so dass die Pflichten insgesamt drohten wiederholt werden zu müssen. Würde eine solche Pflichterfüllung auf Vorrat indes nicht vorgenommen, käme die Monatsfrist einer Sperrfrist gleich, da die Anmeldung der Verschmelzung zwingend erst einen Monat nach Eintragung des Squeeze-out und Pflichterfüllung vorgenommen werden könnte und somit zu einer unnötigen Verzögerung des gesamten verschmelzungsrechtlichen Squeeze-out-Verfahrens führen würde. Eine solche Rückwärtsfrist wäre für den verschmelzungsrechtlichen Squeeze-out daher letzten Endes verfahrensverzögernd. Der Gesetz gewordene Wortlaut der Vorschrift ermöglicht demgegenüber nach dem hier vertretenen Verständnis eine flexible Pflichterfüllung im Zeitfenster zwischen Abschluss des Verschmelzungsvertrags und Anmeldung der Verschmelzung zur Eintragung in das Handelsregister des übernehmenden Rechtsträgers.

IV. Entbehrlichkeit der Informations- und Bekanntmachungspflichten beim übertragenden Rechtsträger

Teilweise wird angenommen, dass sich die Informations- und Bekanntmachungspflichten des § 62 Abs. 3 UmwG auch für den übertragenden Rechtsträger stellen würden und dies auf § 62 Abs. 5 Satz 3 UmwG zurückzuführen sei, während sich die Pflichten des übernehmenden Rechtsträgers auch im Rahmen des verschmelzungsrechtlichen Squeeze-out aus § 62 Abs. 4 Satz 3 UmwG ergeben würden.[580] Hierbei wird jedoch die notwendige Differenzierung hinsichtlich der Regelungsbereiche von § 62 Abs. 4 UmwG und § 62 Abs. 5 UmwG vernachlässigt. So behandelt § 62 Abs. 4 UmwG im Grunde allein den Fall einer 100%-Konzernverschmelzung, während § 62 Abs. 5 UmwG ausschließlich den verschmelzungsrechtlichen Squeeze-out regelt. Daran hat auch die Einführung von § 62 Abs. 4 Satz 2 UmwG nichts geändert, auch wenn es sich um eine den verschmelzungsrechtlichen Squeeze-out betreffende Regelung und damit quasi um einen Fremdkörper in § 62 Abs. 4 UmwG handelt. Es wird allein die Entbehrlichkeit eines Verschmelzungsbeschlusses des übertragenden Rechtsträgers

580 So *Mayer*, NZG 2012, 561, 569.

klargestellt, so dass an dem grundsätzlichen Regelungsbereich der Absätze nichts geändert wird.

Der Verweis des § 62 Abs. 5 Satz 3 UmwG auf den Pflichtenkatalog des § 62 Abs. 3 UmwG wäre demnach im Grundsatz entbehrlich, da sich das gleiche beim verschmelzungsrechtlichen Squeeze-out bereits mittelbar über § 62 Abs. 4 Satz 3 UmwG ergibt. Dennoch handelt es sich um die für den verschmelzungsrechtlichen Squeeze-out speziellere Vorschrift. Es stellt sich aber die Frage, aus welcher Vorschrift die Pflichten im Rahmen einer originären 100%-Konzernverschmelzung für den übertragenden Rechtsträger folgen sollen. Keinesfalls käme § 62 Abs. 5 Satz 3 UmwG in Betracht, da es sich hierbei ersichtlich um eine ausschließlich das verschmelzungsrechtliche Squeeze-out-Verfahren betreffende Regelung handelt. Da aber keine andere Regelung ersichtlich ist und § 62 Abs. 4 Satz 3 UmwG für die übernehmende Gesellschaft gilt, würde der übertragende Rechtsträger in der Konsequenz von den Pflichten nach § 62 Abs. 3 UmwG frei werden, während er beim verschmelzungsrechtlichen Squeeze-out solche zu erfüllen hätte. Das angestrebte Ergebnis einer Gleichstellung einer 100%-Konzernverschmelzung und einer Konzernverschmelzung mit vorgeschaltetem verschmelzungsrechtlichem Squeeze-out würde somit konterkariert.

Nicht zuletzt handelt es sich bei § 62 Abs. 3 UmwG auch um eine auf den übernehmenden Rechtsträger zugeschnittene Vorschrift, da sie der effektiven Wahrnehmung des Minderheitsverlangens nach § 62 Abs. 2 UmwG zu dienen bestimmt ist. Ein solches Minderheitsverlangen kann seitens der Aktionäre des übertragenden Rechtsträgers aber schon gar nicht gestellt werden. Eine vertiefende Information über die Verschmelzung und eine damit einhergehende Auslage der Unterlagen nach § 63 Abs. 1 UmwG ist daher gar nicht nötig. Der übernehmende Rechtsträger wird als Alleinaktionär des übertragenden Rechtsträgers und als dessen Vertragspartner indes Kenntnis von dem Verschmelzungsvorhaben und dem Verschmelzungsvertrag haben, so dass auch die Hinweisbekanntmachungen ihrem Zweck nach überflüssig werden. Auch die von § 62 Abs. 3 UmwG vorgesehenen besonderen Anforderungen an die Anmeldung zum Handelsregister betreffen ausschließlich den übernehmenden Rechtsträger.[581] Dass sich dies im Rahmen einer 100%-Konzernverschmelzung und eines verschmelzungsrechtlichen Squeeze-out ändern soll, überzeugt nicht. Festzuhalten ist daher, dass sowohl § 62 Abs. 4 Satz 3 UmwG als auch § 62 Abs. 5

581 Vgl. *Rieger* in Widmann/Mayer UmwG, § 62 UmwG, Rn. 46 f.

Satz 3 UmwG ausschließlich die Pflichterfüllung des übernehmenden Rechtsträgers nach § 62 Abs. 3 UmwG sicherstellen wollen.

V. Zusammenfassende Würdigung

Hinsichtlich der verschmelzungsbezogenen Unterrichtung der Anteilsinhaber gilt es somit bei der Transaktionsplanung zu beachten, welche Unterlagen und wann diese ausgelegt werden müssen. Hinsichtlich des Umfangs der Hinweis- und Bekanntmachungspflichten konnte gezeigt werden, dass weder der Verschmelzungs- noch der Prüfbericht erstellt beziehungsweise ausgelegt werden müssen. Für die übrigen nach § 63 Abs. 1 UmwG auszulegenden Unterlagen gilt es in Abweichung zu den bisher im Schrifttum diskutierten Zeitpunkten, die Monatsfrist an den Zeitpunkt anzuknüpfen, zu dem allen Auslegungsverpflichtungen erstmalig simultan nachgekommen wird. In der erstmaligen gleichzeitigen Pflichterfüllung ist sodann das fristauslösende Ereignis zu sehen, von dem an die Monatsfrist nach § 187 Abs. 1 BGB zu berechnen ist und während derer die Pflichten (weiterhin) erfüllt werden müssen. Dieses Verständnis grenzt sich von der herrschenden Ansicht insbesondere dadurch ab, als es der Hinweisbekanntmachung keine Sonderrolle gegenüber den sonstigen Pflichten zuweist, die ihr in Anbetracht der im Gesetzgebungsprozess unberücksichtigt gebliebenen Stellungnahme des DAV nach dem Willen des Gesetzgebers ersichtlich nicht zukommen sollte. Außerdem wird auf diese Weise eine flexible Handhabung des Fristenregimes ermöglicht, wodurch die von der Mindermeinung akzeptierten, aus der für die Einrückung in den eBAnz benötigten Vorlaufzeit resultierenden, rechtspraktischen Probleme vermieden werden.

Ein so verstandenes Fristenregime bietet auch gegenüber einer Monatsfrist *vor* Anmeldung der Verschmelzung zum Register des übernehmenden Rechtsträgers entscheidende Vorteile, so dass der Gesetzgeber an dieser Stelle nicht der Forderung des überwiegenden Schrifttums nach einer solchen Rückwärtsfrist Folge leisten sollte. Letztlich würde eine solche Rückwärtsfrist, aufgrund der Unbestimmbarkeit des Zeitpunkts der Eintragung des Übertragungsbeschlusses, die nach hier vertretener Auffassung[582] als zwingende Voraussetzung für eine wirksame Anmeldung der Verschmelzung beim übernehmenden Rechtsträger anzusehen ist, entweder zu einer Sperrfirst oder zu einer Pflichterfüllung auf Vorrat zwingen.

582 Vgl. hierzu ausführlich § 6 E. II. 1.

D. Beteiligung der Betriebsräte

Nach § 5 Abs. 3 UmwG ist in Verknüpfung mit dem Inhalt des Verschmelzungsvertrags nach § 5 Abs. 1 Nr. 9 UmwG die Zuleitung des Verschmelzungsvertrags oder seines Entwurfs an den zuständigen Betriebsrat[583] jedes an der Verschmelzung beteiligten Rechtsträgers erforderlich, um ihnen die Möglichkeit zu geben, Einwendungen gegen das Verschmelzungsvorhaben geltend zu machen.[584] Das Fehlen der Zuleitung führt auch hier abseits eines möglichen Verzichts oder des Nichtbestehens eines Betriebsrats zu einem Eintragungshindernis der Verschmelzung.[585] Im ursprünglichen Anwendungsbereich der Vorschrift wird die Zuleitungsverpflichtung an die Hauptversammlung des Rechtsträgers geknüpft, dessen Betriebsrat der Verschmelzungsvertrag oder sein Entwurf zugeleitet werden soll. Im Rahmen der vereinfachten Konzernverschmelzung nach § 62 Abs. 1 UmwG wird die Zuleitungsverpflichtung – auch gegenüber dem zuständigen Betriebsrat des übernehmenden Rechtsträgers – an die Hauptversammlung des übertragenden Rechtsträgers angeknüpft.[586] Dieser Anknüpfungspunkt entfällt jedoch im Rahmen des verschmelzungsrechtlichen Squeeze-out, da keinerlei Verschmelzungsbeschluss der beteiligten Rechtsträger erforderlich ist. § 62 Abs. 5 Satz 4 UmwG sieht deshalb für die Zuleitungsverpflichtung nach § 5 Abs. 3 UmwG vor, dass sie *spätestens bei Beginn dieser Frist* nach § 62 Abs. 5 Satz 3 UmwG zu erfüllen ist.

Unstrittig sollte aufgrund des Wortlauts *spätestens* die Zuleitungsverpflichtung bereits vor Abschluss des Verschmelzungsvertrags und somit auf Basis des bloßen Entwurfs erfüllt werden können. Der Wortlaut ist insoweit eindeutig.[587] Zu fragen gilt es allein, wann die Zuleitungsverpflichtung letztmöglich erfüllt werden kann, wobei nach wie vor die Monatsfrist des § 5 Abs. 3 UmwG zu be-

---

583 Welcher Betriebsrat gemeint ist, ergibt sich aus der betriebsverfassungsrechtlichen Kompetenzverteilung; vgl. *Mayer* in Widmann/Mayer UmwG, § 5 UmwG, Rn. 252; *Simon* in Semler/Stengel UmwG, § 5 UmwG, Rn. 142; *Lutter/Drygala* in Lutter UmwG, § 5 UmwG, Rn. 106.

584 *Willemsen* in Kallmeyer UmwG, § 5 UmwG, Rn. 74.

585 *Mayer* in Widmann/Mayer UmwG, § 5 UmwG, Rn. 262 bis 266; *Lutter/Drygala* in Lutter UmwG, § 5 UmwG, Rn. 109; *Willemsen* in Kallmeyer UmwG, § 5 UmwG, Rn. 74.

586 Vgl. statt vieler *Mayer* in Widmann/Mayer UmwG, § 5 UmwG, Rn. 257; diese Praxis wird auch von dem Rechtsausschuss in seiner Beschlussempfehlung zu dem RegE des 3. UmwÄndG als sachgerecht eingestuft, wonach es keiner diesbezüglichen zusätzlichen Regelung bedürfe; vgl. hierzu auch *Göthel*, ZIP 2011, 1541, 1548; *Mayer*, NZG 2012, 561, 573 Fn. 99; *Simon/Merkelbach*, DB 2011 , 1317, 1320.

587 *Ising*, NZG 2011, 1368, 1372.

achten ist. Die Kontroversen um das Fristenregime des § 62 Abs. 5 Satz 3 UmwG i.V.m. § 62 Abs. 3 UmwG setzen sich daher an dieser Stelle entsprechend fort. Je nachdem welchen Zeitpunkt man dort als fristauslösendes Ereignis ansieht, gilt dieser auch als letztmöglicher Zeitpunkt der Betriebsratszuleitung.[588] Sofern der Abschluss des Verschmelzungsvertrags als fristauslösendes Ereignis angesehen wird, erfolgt damit eine faktische Verpflichtung zur Zuleitung des Entwurfs, womit der letztmögliche gesetzlich zulässige Zeitpunkt der Betriebsratszuleitung nach § 62 Abs. 5 Satz 4 UmwG unweigerlich nach vorn verlagert würde. Andernfalls müsste sichergestellt sein, dass der Vorsitzende des Betriebsrats oder dessen Stellvertreter bei der Beurkundung anwesend ist, damit eine fristgerechte Zuleitung überhaupt möglich ist.[589] Auch dieses Problem unterstreicht abermals das für das Fristenregime von § 62 Abs. 5 Satz 3 und 4 UmwG oben aufgezeigte flexible Verständnis und insbesondere die Ablehnung des Verschmelzungsvertrags als fristauslösendes Ereignis.[590] Ähnlich wie im Rahmen von § 62 Abs. 5 Satz 3 UmwG, erfasst § 62 Abs. 5 Satz 4 UmwG die Zuleitungsverpflichtung (beider Rechtsträger) im Rahmen des verschmelzungsrechtlichen Squeeze-out, während die wortgleiche Vorschrift des § 62 Abs. 4 Satz 4 UmwG die Zuleitungsverpflichtung (beider Rechtsträger) im Rahmen einer 100%igen Konzernverschmelzung regelt. § 62 Abs. 5 Satz 4 UmwG betrifft daher ebenso wenig wie § 62 Abs. 4 Satz 4 UmwG lediglich nur einen der beteiligten Rechtsträger.[591]

E. Verschmelzungsbezogene Handelsregisterverfahren

Die Verschmelzung bedarf zu ihrer Wirksamkeit gemäß §§ 19, 20 UmwG der Eintragung in die Handelsregister der beteiligten Rechtsträger. Das jeweilige Registergericht hat alle gesetzlichen Eintragungsvoraussetzungen in formeller und materieller Hinsicht sowie die Einhaltung der richtigen Reihenfolge der Eintragungen zu prüfen.[592] Nach § 19 Abs. 1 Satz 1 UmwG darf die Verschmelzung in das Register des Sitzes des übernehmenden Rechtsträgers erst eingetragen

588 Etwa konsequent auf die Hinweisbekanntmachung abstellend daher *Marsch-Barner* in Kallmeyer UmwG, § 62 UmwG, Rn. 41 u. 32; *Mayer*, NZG 2012, 561, 573.

589 *Ising*, NZG 2011, 1368, 1372; *Mayer*, NZG 2012, 561, 573; *Marsch-Barner* in Kallmeyer UmwG, § 62 UmwG, Rn. 41 u. 32.

590 Aufgrund dieser Unwägbarkeiten wird der Praxishinweis gegeben, stets einen Entwurf aufzustellen und diesen zuzuleiten, vgl. hierzu *Mayer*, NZG 2012, 561, 573; *Marsch-Barner* in Kallmeyer UmwG, § 62 UmwG, Rn. 41 u. 32.

591 So aber ausdrücklich *Mayer*, NZG 2012, 561, 573.

592 *Zimmermann* in Kallmeyer UmwG, § 19 UmwG, Rn. 3.

werden, nachdem sie im Register des Sitzes des übertragenden Rechtsträgers eingetragen worden ist. Während die Eintragung beim übernehmenden Rechtsträger gemäß § 20 Abs. 1 UmwG konstitutiv wirkt, kommt ihr beim übertragenden Rechtsträger rein deklaratorische Bedeutung zu.[593] Die Wirksamkeit der Verschmelzung wird von den Gerichten unabhängig voneinander anhand der bei ihnen eingereichten Unterlagen auf Plausibilität geprüft.[594]

I. Übertragender Rechtsträger

1. Anmeldung

a) Form und Inhalt

Gemäß § 16 Abs. 1 Satz 1 UmwG hat der Vorstand jeder der an der Verschmelzung beteiligten Rechtsträger die Verschmelzung zur Eintragung in das Register des Sitzes der Gesellschaft in öffentlich beglaubigter Form gemäß § 12 HGB i.V.m. § 129 BGB i.V.m. §§ 39 ff. BeurkG anzumelden. Der Anmeldung der Verschmelzung aller beteiligten Rechtsträger sind im Rahmen des verschmelzungsrechtlichen Squeeze-out lediglich die notariellen Niederschriften des Verschmelzungsvertrags und eventueller Zustimmungserklärungen einzelner Anteilsinhaber (bspw. gemäß § 78 Abs. 1 UmwG im Falle einer KGaA als beteiligtem Rechtsträger) in notarieller Ausfertigung (§ 49 BeurkG) oder öffentlich beglaubigter Abschrift (§ 42 BeurkG) beizufügen. In Urschrift oder einfacher, d.h. nicht öffentlich beglaubigter Abschrift ist außerdem der Nachweis der Einhaltung der Zuleitungsverpflichtung nach § 5 Abs. 3 UmwG, etwa durch Empfangsquittung des jeweiligen Betriebsratsvorsitzenden oder dessen Stellvertreters, zu erbringen. Die besonderen Anforderungen an die Anmeldung der Verschmelzung nach § 62 Abs. 3 Satz 4 und 5 UmwG greifen für den übertragenden Rechtsträger indes nicht. Es muss daher bei der Anmeldung weder ein Nachweis der Bekanntmachung angefügt noch eine Erklärung des Vorstands darüber abgegeben werden, ob ein Antrag nach § 62 Abs. 2 UmwG gestellt wurde.[595] Der Einreichung weiterer Unterlagen bedarf es aufgrund der vielzähligen Privilegie-

593 *Stratz* in Schmitt/Hörtnagl/Stratz UmwG/UmwStG, § 19 UmwG, Rn. 4 f.; *Bork* in Lutter UmwG, § 19 UmwG, Rn. 2 f.

594 Die Prüfung fällt nur dann zusammen, wenn sowohl für den übertragenden als auch für den übernehmenden Rechtsträger ein und dasselbe Gericht zuständig ist, vgl. hierzu *Zimmermann* in Kallmeyer UmwG, § 19 UmwG, Rn. 6; *Schwanna* in Semler/Stengel UmwG, § 19 UmwG, Rn. 7; OLG Naumburg, Urteil v. 12.2.1997 – 10 Wx 1/97, GmbHR 1997, 1152, 1153 f.

595 *Rieger* in Widmann/Mayer UmwG, § 62 UmwG, Rn. 49; anders *Mayer*, NZG 2012, 561, 571.

rungen im Rahmen des Verfahrens nach § 62 Abs. 5 UmwG ebenfalls nicht.[596] Insbesondere erfolgen in aller Regel wegen § 62 Abs. 4 Satz 2 UmwG grundsätzlich keine Verschmelzungsbeschlüsse der beteiligten Rechtsträger, so dass deren Niederschriften auch nicht Bestandteil der einzureichenden Anmeldeunterlagen sind.

b) Auswirkungen von § 62 Abs. 4 Satz 2 UmwG

Es gilt zu beachten, dass die Anmeldung der Verschmelzung im Register des übertragenden Rechtsträgers grundsätzlich auch durch den Vorstand des übernehmenden Rechtsträgers gemäß § 16 Abs. 1 Satz 1 UmwG übernommen werden kann. Diese Möglichkeit scheidet allerdings dann aus, wenn die Anmeldung der Verschmelzung gleichzeitig mit der Anmeldung des Squeeze-out vorgenommen werden soll, da dem Vorstand der übernehmenden Gesellschaft bezüglich des Übertragungsbeschlusses keine Berechtigung zur Anmeldung zukommt.[597] Vorgelagert gilt es jedoch die entscheidende Frage zu beantworten, ob eine wirksame Anmeldung der Verschmelzung überhaupt zusammen mit der Anmeldung des Übertragungsbeschlusses beim übertragenden Rechtsträger möglich ist.

Der Anmeldung steht es zwar nicht entgegen, wenn die Verschmelzung aufgrund der eingereichten Unterlagen noch nicht eintragungsfähig ist.[598] Das Registergericht muss allerdings in die Lage versetzt werden, prüfen zu können, ob eine Eintragungsfähigkeit vorliegt.[599] Dafür sind jedenfalls die wesentlichen essentialia des Umwandlungsvorgangs nötig.[600] Zu diesen gehören zwingend der Verschmelzungsvertrag und grundsätzlich die Verschmelzungsbeschlüsse der an

596 So entfällt etwa mangels der Erstellung eines Verschmelzungsberichts, einer Verschmelzungsprüfung und eines darauf basierenden Prüfungsberichts auch die Pflicht zur Einreichung dieser Unterlagen zum Handelsregister. Vgl. für einen vollumfänglichen Überblick aller einzureichenden Anlagen nach § 17 Abs. 1 UmwG im Anwendungsbereich einer regulären Verschmelzung, *Zimmermann* in Kallmeyer UmwG, § 17 UmwG, Rn. 2 f.

597 So auch *Mayer*, NZG 2012, 561, 574; *Zimmermann* in Kallmeyer UmwG, § 16 UmwG, Rn. 3.

598 *Kiefner/Brügel*, AG 2011, 525, 531; *Simon* in Kölner Komm. z. UmwG, § 17 UmwG, Rn. 43.

599 *Simon* in Kölner Komm. z. UmwG, § 17 UmwG, Rn. 43.

600 *Mayer* in Widmann/Mayer UmwG, § 17 UmwG, Rn. 92.

der Verschmelzung beteiligten Rechtsträger.[601] Sofern nunmehr aufgrund eines Privilegierungstatbestands ein Verschmelzungsbeschluss eines oder aller an der Verschmelzung beteiligten Rechtsträger nicht nötig ist, wird das Prüfprogramm des Registergerichts entsprechend modifiziert, indem die registerrechtliche Prüfung des in sonstigen Fällen erforderlichen Verschmelzungsbeschlusses durch diejenige des jeweiligen Privilegierungstatbestands substituiert wird. Aus diesem Grund muss bei einer isolierten Konzernverschmelzung nach § 62 Abs. 1 UmwG das 90%ige beziehungsweise bei einer insgesamt beschlusslosen Konzernverschmelzung gemäß § 62 Abs. 4 Satz 1 UmwG das 100%ige Beteiligungsquorum bei der Anmeldung materiell erfüllt sein.[602] Lediglich der dahingehende Nachweis kann gegebenenfalls nachgeholt werden.[603] Für einen den Verschmelzungsbeschluss substituierenden Privilegierungstatbestand gelten somit grundsätzlich die gleichen Maßstäbe wie für den Verschmelzungsbeschluss selbst, so dass ohne dessen tatbestandliches Vorliegen im Zeitpunkt der Anmeldung noch keine wirksame Registeranmeldung gegeben ist. Andernfalls wäre das Registergericht nicht in die Lage versetzt, prüfen zu können, ob eine eintragungsfähige Verschmelzung vorliegt.[604]

Wendet man diese Grundsätze auf den Privilegierungstatbestand des § 62 Abs. 4 Satz 2 UmwG an, so müsste auch er formal betrachtet bereits im Zeitpunkt der Anmeldung materiell erfüllt sein. Der Squeeze-out müsste somit samt Vorläufigkeitsvermerk bereits in das Handelsregister eingetragen sein, so dass eine wirksame Anmeldung der Verschmelzung zwangsläufig nicht mit dessen Anmeldung zum Handelsregister zusammen vorgenommen werden könnte. Dies hätte insbesondere Folgen für die beim übertragenden Rechtsträger nach § 17 Abs. 2 UmwG mit der Anmeldung der Verschmelzung einzureichende Schlussbilanz. Aus Kosten- und Vereinfachungsgründen wird der Stichtag der Schlussbilanz regelmäßig auf einen ordentlichen Bilanzstichtag und vorzugsweise auf den Stichtag des vorausgehenden Jahresabschlusses festgesetzt. Insofern besteht oftmals auch aus Kostengründen das Interesse daran, die Bilanz aus dem letzten Jahresabschluss zu verwenden.[605] Im Hinblick auf die Wahrung der Frist nach

601 *Simon* in Kölner Komm. z. UmwG, § 17 UmwG, Rn. 43; *Mayer* in Widmann/Mayer UmwG, § 17 UmwG, Rn. 92.

602 *Rieger* in Widmann/Mayer UmwG, § 62 UmwG, Rn. 24; *Marsch-Barner* in Kallmeyer UmwG, § 62 UmwG, Rn. 7; so auch für die beschlusslose Verschmelzung einer 100%igen Konzernverschmelzung *Zimmermann* in Kallmeyer UmwG, § 17 UmwG, Rn. 3.

603 *Rieger* in Widmann/Mayer UmwG, § 62 UmwG, Rn. 24 Fn. 4.

604 Vgl. *Müller* in Kallmeyer UmwG, § 17 UmwG, Rn. 26.

605 *Müller* in Kallmeyer UmwG, § 17 UmwG, Rn. 17.

§ 17 Abs. 2 Satz 4 UmwG bedeutet dies, dass der Übertragungsbeschluss in aller Regel innerhalb von acht Monaten nach Aufstellung des Jahresabschlusses gefasst und eingetragen sein muss, damit die Jahresbilanz als Schlussbilanz eingereicht werden kann und eine Anmeldereife der Verschmelzung gegeben ist. Denn fristauslösendes Ereignis ist die *wirksame* Anmeldung der Verschmelzung beim Handelsregister des übertragenden Rechtsträgers.[606] Entsprechend müssten Risiken der Anfechtung und damit auch der zeitliche Aufwand für ein Freigabeverfahren hinsichtlich des Übertragungsbeschlusses von vornherein in die Transaktionsplanung mit eingetaktet werden. Vor diesem Hintergrund ist es durchaus erstrebenswert, die Anmeldung der Verschmelzung bereits unmittelbar mit der Anmeldung des Squeeze-out vornehmen zu können, und zwar unabhängig von dessen Voreintragung.

aa) Meinungsstand

Soweit ersichtlich, wird sich dieser Problematik kaum vertiefend zugewandt, so dass der Großteil der Literaturstimmen die Möglichkeit zur simultanen Anmeldung von Squeeze-out und Verschmelzung kommentarlos unterstellt und die (lediglich) fehlende Eintragung des Übertragungsbeschlusses für die Anmeldereife der Verschmelzung als nicht hinderlich erachtet.[607] *Kiefner/Brügel* begründen ihre mit der herrschenden Ansicht gleichlautende Auffassung hingegen damit, dass bereits der Übertragungsbeschluss funktional an die Stelle des Verschmelzungsbeschlusses trete. Auf eine Voreintragung desselben könne es daher nicht ankommen. Dies zeige auch der Blick auf die isolierte Konzernverschmelzung, wonach gerichtliche Auseinandersetzungen um den Verschmelzungsbeschluss der Anmeldung nicht entgegenstünden.[608] Im Rahmen der gesetzlichen Eintragungsreihenfolge der Verschmelzung nach § 19 Abs. 1 UmwG sei außerdem anerkannt, dass die für eine Eintragung erforderliche Voreintragung die Anmeldereife jener Eintragung nicht behindere.[609] Der Verschmelzungsvertrag müsse als Pflichtangabe außerdem enthalten, dass im Zusammenhang mit der Verschmelzung ein Ausschluss der Minderheitsaktionäre erfolgen solle. Daraus ergebe sich bereits, dass es sich um ein (Konzern-)Verschmelzungsverfahren sui

606 *Simon* in Kölner Komm. z. UmwG, § 17 UmwG, Rn. 38, 42.

607 *Mayer*, NZG 2012, 561, 575; *Bungert/Wettich*, DB 2011, 1500, 1501; *Keller/Klett*, GWR 2010, 415; *Kiefner/Brügel*, AG 2011, 525, 531.

608 Vgl. hierzu *Schwanna* in Semler/Stengel UmwG, § 16 UmwG, Rn. 16; *Marsch-Barner* in Kallmeyer UmwG, § 16 UmwG, Rn. 25 ff.; *Simon* in Kölner Komm. z. UmwG, § 17 UmwG, Rn. 43.

609 Vgl. hierzu *Schwanna* in Semler/Stengel UmwG, § 16 UmwG, Rn. 6

generis handele, bei dem es zwangsläufig nicht zu einer Verschmelzungsbefassung des übertragenden Rechtsträgers kommen könne.[610]

bb) Stellungnahme

Auch wenn diese Ansicht i.E. Zustimmung verdient, ist die Begründung abzulehnen, wonach der Übertragungsbeschluss funktional an die Stelle des Verschmelzungsbeschlusses trete. Nicht der Beschluss, sondern seine Eintragung samt Vorläufigkeitsvermerk tritt nach dem ausdrücklichen Wortlaut von § 62 Abs. 4 Satz 2 UmwG an die Stelle des Verschmelzungsbeschlusses. Dass eine Voreintragung des Übertragungsbeschlusses für die Anmeldung der Verschmelzung zum Handelsregister des übertragenden Rechtsträgers dennoch nicht nötig ist, resultiert aus dem schlichten Umstand, dass ein und dasselbe Registergericht auch über die Eintragung des Squeeze-out entscheidet und diesem i.E. alle entscheidungsrelevanten Unterlagen zur Verfügung stehen. Sofern eine wirksame Anmeldung des Squeeze-out vorliegt, ist das Registergericht auch unabhängig von dessen Voreintragung hinsichtlich der Verschmelzung in die Lage versetzt, prüfen zu können, ob deren Eintragungsfähigkeit vorliegt. Aus den eingereichten Unterlagen geht sodann eindeutig hervor, dass die Verschmelzung in Verbindung mit dem Squeeze-out steht. Aus diesem Grund ist es bei dem Verfahren nach § 62 Abs. 5 UmwG auch nicht notwendig, dass das 90%ige Beteiligungsquorum des § 62 Abs. 1 Satz 1 UmwG bei der Anmeldung materiell erfüllt ist beziehungsweise nachgewiesen wird. Denn dessen tatbestandliches Eingreifen ist als Weniger von der Privilegierungswirkung des § 62 Abs. 4 Satz 2 UmwG bereits mit umfasst.[611] Die gemeinsame Anmeldung des Squeeze-out und der Verschmelzung zum Handelsregister des übertragenden Rechtsträgers ist somit möglich.[612]

2. Eintragung

Das Registergericht wird allerdings darauf achten müssen, dass erst der Squeeze-out und dann die Verschmelzung eingetragen wird, da jedenfalls für deren Eintragungsreife die Voreintragung des Squeeze-out samt Vorläufigkeitsver-

---

610 *Kiefner/Brügel*, AG 2011, 525, 531.

611 Vgl. hierzu ausführlich § 5 A. II. 3. b).

612 *Mayer*, NZG 2012, 561, 575; *Bungert/Wettich*, DB 2011, 1500, 1501; *Keller/Klett*, GWR 2010, 415; *Kiefner/Brügel*, AG 2011, 525, 531.

merk notwendig ist.[613] Es ist daher zweckmäßig, das Registergericht in der gemeinsamen Anmeldung von Squeeze-out und Verschmelzung darauf hinzuweisen, in welcher Reihenfolge die Tatsachen einzutragen sind.

II. Übernehmender Rechtsträger

1. Anmeldung

Für die Anmeldung der Verschmelzung beim Handelsregister des übernehmenden Rechtsträgers ergeben sich nur wenige Abweichungen gegenüber dem Verfahrensablauf beim übertragenden Rechtsträger. Insofern müssen die besonderen Anforderungen an die Anmeldung der Verschmelzung zum Handelsregister nach § 62 Abs. 3 Satz 4 und 5 UmwG berücksichtigt werden. So muss der Nachweis der Bekanntmachung bestenfalls durch Vorlage von Belegexemplaren der betreffenden Ausgabe des eBAnz erbracht werden. Zusätzlich bedarf es auch der Erklärung des Vorstands in vertretungsberechtigter Zahl darüber, ob ein Minderheitsverlangen nach § 62 Abs. 2 UmwG gestellt worden ist.[614] Andererseits stellt sich hier die Problematik um die Schlussbilanz und die Einhaltung der Acht-Monatsfrist des § 17 Abs. 2 Satz 4 UmwG von vornherein nicht. Denn die Schlussbilanz muss ohnehin nur beim übertragenden Rechtsträger eingereicht werden, so dass auch die Anmeldung der Verschmelzung beim übernehmenden Rechtsträger nicht von der Acht-Monatsfrist des § 17 Abs. 2 Satz 4 UmwG determiniert wird.[615]

Anders als beim Handelsregisterverfahren beim übertragenden Rechtsträger ist beim übernehmenden Rechtsträger für eine wirksame Anmeldung die Voreintragung des Übertragungsbeschlusses samt Vorläufigkeitsvermerk zwingend erforderlich. Denn insofern liegen dem Registergericht regelmäßig weder die vollständigen Unterlagen über den Squeeze-out vor noch steht diesem die Eintragungsentscheidung zu. Es handelt sich daher um eine zwingend erforderliche Voreintragung. Wenn vor allem *Kiefner/Brügel* hiervon abweichend annehmen, dass der Übertragungsbeschluss funktional an die Stelle des Verschmelzungsbeschlusses trete und es somit auch für die Anmeldung der Verschmelzung beim übernehmenden Rechtsträger ausreichen lassen wollen, dass der Anmeldung die Niederschrift des Übertragungsbeschlusses nebst dessen Anmeldung beigefügt

613 So auch *Kiefner/Brügel*, AG 2011, 525, 531.

614 *Rieger* in Widmann/Mayer UmwG, § 62 UmwG, Rn. 47 ff.

615 LG Frankfurt a.M. v. 24.11.1995 – Az. 3/11 T 57/95, GmbHR 1996, 543; *Zimmermann* in Kallmeyer UmwG, § 16 UmwG, Rn. 12.

werde, ist dies nicht überzeugend.[616] Es stellt sich nämlich die Frage, welchen Mehrwert eine solche Niederschrift tatsächlich bringen soll, da sie allein zu beweisen im Stande wäre, dass ein Übertragungsbeschluss gefasst wurde. Die Vertreter dieser These bezwecken indes, dass die Niederschrift bereits ein Äquivalent für die Eintragung des Übertragungsbeschlusses darstellt. Ob die weiteren Eintragungsvoraussetzungen eines Squeeze-out tatsächlich vorliegen und damit die Eintragungsfähigkeit desselben überhaupt gegeben ist, kann auch eine solche Niederschrift nicht nachweisen. Ihre Relevanz für die Eintragung der Verschmelzung ist daher nur von eingeschränkter Bedeutung. Es handelt sich um den Versuch, den konditionalen Zeitpunkt der Anmeldungsreife auch für den übernehmenden Rechtsträger nach vorn zu verlagern. Nicht der Übertragungsbeschluss und auch nicht seine bloße Anmeldung treten jedoch gemäß § 62 Abs. 4 Satz 2 UmwG an die Stelle des Verschmelzungsbeschlusses, sondern seine Eintragung samt Vorläufigkeitsvermerk. Sie muss daher materiellrechtlich im Zeitpunkt der Anmeldung vorliegen und sollte bereits zu diesem Zeitpunkt durch einen amtlich beglaubigten Handelsregisterauszug nachgewiesen werden, aus dem die Voreintragung des Übertragungsbeschlusses samt Vorläufigkeitsvermerk hervorgeht.[617] Erst dann ist dem Privilegierungstatbestand des § 62 Abs. 4 Satz 2 UmwG entsprochen.

Gleichzeitig wäre auch die Privilegierung des § 62 Abs. 1 Satz 1 UmwG als erfüllt anzusehen. Eines gesonderten Nachweises des 90%igen Beteiligungsquorums für die Entbehrlichkeit des Verschmelzungsbeschlusses beim übernehmenden Rechtsträger bedarf es nicht mehr, da ersichtlich ist, dass jedenfalls für eine juristische Sekunde ein 100%iges Konzernverhältnis durch die Eintragungsentscheidung entsteht. Für das Registergericht ist daher erkennbar, dass es sich insgesamt um eine beschlusslose Verschmelzung handelt und es die Eintragungsfähigkeit der Verschmelzung überprüfen kann.[618]

2. Eintragung

Die Eintragungsreife der Verschmelzung steht demgegenüber ohnehin in Abhängigkeit zur Voreintragung des Squeeze-out. Mit der Eintragung der Verschmelzung in das Handelsregister des übernehmenden Rechtsträgers wird das gesamte Verfahren nach § 62 Abs. 5 UmwG zum Abschluss gebracht. Bevor die

616 So aber *Kiefner/Brügel*, AG 2011, 525, 532.

617 So auch *Mayer*, NZG 2012, 561, 574; ähnlich *Rieger* in Widmann/Mayer UmwG, § 62 UmwG, Rn. 194.

618 *Schockenhoff/Lumpp*, ZIP 2013, 749, 759.

zentralen Verschmelzungswirkungen des § 20 UmwG eintreten, kommt es aufgrund der Voreintragung des Squeeze-out samt Vorläufigkeitsvermerk nach § 62 Abs. 5 Satz 7 UmwG in einem ersten Schritt zu den Rechtswirkungen des § 327e Abs. 3 AktG.[619] Daneben werden in § 18 UmwG Fragen der Firmenfortführung des übertragenden Rechtsträgers geregelt. § 21 UmwG regelt zusätzlich den Sonderfall, dass miteinander nicht zu vereinbarende Verpflichtungen der an der Verschmelzung beteiligten Rechtsträger zusammentreffen, wohingegen § 22 UmwG und § 23 UmwG den Gläubigerschutz betreffen.[620] Insgesamt ergeben sich abseits der gestaffelten Wirksamkeit von Squeeze-out und Verschmelzung allerdings keine Besonderheiten gegenüber einer isolierten Konzernverschmelzung gemäß § 62 Abs. 1 UmwG. Die Rechtswirkungen bestehen daher vor allem in dem Vermögensübergang auf den übernehmenden Rechtsträger und dem Erlöschen des übertragenden Rechtsträgers.[621] Mängel der notariellen Beurkundung des Verschmelzungsvertrags werden gemäß § 20 Abs. 1 Nr. 4 UmwG durch die Eintragung der Verschmelzung im Handelsregister des übernehmenden Rechtsträgers geheilt. Das Gericht des Sitzes des übernehmenden Rechtsträgers hat nach § 19 Abs. 2 Satz 1 UmwG von Amts wegen dem Gericht des Sitzes des übertragenden Rechtsträgers den Tag der Eintragung der Verschmelzung mitzuteilen, so dass dieses den Tag des Wirksamwerdens der Verschmelzung vermerken kann.

III. Zusammenfassende Würdigung

Hinsichtlich des verschmelzungsbezogenen Handelsregisterverfahrens hat sich gezeigt, dass sich die wesentlichen registerrechtlichen Besonderheiten gegenüber einer isolierten Konzernverschmelzung i.S.v. § 62 Abs. 1 UmwG auf die Feststellung des frühestmöglichen Zeitpunkts der Anmeldung (Anmeldereife) der Verschmelzung sowohl beim übertragenden als auch beim übernehmenden Rechtsträger konzentrieren. Für den übertragenden Rechtsträger ist insoweit festzuhalten, dass die Anmeldung der Verschmelzung bereits mit der Anmeldung des Übertragungsbeschlusses vorgenommen werden kann. Denn eine auf die tatbestandliche Erfüllung von § 62 Abs. 4 Satz 2 UmwG bedingte wirksame Anmeldung der Verschmelzung ist lediglich von der ebenfalls durch dasselbe Registergericht zu treffenden Entscheidung über die Eintragung des Übertragungsbeschlusses abhängig. Damit ist das Registergericht bereits unabhängig

619 Vgl. hierzu ausführlich oben § 5 B. IV. 3. b).

620 *Marsch-Barner* in Kallmeyer UmwG, § 20 UmwG, Rn. 2.

621 Vgl. im Einzelnen *Marsch-Barner* in Kallmeyer UmwG, § 20 UmwG, Rn. 4 ff.

von einer Voreintragung des Übertragungsbeschlusses in der Lage, die Eintragungsfähigkeit der Verschmelzung zu prüfen, sofern die Anmeldung des Übertragungsbeschlusses registerrechtlich selbst wirksam ist.

Da sich diese Argumentation nicht auf das Handelsregisterverfahren beim übernehmenden Rechtsträger übertragen lässt und es außerdem abzulehnen ist, anzunehmen, dass der Übertragungsbeschluss selbst an die Stelle des Verschmelzungsbeschlusses tritt, bedarf es zur Anmeldereife der Verschmelzung beim übernehmenden Rechtsträger hingegen zwingend der tatbestandlichen Erfüllung von § 62 Abs. 4 Satz 2 UmwG. Der Übertragungsbeschluss muss somit im Zeitpunkt der Anmeldung der Verschmelzung zur Eintragung ins Handelsregister des übernehmenden Rechtsträgers eingetragen sein. Allerdings wirkt sich dieser Umstand nur unwesentlich auf die Transaktionsplanung aus, da die Anmeldung der Verschmelzung beim Handelsregister des übernehmenden Rechtsträgers, anders als beim Handelsregister des übertragenden Rechtsträgers, nicht von der Einhaltung der Acht-Monatsfrist gemäß § 17 Abs. 2 Satz 4 UmwG abhängig ist.

Die schlussendliche Eintragung der Verschmelzung setzt sowohl im Falle des übertragenden als auch im Falle des übernehmenden Rechtsträgers die Voreintragung des Übertragungsbeschlusses voraus. Somit muss insbesondere der Registerrichter beim übertragenden Rechtsträger darauf achten, dass im Falle der gleichzeitigen Anmeldung von Übertragungsbeschluss und Verschmelzung dennoch der Übertragungsbeschluss zuerst eingetragen wird.

§ 7 Risiken für die Transaktionssicherheit

Nur selten wird sich der Ausschluss von Minderheitsaktionären vollziehen, ohne dass zumindest einer der bisherigen Minderheitsaktionäre mittels der ihm zur Verfügung stehenden Rechtsschutzinstrumente gegen seinen Ausschluss vorgehen wird. Die daraus entstehenden Risiken für den Transaktionsprozess sind entsprechend vielfältig. Da auch der verschmelzungsrechtliche Squeeze-out konzeptionell auf einem Übertragungsbeschluss der Hauptversammlung nach § 327a Abs. 1 Satz 1 AktG beruht, liegen die wesentlichen Transaktionsrisiken dieses Verfahrens letztlich auch hierin begründet. Denn trotz der grundsätzlich beschlusslosen Verschmelzung bietet der Übertragungsbeschluss einen Anknüpfungspunkt für Anfechtungs- und Nichtigkeitsklagen. Damit verbundene Risiken reichen in der Folge von hierdurch entstehenden zeitlichen Verzögerungen über finanzielle Belastungen bis hin zu einem endgültigen Misslingen des gesamten Verfahrens. Weitere, insbesondere finanzielle Risiken können sich im Rahmen der Überprüfung der Angemessenheit der angebotenen Barabfindung mittels eines Spruchverfahrens ergeben. In der nachfolgenden Untersuchung rücken daher die vielschichtigen Sachverhalte und die sie begründenden risikotypischen Umstände in den Vordergrund, die sich im Rahmen des verschmelzungsrechtlichen Squeeze-out ergeben können. Erst deren Kenntnis eröffnet dem Rechtsanwender überhaupt die Möglichkeit, derartigen transaktionsspezifischen Risikofaktoren entgegenzuwirken und bildet daher ein Kernelement der sorgfältigen Transaktionsplanung.

A. Fehlerhaftigkeit des Übertragungsbeschlusses

Der im Rahmen des verschmelzungsrechtlichen Squeeze-out zu fassende Übertragungsbeschluss gemäß § 62 Abs. 1 Satz 1 UmwG i.V.m. § 327a Abs. 1 Satz 1 AktG unterliegt, wie jeder andere Hauptversammlungsbeschluss auch, den allgemein geltenden aktienrechtlichen Vorschriften. Dies bedeutet nicht zuletzt, dass es sich bei ihm um einen potenziellen Gegenstand des Beschlussmängelrechts handelt, wobei rechtstatsächliche Untersuchungen zum aktienrechtlichen Squeeze-out zeigen, dass nahezu jeder Übertragungsbeschluss mittels einer Beschlussmängelklage angegriffen wird. Zwar wurde insofern ein deutlicher Rückgang des Anteils von Squeeze-out-Beschlüssen im Vergleich zu den insgesamt angegriffenen Hauptversammlungsbeschlüssen des Untersuchungszeitraums festgestellt. Allerdings konnte im gleichen Zeitraum ein deutlicher Anstieg der Beschlussmängelklagen gegen einen Squeeze-out im Vergleich zu seiner relativen Häufigkeit festgestellt werden.[622] Den Gegenstand des Beschlussmängelrechts bilden dabei die Anfechtungs- und Nichtigkeitsklage.[623]

Dabei unterscheidet sich die Anfechtungsklage nach § 246 AktG als Gestaltungsklage von der Nichtigkeitsklage nach § 249 AktG als Feststellungsklage weder verfahrenstechnisch noch bezüglich der Urteilswirkung. So haben beide das materiell identische Ziel der Nichtigkeit des Hauptversammlungsbeschlusses mit inter omnes-Wirkung zum Gegenstand.[624] Denn auch das Urteil einer erfolgreichen Anfechtungsklage lautet gemäß § 248 Abs. 1 Satz 1 AktG auf die Nichtigkeit des Übertragungsbeschlusses und stellt einen Nichtigkeitsgrund nach § 241 Nr. 5 AktG dar. Da es sich somit um ein einheitliches Rechtsschutzinstrument handelt, muss das Prozessgericht unabhängig von der konkreten Antragsstellung den zugrunde gelegten Sachverhalt sowohl auf Nichtigkeits- als auch auf Anfechtungsgründe überprüfen, sofern die Voraussetzungen des jeweiligen Verfahrens vorliegen.[625]

Da die Eintragung des Squeeze-out in das Handelsregister auch beim verschmelzungsrechtlichen Squeeze-out gemäß der Normenkette des § 62 Abs. 5 Satz 8 UmwG i.V.m. § 327e Abs. 3 Satz 1 AktG konstitutiv wirkt, gilt es neben den prozessrechtlichen vor allem auch die registerrechtlichen Folgen einer Anfechtungs- oder Nichtigkeitsklage in den Blick zu nehmen. Vorangestellt sei, dass das Registergericht unabhängig von der Erhebung einer Anfechtungs- oder Nichtigkeitsklage eine selbständige Beschlussmängelkontrolle von Amts wegen auf die Nichtigkeit der eintragungspflichtigen Tatsache gemäß § 26 FamFG durchzuführen hat. Nichtigkeitsgründe führen sodann ohne Weiteres zur Verweigerung der Eintragung durch das Registergericht.[626] Aber auch für „lediglich" anfechtbare Hauptversammlungsbeschlüsse ist in der gesellschaftsrechtlichen Literatur anerkannt, dass der Registerrichter die Eintragung nicht vornehmen darf, wenn die zur Anfechtbarkeit führende Gesetzesverletzung dispositiver Natur ist, d.h. der Mangel nicht nur Interessen der Aktionäre untereinander oder

---

622 *Baums/Drinhausen/Keinath*, ZIP 2011, 2329, 2337 f.

623 Vgl. allgemein zum Gegenstand des Beschlussmängelrechts *Würthwein* in Spindler/Stilz AktG, § 241 AktG, Rn. 39.

624 *Göz* in Bürgers/Körber AktG, § 246 AktG, Rn. 4; BGH, Urteil v. 1.3.1999 – II ZR 305/97, NJW 1999, 1638.

625 Hierzu ist insbesondere das Fristerfordernis der Anfechtungsklage nach § 246 Abs. 1 AktG zu berücksichtigen; vgl. auch *Göz* in Bürgers/Körber AktG, § 246 AktG, Rn. 4.

626 *Würthwein* in Spindler/Stilz AktG, § 241 AktG, Rn. 112; Anhaltspunkte für die Nichtigkeit können sich vor allem aus einer Nichtigkeitsklage ergeben.

im Verhältnis zur Gesellschaft betrifft, sondern auch solche der Öffentlichkeit.[627] Diese Grundsätze werden vor allem dann praktisch, wenn eine Beschlussmängelklage nicht erhoben wurde, so dass dem Registergericht die Funktion einer zusätzlichen Kontrollinstanz zukommt.[628]

Für den Fall, dass eine Anfechtungsklage erhoben wurde, steht es dem Registergericht andererseits gemäß § 21 Abs. 1 FamFG grundsätzlich offen, das Verfahren nach pflichtgemäßem Ermessen bis zur rechtskräftigen Entscheidung des Prozessgerichts auszusetzen. In der Praxis üben die Registergerichte ihr Ermessen in nahezu allen Fällen in diese Richtung aus und sorgen auf diese Weise für eine faktische Registersperre.[629] Diese Hebelwirkung des Erfordernisses der konstitutiven Registereintragung verdichtet sich im Falle des verschmelzungsrechtlichen Squeeze-out aufgrund der gesetzlichen Anordnung des § 62 Abs. 5 Satz 8 UmwG i.V.m. § 327e Abs. 2 AktG i.V.m. § 319 Abs. 5 Satz 2 AktG von einer faktischen zu einer formellen Registersperre. Denn hiernach darf das Registergericht die Eintragung des Übertragungsbeschlusses ausdrücklich nicht vornehmen, wenn gegen diesen eine fristgemäße Anfechtungsklage oder eine Nichtigkeitsklage erhoben wurde und auch kein Freigabebeschluss vorliegt. In der Folge kann eine erfolgreiche Beschlussmängelklage gegen die Wirksamkeit des Übertragungsbeschlusses im schlimmsten Fall das gesamte verschmelzungsrechtliche Ausschlussverfahren nach § 62 Abs. 5 UmwG scheitern lassen und stellt somit schlussendlich den relevantesten Risikofaktor für den Transaktionsprozess dar. Entsprechend sind die möglichen Ursachen von besonderem Interesse, auf die sich eine Fehlerhaftigkeit des Übertragungsbeschlusses und somit eine Beschlussmängelklage stützen lassen.

In Betracht kommen daher zunächst solche Gründe, die auch für sonstige Hauptversammlungsbeschlüsse gelten und insbesondere nicht an einen besonderen Beschlussinhalt anknüpfen. Zu solchen zählen vor allem Fehler im Rahmen der Einberufung der Hauptversammlung, d.h. Verletzungen von Informationspflichten wie die fehlende oder unvollständige Auslegung, Übersendung, Bekanntmachung oder Zugänglichmachung von Unterlagen. Ebenso zählen in die-

---

627 *Hüffer* in Münchener Komm. AktG, § 243 AktG, Rn. 138 f.; *Würthwein* in Spindler/Stilz AktG, § 241 AktG, Rn. 114; grundlegend hierzu *Lutter*, NJW 1969, 1873 ff.; anders die registerrechtliche Literatur, die von der Pflicht zur Eintragung durch das Registergericht jedenfalls nach Ablauf der Anfechtungsfrist ausgeht; vgl. hierzu auch *Wulf-Henning Roth* in Koller/Roth/Morck HGB, § 8 HGB, Rn. 23 f.; OLG Köln, WM 1981, 1263, 1264 f.

628 *Würthwein* in Spindler/Stilz AktG, § 241 AktG, Rn. 114.

629 *Baums/Keinath/Gajek*, ZIP 2007, 1629, 1630.

se Kategorie sonstige Fehler bei der Einberufung, wie etwa die fehlerhafte oder verspätete Einberufung oder falsche oder unzureichende Angaben der Teilnahmebedingungen. Während der Durchführung der Hauptversammlung tritt die Verletzung des allgemeinen Auskunftsrechts gemäß § 131 AktG als häufigster Anfechtungsgrund in den Vordergrund.[630] Insoweit handelt es sich jedoch um allgemeine Ursachen der Fehlerhaftigkeit eines Hauptversammlungsbeschlusses, so dass an dieser Stelle eine genauere Untersuchung derselben ausbleiben kann. In den Vordergrund sollen vielmehr solche Ursachen treten, die entweder besonders häufig Gegenstand einer Beschlussmängelklage gegen einen Squeeze-out-Beschluss sind oder aber einen konkreten Bezug zu seinem spezifischen Beschlussinhalt aufweisen.

I. Vereinbarkeit mit höherrangigem Recht

Auch wenn die Verfassungswidrigkeit des aktienrechtlichen Squeeze-out im Hinblick auf die Rechtsprechung des BVerfG[631] kaum bis gar nicht mehr im Rahmen einer Beschlussmängelklage gegen einen Übertragungsbeschluss geltend gemacht wird und insoweit erheblich an rechtspraktischer Bedeutung verloren hat, lässt dies keine dahingehende Schlussfolgerung für den verschmelzungsrechtlichen Squeeze-out zu.[632] Solange eine höchstrichterliche Entscheidung in eigener Sache aussteht, wird die Verfassungsmäßigkeit aufgrund des abgesenkten Beteiligungsquorums von 90% zunehmend in den Fokus der gegen einen solchen Übertragungsbeschluss gerichteten Beschlussmängelklagen rücken. Diese Vermutung wird nicht nur durch die zweifelnde Bemerkung des Deutschen Richterbundes hinsichtlich der Verfassungsmäßigkeit dieses Ausschlussverfahrens unterstrichen.[633] Auch die ersten gerichtlichen Verfahren deu-

630 Vgl. für eine allgemeine Übersicht der in der Praxis am häufigsten vorkommenden Anfechtungsgründe von Hauptversammlungsbeschlüssen, Tabelle 11 bei *Baums/Drinhausen/Keinath*, ZIP 2011, 2329, 2339 f.

631 BVerfG, Beschluss v. 30.5.2007 – 1 BvR 390/04, NZG 2007, 587, 588, wonach „die Vorschriften über den Ausschluss von Minderheitsaktionären nach §§ 327a ff. AktG [...] Art. 14 Abs. 1 Satz 1 GG nicht [verletzen].

632 Für die empirische Feststellung, dass die Verfassungswidrigkeit des aktienrechtlichen Squeeze-out nicht mehr Gegenstand einer Beschlussmängelklage war, vgl. *Baums/Drinhausen/Keinath*, ZIP 2011, 2329, 2340.

633 Deutscher Richterbund, Stellungnahme Nr. 20/2010, Mai 2010.

ten in diese Richtung, so dass diese Frage zumindest vorerst die Register- und Prozessgerichte beschäftigen wird.[634]

1. Prüfungsmaßstab Grundgesetz oder europäisches Primärrecht?

Wie von *Kehren* zutreffend festgestellt, geht in der Diskussion um die Frage der Verfassungsmäßigkeit des verschmelzungsrechtlichen Squeeze-out zumeist die vorgeschaltete Frage unter, wonach bereits problematisch ist, an welchem Maßstab § 62 Abs. 5 UmwG zu messen ist. Insofern kommen aufgrund des europarechtlichen Hintergrunds dieser Regelung neben Art. 14 GG vor allem auch europäisches Primärrecht und damit speziell Art. 17 GRCh sowie Art. 1 ZP 1 EMRK in Betracht. Denn nach Art. 6 Abs. 2 EUV hat die EU die in der EMRK gewährten Grundrechte und damit auch Art. 1 des ersten Zusatzprotokolls der Konvention zu beachten.[635] Entscheidend ist für die Abgrenzung letztlich, ob dem Gesetzgeber ein Umsetzungsspielraum bei der Einführung des § 62 Abs. 5 UmwG offen stand. Denn nur dann hätte er bei der Transformation der Vorgaben der Dritten Richtlinie in das 3. UmwÄndG und somit bei der Schaffung von § 62 Abs. 5 UmwG einer Grundrechtsbindung nach Art. 20 Abs. 3, 1 Abs. 3 GG unterlegen und wäre verpflichtet gewesen, die grundrechtsschonendste Umsetzung zu wählen.[636]

Jedenfalls bei Befolgung des namentlich von *Freytag* vorgetragenen Verständnisses von der Verbindlichkeit der Verschmelzungsrichtlinie muss man einen solchen Spielraum annehmen, da der Gesetzgeber hiernach schon zu keinerlei Schaffung eines Regelungsregimes verpflichtet gewesen wäre, wonach die verschmelzungsbezogenen Informations- und Berichtspflichten zu Teilen entfallen sollen.[637] Folgt man hingegen der vorzugswürdigen und auch hier vertretenen Gegenauffassung von der Verbindlichkeit der Verschmelzungsrichtlinie zur Schaffung eines solchen Regelungsregimes, so kann man dem Trugschluss erliegen, einen generell fehlenden Umsetzungsspielraum des Gesetzgebers hinsichtlich der Regelung des § 62 Abs. 5 UmwG anzunehmen und selbige folglich

634 Vgl. hierzu das erste zu dem verschmelzungsrechtlichen Squeeze-out geführte Freigabeverfahren vor dem OLG Hamburg, in dem die Verfassungsmäßigkeit Gegenstand der erhobenen Anfechtungs- und Nichtigkeitsklage war, OLG Hamburg, Beschluss v. 14.6.2012 – 11 AktG 1/12, NZG 2012, 944.

635 *Kehren*, Geschichte des Ausschlusses von Mehrheitsgesellschaftern, S. 335.

636 BVerfG, Beschluss v. 18.7.2005 – 2 BvR 2236/04, NJW 2005, 2289, 2291; *Kießling*, Der übernahmerechtliche Squeeze-out, S. 120.

637 Vgl. hierzu ausführlich oben § 3 B. I. 2. a).

(ausschließlich) an europäischem Primärrecht messen zu wollen.[638] Dass es sich dabei um einen zu kurz gegriffenen Ansatz handelt, zeigt der weiterführende Blick.

So stand dem Gesetzgeber zwar hinsichtlich der konkreten Umsetzung des verschmelzungsrechtlichen Squeeze-out kein Umsetzungsspielraum offen, und zwar auch nicht hinsichtlich der Festlegung auf ein 90%iges Beteiligungsquorum.[639] Gleichwohl stand er vor der Wahl zwischen der Einführung eines Pre-Merger-Sell-out und eines Pre-Merger-Squeeze-out, um den Richtlinienvorgaben gerecht zu werden.[640] Die Einführung eines Andienungs*rechts* hätte bereits per definitionem nicht verfassungswidrig sein können und zwar auch nicht nach der Konzeption der Verschmelzungsrichtlinie. Insoweit hätte es bereits an einem grundrechtsrelevanten Eingriff gefehlt, da ein solches Recht eine Erweiterung des Rechtskreises des einzelnen Aktionärs dargestellt hätte. Dem Gesetzgeber stand folglich die Möglichkeit einer grundrechtsschonenderen Umsetzungsalternative der Richtlinienvorgaben offen. Insbesondere das bereits oben ausführlich diskutierte und i.E. zutreffende Fremdkörper-Argument vermag daran ebenso wenig etwas ändern. Da somit bei der Umsetzung von sekundärem Gemeinschaftsrecht ein Verstoß gegen deutsches Verfassungsrecht in jedem Fall vermeidbar war, bestand auch kein genereller Umsetzungszwang für einen verschmelzungsrechtlichen Squeeze-out. In der Folge gilt es die Regelung des § 62 Abs. 5 UmwG anhand des Grundgesetzes und speziell an Art. 14 GG zu überprüfen. Wie bereits vielfach festgestellt, liegt der wesentliche Unterschied des verschmelzungsrechtlichen gegenüber dem aktienrechtlichen Ausschlussverfahren in seinem abgesenkten Beteiligungserfordernis, da im Übrigen in weiten Teilen eine Anlehnung an §§ 327a ff. AktG erfolgt. Vor diesem Hintergrund erlangt die Rechtsprechung des BVerfG zur Verfassungsmäßigkeit des aktienrechtlichen Squeeze-out auch für das Verfahren nach § 62 Abs. 5 UmwG eine zentrale Bedeutung.

---

638 So i.E. auch *Kehren*, Geschichte des Ausschlusses von Mehrheitsgesellschaftern, S. 337; bereits zuvor *Austmann*, NZG 2011, 684, 689.

639 Ebenso *Kehren*, Geschichte des Ausschlusses von Mehrheitsgesellschaftern, S. 336 f.

640 Vgl. hierzu auch die Begr. RegE, BT-Drs. 17/3122, S. 12, der hinsichtlich der Einführung eines verschmelzungsrechtlichen Squeeze-out von einer „Option“ spricht, von der Gebrauch gemacht werden soll.

2. Rechtsprechung des BVerfG

Mit seinem Beschluss vom 30.5.2007 hat das BVerfG zu der Frage der Verfassungsmäßigkeit des aktienrechtlichen Squeeze-out Stellung genommen und diesen i.E. für verfassungsgemäß erachtet.[641] Es schloss sich damit der schon bis dahin gleichlautenden herrschenden Ansicht in der Literatur an.[642] Das BVerfG kategorisiert § 327a Abs. 1 Satz 1 AktG als Inhalts- und Schrankenbestimmung nach Art. 14 Abs. 1 Satz 2 GG und nicht als Enteignungsregelung i.S.v. Art. 14 Abs. 3 GG.[643] Art. 14 Abs. 1 GG schließe es im Übrigen nicht grundsätzlich aus, Aktien einer Minderheit gegen deren Willen auf den Hauptaktionär zu übertragen. Das korporative Aktieneigentum vermittle neben vermögensrechtlicher Ansprüche zwar auch die Beibehaltung der mitgliedschaftlichen Stellung.[644] Das Mitgliedschaftsinteresse könne indes umso niedriger bewertet werden, je geringer dessen Anteil an der Gesellschaft ausfalle. Einen relevanten Einfluss auf die Unternehmenspolitik könnten Minderheitsaktionäre üblicherweise nicht ausüben. Die Aktie stelle in der Regel mehr eine Kapitalanlage als eine unternehmerische Beteiligung dar, wenn der Ausschluss auf 5% der Anteile am Grundkapital gerichtet sei. Denn dann würden nur Aktionäre ausgeschlossen, deren Anlageinteresse sich angesichts fehlender realer Einwirkungsmöglichkeiten auf die Unternehmensführung lediglich auf die vermögensrechtliche Komponente konzentriere. Den verfassungsrechtlichen Anforderungen, speziell dem Verhältnismäßigkeitsgrundsatz, genüge, neben dem Bestehen eines legitimen Zwecks, dass die Minderheitsaktionäre eine volle wirtschaftliche Entschädigung für den Verlust ihres Aktieneigentums erhielten und ein effektiver Rechtsschutz gegen den Ausschluss gewährleistet sei.[645]

Das BVerfG blieb damit den bereits in seinem richtungsweisenden *Feldmühle*-Urteil aus dem Jahre 1962 zur Mehrheitsumwandlung gemäß § 15 UmwG-1956 ergangenen Entscheidungsgrundsätzen treu, wonach selbst der Ausschluss von Minderheitsaktionären gerade noch innerhalb der Grenzen des Zulässigen liegen sollte, wenn diese 25% des Grundkapitals ausmachen

641 BVerfG, Beschluss v. 30.5.2007 – 1 BvR 390/04, NZG 2007, 587.

642 Vgl. statt vieler *Hüffer*, AktG, § 327a AktG, Rn. 4.

643 BVerfG, Beschluss v. 30.5.2007 – 1 BvR 390/04, NZG 2007, 587, 588; vgl. auch BGH Hinweisbeschluss v. 25. 7. 2005 – II ZR 327/03, NZG 2006, 117.

644 So bereits BVerfG, Urteil v. 7.8.1962 – 1 BvL 16/60, BVerGE 14, 263 = NJW 1962, 1667.

645 So die Argumentationsleitlinie des BVerfG, Beschluss v. 30.5.2007 – 1 BvR 390/04, NZG 2007, 587, 589.

würden.[646] Auch insoweit stellte das BVerfG fest, dass die Aktie in dem zugrunde liegenden Fall mehr eine reine Kapitalanlage als eine unternehmerische Beteiligung sei. Dies folge daraus, dass dem Minderheitsaktionär in der Regel der umfassende Überblick über die Planung des Konzerns im Rahmen der Gesamtwirtschaft verschlossen sei und dass gerade die Konzernleitung den Aufbau des Konzerns bestimme, ihm seine Organisation gebe und damit das Feld seiner wirtschaftlichen Betätigung nach ihren Plänen ordne.[647] Die unternehmerische Freiheit der Konzernleitung überwiege daher das reine Vermögensinteresse des Minderheitsaktionärs und rechtfertige daher seinen Ausschluss, sofern die Interessen der Minderheitsaktionäre dadurch gewahrt würden, dass ihnen wirksame Rechtsbehelfe gegen einen Missbrauch der wirtschaftlichen Macht zur Verfügung stünden und eine volle wirtschaftliche Entschädigung erfolge.[648]

Es zeigt sich, dass das BVerfG in seinem *Edscha*-Beschluss lediglich die in seinem *Feldmühle*-Urteil bereits grundlegend aufgestellten Kriterien aufgriff, die erfüllt sein müssen, damit ein Verfahren zum Ausschluss von Minderheitsaktionären durch einen Mehrheitsaktionär mit dem Grundgesetz vereinbar ist. Es zeigt sich außerdem, dass sich an der verfassungsrechtlichen Bewertung eines Squeeze-out und im Speziellen des verschmelzungsrechtlichen Ausschlussverfahrens nichts dadurch ändert, dass der Gesetzgeber des heutigen UmwG aus dem Jahre 1994 die Möglichkeit der Mehrheitsumwandlung wieder gestrichen hatte.[649] Zwar führte er seinerzeit aus, dass der Zwang zum Ausscheiden heutigen [des Jahres 1994] Vorstellungen über den Schutz von Anteilsinhabern nicht mehr entspreche.[650] Gleichwohl betrafen diese Aussagen allein den Fall des Ausscheidens der Anteilsinhaber im Rahmen eines Formwechsels durch Mehrheitsbeschluss, wobei nur die zustimmenden Anteilsinhaber Gesellschafter des Rechtsträgers neuer Rechtsform wurden, während alle anderen Anteilsinhaber durch die Auflösung der Kapitalgesellschaft kraft Gesetzes aus dem Rechtsträger ausschieden.[651] Präjudizierende oder gar allgemein verbindliche Wertungen hinsichtlich später eingeführter Ausschlussverfahren von Minderheitsaktionären generell beziehungsweise des verschmelzungsrechtlichen Squeeze-out im Speziellen können ihnen jedoch nicht entnommen werden.[652] Den vom BVerfG auf-

646 BVerfG, Urteil v. 7.8.1962 – 1 BvL 16/60, BVerGE 14, 263 = NJW 1962, 1667.
647 BVerfG, Urteil v. 7.8.1962 – 1 BvL 16/60, BVerGE 14, 263 = NJW 1962, 1667, 1669.
648 BVerfG, Urteil v. 7.8.1962 – 1 BvL 16/60, BVerGE 14, 263 = NJW 1962, 1667, 1669.
649 Vgl. hierzu *Packi*, ZGR 2011, 776, 786.
650 Begr. RegE UmwBerG, BR-Drs. 75/94, S. 144; so wie hier *Packi*, ZGR 2011, 776, 786.
651 Vgl. hierzu § 19 UmwG-1956 und die Begr. RegE UmwBerG, BR-Drs. 75/94, S. 144.
652 *Packi*, ZGR 2011, 776, 786.

gestellten Grundsätzen kommt daher auch für die Verfassungsmäßigkeit des verschmelzungsrechtlichen Squeeze-out eine zentrale Bedeutung zu.

3. Konsequenzen für § 62 Abs. 5 UmwG

Der verschmelzungsrechtliche Squeeze-out knüpft – wie bereits mehrfach gesehen – in weiten Teilen an die §§ 327a ff. AktG an. Über § 62 Abs. 5 Satz 8 UmwG i.V.m. § 327b und § 327f AktG sowie § 327e Abs. 2 AktG i.V.m. § 319 Abs. 5 und 6 AktG gilt dies sowohl für die vom Hauptaktionär zu zahlende Barabfindung als auch für den gerichtlichen Rechtsschutz gegen den Übertragungsbeschluss. Hinsichtlich der Kriterien der vollen wirtschaftlichen Entschädigung der Minderheitsaktionäre für den Verlust ihres Aktieneigentums sowie für die wirksamen Rechtsbehelfe gegen den Missbrauch der wirtschaftlichen Macht durch den Mehrheitsaktionär ergibt sich gegenüber dem aktienrechtlichen Squeeze-out somit kein abweichendes Bild, so dass diese Grundsätze auch für den verschmelzungsrechtlichen Squeeze-out als erfüllt anzusehen sind.[653] Die Verfassungswidrigkeit kann sich demnach allein aus dem Umstand ergeben, dass nicht nur Minderheitsaktionäre ausgeschlossen werden können, die lediglich 5% des vertretenen Grundkapitals, sondern 10% des vertretenen Grundkapitals in der Hand halten. Dies gilt umso mehr, als durch die alleinige Absenkung der Beteiligungshöhe auf 90% des Grundkapitals noch nicht die Schwelle von einer Inhalts- und Schrankenbestimmung gemäß Art. 14 Abs. 1 Satz 2 GG zu einer Enteignungsregelung gemäß Art. 14 Abs. 3 GG überschritten ist.[654] Die anzulegenden Wertungskriterien sind daher identisch.

Zwar hat das BVerfG sogar für eine 25%ige Aktionärsminderheit angenommen, dass bei dieser das reine Kapitalinteresse im Vordergrund stehe, so dass selbiges erst recht für eine 10%ige Minderheit angenommen werden müsste. Allerdings hat das BVerfG in seinem speziell zum aktienrechtlichen Squeeze-out ergangenen *Edscha*-Beschluss ausdrücklich offengelassen, dass etwas anderes gelten könne, wenn ein Aktionär im Einzelfall ein weitergehendes, anerkennenswertes Interesse an der Beteiligung an einem Unternehmen habe.[655] Für den verschmelzungsrechtlichen Squeeze-out kann sich die Untersuchung zur

653 So i.E. auch OLG Hamburg, Beschluss v. 14.6.2012 – 11 AktG 1/12, NZG 2012, 944, 945

654 Begr. RegE, BT-Drs. 17/3122, S. 13; OLG Hamburg, Beschluss v. 14.6.2012 – 11 AktG 1/12, NZG 2012, 944, 945; so auch schon für § 12 Abs. 4 FMStBG, OLG München, Schlussurteil v. 28.9.2011 – 7 U 711/11, NZG 2011, 1227, 1228.

655 BVerfG, Beschluss v. 30.5.2007 – 1 BvR 390/04, NZG 2007, 587, 589.

Beantwortung der Frage nach seiner Verfassungsmäßigkeit daher darauf beschränken, welche weiteren Rechte einer 10%igen Aktionärsminderheit gegenüber einer 5%igen Aktionärsminderheit zur Verfügung stehen und ob diese Rechte eine reale Einwirkungsmöglichkeit auf die Unternehmensführung bieten, so dass in der Folge ein *generell* anerkennenswertes Interesse an der Unternehmensbeteiligung feststellbar ist.

An dieser Stelle rücken somit die bereits zuvor aufgezeigten Rechte einer 10%igen Aktionärsminderheit in den Fokus.[656] Die abermalige Inaugenscheinnahme dieser Rechte offenbart, dass diese typischerweise keine echten Einwirkungsmöglichkeiten auf die Unternehmensführung gewährleisten, sondern sich in aller Regel auf die Geltendmachung von Ersatzansprüchen der Gesellschaft beschränken und somit mittelbar vor allem die Vermögensinteressen der Aktionäre schützen.[657] Andere Vorschriften ermöglichen hingegen zwar, auf Verfahrensfragen bei der Beschlussfassung der Hauptversammlung Einfluss zu nehmen, gewähren aber dennoch keine wesentlichen Leitungsbefugnisse.[658] Letzten Endes haben all diese Rechte keine größere Bedeutung als die Möglichkeit einer Minderheit zur Einberufung einer Hauptversammlung nach § 122 Abs. 1 AktG, die bereits den mit 5% am Grundkapital beteiligten Aktionären offen steht. Das Aktieneigentum verkörpert daher im Grundsatz ebenso wie im Rahmen des aktienrechtlichen Squeeze-out vor allem das Vermögens- und weniger das Mitgliedschaftsinteresse der Minderheitsaktionäre.[659]

II. Rechtsmissbräuchliche Gestaltungsformen

Während die Verfassungsmäßigkeit von § 62 Abs. 5 UmwG von der Literatur kaum bestritten wird, werden mögliche Gestaltungsformen zur Erreichung der formellen Voraussetzungen des § 62 Abs. 5 UmwG in der Literatur leidenschaftlich diskutiert.[660] So steht dabei vor allem die Frage im Vordergrund, ob solche Gestaltungsformen im weiteren Verlauf des Transaktionsprozesses wegen des Vorwurfs des Rechtsmissbrauchs zum Gegenstand von Beschlussmängelklagen

---

656 Vgl. hierzu ausführlich bereits oben § 4 A. II. 2.

657 Begr. RegE, BT-Drs. 17/3122, S. 13; OLG Hamburg, Beschluss v. 14.6.2012 – 11 AktG 1/12, NZG 2012, 944, 945; vgl. hierzu die Rechte der §§ 50 Satz 1; 93 Abs. 4 Satz 3, 117 Abs. 4, 147 Abs. 2 Satz 2, 309 Abs. 3 Satz 1 AktG.

658 OLG Hamburg, Beschluss v. 14.6.2012 – 11 AktG 1/12, NZG 2012, 944, 945; vgl. hierzu im Speziellen §§ 120 Abs. 1 Satz 2, 137, 138 Satz 3 AktG.

659 So auch *Heckschen*, NZG 2010, 1041, 1045.

660 *Göthel*, ZIP 2011, 1541, 1549; *Packi*, ZGR 2011, 776, 801 ff.

gegen den Übertragungsbeschluss werden können, da sie vermeintlich zur „Ausnutzung" der formellen Voraussetzungen führten.[661] Allein der Umstand, dass der Gesetzgeber diesen Gestaltungsformen im Gegensatz zu der noch in der Fassung des RegE von § 62 Abs. 5 UmwG bestehenden Möglichkeit des alleinigen Wirksamwerdens des Ausschlusses der Minderheitsaktionäre ohne zwingende Durchführung einer Konzernverschmelzung keinen Riegel vorgeschoben hat, kann nicht für die Annahme gereichen, solche Gestaltungsformen generell als nicht rechtsmissbräuchlich anzusehen.[662] Die Klärung einzelner den Rechtsmissbrauch des verschmelzungsrechtlichen Squeeze-out betreffender Fragen sollte vielmehr der Rechtsprechung und Wissenschaft überlassen werden.[663]

1. Institut des Rechtsmissbrauchs in der Abgrenzung

Der Begriff des Rechtsmissbrauchs ist schillernd und auch für die Rechtspraxis oftmals wenig griffig.[664] Dogmatisch wird er hauptsächlich als Unterfall des Verstoßes gegen Treu und Glauben gemäß § 242 BGB verortet.[665] In Bezug auf den Ausschluss von Minderheitsaktionären wird er in aller Regel als institutioneller Rechtsmissbrauch in Erscheinung treten.[666] Dieser betrifft die Fälle, in denen die sich aus einem Rechtsinstitut ergebenden Rechtsfolgen zurücktreten müssen, wenn sie zu einem mit Treu und Glauben *„unvereinbaren, schlechthin untragbaren Ergebnis"*[667] führen.[668] Die Differenzierung nach individuellem

---

661 *Packi*, ZGR 2011, 776, 783; *Freytag*, BB 2010, 1611, 1617.

662 So wie hier *Packi*, ZGR 2011, 776, 792; anders *Freytag/Müller-Etienne*, BB 2011, 1731, 1734; *Göthel*, ZIP 2011, 1541, 1549.

663 *Packi*, ZGR 2011, 776, 792 mit dem Hinweis in Fn. 86 auf den Vortrag von *Harbarth*, Obmann der CDU/CSU-Bundestagsfraktion im BT-Rechtsausschuss, zur „Reform des Umwandlungsrechts" auf der „18. Jahresfachtagung Hauptversammlung 2011" am 25.3.2011.

664 Aus diesem Grund haben sich bereits für den allgemeinen Fall des Rechtsmissbrauchs entsprechende Fallgruppen herausgebildet. So wird ein Rechtsmissbrauch im Falle eines widersprüchlichen Verhaltens, der Verwirkung oder des unredlichen Erwerbs der eigenen Rechtsstellung angenommen; vgl. hierzu *Fleischer*, ZGR 2002, 757, 785 f.

665 *Looschelders/Olzen* in Staudinger BGB, § 242 BGB, Rn. 214 m.w.N; a.A. mit der Erwägung, es handele sich um eine eigenständige Rechtsfigur, *Teichmann* in Soergel BGB, § 242 BGB, Rn. 11 ff.

666 Anders *Packi*, ZGR 2011, 776, 793, der lediglich einen individuellen Rechtsmissbrauch für einschlägig erachtet, wobei er darin fehlgeht, dass auch bei dem institutionellen Rechtsmissbrauch stets eine Einzelfallbetrachtung erforderlich ist und nicht das Rechtsinstitut bereits einen systematischen Rechtsmissbrauch bedeuten muss.

667 BGH, Urteil v. 27.10.1967 – V ZR 153/64, BGHZ 48, 396, 398 = NJW 1968, 39.

und institutionellem Rechtsmissbrauch ist jedoch nur von untergeordneter Bedeutung, da es in beiden Fällen auf eine Abwägung im Einzelfall ankommt, wozu es sowohl auf die Interessen der beteiligten Personen als auch auf die Wertentscheidung des Gesetzgebers ankommt.[669] Diese allgemeinen Kriterien erfahren im Kontext eines Ausschlusses von Minderheitsaktionären jedoch insoweit eine Änderung, als der Gesetzgeber die Abwägung der widerstreitenden Interessen bereits abstrakt-generell vorgenommen hat.[670] Damit lässt sich die Frage nach einem Rechtsmissbrauch im Zusammenhang mit einem Ausschluss der Minderheitsaktionäre *„nur in Relation zu der gesetzgeberischen Zielsetzung beurteilen"*.[671] Auf subjektive Kriterien kommt es hingegen schon von vornherein nicht an.[672] Der Rechtsanwender braucht daher nicht die Absicht haben, seine formale Rechtsposition auszunutzen.[673] Ein Rechtsmissbrauch liegt im Zusammenhang mit einem Ausschluss von Minderheitsaktionären also immer dann vor, wenn der vom Gesetzgeber angenommene Zweck entfremdet wird.[674]

Da der Rechtsmissbrauch allgemein als Ausdruck des Gebots zur gegenseitigen Rücksichtnahme angesehen wird[675], verwischen im Umfeld eines gesellschaftsrechtlich geprägten Sachverhalts oftmals die Grenzen zwischen einem Treupflichtverstoß i.S. eines Rechtsmissbrauchs einerseits und der gesellschaftsrechtlichen Treuepflicht andererseits.[676] Letztere wirkt nach mittlerweile herr-

---

668 *Sutschet* in BeckOK BGB, § 242 BGB, Rn. 51; *Looschelders/Olzen* in Staudinger BGB, § 242 BGB, Rn. 218; *Grüneberg* in Palandt BGB, § 242 BGB, Rn. 40; BGH, Urteil v. 3.12.1958 – V ZR 28/57, BGHZ 29, 6, 10 = NJW 1959, 626; BGH, Urteil v. 27.10.1967 – V ZR 153/64, BGHZ 48, 396, 398 = NJW 1968, 39.

669 *Looschelders/Olzen* in Staudinger BGB, § 242 BGB, Rn. 218 und 222.

670 Vgl. für den aktienrechtlichen Squeeze-out BGH, Urteil v. 16.3.2009 – II ZR 302/06 („Wertpapierdarlehen"), BGHZ 180, 154, 161 = NZG 2009, 585; *Fleischer* in Großkomm. AktG, § 327a AktG, Rn. 75; *Schäfer/Dette*, NZG 2009, 1, 4.

671 BGH, Urteil v. 16.3.2009 – II ZR 302/06 („Wertpapierdarlehen"), BGHZ 180, 154, 160 = NZG 2009, 585; *Fröde*, NZG 2007, 729, 732.

672 *Packi*, ZGR 2011, 776, 797; bereits für den aktienrechtlichen Squeeze-out BGH, Urteil v. 16.3.2009 – II ZR 302/06 („Wertpapierdarlehen"), BGHZ 180, 154, 163 = NZG 2009, 585; *Fröde*, NZG 2007, 729 und 731 f.

673 *Kiefner/Brügel*, AG 2011, 525, 534.

674 *Grunewald* in Münchener Komm. AktG, § 327a AktG, Rn. 18, für den aktienrechtlichen Squeeze-out; ähnlich *Fröde*, NZG 2007, 729, 732, „[…] Missbrauch durch treuwidrige Schaffung der formalen Kriterien […] zur Umgehung des Gesetzeszwecks."

675 *Looschelders/Olzen* in Staudinger BGB, § 242 BGB, Rn. 215.

676 Vgl. etwa die Ausführungen von *Henze/Notz* in Großkomm. AktG, Anh. § 53a AktG, Rn. 97 ff.; so wie hier feststellend *Packi*, ZGR 2011, 776, 198, zuvor bereits *Fröde*, NZG 2007, 729, 732.

schender Ansicht auch im Verhältnis der Aktionäre untereinander und somit auch im Verhältnis zwischen Mehrheitsaktionär und Minderheitsaktionären, wobei sie mithin eine Pflicht zur gegenseitigen Rücksichtnahme postuliert.[677] Dabei wird die gesellschaftsrechtliche Treuepflicht jedoch hauptsächlich als Ausprägung einer allgemeinen materiellen Beschlusskontrolle betrachtet, die sich in der Pflicht zur Prüfung des Hauptversammlungsbeschlusses nach Maßstäben der Erforderlichkeit und Verhältnismäßigkeit konkretisiert.[678] Der Beschluss ist hiernach also immer dann gesetzeswidrig, wenn er in die Mitgliedschaft der Minderheitsaktionäre eingreift und der Eingriff nicht durch das Gesellschaftsinteresse sachlich gerechtfertigt ist.[679]

Während ohnehin bereits fraglich ist, ob gesetzlich vorgeprägte Grundlagenbeschlüsse wie der hier gegenständliche Übertragungsbeschluss nicht generell einer Beschlusskontrolle entzogen sind, wird man jedenfalls eine in diese Richtung (extensiv) verstandene gesellschaftsrechtliche Treuepflicht im Rahmen des Verfahrens nach § 62 Abs. 5 UmwG von vornherein ablehnen müssen.[680] Denn auch das verschmelzungsrechtliche Ausschlussverfahren trägt seine sachliche Rechtfertigung bereits in sich. Die vom Gesetzgeber getroffenen Wertentscheidungen dürfen daher auch nicht durch die gesellschaftsrechtliche Treuepflicht im Verständnis einer Inhaltskontrolle ausgehebelt werden.[681] Deutlich wird damit in jedem Fall, dass die gesellschaftsrechtliche Treuepflicht in ihrer Prüfungstiefe im hier gegenständlichen Kontext nicht über die im Rahmen einer allgemeinen Rechtsmissbrauchskontrolle anzulegenden Prüfungskriterien hinausgehen kann und damit ihre Grenze ebenfalls in Sinn und Zweck des Gesetzes findet.[682]

---

677 Richtungsweisend BGH, Urteil v. 1.2.1988 – II ZR 75/87 („Linotype"), BGHZ 103, 184, 194 = NJW 1988, 1579 m. Anm. Timm; BGH, Urteil v. 20.3.1995 („Girmes"), BGHZ 129, 136, 142 = NJW 1995, 1739; BGH, Urteil v. 5.7.1999 („Hilgers"), BGHZ 142, 167, 170 = NJW 1999, 3197; statt vieler *Würthwein* in Spindler/Stilz AktG, § 243 AktG, Rn. 159.

678 Statt vieler *Hüffer* AktG, § 243 AktG, Rn. 24.

679 *Hüffer* AktG, § 243 AktG, Rn. 24; *Würthwein* in Spindler/Stilz AktG, § 243 AktG, Rn. 161; vgl. zur sachlichen Rechtfertigung, § 5 B. III. 3. c) bb).

680 *Packi*, ZGR 2011, 776, 799; für den aktienrechtlichen Squeeze-out *Fleischer*, ZGR 2002, 757, 785; ähnlich *Fröde*, NZG 2007, 729, 732; a.A. *Schröder/Wirsch*, ZGR 2012, 660, 696; vgl. hierzu bereits § 5 B. III. 3. c) bb).

681 *Henze/Notz* in Großkomm. AktG, Anh. § 53a AktG, Rn. 97.

682 So bereits für den aktienrechtlichen Squeeze-out *Fleischer*, ZGR 2002, 757, 785; *Kumpan/Mittermeier*, ZIP 2009, 404, 408.

Ganz ähnlich verhält es sich mit der Abgrenzung zu dem Rechtsinstitut der Rechts- oder Gesetzesumgehung, das ebenfalls im Zusammenhang mit dem Ausschluss von Minderheitsaktionären diskutiert und oftmals neben einem etwaigen Rechtsmissbrauch geprüft wird.[683] Unabhängig von der Frage, ob das Institut der Gesetzesumgehung überhaupt anzuerkennen ist, steht jedenfalls auch hier der Sinn und Zweck des relevanten Gesetzes im Vordergrund der Prüfung. In der Konsequenz ergibt sich demnach kein Unterschied zu den Prüfungskriterien eines Rechtsmissbrauchs im Rahmen des Ausschlusses von Minderheitsaktionären.[684] Das Risikopotenzial für den Transaktionsprozess resultiert damit aus der Problematik festzustellen, wann ein Inhaltsmangel des Übertragungsbeschlusses aufgrund einer entsprechenden Gestaltungsform zur Erreichung der formellen Kriterien des Verfahrens nach § 62 Abs. 5 UmwG vorliegt, so dass sich die Untersuchung vor allem hierauf konzentrieren soll. Hierzu spielt es nach dem Vorstehenden keine Rolle, ob terminologisch nun von einem Verstoß gegen die gesellschaftsrechtliche Treuepflicht, einer Gesetzesumgehung oder einem Rechtsmissbrauch die Rede ist. Materiell erfolgt in allen Fällen eine Konformitätsprüfung mit dem Gesetzeszweck, so dass dieser im Zentrum der Betrachtung steht.[685] Nichtsdestoweniger sei auch hier klargestellt, dass nahezu das komplette verschmelzungsrechtliche Schrifttum, einschließlich der bisher ergangenen Rechtsprechung, die Prüfung der in Betracht kommenden Gestaltungsformen terminologisch unter dem Grundsatz des Rechtsmissbrauchs diskutiert. Da außerdem die Institute der gesellschaftsrechtlichen Treuepflicht in Form einer materiellen Beschlusskontrolle und die Gesetzesumgehung bereits in ihrer grundsätzlichen Anwendbarkeit angezweifelt werden können, ist es vorzugswürdig, dem Grundsatz des Rechtsmissbrauchs auch an dieser Stelle treu zu bleiben. Dieser setzt nach alledem voraus, dass der gesetzgeberische Zweck entfremdet und stattdessen entweder ein aufgestelltes Verbot unterlaufen wird oder die beabsichtigte Maßnahme die Minderheit über das vom Gesetz vorgesehene Maß benachteiligt.[686]

683 Vgl. für den aktienrechtlichen Squeeze-out *Baums*, WM 2001, 1843, 1845; *Grzimek* in Geibel/Süßmann WpÜG, § 327f AktG, Rn. 12; eine Gesetzesumgehung ebenfalls prüfend BGH, Urteil v. 16.3.2009 – II ZR 302/06 („Wertpapierdarlehen“), BGHZ 180, 154, 158 = NZG 2009, 585.

684 *Fröde*, NZG 2007, 729, 730 f.

685 *Fröde*, NZG 2007, 729, 732; *Stephanblome*, AG 2012, 814, 818.

686 *Grunewald* in Münchener Komm. AktG, § 327a AktG, Rn. 18.

2. Gesetzgeberische Zwecksetzung für § 62 Abs. 5 UmwG

Richtungsweisend für die Feststellung eines Rechtsmissbrauchs ist daher die gesetzgeberische Zielsetzung des verschmelzungsrechtlichen Squeeze-out. Dahingehend wird vielfach vertreten, dass es in letzter Konsequenz entscheidend darauf ankomme, dass die Durchführung des verschmelzungsrechtlichen Squeeze-out zu einer Vereinfachung der Konzernstruktur führe.[687] Die Vertreter dieser Ansicht stützen sich dabei auf die Gesetzesbegründung, wonach sich der spezifische Squeeze-out gemäß § 62 Abs. 5 UmwG von dem allgemeinen Ausschluss nach § 327a AktG durch den ausdrücklichen Zusammenhang mit der beabsichtigten Umstrukturierung unterscheide. Das Interesse des Hauptaktionärs, die Konzernstruktur zu ordnen und zu vereinfachen sowie die Unternehmensführung zu vereinheitlichen, sei nach der Vorstellung des Gesetzgebers das legitime und daher tragende Prinzip des verschmelzungsrechtlichen Squeeze-out.[688]

Bei Lichte betrachtet muss man jedoch konstatieren, dass die Ausführungen des Gesetzgebers die verfassungsrechtliche Rechtfertigung des Ausschlussverfahrens betrafen und vor allem die im Rahmen der Verhältnismäßigkeitsprüfung anzustellende Frage nach einem legitimen Zweck des Ausschlussverfahrens zum Gegenstand hatten. Dies wird auch dadurch deutlich, dass allein verfassungsrechtliche Judikatur an der betreffenden Stelle der Gesetzesbegründung zitiert wird.[689] Es ist daher auch nicht zwingend, diesen Ausführungen eine einfachgesetzliche Wertentscheidung des Gesetzgebers zu entnehmen.[690] Ein hierauf beschränkter Sinn und Zweck von § 62 Abs. 5 UmwG ergäbe letztlich keinen Unterschied zu einer isolierten Konzernverschmelzung ohne vorgeschalteten Squeeze-out.[691] Diese hat für sich allein betrachtet innerhalb bestehender Konzernstrukturen bereits eine organisationsrechtliche und wirtschaftliche Zusammenführung der beteiligten Rechtsträger zum Ziel.[692] Ein so verstandener Sinn und Zweck wird daher der Zweigliedrigkeit des Verfahrens nicht gerecht, da der Blick allein auf die verschmelzungsspezifische Komponente gerichtet wird und der Ausschluss der Minderheitsaktionäre in dieser Betrachtung außen vor bleibt.

687 Grdl. *Wagner*, DStR 2010, 1629, 1634; *Keller/Klett*, GWR 2010, 415, 416; *Packi*, ZGR 2011, 776, 800; a.A. *Bungert/Wettich*, DB 2010, 2545, 2549, wonach eine Konzernstraffung nicht unbedingt eintreten müsse; differenzierend *Kiefner/Brügel*, AG 2011, 525, 534.

688 BT-Drs. 17/3122, S. 13; *Packi*, ZGR 2011, 776, 800.

689 BT-Drs. 17/3122, S. 13.

690 *Stephanblome*, AG 2012, 814, 820.

691 Ähnlich *Stephanblome*, AG 2012, 814, 821.

692 Vgl. etwa *Simon* in Kölner Komm UmwG, § 2 UmwG, Rn. 1 und 4.

Es darf daher nicht vergessen werden, dass der Squeeze-out-spezifische Teil des Verfahrens im Geflecht mit der Konzernverschmelzung jedenfalls nach der Leitvorstellung der Verschmelzungsrichtlinie grundsätzlich die Vereinfachung jener zum Ziel hat, indem er die Anwendbarkeit zahlreicher verschmelzungsbezogener Privilegierungen ermöglicht und somit zu einer allgemeinen Kostensenkung der betreffenden Konzernverschmelzungen beitragen soll.[693] Ob hierin tatsächlich ein Leitmotiv für die Ermittlung des Gesetzeszwecks gesehen werden kann, darf im Angesicht der durch den Squeeze-out zusätzlich entstehenden Dokumentations- und Durchführungskosten dennoch bezweifelt werden.[694] Jedenfalls wird man darin nicht den isolierten Normzweck von § 62 Abs. 5 UmwG sehen dürfen.[695] Fehlgehend wäre daher die Schlussfolgerung, dass der Squeeze-out stets der Konzernverschmelzung zu dienen bestimmt ist und die Reziprozität stets zur Annahme einer Zweckentfremdung führen würde. Dies auch trotz des Umstands, dass die Vorstellung des Gesetzgebers von dem Ideal geprägt zu sein scheint, dass die Entscheidung des Rechtsanwenders für eine Konzernverschmelzung der Entscheidung zur Durchführung eines Squeeze-out konzeptionell (für eine logische Sekunde) vorgelagert sei.[696]

Vielmehr werden zusätzlich die gesetzgeberischen Motive des aktienrechtlichen Squeeze-out von dem verschmelzungsrechtlichen Squeeze-out inkorporiert.[697] Ein ebenso zu berücksichtigendes gesetzgeberisches Leitmotiv liegt daher in der Senkung der Kosten sowie der Missbrauchseindämmung durch den Ausschluss der Minderheitsaktionäre.[698] Der Squeeze-out soll im Interesse einer effektiven Unternehmensführung beziehungsweise dem erweiterten Konzerninteresse den Ausschluss der Minderheitsaktionäre ermöglichen. Nicht bezweckt wird indes, dem Hauptaktionär die dauerhafte Stellung als Alleinaktionär zu si-

693 Darauf allein abstellend *Schröder/Wirsch*, ZGR 2012, 660, 678; einschränkend *Stephanblome*, AG 2012, 814, 821; *Göthel*, ZIP 2011, 1541, 1549; vgl. ausführlich für die intendierten verschmelzungsbezogenen Kosteneinsparungen § 3 B. I. und § 4 A. II. 3.

694 *Stephanblome*, AG 2012, 814, 821; anders *Schröder/Wirsch*, ZGR 2012, 660, 678.

695 So aber ausdrücklich *Schröder/Wirsch*, ZGR 2012, 660, 678.

696 *Bungert/Wettich*, DB 2010, 2545, 2549, vgl. hierzu auch die Begr. RegE, BT-Drs. 17/3122, S. 13.

697 So auch *Stephanblome*, AG 2012, 814, 820; ähnlich *Erkens/Lakenberg*, Der Konzern 2011, 392, 400.

698 Begr. RegE Gesetz zur Regelung von öffentlichen Angeboten zum Erwerb von Wertpapieren und von Unternehmensübernahmen, BT-Drs. 14/7034, S. 31; vgl. eingehend *Schröder/Wirsch*, ZGR 2012, 660, 672; *Grunewald* in Münchener Komm. AktG, Vor § 327a AktG, Rn. 2.

chern.[699] Der Gesetzgeber wollte daher neben der Vereinfachung der Konzernverschmelzung auch ein weiteres Ausschlussverfahren von Minderheitsaktionären schaffen, das eine besondere Rechtfertigung durch den sachlichen und zeitlichen Zusammenhang mit der Konzernverschmelzung aufweist. Aus dem Umstand, dass er sich gegen eine generelle Absenkung der bestehenden Squeeze-out-Beteiligungsschwellen und für eine isolierte Absenkung in einer verschmelzungsrechtlichen Sonderlösung entschied, kann nichts Gegenteiliges geschlossen werden. Vielmehr dient die verschmelzungsrechtliche Sonderlösung gerade der Untermauerung von dem Verständnis einer gezielten Schaffung eines weiteren eigenständigen Ausschlussverfahrens. Hierin sah der Gesetzgeber insbesondere gegenüber der Alternative eines Andienungsrechts die vorzugswürdige Möglichkeit zur Herbeiführung der von der Verschmelzungsrichtlinie bezweckten Steigerung der Wettbewerbsfähigkeit der Unternehmen und der Erreichung eines Deregulierungseffekts.[700]

Die im Grunde singulären Zwecksetzungen der Einzelkomponenten vereinigen sich schließlich im Rahmen des verschmelzungsrechtlichen Squeeze-out zu einem in ihrer Gesamtheit gleichberechtigten und einheitlichen Sinn und Zweck des zwar zweigliedrigen, aber dennoch einheitlichen Verfahrens nach § 62 Abs. 5 UmwG. Allein den Sinn und Zweck der Konzernverschmelzungskomponente als zentral zu betrachten, wird von dem Gesetz weder verlangt noch wird es ihm gerecht und ginge letztlich auch an der Realität vorbei. Denn in aller Regel wird es dem Hauptaktionär weniger auf die Verschmelzung als vielmehr auf den Ausschluss der Minderheitsaktionäre ankommen.[701] Auch für das verschmelzungsrechtliche Ausschlussverfahren gilt, dass es nunmehr eine 10%ige Minderheit im Blick hat, die keinen Bestandsschutz genießt, da sie den Verlust ihrer Aktionärsstellung im Rahmen der Konzernverschmelzung ohnehin nicht verhindern kann.[702]

699 Vgl. für den Sinn und Zweck des aktienrechtlichen Squeeze-out, BGH, Urteil v. 16.3.2009 – II ZR 302/06 („Wertpapierdarlehen“), BGHZ 180, 154, 158, 160 = NZG 2009, 585.

700 Anders aber *Schröder/Wirsch*, ZGR 2012, 660, 678.

701 *Stephanblome*, AG 2012, 814, 816.

702 Vgl. BGH, Urteil v. 16.3.2009 – II ZR 302/06 („Wertpapierdarlehen“), BGHZ 180, 154, 159 = NZG 2009, 585; Begr. RegE, BT-Drs. 17/3122, S. 13.

3. Fallgruppen des verschmelzungsrechtlichen Squeeze-out

Nachdem somit die grundsätzlichen Kriterien feststehen, anhand derer es einen Gestaltungsmissbrauch zu überprüfen gilt, wird die eigentliche Diskussion – wie schon im Rahmen des aktienrechtlichen Squeeze-out – in Anbetracht spezifischer Fallgruppen geführt. Dabei unterscheiden sich die Gestaltungsformen im Rahmen des verschmelzungsrechtlichen Squeeze-out nur unwesentlich von denen des aktienrechtlichen Squeeze-out, so dass bereits auf einen fundierten Meinungsstand in Literatur und Rechtsprechung zurückgegriffen werden kann. Deshalb sollen an dieser Stelle von vornherein solche Gestaltungsformen ausgeblendet werden, hinsichtlich derer auch der verschmelzungsrechtliche Zusammenhang keine abweichende Bewertung veranlasst oder verfahrensbezogene Besonderheiten erfordert.[703] Eine echte Leidenschaft entwickelt die Diskussion ohnehin erst dann, wenn die Vorteile der Verschmelzung nicht unmittelbar in Erscheinung treten, da in diesem Fall der Anschein erweckt wird, der Ausschluss der Minderheitsaktionäre wäre das alleinige Ziel der Durchführung des Verfahrens nach § 62 Abs. 5 UmwG und die Verschmelzung wäre nur notwendiges Mittel zum Zweck, um die §§ 327a ff. AktG und das Beteiligungsquorum von 95% zu umgehen.[704] Da schließlich jedwede Konzernverschmelzung für sich betrachtet zu einer Vereinfachung der Konzernstruktur führt und außerdem ein ihr vorgeschalteter Squeeze-out stets die weitere Vereinfachung derselben ermöglicht, lässt sich ein Gestaltungsmissbrauch erst durch eine Gesamtbetrachtung der Transaktionsstruktur unter Einbeziehung der Vorbereitungsmaßnahmen identifizieren.[705]

a) Wertpapierleihe

Eine bereits aus der Diskussion der §§ 327a ff. AktG bekannte Gestaltungsform betrifft den Beteiligungsaufbau qua Wertpapierleihe, wobei es sich auch trotz der missverständlichen Terminologie nicht um einen Leihvertrag i.S.v. §§ 598 ff. BGB, sondern um ein Sachdarlehen gemäß § 607 BGB handelt.[706] Die jewei-

---

703 So etwa zum Zweck des Beteiligungsaufbaus durch Verschmelzung oder Kapitalerhöhung unter Bezugsrechtsausschluss der Minderheitsaktionäre unter Zulassung des Mehrheitsaktionärs bei der übernehmenden Aktiengesellschaft oder lediglich zur Stimmrechtskonzentration durch Poolvereinbarungen, vgl. ausführlich *Goslar/von der Linden*, BB 2009, 1986 ff.

704 So i.E. auch *Packi*, ZGR 2011, 776, 800.

705 *Kiefner/Brügel*, AG 2011, 525, 534.

706 *Berger* in Münchener Komm. BGB, § 607 BGB, Rn. 6 ff.

ligen Wertpapiere werden somit an den Entleiher (Hauptaktionär) übereignet, wodurch dieser juristischer Eigentümer wird und sich im Gegenzug dazu verpflichtet, am Ende der Leihfrist Wertpapiere gleicher Art und Güte zurückzuerstatten. Der BGH entschied für den aktienrechtlichen Squeeze-out hierzu richtungsweisend, dass es für das Beteiligungsquorum ausschließlich auf die formale Eigentümerstellung ankomme, ungeachtet der Art und Weise und für wie lange sich der Hauptaktionär die erforderliche Mehrheit verschaffe.[707] Der Beteiligungsaufbau mittels Wertpapierleihe ist seit 2009 somit als zulässig anzusehen, so dass aus vergleichbaren Gründen selbiges im Grundsatz von vornherein auch für den verschmelzungsrechtlichen Squeeze-out angenommen wurde.[708] Da die Verschmelzung den Untergang der Aktien am übertragenden Rechtsträger zur Folge hat, wird zu großen Teilen darauf hingewiesen, dass die Rückgewähr nicht in Form der ursprünglichen Wertpapiere geleistet werden könne und daher i.d.R. Aktien an dem Hauptaktionär zurückzugewähren seien.[709] Allerdings wird man genauso auch Aktien einer an der Verschmelzung unbeteiligten und somit grundsätzlich auch konzernexternen Gesellschaft in Betracht ziehen können. Ob bei solchen Konstellationen noch von einem Sachdarlehen i.S.v. § 607 BGB die Rede sein kann, muss hingegen stark bezweifelt werden. Vielmehr müsste treffend von einem Wertpapiertausch auszugehen sein.

Zwar ergeben sich für den Beteiligungsaufbau keine abweichenden Ergebnisse, da auch der Tausch zur Übereignung verpflichtet und damit grundsätzlich Volleigentum verschafft. Gleichwohl wird offenbar, dass der Wertpapierleihe im Rahmen des verschmelzungsrechtlichen Squeeze-out kein großer Anwendungsbereich mehr verbliebe, da insbesondere der schlichte Aktienkauf in aller Regel mangels erforderlicher Festlegung eines Umtauschverhältnisses den einfacheren und kostengünstigeren Weg darstellen würde. Darüber hinaus würde wohl auch

---

707 BGH, Urteil v. 16.3.2009 – II ZR 302/06 („Wertpapierdarlehen"), BGHZ 180, 154, 162 = NZG 2009; anders noch die Vorinstanzen OLG München, Urteil v. 23.11.2006 – 23 U 2306/06, NZG 2007, 192; LG Landshut, Urteil v. 1.2.2006 – 1HK O 766/05, NZG 2006, 400; anders zuvor auch *Baums*, WM 2001, 1843, 1846; *Lieder/Stange,* Der Konzern 2008, 617, 621; *Kort,* AG 2006, 557, 559; *Pluskat,* NZG 2007, 725, 729; *Fleischer* in Großkomm. z. AktG, § 327a AktG, Rn. 37 u. 80; *Grunewald* in Münchener Komm. AktG, § 327a AktG, Rn. 19; *Habersack* in Emmerich/Habersack, § 327a AktG, Rn. 29; *Singhof*, in Spindler/Stilz AktG, § 327a AktG, Rn. 16.

708 So auch *Kehren*, Geschichte des Ausschlusses von Mehrheitsgesellschaftern, S. 342; *Austmann*, NZG 2011, 684, 690, *Kiefner/Brügel*, AG 2011, 525, 526.

709 *Austmann*, NZG 2011, 684, 690; *Kiefner/Brügel*, AG 2011, 525, 526; zustimmend *Goldenberg*, Der verschmelzungsrechtliche Squeeze-out, S. 290.

die zweistufige Konzernverschmelzung[710] die effizientere Transaktionsalternative darstellen.[711] Der Vorwurf einer rechtsmissbräuchlichen Gestaltung würde indes in diesen Fällen an Überzeugungskraft verlieren, da die Wertpapierleihe üblicherweise nur dann für rechtsmissbräuchlich gehalten wird, wenn die ursprünglich geliehenen Aktien (unmittelbar) nach der Durchführung des Squeeze-out zurückübertragen werden und dies bei solchen Darlehensbedingungen gerade nicht der Fall ist.

Legt man jedoch das hier vertretene Verständnis zugrunde, wonach das Beteiligungsquorum gemäß § 62 Abs. 5 Satz 1 Halbsatz 2 UmwG letztmalig im Zeitpunkt des Übertragungsbeschlusses vorliegen muss und danach unproblematisch wieder absinken darf, so gewinnt die Wertpapierleihe auch beim verschmelzungsrechtlichen Squeeze-out ihre eigentliche praktische Bedeutung zurück.[712] Sofern die Laufzeit nach Fassung des Übertragungsbeschlusses, aber vor Eintragung der Verschmelzung in das Handelsregister des übernehmenden Rechtsträgers (Hauptaktionär) endet, können auch die originären Aktien zurückgewährt werden. Der Festlegung eines Umtauschverhältnisses bedarf es dann ebenso wenig. Eine solche Gestaltung bietet sich für den verschmelzungsrechtlichen Squeeze-out im Gegensatz zum aktienrechtlichen Squeeze-out auch deshalb an, weil er eine Zurechnung von Anteilen gemäß § 16 Abs. 4 AktG nicht kennt und auf diese Weise ein kostenträchtiges Umhängen von Anteilen vermieden werden kann. Dabei wird man eine solche Gestaltung von der Judikatur des BGH als gedeckt ansehen müssen, auch wenn sich der BGH zu einer Mindestlaufzeit des Darlehensvertrags nicht ausdrücklich geäußert hat und ein Laufzeitende des Darlehensvertrags unmittelbar nach der Squeeze-out-Hauptversammlung zu offenbaren scheint, dass es vermeintlich nur auf die Erreichung des erforderlichen Beteiligungsquorums ankam.[713] Dennoch ließe sich hieraus – entsprechend der Entscheidungsgründe – kein Indiz für einen Rechtsmissbrauch mit der Folge ableiten, dass der Hauptaktionär eine übergeordnete unternehmerische Zielsetzung darlegen müsste.[714]

---

710 Dabei führt der übernehmende Rechtsträger vor Beginn des Verschmelzungsverfahrens eine Sachkapitalerhöhung unter Ausschluss des Bezugsrechts durch und erhält als Sachkapitaleinlage Anteile eines Mitaktionärs an dem übertragenden Rechtsträger. So *Widmann*, AG 2014, 189, 195.

711 Vgl. hierzu *Widmann*, AG 2014, 189, 197.

712 Zum relevanten Zeitpunkt des Beteiligungserfordernisses vgl. ausführlich § 5 A. II. 3.

713 *Ziemons*, GWR 2009, 159.

714 Vgl. BGH, Urteil v. 16.3.2009 – II ZR 302/06 („Wertpapierdarlehen"), BGHZ 180, 154, 162 = NZG 2009, 585.

b) Formwechsel

Aufgrund des eingeschränkten Kreises beteiligungsfähiger Rechtsträger ergibt sich im Vorfeld der Durchführung des Ausschlussverfahrens nach § 62 Abs. 5 UmwG oftmals das Erfordernis eines Formwechsels der Rechtsform, wobei die Vermutung nahe liegt, dass es sich in der Mehrzahl der Fälle um einen Formwechsel einer (kapitalistisch geprägten) GmbH in eine AG handeln wird. Ein solcher kann im Rahmen des verschmelzungsrechtlichen Squeeze-out, anders als bei aktienrechtlichen Ausschlussverfahren gemäß §§ 327a ff. AktG, aber nicht nur für den übertragenden, sondern auch für den übernehmenden Rechtsträger relevant werden, so dass auch hinsichtlich der Rechtsmissbräuchlichkeit diese Differenzierung zugrunde gelegt werden muss.

aa) Übertragender Rechtsträger

Sofern ein Formwechsel des übertragenden Rechtsträgers in der Rechtsform der GmbH als mögliche Gestaltungsvariante im Vorfeld der Durchführung des verschmelzungsrechtlichen Squeeze-out diskutiert wird, verweist das weit überwiegende Schrifttum auf die parallele und nach wie vor offene Diskussion beim aktienrechtlichen Squeeze-out.[715] Teilweise wird jedoch vertreten, dass ein solch genereller Verweis aufgrund der unterschiedlichen gesetzgeberischen Normzwecke der beiden Ausschlussverfahren nicht möglich und stattdessen auch eine unterschiedliche rechtliche Würdigung angezeigt sei.[716] Während ein Formwechsel im Rahmen des aktienrechtlichen Squeeze-out grundsätzlich als zulässig erachtet wird, begründet man das für den verschmelzungsrechtlichen Squeeze-out abweichende Ergebnis der Unzulässigkeit eines vorherigen Formwechsels mit dessen intendiertem Kosteneinsparungspotenzial im Zuge einer Verschmelzung. Dieses würde ad absurdum geführt werden, wenn zuvor ein kostenintensiver Formwechsel durchgeführt werde.[717] Dies gelte nur dann nicht, wenn zugleich der aktienrechtliche Squeeze-out zur Verfügung gestanden hätte, d.h. der Mehrheitsgesellschafter eine Beteiligung von mindestens 95% gehalten hätte. Hier greife der Vorwurf des normzweckwidrigen Verhaltens nicht, da es in

715 *Rieger* in Widmann/Mayer UmwG, § 62 UmwG, Rn. 102; *Austmann*, NZG 2011, 1541, 1548 f.; *Heckschen*, NJW 2011, 2390, 2392 f.; *Bungert/Wettich*, DB 2010, 2545, 2549 f.; *Göthel*, ZIP 2011, 1541, 1548; *Kiefner/Brügel*, AG 2011, 525, 534 f.

716 *Schröder/Wirsch*, ZGR 2012, 660, 679.

717 *Schröder/Wirsch*, ZGR 2012, 660, 679.

diesem Fall keinen Unterschied mache, auf Basis welchen Ausschlussverfahrens der Minderheitsgesellschafter i.E. ausgeschlossen werde.[718]

Die letztgenannte Ansicht stellt sich insofern als stringent heraus, als an gleicher Stelle auch der Normzweck von § 62 Abs. 5 UmwG allein auf das Kosteneinsparungspotenzial beschränkt angesehen wird. Da jedoch bereits die besseren Argumente dafür sprechen, dass die gesetzgeberische Intention für das Verfahren nach § 62 Abs. 5 UmwG auch den Normzweck des Ausschlussverfahrens nach §§ 327a ff. AktG inkorporiert, ist es folgerichtig, zusammen mit der herrschenden Ansicht die Frage des Rechtsmissbrauchs eines vorgeschalteten Formwechsels von der GmbH in eine AG vergleichbar der Rechtslage beim aktienrechtlichen Squeeze-out zu entscheiden.

Im Grundsatz gilt es dabei, die Rechtsmissbräuchlichkeit des Umwandlungsbeschlusses von dem des zeitlich nachgehenden Übertragungsbeschlusses zu unterscheiden. Oftmals wird in der Diskussion jedoch die Rechtsmissbräuchlichkeit allein dem Umwandlungsbeschluss zugeschrieben, dessen potenzielle Anfechtbarkeit lediglich auf den Übertragungsbeschluss durchschlage, so dass dieser in der Folge selbst anfechtbar werde. Der eigentliche Rechtsmissbrauch solle daher nur dem Umwandlungsbeschluss, nicht aber dem Übertragungsbeschluss anhaften.[719] Entsprechend wird oftmals die Anfechtbarkeit des Übertragungsbeschlusses mit dem Hinweis verneint, dass ein Durchschlagen nicht ohne Weiteres angenommen werden könne und auch das Argument hieran nichts zu ändern vermöge, wonach den Minderheitsaktionären zum Zeitpunkt des Formwechsels der Gesamtplan des Hauptaktionärs regelmäßig nicht bekannt und eine fristgerechte Klageerhebung gegen den Umwandlungsbeschluss somit kaum zu erwarten sei.[720]

Dabei wird jedoch vernachlässigt, dass ein Rechtsmissbrauch des Übertragungsbeschlusses stets nur unter Betrachtung der Gesamtumstände und damit insbesondere der Vorbereitungshandlungen angenommen werden kann. Im Falle des Formwechsels folgt daraus, dass dessen Verknüpfung mit einem verschmelzungsrechtlichen Squeeze-out – wenn überhaupt – auch zu einem (eigenständigen) Rechtsmissbrauch des Übertragungsbeschlusses führen muss und es sich

718 *Schröder/Wirsch*, ZGR 2012, 660, 680.

719 *Grunewald* in Münchener Komm. AktG, § 327a AktG, Rn. 24, *Fleischer* in Großkomm. z. AktG, § 327a AktG, Rn. 78; *Fleischer*, ZGR 2002, 757, 787; *Gesmann-Nuissl*, WM 2002, 1205, 1210; *Grunewald*, ZIP 2002, 18, 20; *Habersack* in Emmerich/Habersack, § 327a AktG, Rn. 28; *Krieger*, BB 2002, 53, 62; *Sellmann*, WM 2003, 1545, 1552.

720 *Goslar/von der Linden*, BB 2009, 1986, 1993.

nicht bloß um eine Frage des Durchschlagens der potenziellen Anfechtbarkeit des (rechtsmissbräuchlichen) Umwandlungsbeschlusses auf den Übertragungsbeschluss handelt und dieser lediglich infiziert wird.

Ungeachtet dieser Differenzierung wird man die Verknüpfung eines (vorbereitenden) Formwechsels und eines verschmelzungsrechtlichen Squeeze-out infolge der Rechtsprechung des BGH in Sachen „Wertpapierdarlehen" jedoch kaum mehr für rechtsmissbräuchlich halten können. Da hiernach hinsichtlich der Ausschlussvoraussetzungen eine rein formale Betrachtungsweise anzulegen ist, muss dies neben dem erforderlichen Beteiligungsquorum auch für die erforderliche Rechtsform gelten. In der Folge des Formwechsels entsteht gemäß § 197 UmwG eine vollwertige Aktiengesellschaft, so dass formal betrachtet die Ausschlussvoraussetzungen insoweit erfüllt sind.[721] So verlangt die Regelung des § 62 Abs. 5 UmwG auch keine Mindestlebensdauer der AG.[722] Für den verschmelzungsrechtlichen Squeeze-out wird man zusätzlich feststellen, dass eine Rückumwandlung wegen des verschmelzungsbedingten Untergangs des übertragenden Rechtsträgers von vornherein ausscheidet.[723] Ein Rechtsmissbrauch des Verfahrens nach § 62 Abs. 5 UmwG ist daher im Falle eines Formwechsels des übertragenden Rechtsträgers nicht anzunehmen. So trägt auch der Formwechsel seine sachliche Rechtfertigung bereits in sich. Würden nun unternehmerische Gründe verlangt, die den Formwechsel aus anderen Gründen als zur Vorbereitung des Squeeze-out rechtfertigen, so würde dies i.E. auf eine Verhältnismäßigkeitsprüfung im Einzelfall hinauslaufen, die der Gesetzgeber so gerade nicht vorgesehen hat.[724]

---

721 OLG Hamburg, Beschluss v. 14.6.2012 – 11 AktG 1/12, NZG 2012, 944, 946; *Kiefner/Brügel*, AG 2011, 525, 534; *Mayer*, NZG 2012, 561, 563; *Klie/Wind/Rödter*, DStR 2011, 1668, 1671 f.

722 OLG Hamburg, Beschluss v. 14.6.2012 – 11 AktG 1/12, NZG 2012, 944, 946; *Kiefner/Brügel*, AG 2011, 525, 534; *Mayer*, NZG 2012, 561, 563.

723 *Austmann*, NZG 2011, 684, 690; ungenau vor diesem Hintergrund *Wagner*, DStR 2010, 1629, 1634, der den Umstand der gleichzeitigen Wirksamkeit von Squeeze-out und Verschmelzung missachtet.

724 *Rieger* in Widmann/Mayer UmwG, § 62 UmwG, Rn. 102; *Goslar/von der Linden*, BB 2009, 1986, 1992 f.; vgl. allgemein zur sachlichen Rechtfertigung des Formwechsels *Bärwaldt* in Semler/Stengel UmwG, § 193 Rn. 17, 30; *Decher* in Lutter UmwG, § 193 Rn. 9.

bb) Übernehmender Rechtsträger (Hauptaktionär)

Eine nicht bereits aus dem Recht zum aktienrechtlichen Squeeze-out bekannte Konstellation betrifft den vorbereitenden Formwechsel des übernehmenden Rechtsträgers (Hauptaktionär). Eine solche Gestaltungsvariante war Gegenstand des ersten bekannt gewordenen gerichtlichen Verfahrens bezüglich eines verschmelzungsrechtlichen Squeeze-out. Das zuständige Gericht hat sich allerdings gegen einen Rechtsmissbrauch ausgesprochen und sich damit der bis dahin und noch immer vorherrschenden Ansicht in der Literatur angeschlossen. Zu Recht wird daher darauf hingewiesen, dass § 62 Abs. 5 UmwG keine Mindestfrist kenne, wonach der Hauptaktionär vor dem Übertragungsbeschluss bereits in der Rechtsform der AG existiert haben müsse.[725] Der maßgebliche Unterschied zu einem Formwechsel des übertragenden Rechtsträgers liege auch darin, dass sich auf Ebene der übertragenden Gesellschaft keinerlei Änderungen der Unternehmensstruktur durch einen solchen Formwechsel des Hauptaktionärs ergeben würden. Der Minderheitsaktionär der übertragenden Gesellschaft habe auch schon vor dem Formwechsel der übernehmenden Gesellschaft die Position eines Minderheits*aktionärs* und nicht bspw. die eines Minderheits*gesellschafters* in einer GmbH inne. Ein Rechtsformwechsel des Hauptaktionärs lasse seinen Rechtskreis daher unberührt.[726]

Weitergehend lässt sich anführen, dass es sich bei einer dem gesetzlichen Leitbild entsprechenden AG um eine kapitalistisch geprägte Kapitalgesellschaft handelt, so dass aufgrund der Vielzahl der Aktionäre oftmals nicht einmal die Kenntnis von der Rechtsform des Hauptaktionärs bei den Minderheitsaktionären des übertragenden Rechtsträgers bestehen wird. Der Rechtsformwechsel des Hauptaktionärs wirkt sich somit lediglich auf die eigenen Anteilseigener aus. Ein Durchschlagen beziehungsweise ein Infizieren des Squeeze-out mit einer vermeintlichen Rechtsmissbräuchlichkeit des Formwechsels scheidet daher auch insofern aus, als eine Beschlussmängelklage gegen den Übertragungsbeschluss hierauf weder von den (Minderheits-)Aktionären des Hauptaktionärs noch von denen des übertragenden Rechtsträgers gestützt werden kann. So fehlt den Aktionären des Hauptaktionärs bereits die Befugnis, einen Übertragungsbeschluss

---

725 OLG Hamburg, Beschluss v. 14.6.2012 – 11 AktG 1/12, NZG 2012, 944, 946; *Rieger* in Widmann/Mayer UmwG, § 62 UmwG, Rn. 102; *Bungert/Wettich*, DB 2010, 2545, 2550; *Kiefner/Brügel*, AG 2011, 525, 535; *Goslar/Mense*, GWR 2011, 275, 276; *Mayer*, NZG 2012, 561, 563; *Göthel*, ZIP 2011, 1541, 1549; *Simon/Merkelbach*, DB 2011, 1317, 1322; *Klie/Wind/Rödter*, DStR 2011, 1668, 1672.

726 OLG Hamburg, Beschluss v. 14.6.2012 – 11 AktG 1/12, NZG 2012, 944, 946; *Kiefner/Brügel*, AG 2011, 525, 534.

des übertragenden Rechtsträgers anzugreifen. Genauso wenig wird man den Minderheitsaktionären des übertragenden Rechtsträgers die Möglichkeit einer Beschlussmängelklage gegen den Übertragungsbeschluss wegen vermeintlicher Rechtsmissbräuchlichkeit des auf Ebene des Hauptaktionärs vollzogenen Formwechsels zugestehen können. Da es sich um zwei voneinander zu trennende Gesellschaftsebenen handelt, scheidet eine Anfechtbarkeit des Übertragungsbeschlusses aufgrund des Formwechsels mangels der Verletzung des eigenen Rechtskreises von vornherein aus.

c) Zwischenholding und Umhängen von Anteilen

Alternativ zu einem Formwechsel kann dem Rechtsformerfordernis auch im Wege der Verwendung einer Zwischenholding in der erforderlichen Rechtsform entsprochen werden. Das Interesse zur Verwendung einer Zwischenholding kann sich daneben insbesondere in Konzernen daraus ergeben, dass eine Trennung zwischen der Holding als Muttergesellschaft und der operativen Gesellschaft gewünscht ist und daher eine Verschmelzung auf die Holding nicht erfolgen soll.[727] Dabei werden in einem ersten Schritt die Anteile an der übertragenden Gesellschaft auf die Zwischenholding umgehängt, bevor sodann der verschmelzungsrechtliche Squeeze-out mit der Zwischenholding als übernehmendem Rechtsträger durchgeführt wird. Auf diese Weise wird verhindert, dass es zu einer direkten Beteiligung der Konzernobergesellschaft an der Durchführung des Verfahrens nach § 62 Abs. 5 UmwG kommt. Aber auch dann, wenn die Anteile an der Zielgesellschaft (übertragender Rechtsträger) erst noch erworben werden müssen, kann sich die Verwendung einer Zwischenholding als Akquisitionsvehikel (special purpose vehicle) für die Konzernobergesellschaft anbieten.

aa) Meinungsstand

In der Diskussion um die Rechtsmissbräuchlichkeit der Verwendung einer solchen Zwischenholding wird nunmehr danach differenziert, ob es sich bei dieser um eine bereits zuvor operativ tätige Gesellschaft oder aber um die eigens zur Durchführung des verschmelzungsrechtlichen Squeeze-out gegründeten Gesellschaft beziehungsweise die Verwendung einer bloßen Vorrats- oder Mantelge-

---

727 *Simon/Merkelbach*, DB 2011, 1317, 1322; vgl. zur Zwischenholding als Strukturelement in Konzernen, *Hintzen*, DStR 1998, 1319, 1322.

sellschaft handelt.[728] So wird teilweise für den Fall vertreten, dass vor der Durchführung des verschmelzungsrechtlichen Squeeze-out zunächst in einem ersten Schritt eine weitere Konzernebene in der Konzernstruktur geschaffen und damit eine Verkomplizierung derselben herbeigeführt werde, auch der in einem zweiten Schritt durchgeführte verschmelzungsrechtliche Squeeze-out weder die vom Gesetzgeber bezweckte Änderung der Konzernstruktur bewirken könne noch sich die intendierten Synergien realisieren ließen. Unter der Gesamtbetrachtung beider Schritte komme es i.E. lediglich zur Ausgangs-Konzernstruktur, so dass der verschmelzungsrechtliche Squeeze-out in diesem Fall als rechtsmissbräuchlich einzustufen sei.[729] Im Übrigen habe der Gesetzgeber das erniedrigte Beteiligungsquorum dadurch gerechtfertigt gesehen, dass der Ausschluss durch die Konzernverschmelzung zu einer Kostenreduktion und einer einheitlichen Unternehmensleitung führe. Die Fälle, die zu keiner Veränderung der Ausgangs-Konzernstruktur führten, sollten hingegen allein den §§ 327a ff. AktG vorbehalten bleiben.[730]

Dagegen wird von der Mehrheit der Literaturstimmen auch eine solche Gestaltung als zulässig erachtet.[731] Dies resultiere letztlich daraus, dass eine Gestaltungsform, die zur Erfüllung der formellen Voraussetzungen des verschmelzungsrechtlichen Verfahrens nach § 62 Abs. 5 UmwG führe, nicht rechtsmissbräuchlich sein könne.[732] Außerdem verlange das Gesetz keine sachliche Rechtfertigung im Einzelfall, zu der es hierdurch in letzter Konsequenz komme.[733] Der Ausschluss der Minderheitsaktionäre führe letztlich bereits zu einer Konzernvereinfachung, da die Minderheitsaktionäre ihr Obstruktionspotenzial nicht mehr ausüben könnten und hierdurch jedenfalls eine Reduktion des Verwaltungsaufwands und der dadurch bedingten Kosten für den Gesamtkonzern eintrete.[734] Jedenfalls dann, wenn sich weitere unternehmerische Gründe für die

728 Auch bei der Verwendung einer Vorrats- oder Mantelgesellschaft handelt es sich um eine (wirtschaftliche) Neugründung, vgl. hierzu BGH, Beschluss v. 16.3.1992 – II ZB 17/91, BGHZ 117, 323, 332 = NJW 1992, 1824; BGH, Beschluss v. 9.12.2002 – II ZB 12/02, BGHZ 153, 158 = NJW 2003, 892; BGH, Beschluss v. 7.7.2003 – II ZB 4/02, BGHZ 155, 318 = NJW 2003, 3198.

729 So *Packi*, ZGR 2011, 776, 804.

730 *Wagner*, DStR 2010, 1629, 1634; *Keller/Klett*, GWR 2010, 415, 416.

731 *Goslar/Mense*, GWR 2011, 275, 278; *Bungert/Wettich*, DB 2010, 2545, 2550; *Simon/Merkelbach*, DB 2011, 1317, 1322; *Klie/Wind/Rödter*, DStR 2011, 1668, 1672; *Packi*, ZGR 2011, 776, 804; *Mayer*, NZG 2012, 561, 564.

732 *Bungert/Wettich*, DB 2010, 2545, 2550.

733 *Göthel*, ZIP 2011, 1541, 1549.

734 *Goslar/Mense*, GWR 2011, 275, 278; *Göthel*, ZIP 2011, 1541, 1549.

Einschaltung einer zuvor nicht operativ tätigen Zwischenholding finden ließen, solle der verschmelzungsrechtliche Squeeze-out nicht rechtsmissbräuchlich sein. Als solche Gründe seien steuerliche Motive (vollständige oder teilweise Realisierung von stillen Reserven), die Fortführung des Geschäfts des übertragenden Rechtsträgers durch eine Zwischenholding mit vorteilhafter Rechtsform, aber auch ein Gesamtplan für die Transaktion (bspw. sidestream-merger im Nachgang) oder schlicht der Sitz der Gesellschaft in Betracht zu ziehen.[735]

Als unproblematisch wird es indes erachtet, wenn die Anteile lediglich zunächst von der Konzernobergesellschaft auf eine andere bereits operativ tätige Konzerngesellschaft umgehängt werden, die ihrerseits im Anschluss daran einen verschmelzungsrechtlichen Squeeze-out als übernehmender Rechtsträger durchführt. Als ausreichend wird hierbei erachtet, dass die Gesellschaft lediglich als Akquisitionsvehikel diente. Die Einschaltung eines solchen sei aus steuerlichen, arbeitsrechtlichen und haftungsrechtlichen Gründen allgemein üblich und zulässig, so dass auch der verschmelzungsrechtliche Squeeze-out nicht deshalb rechtsmissbräuchlich sein könne.[736]

bb) Stellungnahme

Zuzustimmen ist der – soweit ersichtlich – unbestrittenen Ansicht, wonach ein Umhängen auf eine bereits bestehende und operativ tätige Zwischenholding als nicht rechtsmissbräuchlich zu erachten ist. Jedenfalls dann, wenn die gesetzgeberische Zwecksetzung für den verschmelzungsrechtlichen Squeeze-out nicht auf die Bereinigung der Konzernstrukturen im Sinne einer Straffung des Konzernorganigramms beschränkt erachtet wird, muss dies auch für den Fall einer zum Zwecke der Durchführung des verschmelzungsrechtlichen Squeeze-out gegründeten Zwischenholding gelten. Dem Sinn und Zweck des Verfahrens nach § 62 Abs. 5 UmwG widerspricht es nicht, wenn es dem Rechtsanwender vor allem auf den Ausschluss der Minderheitsaktionäre ankommt und das Interesse an den Rechtsfolgen(-reflexen) der Verschmelzung hierzu nachrangig ist. Insoweit sieht § 62 Abs. 5 UmwG kein dahingehendes Ge- oder Verbot vor. Erforderlich ist allein, dass die formellen und damit privilegierenden Voraussetzungen des § 62 Abs. 5 UmwG vorliegen und eingehalten werden. Der Gesetzgeber differenziert gerade nicht danach, ob es sich insgesamt um eine ökonomisch und un-

735 *Stephanblome*, AG 2012, 814, 817; grdl. *Kiefner/Brügel*, AG 2011, 525, 535.

736 *Göthel*, ZIP 2011, 1541, 1549; *Packi*, ZGR 2011, 776, 802; *Wagner*, DStR 2010, 1629, 1634; *Kiefner/Brügel*, AG 2011, 525, 535; *Bungert/Wettich*, DB 2011, 1500, 1501; *Austmann*, NZG 2011, 684, 690.

ternehmerisch sinnvolle Konzernverschmelzung handelt, im Rahmen derer auch der Ausschluss der Minderheitsaktionäre beschlossen werden soll. Auch bei der Verwendung einer neu gegründeten Zwischenholding trifft der den verschmelzungsrechtlichen Squeeze-out und sein abgesenktes Beteiligungsquorum tragende Grundsatz zu, dass der Verlust der Anteilsinhaberschaft der Minderheitsaktionäre am übertragenden Rechtsträger mit der Entscheidung zur Durchführung einer Verschmelzung nicht mehr verhindert werden kann. Ihnen wird daher in Ersatz zur sonst üblichen Beteiligung am übernehmenden Rechtsträger eine Barabfindung für ihre bisherigen Anteile am übertragenden Rechtsträger zugesprochen.

Sofern nunmehr unternehmerische Gründe für die Verwendung einer neu gegründeten Zwischenholding verlangt werden, liegt die Vermutung nahe, dass dies auf die bereits aus dem Recht des aktienrechtlichen Squeeze-out bekannte Fallgruppe zurückzuführen ist, wonach eine Verschmelzung eigens zur Erreichung der erforderlichen Squeeze-out-Beteiligungshöhe durchgeführt wird.[737] Dahingehend ist der Rechtsmissbrauch allein auf die vermeintlich rechtsmissbräuchliche Verknüpfung der beiden voneinander abstrakten Rechtsinstitute der Verschmelzung einerseits und des aktienrechtlichen Squeeze-out andererseits bezogen. Das Vorbringen unternehmerischer Gründe soll daher strukturell auch nur die (vermeintlich rechtsmissbräuchliche) Verknüpfung rechtfertigen. Betrachtet man vor diesem Hintergrund das Verfahren des verschmelzungsrechtlichen Squeeze-out, so wird offenbar, dass es einer solchen Rechtfertigung an dieser Stelle nicht bedarf. Es handelt sich insofern zwar um ein zusammengesetztes, aber dennoch einheitliches Verfahren, wobei das Gesetz selbst die relevante Verknüpfung des Ausschlusses der Minderheitsaktionäre mit der Verschmelzung vorschreibt und generell die Entscheidung trifft, dass diese (einheitliche) Strukturmaßnahme ihre sachliche Rechtfertigung in sich trägt und es daher auch keiner zusätzlichen unternehmerischen Gründe bedarf beziehungsweise es genügt, wenn die formellen Voraussetzungen erfüllt und eingehalten werden.

Dies gilt im Übrigen erst Recht, wenn bereits die Konzernobergesellschaft die erforderliche Rechtsform besitzt und im Grunde den verschmelzungsrechtlichen Squeeze-out selbst durchführen könnte. In diesem Fall wird die Minderheit nicht über das vom Gesetz vorgesehene Maß benachteiligt, wenn der verschmelzungsrechtliche Squeeze-out unter Verwendung einer eigens neu gegründeten

737 Dies wird dadurch ermöglicht, dass es sich bei der Verschmelzung im Grunde um eine Kapitalerhöhung gegen Sacheinlagen handelt, vgl. hierzu *Lutter/Drygala* in Lutter UmwG, § 5 UmwG, Rn. 10.

Zwischenholding durchgeführt wird. So besteht bereits zuvor eine Squeeze-out-gefährdende Lage für die Minderheitsaktionäre des übertragenden Rechtsträgers. Dieser Fall unterscheidet sich daher bereits insofern von den üblicherweise unter dem Blickwinkel des Rechtsmissbrauchs diskutierten Fallgruppen, als nicht erst die Voraussetzungen zum Ausschluss der Minderheitsaktionäre durch die entsprechende Gestaltungsmaßnahme geschaffen werden, sondern bereits zuvor erfüllt sind. Jedenfalls für diesen Fall sollte es daher außer Streit stehen, dass es sich bei der Verwendung einer Zwischenholding um eine unternehmerische Entscheidung handelt, deren wirtschaftliche Sinnhaftigkeit nicht überprüfbar ist und somit auch kein Rechtsmissbrauch in Betracht kommt.

III. Verstoß gegen Meldepflichten

Häufig wird gegen einen Übertragungsbeschluss geltend gemacht, der Hauptaktionär habe gegen Meldepflichten hinsichtlich des Erwerbs seiner Beteiligung verstoßen, wodurch sich unmittelbare Folgen für seine Stimmberechtigung oder das notwendige Beteiligungserfordernis zum relevanten Zeitpunkt ergeben können.[738] Zu unterscheiden gilt es dabei die Meldepflichten hinsichtlich der Aktien einer börsennotierten und einer nichtbörsennotierten Aktiengesellschaft. Dieses in § 20 Abs. 8 AktG zum Ausdruck gebrachte Spezialitätsverhältnis dient letztlich der Verhinderung einer Doppelverpflichtung.[739] So bestimmen sich die Meldepflichten im Rahmen des verschmelzungsrechtlichen Squeeze-out unter steter Beteiligung zweier Aktiengesellschaften hinsichtlich der Aktien nichtbörsennotierter Aktiengesellschaften stets nach § 20 AktG, so dass eine Meldepflicht bei Überschreiten der Beteiligungsschwelle von 25% des Grundkapitals (§ 20 Abs. 1 bis 3 AktG) und 50% des Grundkapitals (§ 20 Abs. 4 AktG) sowie bei Verlust einer solchen Beteiligung (§ 20 Abs. 5 AktG) entsteht.[740] Entsprechendes sieht § 21 WpHG für die dort genannten Schwellenwerte hinsichtlich

738 Vgl. hierzu die Studienergebnisse von *Baums/Drinhausen/Keinath*, ZIP 2011, 2329, 2340 f.

739 § 20 AktG betrifft daher Aktiengesellschaften, deren Aktien keine Zulassung zum Handel an einer Börse besitzen oder deren Aktien lediglich in den Freiverkehr (Open Market) einbezogen sind, vgl. hierzu *Heinrich* in Heidel AktG, § 20 AktG, Rn. 28.

740 Sofern auf beiden Seiten Aktiengesellschaften beteiligt sind, behandeln sich die Meldepflichten stets nach § 20 AktG und nicht nach § 21 AktG, obwohl Mitteilungspflichten sowohl nach § 20 Abs. 1 und 3 AktG als auch nach § 21 Abs. 1 AktG begründet sein können. § 20 AktG geht § 21 AktG als strengere Vorschrift jedoch vor, vgl. hierzu *Emmerich* in Emmerich/Habersack, § 20 AktG, Rn. 1; *Hirschmann* in Hölters AktG, § 20 AktG, Rn. 2; ähnlich *Bayer* in Münchener Komm. AktG, § 21 AktG, Rn. 5.

der Aktien einer börsennotierten Aktiengesellschaft vor, wobei eine Meldepflicht sowohl gegenüber der BaFin als auch gegenüber dem Emittenten besteht.[741] Wird nunmehr gegen eine der genannten aktien- oder kapitalmarktrechtlichen Meldepflichten verstoßen, sieht § 20 Abs. 7 Satz 1 AktG einheitlich den Verlust der Rechte aller Aktien für die Dauer des Verstoßes vor, die dem mit der Mitteilung säumigen Hauptaktionär gehören.[742] Es handelt sich nicht bloß um ein Ruhen der Rechte, sondern um einen echten Rechtsverlust, der alle mitgliedschaftlichen Rechte, d.h., alle Herrschafts- und Vermögensrechte betrifft.[743] Daraus kann sich ein Risiko für die Durchführung des verschmelzungsrechtlichen Squeeze-out in doppelter Hinsicht ergeben.

1. Rechtsverlust und mangelnde Beteiligungshöhe

So kann der Rechtsverlust, sofern er während der Dauer der Hauptversammlung fortbesteht, zur Anfechtbarkeit des Übertragungsbeschlusses führen, weil auch das Recht des Hauptaktionärs, nach § 62 Abs. 5 Satz 1 UmwG i.V.m. § 327a Abs. 1 Satz 1 AktG einen solchen Übertragungsbeschluss zu fassen, von ihm erfasst ist. Zwar vermag auch § 20 Abs. 7 AktG nichts an der Beteiligungshöhe i.S.v. § 62 Abs. 5 Satz 1 UmwG und damit an der Eigenschaft des Hauptaktionärs als solchem zu ändern. Da allerdings alle mitgliedschaftlichen Rechte für die Dauer des Verstoßes verlustig gehen, gilt dies auch für das Recht des Hauptaktionärs, einen Übertragungsbeschluss i.S.v. § 62 Abs. 5 Satz 1 UmwG i.V.m. § 327a Abs. 1 Satz 1 AktG zu fassen. Insofern ist es für § 20 Abs. 7 AktG auch unbedeutend, dass das Recht des Hauptaktionärs erst aus der Kumulation seiner Aktien erwächst. Denn § 20 Abs. 7 AktG betrifft ausnahmslos alle Rechte des Aktionärs und ist daher nicht auf Rechte beschränkt, die nur aus der einzelnen Aktie erwachsen.[744]

Für den verschmelzungsrechtlichen Squeeze-out gilt es sodann zu beachten, dass sich die Anfechtbarkeit auch dann einstellt, wenn der Verstoß gegen die Mitteilungspflichten zwar im Zeitpunkt der Hauptversammlung nicht mehr vorliegt, ein Verstoß jedoch bereits im Zeitpunkt des Übertragungsverlangens ge-

741 Vgl. hierzu ausführlich statt vieler *Bayer* in Münchener Komm. AktG, § 21 WpHG, Rn. 1 ff.

742 *Hirschmann* in Hölters AktG, § 20 AktG, Rn. 18; umstritten ist lediglich, ob auch die gemäß § 20 Abs. 2 AktG zugerechneten Aktien betroffen sind, vgl. hierzu ausführlich *Bayer* in Münchener Komm. AktG, § 20 AktG, Rn. 46 f.

743 Vgl. statt aller *Bayer* in Münchener Komm. AktG, § 20 AktG, Rn. 52.

744 Vgl. *Bayer* in Münchener Komm. AktG, § 20 AktG, Rn. 45.

geben war und dieser lediglich bis zur Hauptversammlung durch Nachholung der Stimmrechtsmitteilung beendet wurde. Denn in diesem Fall hätte bereits das Übertragungsverlangen nicht wirksam gestellt werden können, so dass der Übertragungsbeschluss anfechtbar ist. Freilich gilt dies nur dann, wenn ein Übertragungsverlangen mit der hier vertretenen Ansicht für erforderlich gehalten wird.[745]

Es sei ausdrücklich darauf hingewiesen, dass der Rechtsverlust infolge eines Verstoßes gegen eine hier in Bezug genommene Mitteilungspflicht ausschließlich zur Anfechtbarkeit des Hauptversammlungsbeschlusses führt.[746] Die Fälle sind daher von vornherein nicht mit Konstellationen vergleichbar, wonach der vermeintliche Hauptaktionär überhaupt nicht über die erforderliche Kapitalbeteiligung verfügt, so dass sich die Frage nach der Nichtigkeit erst recht nicht stellt.[747] Auch wenn § 62 Abs. 5 Satz 1 UmwG eine Beteiligungshöhe von 90% verlangt, dient diese in erster Linie der Definition der Hauptaktionärseigenschaft i.S. dieser Vorschrift und ergibt sich auf Basis des *im Handelsregister eingetragenen Grundkapitals*.[748] Diese ermittelt sich daher unabhängig von dem bei *Beschlussfassung vertretenen Grundkapital* und stellt daher auch keine in bestimmten Fällen zusätzlich zur Stimmenmehrheit erforderliche Kapitalmehrheit im definitorischen Sinne dar, wie dies etwa im Rahmen von § 202 Abs. 2 AktG für die Schaffung eines bedingten Kapitals der Fall ist. Nur auf die Berechnung einer solchen Kapitalmehrheit hat § 20 Abs. 7 AktG Auswirkungen dergestalt, dass die vom Rechtsverlust betroffenen Aktien nicht mitzurechnen sind.[749] Die Berechnung des Beteiligungsquorums hinsichtlich der Eigenschaft als Hauptaktionär hat hiermit jedoch unmittelbar nichts zu tun.[750] Dieser ist lediglich daran gehindert seine Rechte als Hauptaktionär auszuüben. Der Unterschied ist insofern von entscheidender Relevanz, als ein Übertragungsbeschluss, der trotz Rechtsverlusts gemäß § 20 Abs. 7 AktG ergangen ist, nach § 244 AktG ohne Weiteres wirksam bestätigt werden kann, während dies bei Nichtvorliegen der

745 Vgl. zur Erforderlichkeit eines Übertragungsverlangens im Rahmen des verschmelzungsrechtlichen Squeeze-out § 5 B. I.

746 BGH, Urteil v. 22.3.2011 – II ZR 229/09, BGHZ 189, 32, 43 = NZG 2011, 669; BGH, Urteil v. 24.4.2006 – II ZR 30/05, BGHZ 167, 204 = NZG 2006, 505.

747 So implizit auch BGH, Urteil v. 22.3.2011 – II ZR 229/09, BGHZ 189, 32, 43 = NZG 2011, 669; nicht klar differenzierend *Kocher/Heydel*, BB 2012, 401; a.A. *Witte*, Aktienrechtliches Squeeze-out-Verfahren, S. 82.

748 *Müller-Michaels* in Hölters AktG, § 327a AktG, Rn. 8.

749 Vgl. hierzu *Semler* in Münch. Hdb. AG, § 38 Rn. 37.

750 So aber *Witte*, Aktienrechtliches Squeeze-out-Verfahren, S. 82.

konkreten Beteiligungshöhe nicht möglich ist. Der dennoch gefasste Übertragungsbeschluss ist somit weder nichtig noch leidet er an einem Inhaltsmangel.[751]

2. Unzulässige Mitwirkung im Rahmen der Hauptversammlung

Dem Hauptaktionär, dessen Aktien von dem Rechtsverlust betroffen sind, kann zudem bereits die Teilnahme an der Hauptversammlung verwehrt werden.[752] Ist dies nicht der Fall und macht er auf der Hauptversammlung von seinem Mitgliedschaftsrecht Gebrauch, insbesondere durch Stimmabgabe, so ist zwar die Stimmabgabe gemäß § 134 BGB nichtig, nicht aber der Hauptversammlungsbeschluss.[753] Dieser kann allerdings wegen Gesetzesverstoßes gemäß § 243 Abs. 1 AktG anfechtbar sein.[754] Eine solche Anfechtung setzt jedoch voraus, dass der Verstoß für die Ausübung der Mitgliedschafts- und Mitwirkungsrechte der (übrigen) Aktionäre relevant war (Relevanztheorie). Im Kontext des verschmelzungsrechtlichen Squeeze-out ist die unzulässige Stimmabgabe des Hauptaktionärs wegen dessen hoher Beteiligung von mindestens 90% des Grundkapitals nicht bloß relevant, sondern in nahezu allen Fällen eines Ausschlusses der Minderheitsaktionäre für das Beschlussergebnis unmittelbar kausal. Denn von dem Rechtsverlust sind alle Aktien und nicht nur der Teil umfasst, der die mitteilungspflichtige Beteiligungsschwelle betrifft.[755] Die fehlerhafte Berücksichtigung der Stimmen des nicht stimmberechtigten Hauptaktionärs wird somit regelmäßig zu einem abweichenden Abstimmungsergebnis führen, so dass der Übertragungsbeschluss stets anfechtbar ist.[756]

751 Zu diesen Kriterien für den aktienrechtlichen Squeeze-out BGH, Urteil v. 22.3.2011 – II ZR 229/09, BGHZ 189, 32, 43 = NZG 2011, 669; eingehend *Kocher/Heydel*, BB 2012, 401, 403.

752 *Emmerich* in Emmerich/Habersack, § 20 AktG, Rn. 50.

753 *Emmerich* in Emmerich/Habersack, § 20 AktG, Rn. 51.

754 *Bayer* in Münchener Komm. AktG, § 20 AktG, Rn. 56; *Emmerich* in Emmerich/Habersack, § 20 AktG, Rn. 51 m.w.N. in Fn. 130; ebenso zu § 28 WpHG *Assmann* in Assmann/U.H. Schneider WpHG, § 28 WpHG, Rn. 28.

755 *Bayer* in Münchener Komm. AktG, § 20 AktG, Rn. 47.

756 Für den aktienrechtlichen Squeeze-out *Kocher/Heydel*, BB 2012, 401; zwar ist auch die Teilnahme an der Hauptversammlung ohne Stimmabgabe denkbar, so dass die Formel von der Kausalität nicht ohne Weiteres weiterhelfen würde. Allerdings wird ein solcher Fall selten praktisch werden, da die Minderheitsaktionäre ihren eigenen Ausschluss beschließen müssten; vgl. gleichwohl für sonstige Fälle *Bayer* in Münchener Komm. AktG, § 20 AktG, Rn. 57; abweichende Schlussfolgerung *Witte*, Aktienrechtliches

B. Zeitliche Risiken für den Transaktionsabschluss

Das Risikopotenzial der Fehlerhaftigkeit des Übertragungsbeschlusses erschöpft sich jedoch nicht in dem endgültigen Scheitern des gesamten Transaktionsprozesses. Wie bereits erwähnt wurde, führt eine fristgemäße Anfechtungsklage ebenso wie eine Nichtigkeitsklage zu einer formellen Registersperre gemäß § 62 Abs. 5 Satz 8 i.V.m. §§ 327e Abs. 2, 319 Abs. 5 Satz 2 AktG und verhindert damit vorläufig die Eintragung des Squeeze-out in das Handelsregister. Ein wesentliches Risiko solcher Beschlussmängelklagen betrifft damit die zeitliche Verzögerung der Eintragung des Übertragungsbeschlusses. Zeitliche Risiken können sich daneben zwar bereits zu einem früheren Zeitpunkt ergeben, etwa wenn der Vorstand der übertragenden Aktiengesellschaft die Zugänglichmachung der für die Ermittlung der Barabfindung relevanten Informationen verhindert. Dass solche Risiken tatsächlich praktisch werden, dürfte jedoch die Ausnahme bleiben, da die durch den Vorstand vertretene Gesellschaft schadensersatzpflichtig wäre.[757] Ein vergleichbar geringes Verzögerungsrisiko ergibt sich, wenn der Vorstand die Einberufung der Squeeze-out-Hauptversammlung infolge des konkretisierenden Übertragungsverlangens nicht vornimmt, da dem Hauptaktionär jedenfalls das Recht des § 122 AktG offen steht, so dass er die Einberufung notfalls gerichtlich erzwingen kann.[758] Die wesentlichen zeitlichen Risiken betreffen somit vor allem den Zeitraum zwischen der Squeeze-out-Beschlussfassung und der Eintragung des Übertragungsbeschlusses. Unmittelbar damit verbunden ist die Problematik, inwieweit ein einmal wirksam gewordener Squeeze-out für die Zukunft bestandskräftig ist.

I. Registereintragung und Freigabeverfahren

Sofern der Übertragungsbeschluss nicht angefochten wird und somit ein Freigabeverfahren nicht durchgeführt werden muss, sollten für den Zeitraum nach der Anmeldung bis zur Eintragung des Übertragungsbeschlusses in das Handelsregister des zuständigen Amtsgerichts in der Regel zwei bis vier Wochen eingeplant werden. Da der Übertragungsbeschluss bereits nach dem Tag der Hauptversammlung beziehungsweise nach Ablauf der einmonatigen Anfechtungsfrist angemeldet werden kann, vergehen ab Fassung des Übertragungsbeschlusses

---

Squeeze-out-Verfahren, S. 82, wobei diese auf der Annahme basiert, dass nicht sämtliche Aktien von dem Stimmrechtsverlust erfasst seien.

757 *Grunewald* in Münchener Komm. AktG, § 327b AktG, Rn. 4 f.

758 *Singhof* in Spindler/Stilz AktG, § 327a AktG, Rn. 19; *Grunewald* in Münchener Komm. AktG, § 327b AktG, Rn. 12; *Hüffer* AktG, § 327a AktG, Rn. 8.

und ohne erhobene Anfechtungsklage in aller Regel zwei Monate bis zu seiner Eintragung.[759] Sofern allerdings ein Freigabeverfahren durchgeführt werden muss, kann sich die Dauer bis zur Eintragung regelmäßig auf bis zu fünf Monate belaufen, so dass eine erhobene Beschlussmängelklage den Transaktionsprozess regelmäßig um drei Monate verzögern kann. Dieser Zeitraum ist einerseits auf die generelle Dauer eines Freigabeverfahrens von durchschnittlich 75 Tagen zurückzuführen.[760] Andererseits vergehen in einem solchen Fall bereits ab der beschlussfassenden Hauptversammlung bis zur Einreichung des Freigabeantrags durchschnittlich 105 Tage.[761] Zwar wird die gesetzlich als Soll-Vorschrift ausgestaltete Dreimonatsfrist gemäß § 62 Abs. 5 Satz 8 UmwG i.V.m. § 327e Abs. 2 AktG i.V.m. § 319 Abs. 6 Satz 5 AktG für den Freigabebeschluss seit Antragstellung von den Gerichten eingehalten, so dass jedenfalls seit dem ARUG von einem echten „Eilverfahren" gesprochen werden kann.[762] Man wird dennoch feststellen müssen, dass eine Beschlussmängelklage nach wie vor ein erhebliches Verzögerungspotenzial entfaltet und somit für die Transaktionssicherheit einen zusätzlichen zeitlichen Risikofaktor bedeutet.

II. Bestandsschutz

Das zeitliche Risiko einer Beschlussmängelklage äußert sich auch nach bereits erfolgter Eintragung des Übertragungsbeschlusses in das Handelsregister beziehungsweise nach Eintragung der Verschmelzung in das Handelsregister der übernehmenden Aktiengesellschaft. Nur teilweise besprochen ist in dieser Hinsicht die Frage, ob durch die Erhebung einer Beschlussmängelklage gegen den Übertragungsbeschluss im Rahmen eines verschmelzungsrechtlichen Squeeze-out zumindest die (Wieder-)Einräumung einer Mitgliedschaft erreicht werden

---

759 Vgl. hierzu die Übersicht zum zeitlichen Ablauf eines (aktienrechtlichen) Squeeze-out von *Riehmer* in Schüppen/Schaub MAH Aktienrecht, § 44 Rn. 4.

760 Siehe hierzu die übereinstimmenden empirischen Untersuchungen von *Baums/Drinhausen/Keinath*, ZIP 2011, 2329, 2349 und *Bayer/Hoffmann/Sawada*, ZIP 2012, 897, 910, wonach sich diese Zeiträume zwar nicht nur auf Squeeze-out-spezifische Freigabeverfahren beziehen. Die ermittelten Werte können jedoch zumindest als Untergrenze (auch) für den verschmelzungsrechtlichen Squeeze-out herangezogen werden, da die Squeeze-out-spezifischen Freigabeverfahren tendenziell die längsten sind, vgl. hierzu *Bayer/Hoffmann/Sawada*, ZIP 2012, 897, 909. Insofern sollen an dieser Stelle nur die Zeiträume nach den Neuerungen des ARUG in Bezug genommen werden.

761 *Bayer/Hoffmann/Sawada*, ZIP 2012, 897, 908.

762 So für alle Freigabeverfahren (§ 246a Abs. 3 Satz 6 AktG) *Bayer/Hoffmann/Sawada*, ZIP 2012, 897, 910.

kann.[763] Dieses Problem lässt sich auch nicht von vornherein dadurch umgehen, dass mit der Anmeldung des Übertragungsbeschlusses bis zum Ablauf der einmonatigen Anfechtungsfrist abgewartet wird. Denn neben der Gefahr einer Anfechtungsklage besteht insbesondere die Möglichkeit einer Nichtigkeitsklage, die gemäß § 242 Abs. 2 Satz 1 AktG noch drei Jahre nach der Eintragung des Übertragungsbeschlusses erhoben werden kann.[764] Insofern vermag auch der verschmelzungsrechtliche Kontext nicht die (analoge) Anwendung der Monatsfrist von § 14 UmwG zu begründen. Deren Anwendbarkeit setzt nach eindeutigem Wortlaut der Vorschrift die Klage gegen die Wirksamkeit des Verschmelzungsbeschlusses voraus. Da der Übertragungsbeschluss auch nicht an die Stelle des Verschmelzungsbeschlusses tritt, bleibt es bei der Frist des § 242 Abs. 2 Satz 1 AktG.[765] Auch die geplante Aktienrechtsnovelle 2012 würde nur eingeschränkt Abhilfe schaffen, da sie lediglich eine relative Befristung von Nichtigkeitsklagen vorsieht. Insofern soll die Nichtigkeitsklage einer Monatsfrist ab Bekanntmachung der Ausgangsklage in den Gesellschaftsblättern gemäß § 246 Abs. 4 Satz 1 AktG nur für den Fall unterworfen werden, dass der Hauptversammlungsbeschluss bereits Gegenstand einer Beschlussmängelklage war. Sofern es aber an einer Ausgangsklage fehlt, soll es bei § 242 Abs. 2 AktG bleiben.[766]

1. Bestandsschutz durch Freigabeverfahren

Das Problem einer Rückgängigmachung der Squeeze-out-Rechtsfolgen stellt sich demgegenüber ohnehin nur dann, wenn ein Freigabeverfahren entweder überhaupt nicht durchgeführt oder aber nicht erfolgreich durchgeführt wurde, so dass schlussendlich kein privilegierender Freigabebeschluss vorliegt. Andernfalls gewährt dieser gemäß § 62 Abs. 5 Satz 8 UmwG i.V.m. § 327e Abs. 2 AktG i.V.m. § 319 Abs. 6 Satz 11 AktG vollumfänglichen Bestandsschutz und die obsiegenden Minderheitsaktionäre sind lediglich auf einen Schadensersatzanspruch verwiesen. In dessen Rahmen kann die Rückgängigmachung der Squeeze-out-spezifischen Rechtswirkungen gemäß § 62 Abs. 5 Satz 8 UmwG i.V.m. § 327e Abs. 2 AktG i.V.m. § 319 Abs. 6 Satz 11 AktG ebenfalls nicht verlangt werden. Die eigentliche Rückabwicklungsproblematik

---

763 *Rubner*, CFl 2011, 274, 277 ff.

764 *Müller-Eising/Stoll*, GWR 2011, 349.

765 So auch *Rieger* in Widmann/Mayer UmwG, § 62 UmwG, Rn. 159; *Mayer*, NZG 2012, 561, 570.

766 Dazu *Müller-Eising*, GWR 2011, 349; *Nikoleyczik*, GWR 2010, 594.

ergibt sich daher erst dann, wenn ein Freigabeverfahren nicht (erfolgreich) durchgeführt wurde.

2. Klagebefugnis nach Verlust der Aktionärsstellung

Die Klagebefugnis der Minderheitsaktionäre ist von dem Verlust ihrer Aktionärsstellung jedenfalls nicht betroffen. Zwar muss die Aktionärsstellung grundsätzlich im Zeitpunkt der Klageerhebung bestehen, so dass jedenfalls die Erhebung einer Beschlussmängelklage nach Verlust der Aktionärsstellung an der mangelnden Aktivlegitimation scheitert.[767] Der BGH hat jedoch jüngst klargestellt, dass dies nicht die Befugnis betrifft, gegen den Übertragungsbeschluss selbst vorzugehen. Die Mitgliedschaft ist für diese Klage vielmehr als fortbestehend anzusehen, um die verfassungsrechtlich gebotenen Rechtsschutzmöglichkeiten nicht ins Leere laufen zu lassen.[768] Passivlegitimiert ist im Falle des verschmelzungsrechtlichen Squeeze-out zudem die übernehmende Aktiengesellschaft als Rechtsnachfolgerin.

3. Bestandsschutz der Verschmelzung

Die vollständige Rückabwicklung des verschmelzungsrechtlichen Squeeze-out und damit die Wiedereinräumung der ursprünglichen Mitgliedschaft werden allerdings im Grundsatz dadurch unmöglich, dass der Ausschluss der Minderheitsaktionäre gleichzeitig mit der Verschmelzung wirksam wird und die übertragende Aktiengesellschaft in der Folge nicht mehr existiert.[769] An dieser Stelle gewinnt die vom BGH in einem ähnlichen Kontext getroffene Aussage an Bedeutung, wonach die vollumfängliche Bestandskraft eines Formwechsels infrage gestellt und ein Anspruch auf Rückgängigmachung (auch) der Umwandlungsmaßnahme für möglich gehalten wird, um die Rückübertragung der ursprünglichen Aktien zu ermöglichen.[770] Da die Bestandsschutzregeln des Formwechsels

767 *Hüffer* AktG, § 245 AktG, Rn. 7.

768 BGH, Urteil v. 22.03.2011 – II ZR 229/09, BGHZ 189, 32, 34 = NZG 2011, 669; vgl. zu den verfassungsrechtlich gebotenen Rechtsschutzmöglichkeiten § 7 A. I.

769 Vgl. eingehend zu den Rechtswirkungen des Vorläufigkeitsvermerks gemäß § 62 Abs. 5 Satz 7 UmwG und dem Verständnis des Begriffs *gleichzeitig* § 5 B. IV. 3.

770 Vgl. BGH, Urteil v. 22.03.2011 – II ZR 229/09, BGHZ 189, 32, 36 = NZG 2011, 669, wonach offen gelassen wurde, ob ein Anspruch gegen den Hauptaktionär auf Wiederherstellung der Rechtsform der AG in Betracht kommt, um die Rückübertragung der Aktien zu ermöglichen.

mit denen der Verschmelzung identisch sind, stellt sich für den hier gegenständlichen Kontext unweigerlich die Frage, ob im Rahmen des verschmelzungsrechtlichen Squeeze-out sogar ein Anspruch auf Entschmelzung, etwa im Wege der Ausgliederung mit anschließendem Angebot der Aktien an die ursprünglichen Minderheitsaktionäre, geltend gemacht werden kann.[771]

Mit der absolut herrschenden Ansicht ist ein solcher Anspruch auf Entschmelzung sowohl ex tunc als auch ex nunc vor dem Hintergrund des § 20 Abs. 2 UmwG abzulehnen, und zwar unabhängig davon, gegen wen ein solcher Anspruch gerichtet und auf welche Anspruchsgrundlage er gestützt wird.[772] Auch die Schwere des Mangels der Verschmelzung spielt keine Rolle.[773] Nur das Verständnis von § 20 Abs. 2 UmwG als absoluter Bestandsschutzregel wird den praktischen Bedürfnissen gerecht, da eine Entschmelzung aufgrund der vermischten Vermögensmassen der beteiligten Aktiengesellschaft nahezu unmöglich ist.[774] Fest steht daher, dass ein klagender Minderheitsaktionär nicht die Wiedereinräumung seiner originären Aktionärsstellung in der übertragenden Aktiengesellschaft verlangen kann.[775]

4. Bestandsschutz des Ausschlusses der Minderheitsaktionäre

Auch wenn ein Anspruch auf Entschmelzung in jedem Fall ausscheidet, verbleibt die bisweilen kaum besprochene Frage, ob stattdessen nicht zumindest die Squeeze-out-spezifischen Rechtswirkungen des verschmelzungsrechtlichen Ausschlussverfahrens rückgängig gemacht werden müssen. Im Rahmen des aktienrechtlichen Squeeze-out wird in diesen Fällen, in denen ein Freigabeverfahren nicht erfolgreich durchgeführt wurde, versucht, eine Lösung über die Anwendung der Grundsätze über die fehlerhafte Gesellschaft zu finden. Dahingehend wird nur eine Nichtigkeit des Übertragungsbeschlusses ex-nunc angenommen, so dass die ausgeschlossenen Minderheitsaktionäre (immerhin) eine Wiederaufnahme in die Gesellschaft verlangen können.[776]

---

771 Vgl. *Marsch-Barner* in Kallmeyer UmwG, § 20 UmwG, Rn. 47; *Grunewald* in Lutter UmwG, § 20 UmwG, Rn. 71 f.

772 *Grunewald* in Lutter UmwG, § 20 UmwG, Rn. 73.

773 *Stratz* in Schmitt/Hörtnagl/Stratz UmwG/UmwStG, § 20 UmwG, Rn. 122.

774 *Grunewald* in Lutter UmwG, § 20 UmwG, Rn. 71; Begr. RegE UmwBerG, BR-Drs. 75/94, S. 91; Begr. RegE, BT-Drs. 9/1065, S. 19 f.

775 So auch *Rubner*, CFl 2011, 274, 278.

776 Vgl. hierzu *Fleischer* in Großkomm. AktG, § 327f AktG, Rn. 23; *ders.*, ZGR 2002, 757, 788; *Goldenberg*, Der verschmelzungsrechtliche Squeeze-out, S. 135.

Überträgt man diesen Gedanken auf das Recht des verschmelzungsrechtlichen Squeeze-out, so ist es durchaus vorstellbar, dass die Minderheitsaktionäre (zumindest) so gestellt werden müssen, als wären sie nicht eine juristische Sekunde vor dem Eintritt der Verschmelzungswirkungen aus der übertragenden Aktiengesellschaft ausgeschieden. Man wird gleichwohl nicht annehmen können, dass eine Übertragung der Aktien auf den Hauptaktionär stattgefunden hat, so dass auch infolge der (nach wie vor) bestandskräftigen Verschmelzung keine (automatische) Mitgliedschaftsbeteiligung am Hauptaktionär entstanden ist. Insofern mangelt es bereits an der Festlegung eines Umtauschverhältnisses, da ein solches regelmäßig nicht ermittelt und daher auch nicht im Verschmelzungsvertrag beinhaltet ist.[777] Ähnlich der bekannten Fälle, wonach die Aktionäre des übertragenen Rechtsträgers im Rahmen der Verschmelzung keine Beteiligung am übernehmenden Rechtsträger erhalten, könnte ihnen ein Anspruch auf Einräumung einer Mitgliedschaft ex nunc in der übernehmenden Aktiengesellschaft zustehen.[778] Der verschmelzungsrechtliche Squeeze-out würde daher wie schon der aktienrechtliche Squeeze-out keinen absoluten Bestandsschutz genießen.

An dieser Stelle ergibt sich jedoch infolge der Zweigliedrigkeit des verschmelzungsrechtlichen Squeeze-out (Ausschlussverfahren und Konzernverschmelzungsverfahren) ein entscheidender Unterschied. Denn § 249 Abs. 1 Satz 3 AktG legt insofern ausdrücklich fest, dass § 20 Abs. 2 UmwG auch für den Hauptversammlungsbeschluss gilt, der die Voraussetzungen für eine Umwandlung nach § 1 UmwG schafft, wenn der Umwandlungsbeschluss eingetragen ist. Zwar ist im Kontext des verschmelzungsrechtlichen Squeeze-out ein Umwandlungsbeschluss regelmäßig nicht erforderlich, so dass die Vorschrift bei wortlautgetreuem Verständnis prima facie als nicht einschlägig erscheint. Allerdings ist die Vorschrift selbst ungenau formuliert, da Gegenstand der Eintragung stets die Umwandlungsmaßnahme als solche und gerade nicht ein etwaiger Umwandlungsbeschluss ist und der Wortlaut somit letztlich nicht entgegensteht.[779] Anerkanntermaßen ist der Anwendungsbereich der Vorschrift schließlich im Falle eines der Verschmelzung vorausgehenden Kapitalerhöhungsbeschlusses beim übernehmenden Rechtsträger eröffnet. Der vergleichende Blick zeigt sodann, dass die dort erforderliche und anerkannte gegenseitige Wirksamkeitsverknüpfung zwischen Kapitalerhöhungsbeschluss und Verschmelzung in

777 *Rubner*, CFl 2011, 274, 278 f.

778 *Stratz* in Schmitt/Hörtnagl/Stratz UmwG/UmwStG, § 20 UmwG, Rn. 126; *Hommelhoff/Schubel*, ZIP 1998, 537, 544 f.

779 Vgl. hierfür bereits den Wortlaut von §§ 19 Abs. 1 Satz 1, 20 Abs. 1, 202 Abs. 1, 131 Abs. 1 UmwG.

vergleichbarer Weise auch auf das Verhältnis zwischen Squeeze-out-Beschluss und Verschmelzung im Rahmen von § 62 Abs. 5 UmwG zutrifft.[780] Insofern lässt sich feststellen, dass die Verschmelzung erst nach der Eintragung des Squeeze-out-Beschlusses samt Vorläufigkeitsvermerk eingetragen werden darf, da erst dann die entsprechenden Konzernprivilegien greifen können, wodurch die Eintragung der Verschmelzung ermöglicht wird. Umgekehrt ist der Squeeze-out gemäß § 62 Abs. 5 Satz 7 UmwG nur wirksam, wenn auch die Verschmelzung durchgeführt wird. Das Prinzip der gegenseitigen konditionalen Verbindung ist demnach erfüllt und unterscheidet den verschmelzungsrechtlichen Squeeze-out somit von der i.E. wirtschaftlich vergleichbaren Gestaltungsvariante der isolierten Durchführung eines aktienrechtlichen Squeeze-out mit anschließender separater Durchführung einer 100-% Konzernverschmelzung. Die Anwendbarkeit von § 249 Abs. 1 Satz 3 AktG ist daher insgesamt gerechtfertigt. Der verschmelzungsrechtliche Squeeze-out erlangt demnach vollumfängliche Bestandskraft, sobald die Verschmelzung in das Handelsregister des übernehmenden Rechtsträgers eingetragen worden ist. Es kommt weder die Wiedereinräumung der originären Anteilsbeteiligung an der (untergegangenen) übertragenden Aktiengesellschaft noch die Einräumung einer Mitgliedschaft an der übernehmenden Aktiengesellschaft in Betracht.

C. Kostenrelevante Risikofaktoren

Der Ausschluss von Minderheitsaktionären ist eine für den Hauptaktionär regelmäßig kostenintensive Strukturmaßnahme. Auch wenn im Rahmen des verschmelzungsrechtlichen Squeeze-out vorgesehen ist, dass die verschmelzungsspezifischen Kosten aufgrund der jeweiligen Privilegierungen gegenüber einer reinen Konzernverschmelzung reduziert sind, gilt es gleichwohl, dieselben Squeeze-out-spezifischen Kosten wie im Rahmen des aktienrechtlichen Ausschlussverfahrens zu berücksichtigen. So ist es offensichtlich, dass entsprechende Barmittel hinsichtlich der Abfindungszahlung an die Minderheitsaktionäre der übertragenden Aktiengesellschaft für deren Anteile aufgewendet werden müssen. Auch die Feststellung der angemessenen Höhe der Barabfindung durch einen sachverständigen Prüfer verursacht ebenso wie die nach § 327b Abs. 3 AktG erforderliche Bankgarantie entsprechende Kosten.[781] All diese be-

780 Vgl. für die Kapitalerhöhung *Stratz* in Schmidt/Hörtnagl/Stratz UmwG/UmwStG, § 66 UmwG, Rn. 2, unter Verweis auf § 55 UmwG, Rn. 28; so auch *Kallmeyer/Kocher* in Kallmeyer UmwG, § 55 UmwG, Rn. 2.

781 *Witte*, Aktienrechtliches Squeeze-out-Verfahren, S. 171.

treffen inhaltlich betrachtet, ebenso wie die finanziellen Aufwendungen für die Dokumentation des Squeeze-out-Verfahrens, direkte Kosten des Ausschlussverfahrens und sind somit bereits vor der Durchführung des Ausschlussverfahrens für den Hauptaktionär und die übertragende Aktiengesellschaft zwingend zu berücksichtigen. Dementsprechend spielen sie für die Transaktionssicherheit eine nur untergeordnete Rolle. Entscheidender sind vielmehr die indirekten Kosten des Ausschlussverfahrens, d. h. solche, die nicht zwangsläufig bei jedem Ausschlussverfahren anfallen und sich regelmäßig erst aus einem Konflikt mit den Minderheitsaktionären ergeben.

I. Unangemessene Barabfindung

So zeigen rechtstatsächliche Untersuchungen zum aktienrechtlichen Squeeze-out, dass die Überprüfung der Abfindungshöhe durch einen gerichtlich bestellten und somit jedenfalls formal unabhängigen, sachverständigen Prüfer nur in seltenen Fällen für eine höhere Akzeptanz der ursprünglich festgesetzten Abfindungshöhe bei den ausgeschlossenen Aktionären sorgt.[782] Viel häufiger wird die schlussendlich angemessene Abfindungshöhe jedoch durch Gericht festgestellt, nachdem zuvor von Minderheitsaktionären gemäß § 327f Satz 2 AktG das Rechtsschutzinstrument des Spruchverfahrens eingeleitet wurde.[783] Dabei werden auch die Spruchverfahren wesentlich durch die Gruppe der „räuberischen Aktionäre" geprägt, die dieses Rechtsschutzinstrument ebenso häufig wie das Beschlussmängelrecht „missbrauchen".[784] Zwar ist die Häufigkeit von Spruchverfahren anlässlich eines Squeeze-out insgesamt rückläufig. Allerdings ist dies ebenso wie für den absoluten Rückgang der Beschlussmängelklagen gegen Squeeze-out-Beschlüsse vor allem auf den Rückgang der Squeeze-out-Verfahren insgesamt zurückzuführen.[785]

782 *Bayer/Stange*, AG 2008, R303, R304.

783 So wurden im Zeitraum von 2002 bis Ende 2007 insgesamt 210 Spruchverfahren infolge von 316 aktienrechtlichen Squeeze-out-Beschlüssen eingeleitet, woraus sich eine Einleitungsquote von 66% ergibt. Bei Beschränkung der Betrachtung allein auf börsennotierte Aktiengesellschaften ergibt sich sogar eine Einleitungsquote von 80%, vgl. hierzu *Bayer/Stange*, AG 2008, R303.

784 Vgl. für eine empirische Untersuchung der Spruchverfahren im Zeitraum 2009 bis 2011 *Lorenz*, AG 2012, 284, wobei sich die Untersuchung auf das aktienrechtliche Squeeze-out-Verfahren richtet. Die Ergebnisse sind jedoch auf das verschmelzungsrechtliche Squeeze-out-Verfahren wegen der strukturellen Gleichheit der Ausschlussverfahren übertragbar.

785 *Lorenz*, AG 2012, 284, 285

Für den verschmelzungsrechtlichen Squeeze-out lässt sich nichts anderes erwarten, da auch hier über § 1 Nr. 3 SpruchG i.V.m. § 62 Abs. 5 Satz 8 UmwG i.V.m. § 327a bis § 327f AktG der Anwendungsbereich für das Spruchverfahren eröffnet ist. An dieser Stelle muss abermals berücksichtigt werden, dass der verschmelzungsrechtliche Squeeze-out erst mit der Eintragung der Verschmelzung im Handelsregister der übernehmenden Aktiengesellschaft wirksam wird. Daher ist für den Beginn der Antragsfrist zur Einleitung des Spruchverfahrens gemäß § 4 Abs. 1 Nr. 3 SpruchG nicht die Bekanntmachung (§ 10 HGB) der Eintragung des Übertragungsbeschlusses samt Vorläufigkeitsvermerk entscheidend. Vielmehr kann der Antrag auf gerichtliche Feststellung binnen drei Monaten seit dem Tag gestellt werden, an dem die Eintragung der Verschmelzung im Handelsregister der übernehmenden Aktiengesellschaft gemäß § 10 HGB bekannt gemacht worden ist.[786] Dies rechtfertigt sich vor dem Hintergrund, dass § 4 Abs. 1 SpruchG stets auf die Bekanntmachung der Eintragung, die zur Wirksamkeit der Strukturmaßnahme führt, als fristauslösendes Ereignis abstellt.[787] Diesen Grundsätzen gilt es auch beim verschmelzungsrechtlichen Squeeze-out treu zu bleiben, da der Fristbeginn andernfalls nicht rechtssicher bestimmt werden könnte.[788]

Antragsgegner dieses Verfahrens ist gemäß § 5 Nr. 3 SpruchG stets der Hauptaktionär, da auch er der Schuldner der Barabfindung ist. Da die gerichtliche Festsetzung gemäß § 13 SpruchG außerdem *inter omnes* wirkt und somit alle von dem Squeeze-out betroffenen Minderheitsaktionäre einen Abfindungsergänzungsanspruch in Höhe der gerichtlich ermittelten Differenz erhalten, können sich die ursprünglich für die Barabfindung vorgesehenen Kosten oftmals um bis zu 40% erhöhen. Insofern ist allerdings zu konstatieren, dass die gerichtlichen Aufschläge zur angebotenen Abfindung in jüngerer Zeit tendenziell rückläufig sind.[789] Da auch während der Dauer des Spruchverfahrens die Verzin-

---

786 Ähnlich *Schockenhoff/Lumpp*, ZIP 2013, 749, 756.

787 Vgl. hierzu *Drescher* in Spindler Stilz AktG, § 4 SpruchG, Rn. 3, wonach im Falle der Verschmelzung die Bekanntmachung der Eintragung der Verschmelzung beim übernehmenden Rechtsträger entscheidend ist. Für die Fristberechnung finden über §§ 16 Abs. 2 FamFG i.V.m. § 222 Abs. 1 ZPO die §§ 187 ff. BGB Anwendung.787

788 Ähnlich *Schockenhoff/Lumpp*, ZIP 2013, 749, 756, wonach die Frist allerdings mit der Bekanntmachung der Eintragung des Übertragungsbeschlusses im Handelsregister, aber frühestens mit der Eintragung der Verschmelzung im Handelsregister der übernehmenden Aktiengesellschaft beginnen solle.

789 Vgl. die empirische Untersuchung für den aktienrechtlichen Squeeze-out mit dem Untersuchungszeitraum bis 31.7.2003 von *Rathausky*, AG-Report 2004, R24, R26. Für eine insgesamt rückläufige Aufschlagsquote in 2011 von durchschnittlich 26%, die sich

sungspflicht der Barabfindung von jährlich 5 Prozentpunkten über dem jeweils gültigen Basiszins gemäß § 327b Abs. 2 AktG gilt, kann gerade bei mehrjährigen Spruchverfahren zusätzlich eine hohe Zinslast anwachsen. Insofern gilt es zu beachten, dass die durchschnittliche Verfahrensdauer von Spruchverfahren ca. sieben Jahre beträgt.[790] Aufgrund der bereits erwähnten generellen Häufigkeit solcher Spruchverfahren sollten diese Kostenrisiken von vornherein in die Transaktionsplanung miteinbezogen werden beziehungsweise von vornherein ein Sicherheitsaufschlag von ca. 15% auf die veranschlagte Barabfindung vorgenommen werden, um eine gerichtliche Erhöhung als „dickes Ende“ zu vermeiden.[791]

II. Verfahrenskosten

Ein solcher Aufschlag kann sich auch angesichts der regelmäßig erheblichen Verfahrenskosten eines solchen Spruchverfahrens am Ende auszahlen. Denn nicht nur die schlussendlich durch das Spruchverfahren erhöhte Barabfindung stellt ein Kostenrisiko dar, sondern auch die gerichtlichen und außergerichtlichen Verfahrenskosten können für sich gesehen eine erhebliche finanzielle Mehrbelastung für den Hauptaktionär verursachen. Nach § 15 Abs. 2 Satz 1 SpruchG werden die Gerichtskosten grundsätzlich dem Hauptaktionär als Antragsgegner auferlegt. Nur ausnahmsweise können sie den Antragsstellern gemäß § 15 Abs. 2 Satz 2 SpruchG in Rechnung gestellt werden. Zu den Gerichtskosten zählen entsprechend § 1 KostO Gebühren und Auslagen, wobei die Gebühren maßgeblich in Abhängigkeit vom Geschäftswert berechnet werden.[792] Eine ganz wesentliche Größe der Verfahrenskosten betrifft hingegen die Auslagen, da hierzu neben den Schreibauslagen vor allem die Kosten für Sachverständige zählen, die sich grundsätzlich nach dem JVEG[793] bemessen.[794] Die Vergü-

aus einer Aufschlagshöhe durch Vergleich von 40% und durch gerichtliche Entscheidung von 16% ergibt, wobei allerdings auch durchaus Aufschläge von bis zu 267% festgestellt werden konnten, vgl. *Lorenz*, AG 2012, 284, 287.

790 Vgl. hierzu die empirische Untersuchung von *Lorenz*, AG 2012, 284, 286, wonach eine durchschnittliche Dauer der Spruchverfahren insgesamt von 6 Jahren und 11 Monaten festgestellt wurde.

791 Vgl. auch *Lorenz*, AG 2012, 284, 287, wonach die Aufschlagshöhe von 16% der durchschnittlichen Erhöhung durch gerichtliche Entscheidung entspricht.

792 *Drescher* in Spindler/Stilz AktG, § 15 SpruchG, Rn. 1.

793 Gesetz über die Vergütung von Sachverständigen, Dolmetscherinnen, Dolmetschern, Übersetzerinnen und Übersetzern sowie zur Entschädigung von ehrenamtlichen Richterinnen, ehrenamtlichen Richtern, Zeuginnen, Zeugen und Dritten (Justizvergütungs- und

tung des Sachverständigen kann somit selbst bei nicht marktüblicher Vergütung weit über 50.000 EUR beziehungsweise in manchen Fällen auch mehrere 100.000 EUR betragen, womit sie den wesentlichen Grund für die in aller Regel hohen Gerichtskosten bildet.[795] Nicht zuletzt deshalb wird ein Vorschuss für die Auslagen verlangt, dessen Schuldner stets der Hauptaktionär als Antragsgegner ist.[796]

Zusätzlich hat der Hauptaktionär seine außergerichtlichen Kosten, die zu einem großen Anteil aus Rechtsberatungskosten bestehen, in jedem Fall selbst zu tragen. Dies gilt zumindest für die erste Instanz ohne Einschränkung, sofern das SpruchG anwendbar ist.[797] Zwar müssen auch die Minderheitsaktionäre als Antragssteller ihre außergerichtlichen Kosten insgesamt selbst tragen. Allerdings kann das Gericht nach § 15 Abs. 4 SpruchG anordnen, dass die Kosten eines oder aller Antragsteller ganz oder zum Teil vom Antragsgegner zu zahlen sind, wenn dies unter Berücksichtigung des Ausgangs des Verfahrens der Billigkeit entspricht. Für derartige Billigkeitserwägungen ist insbesondere der Verfahrensausgang von Wichtigkeit, der damit auch in Abhängigkeit der konkreten Aufschlagshöhe steht, die nach den Kriterien der Gesetzesbegründung *erheblich* sein muss.[798] Legt man dabei zugrunde, dass die durchschnittliche Aufschlagshöhe in Spruchverfahren 26% beträgt, so wird man annehmen müssen, dass der Grundsatz der Erheblichkeit eher häufig denn selten erfüllt sein wird und somit in einer Vielzahl der Fälle dem Hauptaktionär auch die Auferlegung der außergerichtlichen Kosten der Antragsteller droht. An dieser Stelle wird der eingangs gegebene Hinweis relevant, wonach es ratsam sein kann, von vornherein einen Aufschlag auf die anzubietende Barabfindung vorzunehmen. Denn auf diese Weise kann das Risiko der Verpflichtung des Hauptaktionärs zur Übernahme der Kosten der Antragsteller erheblich verringert werden.

---

entschädigungsgesetz –JVEG). Danach erhält der Sachverständige für Unternehmensbewertungen nach § 9 Abs. 1 Satz 1 Ziff. 10 und Satz 2 i.V.m. Anlage 1 JVEG eine Vergütung von 95 EUR pro Stunde. Eine marktübliche, die gesetzlichen Sätze übersteigende Vergütung gemäß § 13 JVEG wird so gut wie nie vereinbart, vgl. hierzu *Wittgens*, AG 2007, 106, 110.

794 *Drescher* in Spindler/Stilz AktG, § 15 SpruchG, Rn. 15.

795 *Wittgens*, AG 2007, 106, 109.

796 *Drescher* in Spindler/Stilz AktG, § 15 SpruchG, Rn. 19.

797 *Drescher* in Spindler/Stilz AktG, § 15 SpruchG, Rn. 21.

798 Begr. RegE SpruchG, BT-Drucks. 15/371, S. 18.

III. Vergleichskosten

Die außergerichtlichen Kosten der Antragsteller im Spruchverfahren werden vom Hauptaktionär regelmäßig dann übernommen, wenn das Spruchverfahren durch Vergleich beendet wird, wobei ungefähr 40% aller Spruchverfahren auf diese Art beendet werden.[799] Denn in diesem Fall wird regelmäßig eine Kostenübernahmepflicht des Hauptaktionärs vereinbart. Die entstehenden Kosten werden zusätzlich davon bestimmt, dass die durch Vergleich vereinbarten Aufschlagshöhen mit 40% weit über den gesetzlich fixierten Aufschlägen von 16% liegen.[800] Zwar handelt es sich bei den Vergleichskosten des Spruchverfahrens nicht um eine zu vernachlässigende Größe. Allerdings ist ihre Bedeutung gegenüber denen im Wege eines Beschlussmängelverfahrens entstehenden Kosten grundsätzlich niedriger einzustufen. Das lässt sich bereits darauf zurückführen, dass die Vergleichsbereitschaft des Hauptaktionärs angesichts der niedrigeren gerichtlichen Aufschlagshöhen geringer einzustufen ist als diejenige der Gesellschaft und/oder dem hieran gleichfalls beteiligten Hauptaktionär im Rahmen eines Beschlussmängelverfahrens. Wesentlicher Grund hierfür ist vor allem, dass mit dem Spruchverfahren keine negativen Einflüsse auf die Wirksamkeit der Strukturmaßnahme verbunden sind, während eine Beschlussmängelklage aufgrund der durch sie verursachten formellen Registersperre die konstitutive Eintragung der Strukturmaßnahme und damit deren Wirksamkeit insgesamt verhindert beziehungsweise bis zur Entscheidung im Freigabeverfahren verzögert. Die Gesellschaft und/oder der beteiligte Hauptaktionär werden in aller Regel ein gesteigertes Interesse daran haben, dass die Strukturmaßnahme alsbald eingetragen werden kann, um die Rechtsfolgen(-reflexe) des verschmelzungsrechtlichen Squeeze-out schnellstmöglich herbeizuführen.[801] Sie werden daher auch eher geneigt sein, den Lästigkeitswert einer Beschlussmängelklage im Wege eines Vergleichs von den Klägern abzukaufen.[802]

---

799 *Lorenz*, AG 2012, 284, 287.

800 *Lorenz*, AG 2012, 284, 287.

801 Für die Rechtsfolgenreflexe des verschmelzungsrechtlichen Squeeze-out vgl. oben § 4 A.; insofern ist die Eintragung des Squeeze-out nach hier vertretener Ansicht auch für die wirksame Anmeldung der Verschmelzung bei Handelsregister der übernehmenden Aktiengesellschaft erforderlich, vgl. hierzu § 6 E. II.

802 *Bayer/Hoffmann/Sawada*, ZIP 2012, 897; dass der so beschriebene Lästigkeitswert im Vordergrund steht und nicht etwa die Erfolgsaussichten des Klageverfahrens den Ausschlag für den Abschluss eines Vergleichs geben, zeigen auch die entsprechenden empirischen Untersuchungen, vgl. hierzu *Baums/Drinhausen/Keinath*, ZIP 2011, 2329, 2347.

So zeigt sich, dass etwa 78% aller durch eine Beschlussmängelklage angegriffenen Squeeze-out-Beschlüsse durch Vergleich beendet werden.[803] Auch die Neuerungen des ARUG haben nur für geringe Entlastung sorgen können. Bis zu 80% der durch Vergleich beendeten Verfahren enthalten dabei nicht nur die Verpflichtung zur Kostenübernahme, sondern auch eine Regelung zur Erhöhung der Barabfindung.[804] Die eigentlichen Vergleichskosten entstehen gleichwohl aus der Übernahme der gerichtlichen und außergerichtlichen Kosten der Kläger durch die beklagte Gesellschaft beziehungsweise den regelmäßig beigetretenen Hauptaktionär.[805] Für die Höhe dieser Kosten ist maßgeblich der festgesetzte Vergleichswert relevant, wonach u.a. auch die Rechtsanwaltskosten des Klägers berechnet werden. Insofern gilt die gemäß § 247 Abs. 1 Satz 2 AktG im Beschlussmängelprozess zu beachtende Höchstgrenze von 500.000 EUR gerade nicht.[806] So verwundert es auch nicht, dass die Vergleichswerte in gut der Hälfte aller Fälle über dieser Höchstgrenze angesiedelt sind und in manchen Fällen sogar einen zweistelligen Millionenbetrag erreichen.[807] Die daraus entstehenden Kosten können den verschmelzungsrechtlichen Squeeze-out somit erheblich verteuern, so dass der Hauptaktionär bereits zu Beginn des Verfahrens das Risikopotenzial dieser Kosten einkalkulieren sollte.

IV. Sanktionen wegen des Verstoßes gegen die Ad-hoc-Publizität

Ein vornehmlich finanzielles Risiko kann sich sowohl für den übertragenden Rechtsträger als auch für den übernehmenden Rechtsträger aus einem Verstoß gegen die Ad-hoc-Publizität gemäß § 15 WpHG ergeben, sofern der jeweilige Rechtsträger börsennotiert ist. Ein Verstoß gegen die Mitteilungs- und Veröffentlichungspflicht gemäß § 15 Abs. 1 Satz 1 WpHG ist nach § 39 Abs. 2 Nr. 5 lit. a WpHG bereits selbständig mit einem Bußgeld bewehrt, das gemäß § 39

803 *Baums/Drinhausen/Keinath*, ZIP 2011, 2329, 2345 Fn. 238, 2348 Fn. 281; in aller Regel wird vor dem für die Beschlussmängelklage zuständigen Prozessgericht ein Prozessvergleich geschlossen, in dem die Parteien eine verfahrensbeendigende Erklärung (übereinstimmende Erledigungserklärung; Rücknahmeerklärung; Anerkenntniserklärung) auch für das Freigabeverfahren abgeben.

804 *Baums/Drinhausen/Keinath*, ZIP 2011, 2329, 2345 Fn. 238.

805 Die Beklagtenseite übernimmt in 80% aller Beschlussmängelprozesse die Kosten des Rechtsstreits einschließlich der dem Kläger erwachsenen Kosten, vgl. *Baums/Drinhausen/Keinath*, ZIP 2011, 2329, 2345.

806 Die Ausnahme von der Höchstgrenze im Beschlussmängelprozess gemäß § 247 Abs. 2 AktG ist indes zu vernachlässigen.

807 *Baums/Drinhausen/Keinath*, ZIP 2011, 2329, 2346.

Abs. 4 WpHG einen Betrag bis zu 1 Mio. EUR ausmachen kann.[808] Wird daher eine Ad-hoc-Veröffentlichung nicht oder nicht rechtzeitig übermittelt, so kann die BaFin einerseits gegen den Emittenten (§ 30 Abs. 1 OWiG) selbst und andererseits gegen die Vorstandsmitglieder (§ 9 OWiG) ein Bußgeld festsetzen, wenn diese vorsätzlich oder leichtfertig gehandelt haben.[809] Daneben kann sich ein finanzielles Risiko auch aus möglichen Schadensersatzansprüchen ergeben, die gegen den Emittenten und seine Vorstandsmitglieder geltend gemacht werden. Aufgrund von § 15 Abs. 6 Satz 2 WpHG kann ein Schadensersatz regelmäßig indes nur unter den Voraussetzungen der §§ 37b, § 37c WpHG geltend gemacht werden, da § 15 WpHG gerade kein Schutzgesetz i.S.v. § 823 Abs. 2 BGB darstellt.[810]

Die oftmals entscheidende Frage betrifft jedoch die Feststellung des Zeitpunkts, zu dem im Rahmen des verschmelzungsrechtlichen Squeeze-out von einer Insiderinformation gemäß § 13 WpHG ausgegangen werden kann und der in der Folge die Pflicht zur unverzüglichen Veröffentlichung gemäß § 15 Abs. 1 Satz 1 WpHG nach sich zieht. Voraussetzung hierfür ist, dass es sich um eine konkrete Information über nicht öffentlich bekannte Umstände handelt, die sich auf einen oder mehrere Emittenten von Insiderpapieren oder auf die Insiderpapiere selbst beziehen und die geeignet sind, im Falle ihres öffentlichen Bekanntwerdens den Börsen- oder Marktpreis der Insiderpapiere erheblich zu beeinflussen.

1. Übertragender Rechtsträger

Für den übertragenden Rechtsträger wird in der bisherigen Literatur oftmals allein der vergleichende Blick auf das Recht des aktienrechtlichen Squeeze-out gerichtet, wonach eine publizitätspflichtige Insiderinformation im Zeitpunkt des Zugangs des (vorläufigen) Übertragungsverlangens des Hauptaktionärs beim Vorstand der Gesellschaft angenommen wird.[811] Da jedoch ein solches vorläufi-

---

808 *Assmann* in Assmann/U. H. Schneider WpHG, § 15 WpHG, Rn. 285; *Zimmer/Kruse* in Schwark/Zimmer Komm. KapmR, § 15 WpHG, Rn. 132.

809 *Zimmer/Kruse* in Schwark/Zimmer Komm. KapmR, § 15 WpHG, Rn. 132; ähnlich *Assmann* in Assmann/U. H. Schneider WpHG, § 15 WpHG, Rn. 291.

810 *Assmann* in Assmann/U. H. Schneider WpHG, § 15 WpHG, Rn. 307 f.; Abweichendes gilt nur dann, wenn andere schadensersatzbegründende Vorschriften erfüllt werden, wie etwa § 263 StGB.

811 Für den aktienrechtlichen Squeeze-out vgl. Emittentenleitfaden der Bundesanstalt für Finanzdienstleistungsaufsicht, 4. Auflage, IV.2.2.15 – Squeeze-out; *Müller-Michaels* in

ges Übertragungsverlangen beim verschmelzungsrechtlichen Squeeze-out nicht immer erforderlich sei, müsse auch der relevante Zeitpunkt regelmäßig davon abweichend bestimmt werden.[812] Erforderlich sei jedenfalls, dass die Durchführung des verschmelzungsrechtlichen Squeeze-out überwiegend wahrscheinlich ist. Zwar könne regelmäßig auf den Abschluss des Verschmelzungsvertrags beziehungsweise die Aufstellung seines Entwurfs abgestellt werden. Allerdings kämen daneben grundsätzlich auch frühere Zeitpunkte für die Annahme einer publizitätspflichtigen Information in Betracht.[813] Gewonnen ist mit einer solchen Feststellung allerdings reichlich wenig, da sie sich in der Wiederholung der relevanten Tatbestandsmerkmale verliert.

Der isolierte Blick auf die Rechtslage beim aktienrechtlichen Squeeze-out vernachlässigt demgemäß, dass der verschmelzungsrechtliche Squeeze-out neben dem eigentlichen Ausschlussverfahren auch ein Konzernverschmelzungsverfahren erfordert. Vor diesem Hintergrund ist es sachgerecht, für die Feststellung einer publizitätspflichtigen Information auch den Vergleich zur isolierten Verschmelzung und der dort relevanten Zeitpunkte zu suchen. Ungeachtet dessen handelt es sich bei dem verschmelzungsrechtlichen Squeeze-out um einen gestreckten Sachverhalt, der zu seiner Durchführung mehrerer Handlungen bedarf, die jeweils für sich allein bereits potenziell eine konkrete Information mit Kursbeeinflussungspotenzial darstellen und daher publizitätspflichtig sein können. Während diesbezüglich für die isolierte Verschmelzung neben der Vorstandsentscheidung über die Verschmelzung[814] hauptsächlich auch die notarielle Beurkundung des Verschmelzungsvertrags[815] als relevante Zeitpunkte diskutiert werden, müssen spätestens seit der jüngsten Rechtsprechung des EuGH[816] auch bloße Vorbereitungshandlungen grundsätzlich als Anknüpfungspunkt in Betracht gezogen werden.[817] Es ist daher danach zu fragen, wann erstmalig eine konkrete Information vorliegt, die ein verständiger Anleger bei seiner Anlageentscheidung berücksichtigen würde.

Hölters AktG, Vorb. § 327a – 39c, Rn. 16; *Assmann* in Assmann/U. H. Schneider WpHG, § 15 WpHG, Rn. 84; *Zimmer/Kruse* in Schwark/Zimmer Komm. KapmR, § 15 WpHG, Rn. 44.

812 *Rieger* in Widmann/Mayer UmwG, § 62 UmwG, Rn. 133.

813 *Mayer*, NZG 2012, 561, 567; *Rieger* in Widmann/Mayer UmwG, § 62 UmwG, Rn. 133; ähnlich *Austmann*, NZG 2011, 681, 689; *Bungert/Wettich*, DB 2011, 1500, 1501.

814 Vgl. *Meyer-Landrut/Kiem*, WM 1997, 1413, 1415 (Formwechsel).

815 So Emittentenleitfaden der Bundesanstalt für Finanzdienstleistungsaufsicht, 4. Auflage, IV.2.2.4 Katalog veröffentlichungspflichtiger Insiderinformationen.

816 EuGH, Urteil v. 28. 6. 2012 – C-19/11 („Daimler AG"), NZG 2012, 784.

817 Vgl. *Austmann/Frost*, ZHR 169 (2005), 431, 435.

Für die isolierte Verschmelzung apostrophiert der Emittentenleitfaden der BaFin lediglich den Begriff „Verschmelzungsverträge“[818], womit nur der Abschluss des Verschmelzungsvertrags oder die Aufstellung seines Entwurfs gemeint sein kann.[819] Einen ebenso endgültigen Zeitpunkt ist im Falle des aktienrechtlichen Squeeze-out mit dem vorläufigen Übertragungsverlangen benannt. Für den verschmelzungsrechtlichen Squeeze-out wird man daher folgern können, dass sich der gemeinsame Wille zur Durchführung des verschmelzungsrechtlichen Squeeze-out in irgendeiner Form in objektiv feststellbarer Weise nach außen manifestieren muss, wobei der Emittentenleitfaden der BaFin den Rahmen der möglichen Zeitpunkte absteckt. Sofern kein Business Combination Agreement oder eine sonstige Grundsatzvereinbarung vorweg geschlossen wird, verbleiben als mögliche Zeitpunkte daher nur der Abschluss des Verschmelzungsvertrags, die Aufstellung seines Entwurfs oder ein vorläufiges Übertragungsverlangen.[820] Je nachdem welche dieser Handlungen zeitlich als erste vorgenommen wird, wird darin auch die ad-hoc zu publizierende Information gemäß § 15 Abs. 1 Satz 1 WpHG zu sehen sein. Frühere Zeitpunkte, insbesondere unverbindliche Vorgespräche, können eine Ad-hoc-Mitteilungspflicht nicht auslösen, da ein verständiger Anleger eine solche Information kaum als Investitions- oder Desinvestitionsanlass betrachten wird. Um ein zu frühes Bekanntwerden dennoch wirksam zu verhindern, sollte gleichwohl an die Möglichkeit der Befreiung von der Veröffentlichungspflicht nach § 15 Abs. 3 WpHG gedacht werden.[821]

2. Übernehmender Rechtsträger (Hauptaktionär)

Auch für den übernehmenden Rechtsträger (Hauptaktionär) wird in der Durchführung eines verschmelzungsrechtlichen Squeeze-out regelmäßig eine nach § 15 WpHG ad-hoc zu publizierende Insiderinformation gemäß § 13 WpHG liegen. Während dies im Rahmen des aktienrechtlichen Squeeze-out fraglich ist, verlieren sich die Zweifel bezüglich des verschmelzungsrechtlichen Squeeze-out

---

818 Emittentenleitfaden der Bundesanstalt für Finanzdienstleistungsaufsicht, 4. Auflage, IV.2.2.4 Katalog veröffentlichungspflichtiger Insiderinformationen.

819 So auch *Austmann/Frost*, ZHR 169 (2005), 431, 436.

820 Zum Zeitpunkt des konkretisierenden Übertragungsverlangens ist eine dieser Handlungen bereits eingetreten, so dass keine nochmalige Informationspflicht ausgelöst wird.

821 Vgl. zu dem Vorstehenden für die isolierte Verschmelzung *Austmann/Frost*, ZHR 169 (2005), 431, 436.

aufgrund seines Zusammenhangs mit der Konzernverschmelzung.[822] Hinsichtlich der relevanten Zeitpunkte ergeben sich insoweit keine Unterschiede zur Betrachtung beim übertragenden Rechtsträger. Zwar bleibt es eine Entscheidung des Einzelfalls, ob ein Kursbeeinflussungspotenzial besteht. Allerdings handelt es sich bei dem verschmelzungsrechtlichen Squeeze-out um eine bedeutende Strukturmaßnahme, die in aller Regel aufgrund der Verschmelzung ein solches auch für den übernehmenden Rechtsträger (Hauptaktionär) besitzt.

D. Zusammenfassende Würdigung

Es hat sich gezeigt, dass die Transaktionssicherheit maßgeblich durch eine mögliche Fehlerhaftigkeit des Übertragungsbeschlusses belastet wird, da hierdurch das gesamte Verfahren i.E. scheitern kann. Die Untersuchung offenbart jedoch, dass insbesondere die spezifisch für den verschmelzungsrechtlichen Squeeze-out diskutierten Gestaltungsmaßnahmen zur Schaffung der Ausschlussvoraussetzungen in Anbetracht der gesetzgeberischen Zwecksetzung des Verfahrens nach § 62 Abs. 5 UmwG als insgesamt nicht rechtsmissbräuchlich einzuordnen sind. Zu diesem Ergebnis kommt es jedenfalls dann, wenn man mit der hier vertretenen Auffassung davon ausgeht, dass die gesetzgeberischen Motive des aktienrechtlichen Squeeze-out von dem verschmelzungsrechtlichen Squeeze-out inkorporiert werden. Dann nämlich widerspricht es dessen gesetzgeberischen Leitmotiv nicht, wenn der Ausschluss der Minderheitsaktionäre nach objektiver Betrachtung einen wesentlichen Anlass für die Durchführung des verschmelzungsrechtlichen Squeeze-out darstellt.

Hervorzuheben ist in diesem Zusammenhang die Erkenntnis, dass der Wertpapierleihe auch im Rahmen des verschmelzungsrechtlichen Squeeze-out ein ihr bereits aus dem Recht des aktienrechtlichen Squeeze-out bekannter Anwendungsbereich zukommt. So ist es – anders als von dem herrschenden Schrifttum vertreten – nicht zwingend erforderlich, dass am Ende der Wertpapierleihe Anteile an einer „dritten“, d.h. nicht unmittelbar an der Transaktion beteiligten Gesellschaft zurückgewährt werden, weil der übertragende Rechtsträger im Zuge der Verschmelzung untergeht. In der Gesamtschau mit dem hier vertretenen Verständnis, wonach das 90%ige Beteiligungsquorum weder aus Gründen des Squeeze-out-spezifischen Beteiligungserfordernisses gemäß § 62 Abs. 5 Satz 1 Halbsatz 2 UmwG noch aus Gründen des verschmelzungsspezifischen Beteili-

822 Für den aktienrechtlichen Squeeze-out vgl. ausführlich *Assmann* in Assmann/U. H. Schneider WpHG, § 15 WpHG, Rn. 84.

gungserfordernisses gemäß § 62 Abs. 1 UmwG im Anschluss an die Squeeze-out-Beschlussfassung Bestand haben muss, ist es als zulässige Gestaltungsmaßnahme anzusehen, wenn die Leihfrist nach der Squeeze-out-Hauptversammlung und vor dem Wirksamwerden der Verschmelzung endet, so dass die originären Anteile an dem übertragenden Rechtsträger zurückgewährt werden können.

Eine wesentliche Erkenntnis hat sich in Anbetracht der zeitlichen Risiken hinsichtlich des Bestandsschutzes des verschmelzungsrechtlichen Squeeze-out ergeben. So hat sich gezeigt, dass dessen Rechtsfolgen – sowohl die Verschmelzungswirkungen gemäß § 20 UmwG als auch die Squeeze-out-spezifischen Rechtswirkungen des § 327e Abs. 3 AktG – vollumfänglichen Bestandsschutz genießen. Auch ohne (erfolgreich) durchgeführtes Freigabeverfahren besteht daher nach Eintragung der Verschmelzung in das Handelsregister des übernehmenden Rechtsträgers weder ein Anspruch auf Entschmelzung noch ein Anspruch auf Einräumung einer Mitgliedschaft ex nunc in der übernehmenden Aktiengesellschaft. Letzteres ergibt sich nach dem hier erarbeiteten Verständnis aus der konditionalen Verknüpfung von Squeeze-out und Konzernverschmelzung, die eine entsprechende Anwendung von § 249 Abs. 1 Satz 3 AktG ermöglicht.

Die Untersuchung der kostenrelevanten Risikofaktoren lässt schließlich erkennen, dass insbesondere im Falle der Beteiligung börsennotierter Rechtsträger ein relevantes Risiko aus den Folgen eines Verstoßes gegen die Ad-hoc-Publizitätspflicht gemäß § 15 WpHG entstehen kann. Die Risikobegrenzung ist dabei insbesondere vor dem Hintergrund der Feststellung der relevanten publizitätspflichtigen Information schwierig. Schließlich wird man ein Kursbeeinflussungspotenzial nur dem Abschluss eines Verschmelzungsvertrags beziehungsweise dessen Entwurf oder aber einem Übertragungsverlangen beimessen können, sofern man Letzteres mit der hier vertretenen Auffassung für erforderlich hält. Diese Ad-hoc-Publizitätspflicht gilt gleichermaßen für den übertragenden Rechtsträger.

§ 8 Schlussbetrachtung

Die Untersuchung hat gezeigt, dass der Gesetzgeber aufgrund zwingender europarechtlicher Vorgaben der Dritten Richtlinie dazu verpflichtet war, ein Regelungsregime zu schaffen, wonach verschmelzungsbezogene Informations- und Bekanntmachungspflichten entfallen.[823] Dass der Gesetzgeber statt eines Andienungsrechts ein Squeeze-out-Verfahren geschaffen hat, ist – wie gezeigt werden konnte[824] – vor dem Hintergrund der andernfalls für das System der Andienungsrechte resultierenden Probleme folgerichtig. Auch die Entscheidung für eine verschmelzungsrechtliche Sonderlösung statt einer generellen Absenkung der Squeeze-out-Beteiligungsschwellen ist in der Nachschau begrüßenswert.[825] Dies gilt auch für das Ausschlussverfahren selbst, hinsichtlich dessen sich der deutsche Gesetzgeber innerhalb des Regelungsauftrags der Verschmelzungsrichtlinie gehalten hat, indem er den Anwendungsbereich lediglich für Aktiengesellschaften eröffnet hat. Eine Erweiterung auf die GmbH ist angesichts der wesensverschiedenen Zuständigkeitsordnungen sowie der unterschiedlichen Strukturverfassungen beider Gesellschaftsformen auch für die Zukunft nicht empfehlenswert.[826] Darüber hinaus wird angesichts der in der Vergangenheit stetigen Zunahme von grenzüberschreitenden Konzernverschmelzungen in Zukunft auch die Frage praktisch werden, ob im Rahmen eines solchen grenzüberschreitenden Sachverhalts ein verschmelzungsrechtlicher Squeeze-out durchgeführt werden kann. Auch wenn der Gesetzgeber hierfür keine ausdrückliche Regelung in den §§ 122a ff. UmwG geschaffen hat, so konnte gleichwohl gezeigt werden, dass eine Beteiligung eines ausländischen AG-Äquivalents als übernehmender (nicht aber übertragender) Rechtsträger im Wege einer richtlinienkonformen Auslegung des aktuellen Gesetzeswortlauts möglich ist. Eine Beschränkung auf rein nationale Sachverhalte besteht somit nicht.[827]

Seine praktische Bedeutung gewinnt das Ausschlussverfahren nach § 62 Abs. 5 UmwG freilich durch das gegenüber sonstigen Squeeze-out-Verfahren abgesenkte Beteiligungsquorum in Höhe von 90%. Diesbezüglich ist als Untersuchungsergebnis die Differenzierung herauszustellen, wonach der verschmelzungsrechtliche Squeeze-out im Grunde zwei Beteiligungsquoren kennt: das Squeeze-out-spezifische sowie das verschmelzungsspezifische. Auch wenn die erforderlichen Beteiligungshöhen identisch sind, so ist diese Differenzierung

823 Siehe hierzu § 3 B. I. 2.
824 Siehe hierzu § 3 B. I. 2
825 Siehe hierzu § 3 B. II. 3.
826 Siehe hierzu § 5 A. I. 3.
827 Siehe hierzu § 5 A. I. 2. b).

dennoch für die Feststellung des relevanten Zeitpunkts ihres Vorliegens bedeutsam. Denn aus dem Vergleich zur Rechtslage beim aktienrechtlichen Squeeze-out folgt für die Erfüllung des Quorums, dass sich weitere erforderliche Zeitpunkte, neben dem der Squeeze-out-Beschlussfassung, denknotwendig nur aus dem verschmelzungsspezifischen Beteiligungsquorum ergeben können. Da diesbezüglich jedoch gezeigt werden konnte, dass die Privilegierungsreichweite des § 62 Abs. 4 Satz 2 UmwG zwangsläufig auch die beteiligungsspezifische Privilegierung des § 62 Abs. 1 UmwG als Weniger erfasst, bedarf es in der Konsequenz keiner weiteren Stichtagsbetrachtung neben der Squeeze-out-Beschlussfassung für die 90%ige Beteiligungshöhe im Rahmen des verschmelzungsrechtlichen Squeeze-out.[828]

Diese Feststellung erklärt sich zudem vor dem Hintergrund eines weiteren Untersuchungsergebnisses, wonach es im Zuge des verschmelzungsrechtlichen Squeeze-out im Anschluss an die Eintragung der Verschmelzung in das Handelsregister des übernehmenden Rechtsträgers für eine juristische Sekunde zu einem 100%igen Konzernverhältnis kommt und damit das Beteiligungsquorum von 90% im Zuge der verschmelzungsbezogenen Eintragungsentscheidung des jeweiligen Registerrichters stets als gegeben angesehen werden kann.[829] Auf Basis dessen erklärt sich dann auch die weitere Feststellung, dass der Verschmelzungsvertrag weder ein Umtauschverhältnis noch ein Barabfindungsangebot enthalten muss, da es zu keinem Zeitpunkt im Verlauf der Durchführung des verschmelzungsrechtlichen Squeeze-out zu einem Anteilstausch kommt. Gleiches gilt für das Eingreifen der übrigen Konzernprivilegien, so dass weder ein Verschmelzungsbericht, noch ein auf Basis einer in sonstigen Fällen durchzuführenden Verschmelzungsprüfung zu erstellender Prüfbericht erforderlich sind. Zwar bedarf es somit auch nicht der Auslage dieser Unterlagen. Allerdings müssen gleichwohl die übrigen verschmelzungsbezogenen Unterlagen des § 63 UmwG für einen Monat ausgelegt werden.

Hinsichtlich des umstrittenen Zeitpunkts für den Beginn der Monatsfrist hat sich gezeigt, dass keiner der im Schrifttum vertretenen Ansätze die von beiden Ansichten aufgezeigten Probleme beseitigen kann, ohne damit gleichzeitig gegen den gesetzgeberischen Willen zu verstoßen. Im Gegensatz dazu steht der hier entwickelte Ansatz, wonach die Monatsfrist mit der erstmalig simultanen Erfüllung aller Pflichten zu laufen beginnen soll, im Einklang mit dem Gesetzeswortlaut und vermeidet dabei die angesprochenen rechtspraktischen Proble-

828 Siehe hierzu zusammenfassend § 1 A. III.

829 Siehe hierzu § 1 A. V. a.E. sowie § 1 A. III.

me. Einer geforderten Gesetzesänderung nach dem Muster einer Rückwärtsfrist bedarf es daher ebenfalls nicht, wobei eine solche – wie die Untersuchung gezeigt hat – zwangsläufig zu rechtspraktischen Problemen führen würde. Eine Rückwärtsfrist würde für den Rechtsanwender entweder eine Pflichterfüllung auf Vorrat mit entsprechendem Risiko oder eine Sperrfrist bedeuten. Demgegenüber berücksichtigt das gegenwärtige Fristenregime nach dem hier vertretenen Verständnis die Schwierigkeiten, die sich aus der Zweigliedrigkeit des Verfahrens nach § 62 Abs. 5 UmwG ergeben. Insoweit gilt es zu berücksichtigen, dass sowohl ein Squeeze-out-bezogenes als auch ein verschmelzungsbezogenes Handelsregisterverfahren durchgeführt werden müssen.[830] Die Problematik wird somit deutlich, wenn man mit dem an anderer Stelle herausgearbeiteten Ergebnis[831] davon ausgeht, dass der Übertragungsbeschluss im Zeitpunkt der Anmeldung der Verschmelzung zur Eintragung ins Handelsregister des übernehmenden Rechtsträgers eingetragen sein muss, da andernfalls keine Anmeldereife der Verschmelzung vorliegt. Es müsste also das Squeeze-out-spezifische (Handelsregister-)Verfahren vollständig durchgeführt werden, bevor die Informations- und Auslegungspflichten erfüllt werden könnten. Dies würde zusätzliche Risiken für die Transaktionssicherheit bedeuten, auf die in zukünftigen Ausschlussverfahren nach § 62 Abs. 5 UmwG ohnehin ein besonderes Augenmerk zur richten sein wird.

So werden Gestaltungsformen zur Schaffung der Ausschlussvoraussetzungen eine wesentliche Rolle in der Diskussion um die Rechtsmissbräuchlichkeit eines Squeeze-out-Verfahrens spielen. Auch wenn an dieser Stelle keine der spezifisch für den verschmelzungsrechtlichen Squeeze-out diskutierten Fallgruppen als rechtsmissbräuchlich einzustufen ist[832], bleibt gleichwohl zu erwarten, dass die Frage nach der Zulässigkeit der Nutzung einer Zwischenholding ohne besonderes konzernrechtliches Interesse eine zentrale Bedeutung gewinnen wird. Auch bleibt abzuwarten, welche Bedeutung der Wertpapierleihe verbleibt und ob sich das hier vertretene Verständnis durchsetzt, wonach die Leihfrist nach der Squeeze-out-Hauptversammlung und vor dem Wirksamwerden der Verschmelzung enden kann, so dass die originären Anteile an dem übertragenden Rechtsträger zurückgewährt werden können. Jedenfalls der Umstand, dass 90% der Anteile lediglich im Zeitpunkt der Beschlussfassung in der Hand des übernehmenden Rechtsträgers liegen müssen, spricht für diese Sichtweise.[833]

830 Siehe hierzu § 1 A. V.

831 Siehe hierzu § 6 E. II. 1.

832 Siehe hierzu § 7 A. II. 3.

833 Siehe hierzu § 7 A. II. 3. a).

Schließlich konnte gezeigt werden, dass die Transaktionssicherheit des verschmelzungsrechtlichen Squeeze-out-Verfahrens mittels der durch den Verschmelzungskontext bedingten besonderen Bestandssicherheit gefördert wird. So konnte gezeigt werden, dass nach Eintragung der Verschmelzung in das Handelsregister des übernehmenden Rechtsträgers, auch ohne die Durchführung eines Freigabeverfahrens, weder ein Anspruch auf Entschmelzung noch ein Anspruch auf Einräumung einer Mitgliedschaft ex nunc in der übernehmenden Aktiengesellschaft besteht.[834] Die Zweifelsfragen, die sich im Rahmen des aktienrechtlichen Squeeze-out ergeben und derer man versucht über die Figur der fehlerhaften Gesellschaft Herr zu werden, entstehen im Rahmen des verschmelzungsrechtlichen Squeeze-out somit erst gar nicht.

Es lässt sich daher festhalten, dass die eingangs von *Mestmäcker* apostrophierte Feststellung vor dem Hintergrund der vollumfänglichen Bestandskraft eines einmal durchgeführten verschmelzungsrechtlichen Squeeze-out auch heute mehr denn je zutrifft. Für das Verständnis von der Rolle des (Minderheits-)Aktionärs bedeutet dies letztlich den Schutz seines Kapitalanlageinteresses. Dieses Verständnis vom bloßen Anlage(-minderheits-)aktionär ist jedenfalls bei einer Höhe bis zu 10% des Grundkapitals zeitgemäß. Dies gilt umso mehr, wenn man bedenkt, dass das Idyll der „Schornsteinaktionäre“[835] in seiner Reinform schon längst nicht mehr existiert und daher der Aktionärskreis deutscher Aktiengesellschaften im wirtschaftlichen Umfeld der Globalisierung nicht mehr durch Aktionäre im Umfeld des Gesellschaftssitzes geprägt ist, sondern oftmals weit gestreut ist. Abschließend ist daher festzuhalten, dass der deutsche Gesetzgeber – angestoßen durch europäische Richtliniengesetzgebung – mit dem verschmelzungsrechtlichen Squeeze-out ein Instrumentarium eingeführt hat, das dem modernen Verständnis der Aktiengesellschaft entspricht, wobei er die erforderliche gesetzgeberische Sorgfalt bewiesen hat, die es ermöglichte, ein für alle Beteiligten ausgewogenes Ausschlussverfahren zu schaffen. Dabei ist es ihm gelungen, die Grundprinzipien des Aktien- und Verschmelzungsrechts in Einklang zu bringen, ohne zugleich die Grundfeste des Kapitalgesellschaftsrechts als solche anzutasten.

---

834 Siehe hierzu § 7 B. II.

835 Die Bezeichnung „Schornsteinaktionäre“ steht für lokale Anteilsinhaber, die im Umfeld des Schornsteins „ihrer“ Fabrik zu Hause sind; vgl. *Noack*, WM 2009, 2289, 2294 mit Verweis auf den ehemaligen FAZ-Kolumnisten *Heinz Brestel*; *Zetzsche*, BKR 2003, 736, 737.

Literaturübersicht

Arens, Tobias: Die Behandlung von bedingten Aktienbezugsrechten beim verschmelzungsrechtlichen Squeeze-out, in: WM 2014, 682 ff.

Altmeppen, Holger/ *Roth*, Günter H.: Gesetz betreffend die Gesellschaften mit beschränkter Haftung (GmbHG), 7. Auflage, München 2012 (zit. als *Bearbeiter* in Altmeppen/Roth GmbHG, nach § und Rn.)

Arnold, Michael: Mitwirkungsbefugnisse der Aktionäre nach Gelatine und Macrotron, in: ZIP 2005, 1574 ff.

Assmann, Heinz-Dieter/ *Schneider*, Uwe H.: Wertpapierhandelsgesetz Kommentar, 6. Auflage, Köln 2012 (zit. als *Bearbeiter* in Assmann/U.H. Schneider WpHG, nach § und Rn.)

Austmann, Andreas: Der verschmelzungsrechtliche Squeeze-out nach dem 3. UmwÄndG 2011, in: NZG 2011, 684 ff.

Austmann, Andreas/ *Frost*, Ina Anne: Vorwirkungen von Verschmelzungen, in: ZHR 169 (2005), 431 ff.

Bamberger, Heinz-Georg/ *Roth*, Herbert: Beck'scher Online Kommentar BGB, Stand 1.5.2013, München 2013 (zit. als *Bearbeiter* in BeckOK BGB, nach § und Rn.)

Baumbach, Adolf/ *Hueck*, Alfred: GmbH-Gesetz: Gesetz betreffend die Gesellschaften mit beschränkter Haftung, 20. Auflage, München 2013 (zit. als *Bearbeiter* in: Baumbach/Hueck GmbHG, nach § und Rn.)

Baums, Philipp A.: Ausschluss von Minderheitsaktionären, Frankfurt a.M. 2001 (zit. als *Baums*, Ausschluss von Minderheitsaktionären, nach S.)

Baums, Philipp A.: Der Ausschluss von Minderheitsaktionären nach §§ 327a ff. AktG n.F. – Einzelfragen, in: WM 2001, 1843 ff.

Baums, Theodor/ *Drinhausen*, Florian/ *Keinath*, Astrid: Anfechtungsklagen und Freigabeverfahren. Eine empirische Studie, in: ZIP 2011, 2329 ff.

Baums, Theodor/ *Gajek*, Daniel/ *Keinath*, Astrid: Fortschritte bei Klagen gegen Hauptversammlungsbeschlüsse? Eine empirische Studie, in: ZIP 2007, 1629 ff.

Bayer, Walter: Herrschaftsveränderungen im Vertragskonzern – Besprechung der Entscheidung BGHZ 119, 1, in: ZGR 1993, 599 ff.

Bayer, Walter/ *Hoffmann*, Thomas: Gesellschafterstrukturen deutscher GmbH, GmbHR 2014, 12 ff.

Bayer, Walter/ *Hoffmann*, Thomas/ *Sawada*, Tobias: Beschlussmängelklagen, Freigabeverfahren und Berufskläger, in: ZIP 2012, 897 ff.

Bayer, Walter/ *Hoffmann*, Thomas/ *Schmidt*, Jessica: Verschmelzungen nach Inkrafttreten des 2. UmwÄndG, in: Der Konzern 2012, 225 ff.

Bayer, Walter/ *Schmidt*, Jessica: Der Referentenentwurf zum 3. UmwÄndG: Vereinfachung bei Verschmelzungen und Spaltungen und ein neuer verschmelzungsspezifischer Squeeze-out, in: ZIP 2010, 953 ff.

dies.: Die neue Richtlinie über die grenzüberschreitende Verschmelzung von Kapitalgesellschaften – Inhalt und Anregungen zur Umsetzung in Deutschland, in: NJW 2006, 401 ff.

dies.: Der Regierungsentwurf zur Änderung des Umwandlungsgesetzes - Eine kritische Stellungnahme, in: NZG 2006, 841 ff.

dies.: BB-Gesetzgebungs- und Rechtsprechungsreport zum Europäischen Unternehmensrecht 2010/2011, in: BB 2012, 3 ff.

Bayer, Walter/ *Stange*, Kristian: Eingeleitete Spruchverfahren nach Squeeze-out-Beschlüssen, in: AG 2008, R303 ff.

Boruttau, Ernst Paul: Grunderwerbssteuergesetz, 17. Auflage, München 2011 (zit. als *Bearbeiter* in Boruttau GrEStG, nach § und Rn.)

Bredow, Günther M./ *Liebscher*, Finn-Michael: Befreiung vom Pflichtangebot nach WpÜG bei Selbstverpflichtung zur Durchführung eines Squeeze-out, in: DB 2003, S. 1368 ff.

Breschendorf, Peter/ *Wallner*, Odilo: Neues im Umwandlungsrecht durch das Dritte Gesetz zur Änderung des UmwG, in: GWR 2011, 511 ff.

Buchheim, Regine: Europäische Aktiengesellschaft und grenzüberschreitende Konzernverschmelzung: der aktuelle Entwurf der Rechtsform aus betriebswirtschaftlicher Sicht, Wiesbaden 2001, zugleich Diss. Berlin 2000 (zit. als Buchheim, Europäische AG, nach S.)

Burger, Anton: Keine angemessene Abfindung durch Börsenkurse bei Squeeze-out, in: NZG 2012, 281 ff.

Bungert, Hartwin: Anmerkung zu BayObLG: Zeitpunkt für Eintragungsvoraussetzungen beim Formwechsel einer GmbH in eine KG, in: NZG 2000, 167 ff.

Bungert, Hartwin/ *Wettich*, Carsten: Der verschmelzungsspezifische Squeeze-out: Neue Gestaltungsmöglichkeiten für die Praxis, in: DB 2010, 2545 ff.

Bungert, Hartwin/ *Wettich*, Carsten: Der verschmelzungsspezifische Squeeze-out nach § 62 V UmwG n.F., in: DB 2011, 1500 ff.

Buschmann, Marco: Neues zur Novellierung des Umwandlungsgesetzes, in: DZWIR 2011, 318 ff.

Bürgers, Tobias/ *Körber*, Torsten: Aktiengesetz, 2. Auflage, Heidelberg 2011 (zit. als *Bearbeiter* in Bürgers/Körber AktG, nach § und Rn.)

Damrau-Schröter, Heike: Der Ausschluß eines (mißliebigen) GmbH-Gesellschafters, in: NJW 1991, 1927 ff.

Dauner-Lieb, Barbara/ *Simon*, Stefan: Kölner Kommentar zum UmwG, Köln 2009 (zit. als *Bearbeiter* in Kölner Komm. UmwG, nach § und Rn.)

Diekmann, Hans: Änderung des Umwandlungsgesetzes, in: NZG 2010, 489 ff.

Drinhausen, Florian: Änderungen des Umwandlungsgesetzes – erneut kein großer Wurf, in: BB 2010, 1865 ff.

Drygala, Tim: Die Vorschläge der SLIM-Arbeitsgruppe zur Vereinfachung des Europäischen Gesellschaftsrechts, in: AG 2001, 291 ff.

Eidenmüller, Horst: Ausländische Kapitalgesellschaften im deutschen Recht, München 2004 (zit. als *Bearbeiter* in Ausl. KapGes, nach § und Rn.)

Emmerich, Volker/ *Habersack*, Mathias: Aktien- und GmbH-Konzernrecht, 7. Auflage, München 2013 (zit. als *Bearbeiter* in Emmerich/Habersack, nach § und Rn.)

dies.: Konzernrecht, 9. Auflage, München 2008 (zit. als *Bearbeiter* in Emmerich/Habersack Konzernrecht, nach S. und Rn.)

Erkens, Michael/ *Lakenberg*, Thomas: Das Dritte Gesetz zur Änderung des Umwandlungsgesetzes, in: Der Konzern 2011, 392 ff.

Fleischer, Holger: Das neue Recht des Squeeze-out, in: ZGR 2002, 757 ff.

Fleischer, Holger/ *Goette*, Wulf: Münchener Kommentar zum Gesetz betreffend die Gesellschaften mit beschränkter Haftung – GmbHG, Bd. 1, §§ 1–34 GmbHG, München 2010 (zit. als *Bearbeiter* in Münchener Komm. GmbHG, nach § und Rn.)

Freytag, Lars F.: Der Regierungsentwurf zur Änderung des Umwandlungsrechts, in: BB 2010, 2839 ff.

ders.: Neues zum Recht der Konzernverschmelzung und des Squeeze-Out, in: BB 2010, 1611 ff.

Freytag, Lars F./ *Müller-Etienne*, Daniel: Das Dritte Gesetz zur Änderung des Umwandlungsgesetzes: Herabsetzung der Squeeze-out-Schwelle auf 90 % kommt, in: BB 2011, 1731 ff.

Fröde, Christian: Missbräuchlicher Squeeze-out gem. §§ 327a ff. AktG – Zu LG Landshut, NZG 2006, 400, und OLG München, NZG 2007, 192 –, in: NZG 2007, 729 ff.

Fuhrmann, Lambertus/ *Simon*, Stefan: Der Ausschluss von Minderheitsaktionären – Gestaltungsüberlegungen zur neuen Squeeze-out-Gesetzgebung, in: WM 2002, 1211 ff.

Ganske, Joachim: Änderungen des Verschmelzungsrechts, in: DB 1981, 1551 ff.

Gaul, Björn: Beteiligungsrechte von Wirtschaftsausschuß und Betriebsrat bei Umwandlung und Betriebsübergang, in: DB 1995, 2265 ff.

Geibel, Stephan/ *Süßmann*, Rainer: Wertpapiererwerbs- und Übernahmegesetz (WpÜG), 2. Auflage, München 2008 (zit. als *Bearbeiter* in Geibel/Süßmann WpÜG, nach § und Rn.)

Gesmann-Nuissl, Dagmar: Die neuen Squeeze-out-Regeln im Aktiengesetz, in: WM 2002, 1205 ff.

Geyrhalter, Volker/ *Weber*, Thomas: Transnationale Verschmelzungen – im Spannungsfeld zwischen SEVIC Systems und der Verschmelzungsrichtlinie, in: DStR 2006, 146 ff.

Goette, Wulff/ *Habersack*, Mathias/ *Kalss*, Susanne: Münchener Kommentar zum Aktiengesetz, Bd. 1, §§ 1–75, 3. Auflage, München 2008 (zit. als *Bearbeiter* in Münchener Komm. AktG, nach § und Rn.)

dies.: Münchener Kommentar zum Aktiengesetz, Bd. 4, §§ 179–277, 3. Auflage, München 2011 (zit. als *Bearbeiter* in Münchener Komm. AktG, nach § und Rn.)

dies.: Münchener Kommentar zum Aktiengesetz, Bd. 5, §§ 278–328, SpruchG, ÖGesAusG, Österreichisches Konzernrecht, 3. Auflage, München 2010 (zit. als *Bearbeiter* in Münchener Komm. AktG, nach § und Rn.)

dies.: Münchener Kommentar zum Aktiengesetz, Bd. 6, §§ 329–410, WpÜG, Österreichisches Übernahmerecht, 3. Auflage, München 2011 (zit. als *Bearbeiter* in Münchener Komm. AktG, nach § und Rn.)

Goldenberg, Annika: Der verschmelzungsrechtliche Squeeze-out gemäß § 62 Absatz 5 UmwG – Analyse und Vergleich mit dem aktienrechtlichen und übernahmerechtlichen Squeeze-out –, Hamburg 2013, zugleich Diss. Köln 2013 (zit. als *Goldenberg*, Der verschmelzungsrechtliche Squeeze-out, nach S.)

Goslar, Sebastian/ *Mense*, Christian: Der umwandlungsrechtliche Squeeze-out als neues Gestaltungsmittel für die Praxis, in: GWR 2011, 275 ff.

Goslar, Sebastian/ *Linden von der*, Klaus: Grenzen des Rechtsmissbrauchseinwands gegen Gestaltungen beim aktienrechtlichen Squeeze-out, in: BB 2009, 1986 ff.

Goutier, Klaus/ *Knopf*, Rüdiger/ *Tulloch*, Anthony: Kommentar zum Umwandlungsrecht. Umwandlungsgesetz – Umwandlungssteuergesetz, Heidelberg 1996 (zit. als *Bearbeiter* in Goutier/Knopf/Tulloch UmwG, nach § und Rn.)

Göthel, Stephan R.: Der verschmelzungsrechtliche Squeeze-out, in: ZIP 2011, 1541 ff.

Habersack, Mathias: Finanzplatz Deutschland und die Rechte der Aktionäre, in: ZIP 2001, 1230 ff.

ders.: Umwandlungen der AG ohne Mitwirkung der Hauptversammlung, in: Festschrift für Norbert Horn zum 70. Geburtstag, hrsg. von Klaus Peter Berger/ Georg Borges/ Harald Herrmann/ Andreas Schlüter/ Ulrich Wackerbarth, 2006, S. 337 ff.

Heckschen, Heribert: Das Dritte Gesetz zur Änderung des Umwandlungsgesetzs in der Fassung des Regierungsentwurfs, in: NZG 2010, 1041 ff.

ders.: Die Novelle des Umwandlungsgesetzes – Erleichterungen für Verschmelzungen und Squeeze-out, in: NJW 2011, 2390 ff.

ders.: Verschmelzung von Kapitalgesellschaften, Schriftenreihe Der Betrieb, Stuttgart 1989 (zit. als Heckschen, Verschmelzung von Kapitalgesellschaften, nach S.)

Heidel, Thomas: Aktienrecht und Kapitalmarktrecht, 3. Auflage 2011, Baden-Baden 2011 (zit. als *Bearbeiter* in Heidel AktG, nach § und Rn.)

Heidinger, Andreas/ *Blath*, Simon: Die Vertretung im Umwandlungsrecht, in: Festschrift für Sebastian Spiegelberger zum 70. Geburtstag, hrsg. von Thomas Wachter, 2009, S. 692 ff.

Henssler, Martin/ *Strohn*, Lutz: Gesellschaftsrecht, BGB, HGB, PartGG, GmbHG, AktG, UmwG, GenG, IntGesR, München 2011 (zit. als *Bearbeiter* in Henssler/Strohn GesR, nach § und Rn.)

Henze, Hartwig: Die „zweistufige" Konzernverschmelzung, in: AG 1993, 341 ff.

ders.: Erscheinungsformen des squeeze-out von Minderheitsaktionären, in: Festschrift für Herbert Wiedemann zum 70. Geburtstag, hrsg. von Rolf Wank, Heribert Hirte, Kaspar Frey, Holger Fleischer und Gregor Thüsing, 2002, S. 935 ff.

Hirte, Heribert/ *Bülow von*, Christoph: Kölner Kommentar zum WpÜG: mit AngebVO und §§ 327a–327f AktG, Köln 2003 (zit. als *Bearbeiter* in Kölner Komm. z. WpÜG, nach § und Rn.)

Hofmeister, Holger: Der verschmelzungsrechtliche Squeeze-out: Wichtige Aspekte und Besonderheiten der Verschmelzung, in: NZG 2012, 688 ff.

Hoffmann-Becking, Michael: Das neue Verschmelzungsrecht in der Praxis, in: Festschrift für Hans-Joachim Fleck zum 70. Geburtstag am 30. Januar 1988, hrsg. von Reinhard Goerdeler, Peter Hommelhoff, Marcus Lutter und Herbert Wiedemann, 1988, S. 105 ff.

ders.: Münchener Handbuch des Gesellschaftsrechts, Bd. 4, Aktiengesellschaft, 3. Auflage, München 2007 (zit. als *Bearbeiter* in Münch. Hdb. d. GesR AG, nach § und Rn.)

Hommelhoff, Peter: Minderheitenschutz bei Umstrukturierungen, in: ZGR 1993, 452 ff.

Hommelhoff, Peter/ *Schubel*, Christian: Das Gesellschaftsrecht auf dem Prüfstand: zur Transformation der DDR-Genossenschaften, in: ZIP 1998, 537 ff.

Hopt, Klaus J./ *Wiedemann*, Herbert: Aktiengesetz Großkommentar, Bd. 2, §§ 53a–75, 4. Auflage, Berlin 2008 (zit. als *Bearbeiter* in Großkomm. AktG, nach § und Rn.)

dies.: Aktiengesetz Großkommentar, 27. Lieferung: §§ 327a–328; 396–398, 4. Auflage, Berlin 2007 (zit. als *Bearbeiter* in Großkomm. AktG, nach § und Rn.)

Hölters, Wolfgang: Kommentar zum Aktiengesetz, München 2011 (zit. als *Bearbeiter* in Hölters AktG, nach § und Rn.)

Hüffer, Uwe: Kommentar zum Aktiengesetz, 10. Auflage, München 2012 (zit. als *Hüffer* AktG, nach § und Rn.)

Hügel, Hanns: Verschmelzung und Einbringung: Unternehmensübertragung auf verbandsrechtlicher Grundlage im österreichischen und deutschen Gesellschafts-, Bilanz- und Ertragssteuerrecht der Kapitalgesellschaften, Köln 1993 (zit. als *Hügel*, Verschmelzung und Einbringung, nach S.)

Ihrig, Hans-Christoph: Gläubigerschutz durch Kapitalaufbringung bei Verschmelzung und Spaltung nach neuem Umwandlungsrecht, in: GmbHR1995, 622 ff.

Ising, Peter: Umwandlungen im Konzern – Verzicht auf Hauptversammlungsbeschluss, in: NZG 2010, 1403 ff.

ders.: Wegfall des Umwandlungsbeschlusses im Konzern – Probleme in der Praxis, in: NZG 2011, 1368 ff.

Joost, Detlev/ *Strohn*, Lutz: Ebenroth/Boujong/Joost/Strohn Handelsgesetzbuch, Bd. 2, §§ 343–475h, Transportrecht, Bank- und Börsenrecht, 2. Auflage, München 2009 (zit. als *Bearbeiter* in Ebenroth/Boujong/Joost/Strohn HGB, nach § und Rn.)

Kallmeyer, Harald: Ausschluß von Minderheitsaktionären, in: AG 2000, 59 ff.

ders.: Umwandlungsgesetz, 5. Auflage, Köln 2013 (zit. als *Bearbeiter* in Kallmeyer UmwG, nach § und Rn.)

Kehren, Klaus Peter: Geschichte und verfassungsrechtliche Rechtfertigung des Ausschlusses von Minderheitsgesellschaftern: Von der Mehrheitsumwandlung zum Squeeze-out, Baden-Baden 2013, zugleich Diss. Bremen 2012 (zit. als *Kehren*, Geschichte des Ausschlusses von Mehrheitsgesellschaftern, nach S.)

Keller, Christoph/ *Klett*, Sabine C.: Geplante Änderung des Umwandlungsgesetzes – eine Evaluierung für die Praxis, in: GWR 2010, 415 ff.

Kiefner, Alexander/ *Brügel*, Florian: Der umwandlungsrechtliche Squeeze-out – Verfahren, Einsatzmöglichkeiten, Rechtsschutzfragen, in: AG 2011, 525 ff.

Kiem, Roger: Aktuelle Probleme des Kreditsicherungsrechts – Entwicklungslinien und Tendenzen, in: WM 2006, 1081 ff.

ders.: Das neue Übernahmegesetz: „Squeeze-out", in: Henze/ Hoffmann- Becking (Hrsg.), Gesellschaftsrecht 2001, Tagungsband zum RWS-Forum am 8. und 9. März 2001 in Berlin (RWS-Forum 20), 2001, S. 329 ff. (zit. als *Kiem*, RWS-Forum Gesellschaftsrecht 2001, nach S.)

Kiesewetter, Matthias: Befreiung vom Pflichtangebotsverfahren bei anschließendem Squeeze-out?, in: ZIP 2003, 1638 ff.

Kießling, Arne: Der übernahmerechtliche Squeeze-out gemäß §§ 39a, 39b WpÜG – Analyse eines neuen Instituts zum Ausschluss von Minderheitsaktionären –, Frankfurt am Main 2008, zugleich Diss. Düsseldorf 2008 (zit. als *Kießling*, Der übernahmerechtliche Squeeze-out, nach S.)

Kleindiek, Detlef: „Going Private" und Anlegerschutz, in: Festschrift für Gerold Bezzenberger zum 70. Geburtstag am 13. März 2000, hrsg. von Harm Peter Westermann und Klaus Mock, 2000, S. 653 ff.

Klie, Marcus/ *Wind*, Martina/ *Rödter*, Christoph: Praxisfragen des umwandlungsrechtlichen Squeeze-Out, in: DStR 2011, 1668 ff.

Kocher, Dirk/ *Heydel*, Julia: Aktienrechtlicher Squeeze-out: Zeitpunkt des Anteilsbesitzerfordernisses und Möglichkeiten eines Bestätigungsbeschlusses, in: BB 2012, 401 ff.

Koller, Ingo/ *Roth*, Wulf-Henning/ *Morck*, Winfried: Handelsgesetzbuch Kommentar, 7. Auflage, München 2011 (zit. als *Bearbeiter* in Koller/Roth/Morck HGB, nach § und Rn.)

Kornblum, Udo/ *Hampf*, Thorsten/ *Naß*, Nicole: Neue württembergische Rechtstatsachen zum Unternehmens- und Gesellschaftsrecht, in: GmbHR 2000, 1240 ff.

Kort, Michael: Hauptaktionär nach § 327a Abs 1 Satz 1 AktG mittels Wertpapierdarlehen – zugleich Anmerkung zu LG Landshut v 1-2-2006 - 1 HK O 766/05, AG 2006, 513, in: AG 2006, 557 ff.

Kossmann, Alfred: Ausschluß („Freeze-out") von Aktionären gegen Barabfindung, in: NZG 1999, 1198 ff.

Kraft, Julia/ *Redenius-Hövermann*, Julia: Fristberechnung in der Konzernverschmelzung, in: ZIP 2013, 961 ff.

Zöllner, Wolfgang: Kölner Kommentar zum Aktiengesetz, Bd. 6, §§ 15–22 AktG, §§ 291–328 AktG und Meldepflichten nach §§ 21 ff. WpHG, SpruchG, 3. Auflage, Köln 2004 (zit. als *Bearbeiter* in Kölner Komm. z. AktG, nach § und Rn.)

ders.: Kölner Kommentar zum Aktiengesetz, Bd. 3 Lfg. 2, §§ 121–130 AktG, 3. Auflage, Köln 2011 (zit. als *Bearbeiter* in Kölner Komm. z. AktG, nach § und Rn.)

Krieger, Gerd: Squeeze-Out nach neuem Recht: Überblick und Zweifelsfragen, in: BB 2002, 53 ff.

Kropff, Bruno: Aktiengesetz, Textausgabe des Aktiengesetzes vom 6.9.1965 mit Begründung des Regierungsentwurfs, Berlin 2005 (zit. als *Kropff*, AktG–1965, nach S.)

Krüger, Wolfgang/ *Westermann*, Harm Peter: Münchener Kommentar zum Bürgerlichen Gesetzbuch, Bd. 3, Schuldrecht – Besonderer Teil, §§ 433–610, Finanzierungsleasing – HeizkostenV – BetriebskostenV – CISG, 6. Auflage, München 2012 (zit. als *Bearbeiter* in Münchener Komm. BGB, nach § und Rn.)

Kumpan, Christoph/ *Mittermeier*, Martin: Risikoentleerte Stimmrechte – Auswirkungen von Wertpapierdarlehen im Gesellschaftsrecht, in: ZIP 2009, 404 ff.

Küting, Karlheinz: Die konzerninterne Verschmelzung und ihre Abbildung im konsolidierten Abschluß, in: BB 1994, 1383 ff.

Küting, Karlheinz/ *Grau*, Philipp/ *Seel*, Christoph: Grundlagen der Konzernrechnungslegung - Eine Einführungsvorlesung, in: Beihefter zu DStR 22, 2010, 35 ff.

Land, Volker/ *Hasselbach*, Kai: Das neue deutsche Übernahmegesetz, in: DB 2000, 1747 ff.

Larenz, Karl: Methodenlehre der Rechtswissenschaften, 6. Auflage, Berlin/Heidelberg/New York 1991 (zit. als *Larenz*, Methodenlehre der Rechtswissenschaften, nach S.)

Leitzen, Mario: Die Änderungen des Umwandlungsgesetzes durch das Dritte Gesetz zur Änderung des Umwandlungsrechts, in: DNotZ 2011, 526 ff.

Leuering, Dieter/ *Rubner*, Daniel: Die Absenkung des Schwellenwerts für den Squeeze-out auf 90 %, in: NJW-Spezial 2010, 271 ff.

Liebscher, Thomas: Ungeschriebene Hauptversammlungszuständigkeiten im Lichte von Holzmüller, Macrotron und Gelatine, in: ZGR 2005, 1 ff.

Lieder, Jan/ *Stange*, Kristian: Squeeze-out: Aktuelle Streit- und Zweifelsfragen, in: Der Konzern 2008, 617 ff.

Lorenz, Dirk: Das Spruchverfahren – dickes Ende oder nur viel Lärm um nichts?, in: AG 2012, 284 ff.

Lutter, Marcus: Die Eintragung anfechtbarer Hauptversammlungsbeschlüsse im Handelsregister, in: NJW 1969, 1873 ff.

ders.: Zur Abwehr räuberischer Aktionäre, Festschrift 40 Jahre Der Betrieb, 1988, S. 193 ff.

Lutter, Marcus/ *Hommelhoff*, Peter: GmbH–Gesetz, 17. Auflage, München 2009 (zit. als *Bearbeiter* in Lutter/Hommelhoff GmbHG, nach § und Rn.)

dies.: SE-Kommentar, SE-VO, SEAG, SEBG, Steuerrecht, Köln 2008 (zit. als *Bearbeiter* in Lutter UmwG, nach § und Rn.)

Lutter, Marcus/ *Winter*, Martin: Kommentar zum Umwandlungsgesetz, Band I, §§ 1–134, 4. Auflage, Köln 2009 (zit. als *Bearbeiter* in Lutter UmwG, nach Art. oder § und Rn.)

dies.: Kommentar zum Umwandlungsgesetz, Band II, §§ 135–325, SpruchG, 4. Auflage, Köln 2009 (zit. als *Bearbeiter* in Lutter UmwG, nach Art. oder § und Rn.)

Martens, Klaus-Peter: Kontinuität und Diskontinuität im Verschmelzungsrecht der Aktiengesellschaft, in: AG 1986, 57 ff.

Maslo Armin: Zurechnungstatbestände und Gestaltungsmöglichkeiten zur Bildung eines Hauptaktionärs beim Ausschluss von Minderheitsaktionären (Squeeze-out), in: NZG 2004, 163 ff.

Maulbetsch, Hans-Christoph/ *Klumpp*, Axel/ *Rose*, Klaus-Dieter: Kommentar zum Umwandlungsgesetz, Heidelberg 2008 (zit. als *Bearbeiter* in Maulbetsch/Klumpp/Rose UmwG, nach § und Rn.)

Mayer, Dieter: Praxisfragen des verschmelzungsrechtlichen Squeeze-out-Verfahrens, in: NZG 2012, 561 ff.

Mertens, Hans-Joachim: Die Gestaltung von Verschmelzungs- und Verschmelzungsprüfungsbericht, in: AG 1990, 20 ff.

Mertens, Kai: Der Auskauf von Minderheitsaktionären in gemeinschaftlich beherrschten Unternehmen, in: AG 2002, 377 ff.

Mestmäcker, Ernst-Joachim: Verwaltung, Konzerngewalt und Rechte der Aktionäre: Eine rechtsvergleichende Untersuchung nach deutschem Aktienrecht und dem Recht der Corporations in den Vereinigten Staaten, Karlsruhe 1958 (zit. als *Mestmäcker*, Verwaltung, Konzerngewalt und Rechte der Aktionäre, 1958, nach S.)

Meyer, Justus: Die GmbH und andere Handelsgesellschaften im Spiegel empirischer Forschung (I), in: GmbHR 2002, 177 ff.

Meyer-Landrut, Andreas/ *Kiem*, Roger: Der Formwechsel einer Publikumsaktiengesellschaft, in: WM 1997, 1361 ff.

Michalski, Lutz: Kommentar zum Gesetz betreffend die Gesellschaften mit beschränkter Haftung (GmbH-Gesetz), Bd. I, Systematische Darstellung §§ 1–34 GmbHG, 2. Auflage, München 2010 (zit. als *Bearbeiter* in Michalski GmbHG, nach § und Rn.)

ders.: Kommentar zum Gesetz betreffend die Gesellschaften mit beschränkter Haftung (GmbH-Gesetz), Bd. II, §§ 35–85 GmbHG, §§ 1–4 EGGmbHG, 2. Auflage, München 2010 (zit. als *Bearbeiter* in Michalski GmbHG, nach § und Rn.)

Miesen, Sebastian: Gesellschaftsrechtliche Hinauskündigungsklauseln in der Rechtsprechung des Bundesgerichtshofs, in: RNotZ 2006, 522 ff.

Mülbert, Peter O.: Aktiengesellschaft, Unternehmensgruppe und Kapitalmarkt, 2. Auflage, München 1996 (zit. als *Mülbert*, Aktiengesellschaft, nach S.)

Müller, Welf/ *Winkeljohann*, Norbert: Beck'sches Handbuch GmbH, 4. Auflage, München 2009 (zit. als *Bearbeiter* in Beck. Hdb. GmbH, nach § und Rn.)

Müller-Eising, Karsten/ *Stoll*, Thomas: Klagebefugnis von Minderheitsaktionären gegen Squeeze-out-Beschlüsse und Bestandskraft der Eintragung, in: GWR 2011, 349 ff.

Neye, Hans-Werner/ *Jäckel*, Holger: Umwandlungsrecht zwischen Brüssel und Berlin – Der Referentenentwurf für ein Drittes Gesetz zur Änderung des Umwandlungsgesetzes, in: AG 2010, 237 ff.

Neye, Hans-Werner/ *Kraft*, Julia: Neuigkeiten beim Umwandlungsrecht, in: NZG 2011, 681 ff.

Neye, Hans-Werner/ *Timm*, Birte: geplante Umsetzung der Richtlinie zur grenzüberschreitenden Verschmelzung von Kapitalgesellschaften im Umwandlungsgesetz, in: DB 2006, 488 ff.

Nikoleyczik, Tobias: Aktienrechtsnovelle 2011 – Neues zum Beschlussmängelrecht und zur Namensaktie, in: GWR 2010, 594 ff.

Nirk, Rudolf/ *Ziemons*, Hildegard/ *Binnewies*, Burkhard: Handbuch der Aktiengesellschaft – Gesellschaftsrecht, Steuerrecht –, Köln, Loseblatt, Stand: 60. Erg.-Lfg. Februar 2012 (zit. als *Bearbeiter* in Nirk/Ziemons/Binnewies Hdb. AG, Teil I, Rn. 13.138, nach § und Rn.)

Noack, Ulrich: Briefwahl und Online-Teilnahme an der Hauptversammlung: der neue § 118 AktG, in: WM 2009, 2289 ff.

Ossadnik, Wolfgang/ *Maus*, Stefan: Die Verschmelzung im neuen Umwandlungsrecht aus betriebswirtschaftlicher Sicht, in: DB 1995, 105 ff.

Packi, Benno A.: Inhaltliche Kontrollmöglichkeiten bei Durchführung des umwandlungsrechtlichen Squeeze-out, in: ZGR 2011, 776 ff.

Peters, Torsten: Übertragung von Gesellschaftsvermögen und „Freezeout" - Konfliktpotential im Minderheitenschutz, in: BB 1999, 801 ff.

Petersen, Sven/ *Habbe*, Julia Sophia: Squeeze-out mit Eintragung im Handelsregister bestandskräftig?, in: NZG 2010, 1091 ff.

Petersen, Sven/ *Wille*, Julia Sophia: Zulässigkeit eines Squeeze-out und Stimmrechtszurechnung bei Wertpapierdarlehen, in: NZG 2009, 856 ff.

Pfüller, Markus/ *Anders*, Dietmar: Delisting-Motive vor dem Hintergrund neuerer Rechtsentwicklungen, in: NZG 2003, 459 ff.

Pluskat, Sorika: Nicht missbräuchliche Gestaltungen zur Erlangung der Beteiligungshöhe beim Squeeze-out, in: NZG 2007, 725 ff.

Pöhlmann, Peter/ *Fandrich*, Andreas/ *Bloehs*, Joachim: Kommentar zum Genossenschaftsgesetz, Gesetz betreffend die Erwerbs- und Wirtschaftsgenossenschaften nebst umwandlungsrechtlichen Vorschriften für Genossenschaften, 4. Auflage, München 2012 (zit. als *Bearbeiter* in Pöhlmann/Fandrich/Bloehs GenG, nach § und Rn.)

Rathausky, Uwe: Squeeze-out in Deutschland: Eine Empirische Untersuchung zu Anfechtungsklagen und Spruchverfahren, in: AG 2004, R24 ff.

Raiser, Thomas/ *Veil*, Rüdiger: Recht der Kapitalgesellschaften, 5. Auflage, München 2010 (zit. als *Raiser/Veil*, KapGesR, nach § und Rn.)

Renner, Wolfgang: Holzmüller-Kompetenz der Hauptversammlung beim Erwerb einer Unternehmensbeteiligung?, in: NZG 2002, 1091 ff.

Riegger, Bodo: Der Börsenkurs als Untergrenze der Abfindung?, in: DB 1999, 1889 ff.

Roth, Markus: Die übertragende Auflösung nach Einführung des Squeeze-out, in: NZG 2003, 998 ff.

Römermann, Volker: Münchener Anwalts Handbuch GmbH-Recht, 2. Auflage, München 2009 (zit. als *Bearbeiter* in MAH GmbH, nach § und Rn.)

Rubner, Daniel: Der verschmelzungsrechtliche Squeeze-out, in: CFl 2011, 274 ff.

Rubner, Daniel/ *Leuering*, Dieter: Der verschmelzungsrechtliche Squeeze-out, in: NJW-Spezial 2011, 527 ff.

Rühland, Philipp: Der squeezeout nach dem RefE zum Wertpapiererwerbs- und Übernahmegesetz vom 12. 3. 2001, in: NZG 2001, 448 ff.

Sagasser, Bernd/ *Bula*, Thomas/ *Brünger*, Thomas R.: Umwandlungen, Verschmelzung – Spaltung – Formwechsel – Vermögensübertragung, 4. Auflage, München 2011 (zit. als *Sagasser* in Sagasser/Bula/Brünger, Umwandlungen, nach § und Rn.)

Schäfer, Carsten/ *Dette*, Felix: Aktienrechtlicher Squeeze-Out – Beschlussnichtigkeit bei missbräuchlicher Erlangung des Kapitalquorums?, in: NZG 2009, 1 ff.

Schmidt, Karsten: Gläubigerschutz bei Umstrukturierungen – Zum Referentenentwurf eines Umwandlungsgesetzes, in: ZGR 1993, 366 ff.

Schmidt, Karsten/ *Lutter*, Marcus: Aktiengesetz Kommentar, Bd. II, §§ 150 – 410, SpruchG, 2. Auflage, Köln 2010 (zit. als *Bearbeiter* in K. Schmidt/Lutter AktG, nach § und Rn.)

Schmitt, Joachim/ *Hörtnagl*, Robert/ *Stratz*, Rolf-Christian: Kommentar zum Umwandlungsgesetz, Umwandlungssteuergesetz, 6. Auflage 2013, München 2013 (zit. als *Bearbeiter* in Schmitt/Hörtnagl/Stratz UmwG/UmwStG, nach § und Rn.)

Schnorbus, York: Grundlagen der persönlichen Haftung von Organmitgliedern nach § 25 I UmwG, in: ZHR 167 (2003), 666 ff.

Schockenhoff, Martin/ *Lumpp*, Stephanie: verschmelzungsrechtliche Squeeze-out in der Praxis, in: ZIP 2013, 749 ff.

Schröder, Oliver/ *Wirsch*, Stefan: Formwechsel und anschließender Squeeze-out, in: ZGR 2012, 660 ff.

Schüppen, Matthias/ *Schaub*, Bernhard: Münchener Anwaltshandbuch Aktienrecht, 2. Auflage, München 2010 (zit. als *Bearbeiter* in Schüppen/Schaub MAH Aktienrecht, nach § und Rn.)

Schwark, Eberhard/ *Zimmer*, Daniel: Kapitalmarktrechts – Kommentar, Börsengesetz mit Börsenzulassungsverordnung, Wertpapierprospektgesetz, Verkaufsprospektgesetz mit Vermögensanlagen-Verkaufsprospektverordnung, Wertpapierhandelsgesetz, Wertpapiererwerbs- und Übernahmegesetz, 4. Auflage, München 2010 (zit. als *Bearbeiter* in Schwark/Zimmer Komm. KapmR, nach § und Rn.)

Schwichtenberg, Jörg: Going Private und Squeezeouts in Deutschland, in: DStR 2001, 2075 ff.

Sellmann, Christian: Ausgleichs- und Verfahrensregelungen des Squeeze-out auf dem Prüfstand des Verfassungsrechts, in: WM 2003, 1545 ff.

Semler, Johannes/ *Stengel*, Arndt: Kommentar zum Umwandlungsgesetz mit Spruchverfahrensgesetz, 3. Auflage, München 2012 (zit. als *Bearbeiter* in Semler/Stengel UmwG, nach § und Rn.)

Sieger, Jürgen S./ *Hasselbach*, Kai: Der Ausschluss von Minderheitsaktionären nach den neuen §§ 327a ff AktG, in: ZGR 2002, 120 ff.

Simon, Stefan/ *Merkelbach*, Matthias: Das Dritte Gesetz zur Änderung des UmwG, in: DB 2011, 1317 ff.

Simon, Stefan/ *Rubner*, Daniel: Die Umsetzung der Richtlinie über grenzüberschreitende Verschmelzungen ins deutsche Recht, in: Der Konzern 2006, 835 ff.

Soergel, Hans-Theodor/ *Siebert*, Wolfgang: Kommentar zum Bürgerlichen Gesetzbuch: Mit Einführungsgesetz und Nebengesetzen, Bd. 2, Schuldrecht 1: §§ 241–432, 12. Auflage, Köln 1990 (*Bearbeiter* in Soergel BGB, nach § und Rn.)

Spindler, Gerald/ *Stilz*, Eberhard: Kommentar zum Aktiengesetz, Bd. 2, §§ 150–410, IntGesR, SpruchG, SE-VO, 2. Auflage, München 2010 (zit. als *Bearbeiter* in Spindler/Stilz AktG, nach § und Rn.)

Staudinger, Julius von: Kommentar zum Bürgerlichen Gesetzbuch mit Einführungsgesetz und Nebengesetzen, Buch 2, Recht der Schuldverhältnisse, Einleitung zum Schuldrecht; §§ 241–243 (Treu und Glauben), Berlin 2009 (zit. als *Bearbeiter* in Staudinger BGB, nach § und Rn.)

Timm-Wagner, Birte: SE-Ausführungsgesetz, Baden-Baden 2012 (zit. als *Timm-Wagner* SEAG, nach § und Rn.)

Veil, Rüdiger: Aktionärsschutz bei der Verschmelzung von Aktiengesellschaften durch vertragliche und gesellschaftsrechtliche Haftung, in: Festschrift für Thomas Raiser zum 70. Geburtstag am 20. Februar 2005, hrsg. von Reinhard Damm/ Peter W. Heermann/ Rüdiger Veil, 2005, S. 453 ff.

Vetter, Eberhard: Squeeze-out nur durch Hauptversammlungsbeschluss?, in: DB 2011, 743 ff.

ders.: Squeeze-out - Der Ausschluss der Minderheitsaktionäre aus der Aktiengesellschaft nach den §§ 327a–327f AktG, in: AG 2002, 176 ff.

Vetter, Jochen: Auslegung der Jahresabschlüsse für das letzte Geschäftsjahr zur Vorbereitung von Strukturbeschlüssen der Gesellschafter, in: NZG 1999, 925 ff.

ders.: Die Regelung der grenzüberschreitenden Verschmelzung im UmwG, in: AG 2006, 613 ff.

Vossius, Oliver: Squeeze-out - Checklisten für Beschlussfassung und Durchführung, in: ZIP 2002, 511 ff.

Wagner, Jens: Der Regierungsentwurf für ein Drittes Gesetz zur Änderung des Umwandlungsgesetzes, in: DStR 2010, 1629 ff.

Wenger, Ekkehard/ *Kaserer*, Christoph/ *Hecker*, Renate: Konzernbildung und Ausschluss von Minderheiten im neuen Übernahmerecht: Eine verpasste Chance für einen marktorientierten Minderheitenschutz, in: ZBB 2001, 317 ff.

Wicke, Hartmut: Gesetz betreffend die Gesellschaften mit beschränkter Haftung (GmbHG), 2. Auflage, München 2011 (zit. als *Wicke* GmbHG, nach § und Rn.)

Widmann, Daniel: Das Wertpapierdarlehen und der verschmelzungsspezifische Squeeze-out, in: AG 2014, 189 ff.

Widmann, Siegfried/ *Mayer*, Dieter: Kommentar zum Umwandlungsrecht, Umwandlungsgesetz – Umwandlungssteuergesetz, Bd. 2, Einführung zum handelsrechtlichen Teil, §§ 1–50, Bonn/Berlin, Loseblatt, Stand: 137. Erg.-Lfg./Juni 2013 (zit. als *Bearbeiter* in Widmann/Mayer UmwG, nach § und Rn.)

dies.: Kommentar zum Umwandlungsrecht, Umwandlungsgesetz – Umwandlungssteuergesetz, Bd. 3, §§ 51–178, Bonn/Berlin, Loseblatt, Stand: 136. Erg.-Lfg./Mai 2013 (zit. als *Bearbeiter* in Widmann/Mayer UmwG, nach § und Rn.)

Wiedemann, Herbert: Minderheitsrechte ernstgenommen – Gedanken aus Anlass der Magna Media-Entscheidung BayOLG ZIP 1998, 2002, in: ZGR 1999, 857 ff.

Wilhelm, Jan/ *Dreier*, Nils: Beseitigung von Minderheitsbeteiligungen auch durch übertragende Auflösung einer AG?, in: ZIP 2003, 1369 ff.

Wittgens, Jonas: Der gerichtliche Sachverständige im Spruchverfahren – Bedeutung, Bestellung und Vergütung, in: AG 2007, 106 ff.

Witte, Hubertus: Aktienrechtliches und übernahmerechtliches Squeeze-Out-Verfahren: Eine Untersuchung verfahrensspezifischer Attraktivitäts- und Risikomerkmale unter besonderer Berücksichtigung der Abfindungsermittlung im Rahmen des § 39a WpÜG, Baden-Baden 2011, zugleich Diss. 2011 Münster (zit. als *Witte*, Aktienrechtliches Squeeze-out-Verfahren, nach S.)

Palandt, Otto: Kommentar zum Bürgerlichen Gesetzbuch, 72. Auflage, München 2013 (zit. als *Bearbeiter* in Palandt BGB, nach § und Rn.)

Priester, Hans-Joachim: Die Bedeutung der Umwandlungsprüfung, in: Institut der Wirtschaftsprüfer in Deutschland e.V. (Hrsg.): Reform des Umwandlungsrechts – Wirtschafts- und gesellschaftsrechtliche, arbeitsrechtliche und steuerrechtliche Aspekte unter besonderer Berücksichtigung von Fragen der Bewertung, Rechnungslegung und Prüfung, Vorträge und Diskussionen, IDW-Umwandlungssymposium am 8./9. Oktober 1992, Düsseldorf, S. 196 ff. (zit. als *Priester*, IDW 1993, nach S.)

Ringleb, Henrik-Michael/ *Kremer*, Thomas/ *Lutter*, Marcus/ *Werder von*, Axel: Kommentar zum Deutschen Corporate Governance Kodex, 4. Auflage, München 2010 (zit. als *Bearbeiter* in Ringleb/Kremer/Lutter/v. Werder DCGK, nach Rn.)

Zetzsche, Dirk: Die Virtuelle Hauptversammlung – Momentaufnahme und Ausblick –, in: BKR 2003, 736 ff.

Ziemons, Hildegard: Neuer Gestaltungsspielraum beim Squeeze-out (Überlegungen zur BGH-Entscheidung „Wertpapierdarlehen“), in: GWR 2009, 159 ff.